新世纪研究生教学用书·会计系列

财务报表分析

FINANCIAL STATEMENT ANALYSIS

（第五版）

胡玉明 编著

东北财经大学出版社
Dongbei University of Finance & Economics Press
大 连

图书在版编目（CIP）数据

财务报表分析 / 胡玉明编著．—5版．—大连：东北财经大学出版社，2024.9．—（新世纪研究生教学用书·会计系列）．—ISBN 978-7-5654-5348-9

Ⅰ．F231.5

中国国家版本馆CIP数据核字第2024HE3739号

东北财经大学出版社出版

（大连市黑石礁尖山街217号　邮政编码　116025）

网　址：http://www.dufep.cn

读者信箱：dufep@dufe.edu.cn

大连图腾彩色印刷有限公司印刷　　东北财经大学出版社发行

幅面尺寸：185mm×260mm　　字数：440千字　　印张：19.25

2024年9月第5版　　2024年9月第1次印刷

责任编辑：王　莹　周　晗　　责任校对：何　群

封面设计：张智波　　版式设计：原　皓

定价：49.00元

教学支持　售后服务　　联系电话：（0411）84710309

如有印装质量问题，请联系营销部：（0411）84710711

第五版前言

岁月如梭，不知不觉，本教材第四版（东北财经大学出版社，2021）出版至今又过去了三年。这三年来，教育环境发生了显著的变化。但是，教书育人（尤其是育人）的本质基本没有变。我依然以"诲人不倦"的精神在给暨南大学管理学院的MPAcc/MAud班讲授"财务报表分析"这门课，也在教学过程中不断更新讲课的思路、内容和方式。承蒙东北财经大学出版社王莹女士的鼓励与支持，我再次着手修订本教材，并高度重视本教材的修订工作。

呈现在读者面前的这本《财务报表分析》（第五版）在坚持以前版本的编写原则、思路和目的并保留原有特色的基础上，一如既往地强调"由表（财务报表）及里（经济活动）""由里到表""表里和谐统一"的财务报表分析理念和战略思维，引导读者跳出"就财务报表论财务报表"的思维桎梏，透过财务报表洞察企业，借助数据（字）助力企业高质量发展。

本次修订的重点在于：

（1）根据商科研究生的特点和教学要求，本教材各章都增补了课程思政要点，包括思政教育与党的二十大精神等价值引领主题。本教材强调"思政无痕""育人无声"，希望达到"润物细无声，潜移默化"的理想境界。

（2）全面更新贯穿本教材的现实企业的财务报表，采用四川长虹电器股份有限公司（600839）2023年度财务报表作为分析的样本。但本教材不直接评价该公司，通过章末的案例分析引导，读者可以自行做出评价。

（3）根据近年来的教学体会与读者的反馈意见，全面地梳理、增补和修订了本教材的某些内容、表述方式和用语。在此，非常感谢读者认真细致地指出本教材原有的差错或表述不当之处。

（4）基于立体化教材建设的探索，不断完善二维码的内容，丰富本教材的呈现方式。

本教材的读者群定位为商科研究生（包括商科科学学位硕士研究生和MPAcc、MAud、EMBA、MBA等专业学位硕士研究生），以及希望了解和掌握财务报表分析基本原理的各类职业经理人。

最后，非常真诚地感谢读者们在浩瀚的书海中选中并阅读本教材，并期待读者对本教材提出宝贵意见。

胡玉明

2024年6月10日

第一版前言

传统的经理人（manager）培养方式主要是自我实践。这种方式培养的经理人，通常从企业基层做起，依据自身的长期实践经验积累，所谓“积沙成丘”。然而，按照这种模式培养出来的经理人多数属于经验管理者，且培养的周期比较长，难以适应竞争激烈的市场经济环境，取而代之的便是日益拓展的商学院（school of business）或管理学院（school of management）的商科教育（business education）。由此，商科教育，尤其是商科硕士层次（degree of master）的研究生教育便承担起培养高层次职业经理人的重任。

纵观世界各国的商科教育，作为一种商业语言（language of business）的会计学（accounting）都是一门重要的课程。可见，身处市场经济环境的任何经理人都必须理解这种商业语言。财务报表（financial statement）则是这种商业语言的载体。“管理的重心在经营，经营的重心在决策。”在当今的信息社会，任何决策都离不开信息。财务报表所提供的信息是经理人据以决策所必不可少的信息。因此，任何经理人都必须理解财务报表，并善于运用财务报表辅助决策。

作为培养高层次职业经理人的商科硕士层次研究生教育的重要组成部分，教材建设非常重要。呈现在读者面前的这本《财务报表分析》（Financial Statement Analysis）正是为此而编写的。因此，本教材的读者群定位为商科硕士研究生（包括商科科学学位硕士研究生和EMBA、MBA、MPAcc等专业学位硕士研究生），以及希望理解财务报表分析原理的企业职业经理人。

基于上述读者群的定位，本着面向职业（professional）的原则，本教材强调“如何运用财务报表”（How to use financial statement）的技能，而不是“如何编制财务报表”（How to prepare financial statement）的技能。根据这样的原则和思路，本教材希望达到以下目的：

（1）跳出“就财务报表论财务报表”的桎梏，创立“环境—战略—行为—过程—结果”一体化的财务报表分析思维。

（2）以战略为导向，诠释企业经营理念与财务理念的关系，使企业经理人不仅具有财务理念，而且具有经营理念，从而使不同领域的经理人“讲同一种语言”（持续创造价值），构建一种以战略为起点和终点，从战略开始又回归到战略、内外部视角相结合、企业战略与财务相融合、企业业务与企业财务连为一体，立足于财务报表而又超越财务报表的财务报表分析框架。

（3）以“国际化与本土化”相融合的理念，打造“懂中国国情、察中国政情、明中国民情、通中国人情”，具有“国际视野、战略思维和市场意识”的职业经理人。

为此，本教材立足于财务报表分析的新思维，围绕财务报表分析的战略分析（strategy analysis）、会计分析（accounting analysis）、财务分析（financial analysis）和前景分析（prospective analysis）等主题，以中国上市公司——四川长虹电器股份有限公司（600839）2006年度财务报告为样本并贯穿始终（令人遗憾的是，限于数据的可获得性，本书并没有完全做到这一点），通俗易懂、言简意赅地阐述财务报表分析的基本理论、基本方法与基本技能，使读者有一种“身临其境”的真实感觉。

本教材的初稿曾经在暨南大学管理学院会计学硕士研究生班、EMBA班、MPAcc班以及厦门大学管理学院EMBA班（与厦门国家会计学院副院长、博士生导师黄世忠教授合作）和EDP班、厦门国家会计学院总会计师培训班等单位以课程或专题的形式讲授过。在这个过程中，哈佛大学Krishna G. Palepu和Paul M. Healy、密歇根大学Voctor L. Bernard三位知名教授合著的《运用财务报表进行企业分析与估价》（Business Analysis & Valuation：Using Financial Statements）对我影响很大，该书提出了财务报表分析的新思维，我非常喜欢这本书，而且从中受益良多。在与黄世忠教授合作讲授“CEO财务报表分析”的过程中，黄世忠教授对财务报表分析的理论造诣与洞察力给了我许多启发。我能够在厦门国家会计学院总会计师培训班讲授财务报表分析专题，也得益于黄世忠教授的邀请。非常感谢黄世忠教授的合作与支持。当然，我还得感谢厦门大学管理学院EMBA教育中心的戴亦一教授和林涛教授为我提供与黄世忠教授合作的机会。

尽管本教材的写作已经有一定的基础，但是，要把讲义转变为符合“新世纪研究生教学用书”要求的教材，还是需要花费一定的时间。尽管我力图写好这本书，但无奈能力有限，加之杂事繁多，我没有按时交稿。对此，我要特别感谢东北财经大学出版社李智慧女士的信任与支持。

当我着手写作这本教材的时候，我只想把财务报表分析的新思维和我从“财务报表分析”这门课程所获得的“愚者之一得”的快乐传递给读者，力求感染读者。我也正是以这样一种心态来完成本教材的写作的。然而，不敢说我已经实现了自己的愿望——只能期待广大读者的评判。

最后，真诚地感谢读者们阅读拙作，也欢迎读者们对本书提出宝贵意见。

胡玉明

2007年9月13日

课程思政要点及二维码拓展学习

章名	课程思政要点	二维码拓展学习
第1章　基本财务报表	1.体会财务报表的静态平衡与动态变化的和谐发展理念，树立正确的“义利观”？ 2.党的二十大报告强调“加快发展数字经济”。结合党的二十大精神，如何借助财务报表助力企业数字化转型，“加快发展数字经济”？	1-1　基于不同视角的企业 1-2　资产负债表：只见物不见人 1-3　利润表列报方式的意图 1-4　国际会计准则理事会发布《国际财务报告准则第18号——财务报表列示和披露》
第2章　财务报表分析框架	1.通过历史看现实，透过现象看本质，树立系统思维。 2.党的二十大报告强调“充分发挥市场在资源配置中的决定性作用”。结合党的二十大精神，如何借助财务报表分析，通过高质量会计信息引导资源配置，“充分发挥市场在资源配置中的决定性作用”？	2-1　有效的会计系统必须解决三大问题 2-2　权责发生制与收付实现制 2-3　财务报表就像相片 2-4　基本经理人双重角色的财务报表质量
第3章　战略分析	1.权衡全局与局部、当前与长远、微观与宏观的关系，树立战略思维。 2.党的二十大报告强调“高质量发展是全面建设社会主义现代化国家的首要任务”。中国经济的高质量发展离不开中国企业的高质量发展。结合党的二十大精神，如何借助战略分析，助力中国企业的高质量发展？	3-1　只有理解行业特征，才能真正理解财务指标 3-2　PEST分析 3-3　企业战略：是否具备创造价值的潜力 3-4　关于中央企业加快建设世界一流财务管理体系的指导意见
第4章　会计分析	1.树立“诚信为本，操守为重”的职业道德，培育“敬业、守业”的职业精神，树立正确的人生观和价值观。 2.党的二十大报告强调“健全资本市场功能”。结合党的二十大精神，如何借助会计分析提高会计信息质量，“健全资本市场功能”？	4-1　现金流量表也可以操纵 4-2　审计意见与关键审计事项 4-3　新三板与注册制 4-4　会计人员职业道德规范

续表

章名	课程思政要点	二维码拓展学习
第5章 财务报表分析方法基础	1.锻造耐心细致、严谨规范的工匠精神。 2.党的二十大报告强调“促进数字经济和实体经济深度融合”。结合党的二十大精神，如何借助财务报表分析方法，“促进数字经济和实体经济深度融合”？	5-1 透过数字看问题 5-2 由此及彼，由表及里 5-3 增长能力分析 5-4 商业银行贷款主要看“三品”
第6章 流动性与偿债能力分析	1.树立风险意识，优化筹资结构，合理配置财务资源，助力企业高质量发展。 2.党的二十大报告强调“强化金融稳定保障体系，依法将各类金融活动全部纳入监管，守住不发生系统性风险底线”。结合党的二十大精神，如何通过流动性与偿债能力分析，防范企业财务风险，从企业微观层面“强化金融稳定保障体系”，“守住不发生系统性风险底线”？	6-1 营运资本为负数说明什么 6-2 财务报表分析的立场 6-3 财务指标是一种沟通语言 6-4 财务报表重在披露
第7章 盈利能力与股东权益分析	1.树立合理分配的理念，平衡利益相关者的利益，树立长期主义观念。 2.党的二十大报告强调“中国式现代化是全体人民共同富裕的现代化”，“分配制度是促进共同富裕的基础性制度”。结合党的二十大精神，如何通过盈利能力与股东权益分析，改善企业的分配制度，进而实现“全体人民共同富裕的现代化”？	7-1 资产周转率为何属于盈利能力指标 7-2 如果净资产为负数，如何计算净资产收益率 7-3 市净率与市现率 7-4 中国资本市场“国九条”
第8章 现金流量分析	1.树立量入为出的观念，统筹现金流出量与现金流入量之间的关系。 2.党的二十大报告强调“强化金融稳定保障体系，依法将各类金融活动全部纳入监管，守住不发生系统性风险底线”。结合党的二十大精神，如何通过现金流量分析，平衡盈利能力（利润）与偿债能力（现金流量）之间的关系，从企业微观层面“强化金融稳定保障体系”，“守住不发生系统性风险底线”？	8-1 现金流入量与现金流出量的币种和利率形式应尽量匹配 8-2 经营活动现金流量未必就是“王中王” 8-3 从投入与产出的角度看现金流量表 8-4 树立系统观念

续表

章名	课程思政要点	二维码拓展学习
第9章　经营者如何分析财务报表	1.传递积极向上的价值观念，实现企业的可持续发展。 2.党的二十大报告强调“深化国资国企改革，加快国有经济布局优化和结构调整，推动国有资本和国有企业做强做优做大，提升企业核心能力”。结合党的二十大精神，经营者如何借助财务报表分析，“做强做优做大”企业，进而“提升企业核心能力”?	9-1　投资者和经营者的互动与牵制 9-2　利润的确定方法与人的行为 9-3　风险：甘露还是毒药 9-4　经济增加值观念未必适合所有行业
第10章　成本报表分析	1.强化成本管理意识，实现降本增效，推进企业高质量发展。 2.党的二十大报告强调“实施全面节约战略，推进各类资源节约集约利用，加快构建废弃物循环利用体系”。结合党的二十大精神，如何借助成本报表分析，“实施全面节约战略，推进各类资源节约集约利用，加快构建废弃物循环利用体系”?	10-1　“双碳”目标与环境成本 10-2　产品成本与责任成本 10-3　效率与效益 10-4　让企业产品成本核算愈加精细化
第11章　可持续增长与证券价值分析	1.树立风险意识，理性投资，防控金融风险，助力企业高质量发展。 2.党的二十大报告强调“健全资本市场功能，提高直接融资比重”。结合党的二十大精神，如何通过可持续增长与证券价值分析，树立价值投资理念，进而“健全资本市场功能，提高直接融资比重”?	11-1　从财务报表到可持续发展报告 11-2　企业不发放现金股利就不好吗 11-3　数据资源会计处理 11-4　内在价值与股票价格
第12章　价值创造动因及可持续性分析	1.增强创新意识，注重无形资产研发，将创新思维转化为现实。 2.党的二十大报告强调“完善中国特色现代企业制度，弘扬企业家精神，加快建设世界一流企业”。结合党的二十大精神，如何通过识别企业价值创造动因并判断其可持续性，构建世界一流财务管理体系，进而助推“加快建设世界一流企业”?	12-1　财务报表分析是促进还是抑制自主创新 12-2　研究与开发强度和高新技术企业认定 12-3　数字化能够提升会计信息质量吗 12-4　财务报表非得人人看得懂吗

目 录

第1篇 总 论

第2篇 基于外部会计视角的财务分析

第3篇 基于内部管理视角的财务分析

第4篇 前景分析

第1篇

总　论

本篇以财务报表分析的重要载体——财务报表为基本立足点，阐述财务报表分析基本框架，进而讨论战略分析和会计分析，为后续章节的讨论奠定基础。本篇包括：

第1章　基本财务报表

第2章　财务报表分析框架

第3章　战略分析

第4章　会计分析

第 1 章

基本财务报表

[学习目标]

知识传授：理解资产负债表、利润表和现金流量表等企业基本财务报表及其结构、内容和意义。

能力培养：从整体上理解财务报表所描述的企业财务状况、经营成果和现金流动状况，洞察财务报表数据所揭示的企业经营管理问题。

价值塑造：体会财务报表的静态平衡与动态变化的和谐发展理念，树立正确的“利义观”；借助财务报表助力企业数字化转型，“加快发展数字经济”。

财务报表（financial statement）以会计特有的语言描述企业的基本财务状况、经营成果和现金流动状况。财务报表是会计信息使用者理解企业经济活动过程以及结果的重要载体。因此，财务报表是财务报表分析的重要载体。本章介绍资产负债表（balance sheet）、利润表（income statement）和现金流量表（statement of cash flow）等企业基本财务报表。①

●1.1 财务报表讲述企业经济活动的故事

先把财务报表暂时放在一边，想想每一家企业都孜孜以求的事情：盈利。在任何一天，不管企业刚刚成立还是由来已久，每一家企业都为销售而提供一系列的产品或服务。制造、拥有或提供这些产品或服务需要一定的成本（cost）或费用（expenses）支出，当然，其数额应该在企业财力许可的范围之内。一个简单的道理就是通过销售或提供服务得到比生产或拥有这些产品或服务所花费的成本或费用更多的钱，从而可以拥有两者的差额——利润（profit）。这就是会计学语境的“盈利”。

如果企业成功地实现盈利，企业将越来越兴旺发达；否则，企业所拥有的财力将日渐消减。早晚有一天，企业将无力支付生产或拥有那些产品或服务的成本或费用，此时，企

① 根据《企业会计准则第30号——财务报表列报》，企业的财务报表至少包括资产负债表、利润表、现金流量表、所有者（股东）权益变动表和附注，即“四表一注”。详细列示一定期间内企业的所有者（股东）权益变动情况的所有者（股东）权益变动表与本书的主题相关性较弱，有鉴于此，本章不讨论所有者（股东）权益变动表。

业的经济活动将不得不缩减，甚至停止，最终，企业将宣布破产。这就是一个企业从生到死的全部"故事"。财务报表不过是用会计特有语言讲述这个"故事"的一种方式而已。

在商界，所有的企业都必须回答下面三个问题：（1）企业是否盈利，即企业的"面子"如何？（2）企业的价值何在，即企业的"底子"如何？（3）企业的现金流动状况如何，即企业的"日子"怎么过？利润表为第一个问题提供了答案。如果企业不能盈利，企业就难以持续经营下去，这个道理非常浅显。如果企业盈利了，那么，其价值何在呢？资产负债表为第二个问题提供了答案。现金流量表则为第三个问题提供了答案。

因此，无论企业的组织结构、业务内容、经营规模如何不同，也不管企业是否取得了"惊天动地"的成就，所有的企业都通过资产负债表、利润表和现金流量表描述其财务状况、经营成果和现金流动状况。

当然，每一种财务报表都有其特定的目的，三种财务报表之间存在相互核对的财务关系。在理解和分析财务报表时，经理人（managers）不能局限于单独理解某种财务报表，还要综合理解三种财务报表之间的关系以及某种财务报表的变化对其他财务报表所产生的影响。

拓展学习 1-1

基于不同视角的企业

由此可见，财务报表以会计特有语言讲述企业经济活动的故事。基于会计视角，企业无非是由企业各层级经理人的一系列经济活动所形成的财务状况、经营成果和现金流量状况及其背后的财务关系的集合体。因此，财务报表体现了企业与利益相关者（stakeholder）的关系。

●1.2　资产负债表

如前所述，资产负债表回答了"企业的价值何在"这个问题。那么，资产负债表如何回答"企业的价值何在"这个问题呢？

1.2.1　资产负债表的结构

任何企业要从事经济活动都必须具备一定数额的资金。这些资金无非来源于所有者（股东）的入股和向债权人借钱。"所有者（股东）的入股"就是会计学的"所有者权益"（owner's equity），"向债权人借钱"就是会计学的"负债"（liabilities）。企业的任何资金来源必定有其表现形式。资金来源的表现形式，就是会计学的"资产"（assets）。也就是说，在会计学上，企业的任何资金来源必定有其相应的资产表现形式（俗称资金占用），而任何资产表现形式必定有其相应的来源（俗称资金来源）。在某个特定时点（如2023年12月31日），企业的资产总额与其来源总额必定相等。因此，企业的资金来源总额与资金占用总额总是保持平衡。这种数量关系可以用公式表述为：资产总额=负债总额+所有者权益总额。这就是财务会计的基本恒等式。财务会计的基本恒等式构造了资产负债表的基本结构。

简单地说，资产负债表是一个企业财务结构的时点记录。企业是一个不断运转的主体，企业价值每时每刻都在变动，资产负债表只是表明在某个特定时点（如2023年12月31日）企业拥有什么（资产总额）？企业欠其他企业或个人什么（负债总额）？两者相抵之后，企业为其所有者留下了什么（所有者权益总额）？财务会计的基本会计恒等式"资产总额=负债总额+所有者权益总额"从总体上回答了这些问题。

表1–1列示了企业资产负债表的一个范例。[①]

表1–1　　　　**资产负债表**　　　　会企01表

编制单位：　　　　年　月　日　　　　单位：元

资　产	期末余额	年初余额	负债和所有者权益（或股东权益）	期末余额	年初余额
流动资产：			流动负债：		
货币资金			短期借款		
交易性金融资产			交易性金融负债		
衍生金融资产			衍生金融负债		
应收票据			应付票据		
应收账款			应付账款		
应收款项融资			预收款项		
预付款项			合同负债		
其他应收款			应付职工薪酬		
存货			应交税费		
合同资产			其他应付款		
持有待售资产			持有待售负债		
一年内到期的非流动资产			一年内到期的非流动负债		
其他流动资产			其他流动负债		
流动资产合计			流动负债合计		
非流动资产：			非流动负债：		
债权投资			长期借款		
其他债权投资			应付债券		
长期应收款			其中：优先股		
长期股权投资			永续债		
其他权益工具投资			租赁负债		
其他非流动金融资产			长期应付款		
投资性房地产			预计负债		
固定资产			递延收益		
在建工程			递延所得税负债		
生产性生物资产			其他非流动负债		
油气资产			非流动负债合计		
使用权资产			负债合计		
无形资产			所有者权益（或股东权益）：		
开发支出			实收资本（或股本）		
商誉			其他权益工具		
长期待摊费用			其中：优先股		
递延所得税资产			永续债		
其他非流动资产			资本公积		
非流动资产合计			减：库存股		
			其他综合收益		
			专项储备		
			盈余公积		
			未分配利润		
			所有者权益（或股东权益）合计		
资产总计			负债和所有者权益（或股东权益）总计		

① 财政部《关于修订印发2019年度一般企业财务报表格式的通知》（财会〔2019〕6号）。

【实例 1-1】

表 1-2 列示了四川长虹电器股份有限公司（上市股票代码 600839）2023 年 12 月 31 日的资产负债表。

表 1-2 资产负债表

2023 年 12 月 31 日 会企 01 表

编制单位：四川长虹电器股份有限公司 单位：元 币种：人民币

资产	2023年12月31日	2022年12月31日	负债和所有者权益	2023年12月31日	2022年12月31日
流动资产：			流动负债：		
货币资金	26 382 196 391.50	21 615 590 514.34	短期借款	12 474 520 582.86	14 426 877 979.04
交易性金融资产		300 302 465.75	衍生金融负债	105 951 376.41	148 732 154.25
衍生金融资产	75 444 012.01	140 654 579.58	应付票据	22 122 252 375.09	19 228 361 086.86
应收票据	488 219 664.05	270 935 819.26	应付账款	19 424 319 009.51	15 620 129 061.78
应收账款	14 974 284 039.02	11 902 872 354.09	预收账款	16 253 730.48	
应收款项融资	2 593 016 860.34	2 397 534 164.33	合同负债	2 749 913 571.94	2 524 933 114.54
预付款项	1 548 897 544.10	1 308 963 977.76	应付职工薪酬	1 153 888 463.14	1 115 992 914.16
其他应收款	386 411 864.18	457 853 171.90	应交税费	504 755 290.15	499 118 952.01
其中：应收利息			其他应付款	3 532 001 288.05	3 515 979 286.75
应收股利	4 550 000.00		其中：应付利息		
存货	19 547 118 874.85	18 887 178 958.44	应付股利	134 212 262.97	138 388 224.16
合同资产	128 352 590.31	89 638 392.26	持有待售负债	300 676 167.63	
持有待售资产	653 228 574.81		一年内到期的非流动负债	2 423 802 254.83	2 050 933 593.77
一年内到期的非流动资产	1 054 619 525.85	653 726 673.41	其他流动负债	345 892 287.78	217 468 371.73
其他流动资产	2 744 795 040.87	3 579 734 612.62	流动负债合计	65 154 226 397.87	59 348 526 514.89
流动资产合计	70 576 584 981.89	61 604 985 683.74	非流动负债：		
非流动资产：			长期借款	3 101 951 484.73	1 552 018 329.72
债权投资	1 026 238 314.86	941 815 792.47	租赁负债	235 883 028.82	131 252 515.82
长期应收款	3 694 643 176.75	4 807 624 128.54	长期应付款	55 900 347.84	56 245 286.48
长期股权投资	4 142 529 810.78	3 927 940 613.56	长期应付职工薪酬	249 977 029.25	242 066 714.37
其他非流动金融资产	406 952 970.78	109 867 625.71	预计负债	623 183 427.65	547 039 454.31
投资性房地产	1 143 798 876.73	669 800 538.69	递延收益	686 788 749.29	725 298 069.59
固定资产	7 289 459 265.52	7 645 035 554.89	递延所得税负债	231 948 140.01	98 390 348.94

续表

资产	2023年12月31日	2022年12月31日	负债和所有者权益	2023年12月31日	2022年12月31日
在建工程	208 304 894.69	240 691 007.73	非流动负债合计	5 185 632 207.59	3 352 310 719.23
使用权资产	317 809 510.15	175 625 785.24	负债合计	70 339 858 605.46	62 700 837 234.12
无形资产	4 224 152 289.30	4 372 579 828.84	所有者权益：		
开发支出	449 386 543.23	394 582 245.85	实收资本	4 616 244 222.00	4 616 244 222.00
商誉	141 820 328.31	151 439 442.39	资本公积	3 656 193 158.58	3 688 509 043.63
长期待摊费用	78 092 458.84	50 977 264.17	其他综合收益	−28 878 741.68	−5 145 949.15
递延所得税资产	498 944 363.41	350 636 181.46	专项储备	53 960 980.60	33 168 772.31
其他非流动资产	201 532 411.95	94 136 410.76	盈余公积	202 335 263.00	202 335 263.00
非流动资产合计	23 823 665 215.30	23 932 752 420.30	未分配利润	5 627 914 844.74	5 125 257 366.02
			归属于母公司所有者权益合计	14 127 769 727.24	13 660 368 717.81
			少数股东权益	9 932 621 864.49	9 176 532 152.11
			所有者权益合计	24 060 391 591.73	22 836 900 869.92
资产总计	94 400 250 197.19	85 537 738 104.04	负债和所有者权益总计	94 400 250 197.19	85 537 738 104.04

公司负责人：柳江　　　主管会计工作负责人：茆海云　　　会计机构负责人：茆海云

由表1-1或表1-2可见，资产负债表的左边列示了各项资产，右边列示了各种负债及所有者权益（或股东权益）。资产、负债和所有者权益构成了资产负债表的会计要素。根据我国《企业会计准则》，资产是指过去的交易、事项形成并由企业拥有或控制的资源，该资源预期会给企业带来经济利益。负债是指过去的交易、事项形成的现时义务，履行该义务预期会导致经济利益流出企业。所有者权益是指所有者在企业资产中享有的经济利益，其数额为资产总额减去负债总额之后的余额。

如前所述，资产负债表反映企业在某个特定时点（如2023年12月31日）的财务状况。例如，2023年12月31日，四川长虹电器股份有限公司的资产总额为94 400 250 197.19元，而负债总额为70 339 858 605.46元，所有者权益总额为24 060 391 591.73元。“资产总额=负债总额+所有者权益总额”（94 400 250 197.19=70 339 858 605.46+24 060 391 591.73）。因此，资产负债表是一幅企业财务状况的静态图画，资产负债表是财务报表编制日（如2023年12月31日）企业财务结构的“快照”，而在这一天之后或之前的资产负债表可能与之不同。一般来说，企业过去的经营、投资和融资或理财等活动的结果都会反映在资产负债表上。可以说，资产负债表在一定程度上总括地反映了企业全部交易（transactions）或事项（events）及其影响的结果。

资产负债表也反映了企业与其利益相关者之间的契约关系，有助于了解和把握企业在特定时点（如2023年12月31日）的财务结构。但是，资产负债表并不能直接反映企业的经营成果，也不能直接反映企业的现金流动状况。

【延伸阅读资料1-1】

其实，世界各国资产负债表的格式不尽相同。资产负债表通常存在三种形式：

1.账户式

账户式（account form）反映了“资产总额=负债总额+所有者权益总额”这个等式关系，明显地体现了企业使用的资产与外部的权益之间的平衡对应关系。其简明格式见表1-3。

表1-3 **资产负债表（账户式）**

编制单位：某公司 20××年12月31日 单位：万元

项目	金额	项目	金额
流动资产：		流动负债：	
货币资金	15 631	应付票据	3 800
应收票据	3 200	应付账款	11 748
应收账款	5 880	应付股利	2 500
存货	9 507	应付职工薪酬	125
流动资产合计	34 218	流动负债合计	18 173
		非流动负债：	
		应付债券	10 000
		非流动负债合计	10 000
		负债合计	28 173
非流动资产：		所有者权益：	
固定资产	30 029	实收资本	30 000
非流动资产合计	30 029	留存收益	6 074
		所有者权益合计	36 074
资产总计	64 247	负债及所有者权益总计	64 247

2.报告式

报告式（report form）资产负债表所依据的公式为“资产总额-负债总额=所有者权益总额”，突出了所有者权益与净资产之间的内在关系。其简明格式见表1-4。

表1-4 **资产负债表（报告式）**

编制单位：某公司 20××年12月31日 单位：万元

项目	金额
资产：	
流动资产	34 218
非流动资产	30 029
资产总计	64 247
减：负债	
流动负债	18 173
非流动负债	10 000
负债总计	28 173
所有者权益总计	36 074

3.财务状况式

财务状况式（financial position form）资产负债表提供了一个反映财务状况的重要指标——营运资本（working capital）。营运资本等于流动资产总额与流动负债总额之差。其简明格式见表1-5。

表1-5　资产负债表（财务状况式）

编制单位：某公司　20××年12月31日　单位：万元

项　目	金　额
流动资产	34 218
减：流动负债	18 173
营运资本	16 045
非流动资产	30 029
减：非流动负债	10 000
所有者权益总计	36 074

【延伸阅读资料1-2】①

对于报告式资产负债表，其优点是易为信息使用者所理解。但是，从美学的角度看，报告式资产负债表又窄又长，且不对称，给人的感觉就是太冗长了。而账户式资产负债表，把资产及相应的来源分别列于表的左右两方，有利于信息使用者对企业财务状况进行对照、比较与分析，而且从左到右排列，左右对称列示，既美观，又拓宽了人们的视野，符合信息使用者从左到右的阅读习惯。因此，在实务中，账户式是最常见的格式，大多数企业使用账户式资产负债表。

1.2.2　资产负债表的内容

如表1-1或表1-2所示，资产负债表包括资产、负债和所有者权益三大类项目。

1）资产类项目

如前所述，资产是指过去的交易、事项形成并由企业拥有或控制的资源，该资源预期会给企业带来经济利益。符合上述资产定义的资源，只有同时满足如下两个条件，才能确认为资产：第一，与该资源有关的经济利益很可能流入企业；第二，该资源的成本或价值能够可靠地计量。那些符合资产定义但不符合资产确认条件的项目，不应当列入资产负债表。

根据《企业会计准则——基本准则》，资产计量（价）②基础包括：(1) 历史成本(historical cost)。根据历史成本计价原则，资产按照购买或取得时的现金或现金等价物的金额，或者按照购买资产时所付出的对价的公允价值计价。(2) 重置成本（replacement cost)。根据重置成本计价原则，资产按照现在购买相同或者相似资产所需支付的现金或者现金等价物的金额计价。(3) 可变现净值（net realizable value)。根据可变现净值计价原则，资产按照其正常对外销售所能收到现金或者现金等价物的金额，扣减该资产至完工时估计将要发生的成本、估计的销售费用以及相关税费之后的金额计价。(4) 现值(present value)。根据现值计价原则，资产按照预计从其持续使用和最终处置所产生的未

① 魏明海. 比较会计概论［M］. 广州：中山大学出版社，1995：96.

② 这里的资产计量（价）包括初始计价、后续计价（如存货和固定资产）和期末计价（计提减值准备）。

来净现金流量的折现金额计价。（5）公允价值（fair value）。根据公允价值计价原则，资产按照在公平交易过程中，熟悉情况的交易双方自愿进行资产交易或进行债务清偿的金额计价。[①]

根据《企业会计准则第30号——财务报表列报》及其应用指南，资产负债表的资产项目应当分别流动资产与非流动资产列示。资产满足下列条件之一时，应当归为流动资产：其一，预计在一个正常营业周期内变现、出售或耗用；其二，主要为交易目的而持有；其三，预计自资产负债表日起一年内（含一年，下同）变现；其四，自资产负债表日起一年内，交换其他资产或清偿负债的能力不受限制的现金或现金等价物。流动资产之外的资产应当归为非流动资产，并按其性质分类列示。

根据表1-2，四川长虹电器股份有限公司2023年12月31日的资产总额为94 400 250 197.19元。其中，流动资产总额为70 576 584 981.89元，非流动资产总额为23 823 665 215.30元。

2）负债类项目

如前所述，负债是指过去的交易、事项形成的现时义务，履行该义务预期会导致经济利益流出企业。符合上述定义的义务，只有同时满足如下两个条件，才能确认为负债：第一，与该义务有关的经济利益很可能流出企业；第二，未来流出的经济利益的金额能够可靠地计量。那些符合负债定义但不符合负债确认条件的项目，不应当列入资产负债表。

根据《企业会计准则第30号——财务报表列报》及其应用指南，资产负债表的负债应当区分流动负债与非流动负债列示。负债满足下列条件之一，应当归为流动负债：其一，预计在一个正常营业周期内清偿；其二，主要为交易目的而持有；其三，自资产负债表日起一年内到期应予清偿；其四，企业无权自主地将清偿推迟至资产负债表日后一年以上。流动负债之外的负债应当归为非流动负债，并按其性质分类列示。

根据表1-2，四川长虹电器股份有限公司2023年12月31日的负债总额为70 339 858 605.46元。其中，流动负债总额为65 154 226 397.87元，非流动负债总额为5 185 632 207.59元。

3）所有者权益类项目

如前所述，所有者权益是指所有者在企业资产中享有的经济利益，其数额为资产总额减去负债总额之后的余额。在整体或抽象意义上，所有者权益与资产相联系。所有者权益包括所有者投入的资本、直接计入所有者权益的利得或损失、留存收益等项目。

实际上，所有者权益由实收资本、资本公积与留存收益（retained earnings）构成。留存收益是企业历年实现的净利润留存于企业的部分（包括盈余公积和未分配利润）。

根据表1-2，四川长虹电器股份有限公司2023年12月31日的所有者权益总额为24 060 391 591.73元。其中，实收资本或股本为4 616 244 222.00元，资本公积为3 656 193 158.58元，盈余公积为202 335 263.00元，未分配利润为5 627 914 844.74元。

由此可见，资产负债表各个项目按其流动性排列。流动性强的项目，排在前面（资产

① 这里的“公允价值计价原则”的描述援引《企业会计准则——基本准则》的表述。根据《企业会计准则第39号——公允价值计量》第二条，公允价值是指市场参与者在计量日发生的有序交易中，出售一项资产所能收到或转移一项负债所需支付的价格。

负债表上方）；流动性弱的项目，排在后面（资产负债表下方）。

【延伸阅读资料1-3】[1]

总体而言，企业的资产负债表各项目都是按“流动性顺序”排列的。这在习惯上已相对固定下来了，且广泛地应用于商业或制造业企业，但是，也不能排除在其他一些产业中，还有不同的分类及排列顺序。有的先列最重要的项目，例如，铁路及公用事业企业的资产负债表中，先列示厂场设备，而另一边则列示长期债务和股东权益；银行则通常先列示实收资本。此外，有的国家按固定性排列，这种排列顺序刚好与按流动性顺序排列相反。

值得指出的是，尽管账户式资产负债表在实务中被广泛应用，但也并不都是左方列示资产，右方列示负债及所有者权益。一些国家（例如英国和澳大利亚等）恰好相反，左方列示负债及所有者权益，右方列示资产。我们认为英国及深受其影响的澳大利亚是福利国家，注重“社会公众利益”。在这里，“企业说”占主导地位。企业被视为一个社会机构，为许多群体的利益而从事经营活动。这些群体中，除了债权人和股东之外，还包括职工、顾客、征税和立法的政府机构，甚至还包括一般公众。最广义的“企业说”可以理解为“会计的社会说”（social theory of accounting）。从会计角度而言，这意味着财务报表的对象不仅限于股东和债权人，而且包括其他很多群体和一般社会公众。在这种情况下，负债及所有者权益相对较重要，因而，资产负债表左方先列示负债及所有者权益，右方再列示资产。

拓展学习1-2

资产负债表：只见物不见人

另外，有些国家如德国企业的资产负债表不是按流动性顺序排列，而是按固定性排列的。把资产与负债分为流动与非流动部分的目的在于向债权人展示其债权的安全性。这可以说是早期编制资产负债表的最重要的目的，尽管当时的大多数学者并未指出其目的。在今天，对外呈报财务报表的目的已经大为扩大，而资产负债表仅是基本财务报表中的一种，但由于流行的会计实务和会计思想仍带有早期的一些概念和做法，资产与负债依然按其流动性划分，并以此作为资产负债表项目排列顺序。然而，把资产与负债区分为流动与非流动两类展示企业的偿债能力，在今天已不如早期那么重要了。因此，资产负债表显示流动性和偿债能力固然重要，但描述企业经营情况也是重要的。正如斯普拉格（Charles Ezra Sprague）在《账户的哲学》（The Philosophy of Accounts）一书中所讲：“资产负债表上项目的排列具有相当的重要性，特别是当项目很多的时候……在我们所举的例子中，是遵循了可用性顺序，或者说清算的顺序……在工业企业中，生产能力或获利能力比偿债能力更加重要，固定厂场可能要放在资产的首位，而库存现金作为生产能力最差的资产列在末位。但是，无论如何，按照一定原则排列，总比任意排列要好。”这就不难理解为什么铁路及公用事业企业的资产先列示厂场设备，而银行则通常先列示实收资本了。

① 魏明海. 比较会计概论［M］. 广州：中山大学出版社，1995：96-97.

●1.3 利润表

如前所述，利润表回答了“企业是否盈利”这个问题，那么，利润表是如何回答“企业是否盈利”这个问题的呢？

1.3.1 利润表的结构

利润表是企业在一定期间的经营成果（企业盈利能力）记录。更广义地说，利润表记录在某个期间内，企业所创造的所有收入减去该期间内所发生的成本费用之后的余额。这个余额就是该期间内的利润。如果该期间内所发生的成本费用大于收入，企业便出现亏损，即“利润总额=收入总额-成本费用总额”。利润表的基本结构据此而设计。因此，利润表只是利润计算公式的表格化而已。

表1-6列示了企业利润表的一个范例。①

表1-6　利润表　会企02表

编制单位：　年　月　单位：元

项　目	本期金额	上期金额
一、营业收入		
减：营业成本		
税金及附加		
销售费用		
管理费用		
研发费用		
财务费用		
其中：利息费用		
利息收入		
加：其他收益		
投资收益		
其中：对联营企业和合营企业的投资收益		
以摊余成本计量的金融资产终止确认收益		
净敞口套期收益		
公允价值变动收益		
信用减值损失		
资产减值损失		
资产处置收益		

① 财政部《关于修订印发2019年度一般企业财务报表格式的通知》（财会〔2019〕6号）。

续表

项　目	本期金额	上期金额
二、营业利润		
加：营业外收入		
减：营业外支出		
三、利润总额		
减：所得税费用		
四、净利润		
（一）持续经营净利润		
（二）终止经营净利润		
五、其他综合收益的税后净额		
（一）不能重分类进损益的其他综合收益		
1.重新计量设定受益计划变动额		
2.权益法下不能转损益的其他综合收益		
3.其他权益工具投资公允价值变动		
4.企业自身信用风险公允价值变动		
⋮		
（二）将重分类进损益的其他综合收益		
1.权益法下可转损益的其他综合收益		
2.其他债权投资公允价值变动		
3.金融资产重分类计入其他综合收益的金额		
4.其他债权投资信用减值准备		
5.现金流量套期储备		
6.外币财务报表折算差额		
⋮		
六、综合收益总额		
七、每股收益		
（一）基本每股收益		
（二）稀释每股收益		

【实例 1-2】

表 1-7 列示了四川长虹电器股份有限公司 2023 年度的利润表。

表 1-7

利润表[①]

2023 年度

会企 02 表

编制单位：四川长虹电器股份有限公司　　单位：元　币种：人民币

项目	2023 年度	2022 年度
一、营业总收入	97 455 828 421.45	92 481 659 367.24
其中：营业收入	97 455 828 421.45	92 481 659 367.24
二、营业总成本	95 248 671 527.84	90 450 236 047.05
其中：营业成本	86 205 989 292.89	81 731 310 332.10
税金及附加	606 912 664.23	569 879 390.82
销售费用	4 272 049 034.27	3 873 570 250.98
管理费用	1 814 842 398.72	1 742 845 395.97
研发费用	2 213 496 663.06	2 302 786 612.28
财务费用	135 381 474.67	229 844 064.90
其中：利息费用	412 583 574.48	384 693 221.77
利息收入	564 220 884.24	471 753 638.49
加：其他收益	482 960 996.55	410 788 483.76
投资收益	92 337 346.69	94 807 055.43
其中：对联营企业和合营企业的投资收益	132 780 793.39	87 461 712.62
以摊余成本计量的金融资产终止确认收益	−74 097 800.64	−112 709 133.31
公允价值变动收益	271 337 426.87	1 501 415.83
信用减值损失	−436 749 271.36	−687 370 337.16
资产减值损失	−590 193 236.05	−370 535 753.35
资产处置收益	−1 532 843.33	38 331 072.99
三、营业利润	2 025 317 312.98	1 518 945 257.69
加：营业外收入	52 236 480.51	67 785 482.07
减：营业外支出	38 430 678.92	139 124 209.39
四、利润总额	2 039 123 114.57	1 447 606 530.37
减：所得税费用	240 980 611.41	313 228 222.19
五、净利润	1 798 142 503.16	1 134 378 308.18

公司负责人：柳江　　主管会计工作负责人：茆海云　　会计机构负责人：茆海云

① 基于本教材的性质和定位，本表略去“净利润”以下的项目。

1.3.2　利润表的内容

如表1-6或表1-7所示，利润表反映了企业在某个期间内经营成果的主要来源及其构成。收入（revenue）、成本或费用和利润构成利润表的会计要素。

根据表1-6或表1-7，利润表说明：（1）利润不是一个单一的指标。利润包括营业利润、利润总额和净利润等三个不同层次的指标。（2）从上到下，利润表以营业收入为起点，依次展现利润的形成过程或各个项目对利润的贡献（侵蚀）程度。

为了展现企业研发费用的投入情况，揭示企业的"技术含量"或"自主创新的基因"，利润表单独列示了"研发费用"项目，而利润表之所以将净敞口套期收益、公允价值变动收益、信用减值损失、资产减值损失和资产处置收益等五个项目单独列示，是为了便于信息使用者将这些非经常性损益与经常性损益区分开来，以更好地理解企业的经营成果。

【延伸阅读资料1-4】①

在实务中，利润表存在两种格式：

1.多步式

多步式（multiple-step form）利润表根据收入与成本费用的不同类别，分步计算各项不同的收益指标。多步式利润表的简明格式见表1-8。

表1-8　**利润表（多步式）**

编制单位：某公司　　××××年度　　单位：万元

项　目	金　额
销售收入	240 200
减：销售成本	216 258
销售毛利	23 942
减：销售费用	11 315
管理费用	9 817
营业利润	2 810

2.单步式

单步式（single-step form）利润表将所有正常的收入与成本费用项目列在一起，计算出最终的收益指标——利润。单步式利润表的简明格式见表1-9。

表1-9　**利润表（单步式）**

编制单位：某公司　　××××年度　　单位：万元

项　目	金　额
销售收入	240 200
减：销售成本	216 258
销售费用	11 315
管理费用	9 817
营业利润	2 810

① 胡玉明. 西方财务会计［M］. 北京：中国物价出版社，1992：19.

根据表1-7，四川长虹电器股份有限公司2023年度的营业收入为97 455 828 421.45元，营业成本为86 205 989 292.89元，营业利润为2 025 317 312.98元，利润总额为2 039 123 114.57元，净利润为1 798 142 503.16元。

拓展学习1-3

利润表列报方式的意图

乍一看，似乎利润表准确计量了一家企业赚得的可以用于经济活动的现金。其实不然，利润表建立在一系列会计假设、会计原则和会计政策的基础上。现行财务会计是一种权责发生制会计(accrual basis for accounting)，即以权责发生及影响时间确认经济业务。简单地说，收入与现金收入，成本或费用与现金支出在数额、时间上并不等同。最典型的例证就是折旧。折旧是一种现金流入量，但是在会计学上，根据权责发生制，折旧却是一种费用。又如赊销，在权责发生制下，是一种收入，但是却没有导致现金流入。因此，基于会计学语境，企业盈利未必就有现金，企业亏损未必就没现金。这就是“亏损企业可能发放股利，盈利企业可能走向破产”的原因。其实，利润表只是企业经营成果的一段“精彩录像”。

1.4 现金流量表

如前所述，现金流量表回答了“企业的现金流量状况如何”这个问题，那么，现金流量表是如何回答“企业的现金流量状况如何”这个问题的呢?

1.4.1 现金流量表的结构

如前所述，资产负债表和利润表都不能反映一个企业的现金流动状况，只有现金流量表才能反映企业的现金流量状况。现金流量表揭示了企业在一定期间内创造的现金数额。同一期间的现金流入量减去现金流出量就得到该期间的现金流量净额。现金流量表说明企业在满足了所有现金支出之后究竟创造了多少超额的现金。

表1-10列示了企业现金流量表的一个范例。①

表1-10　　现金流量表　　会企03表

编制单位：　　年　月　　单位：元

项　目	本期金额	上期金额
一、经营活动产生的现金流量:		
销售商品、提供劳务收到的现金		
收到的税费返还		
收到其他与经营活动有关的现金		
经营活动现金流入小计		
购买商品、接受劳务支付的现金		
支付给职工以及为职工支付的现金		
支付的各项税费		
支付其他与经营活动有关的现金		

① 财政部《关于修订印发2019年度一般企业财务报表格式的通知》(财会〔2019〕6号)。

续表

项　目	本期金额	上期金额
经营活动现金流出小计		
经营活动产生的现金流量净额		
二、投资活动产生的现金流量：		
收回投资收到的现金		
取得投资收益收到的现金		
处置固定资产、无形资产和其他长期资产收回的现金净额		
处置子公司及其他营业单位收到的现金净额		
收到其他与投资活动有关的现金		
投资活动现金流入小计		
购建固定资产、无形资产和其他长期资产支付的现金		
投资支付的现金		
取得子公司及其他营业单位支付的现金净额		
支付其他与投资活动有关的现金		
投资活动现金流出小计		
投资活动产生的现金流量净额		
三、筹资活动产生的现金流量：		
吸收投资收到的现金		
取得借款收到的现金		
收到其他与筹资活动有关的现金		
筹资活动现金流入小计		
偿还债务支付的现金		
分配股利、利润或偿付利息支付的现金		
支付其他与筹资活动有关的现金		
筹资活动现金流出小计		
筹资活动产生的现金流量净额		
四、汇率变动对现金及现金等价物的影响		
五、现金及现金等价物净增加额		
加：期初现金及现金等价物余额		
六、期末现金及现金等价物余额		

【实例 1-3】

表 1-11 列示了四川长虹电器股份有限公司 2023 年度的现金流量表。

表1-11 **现金流量表** 会企03表

2023年度

编制单位：四川长虹电器股份有限公司 单位：元 币种：人民币

项目	2023年度	2022年度
一、经营活动产生的现金流量：		
销售商品、提供劳务收到的现金	103 208 636 724.38	95 361 312 658.60
收到的税费返还	1 693 434 433.36	1 763 714 827.00
收到其他与经营活动有关的现金	653 903 688.92	622 422 761.48
经营活动现金流入小计	105 555 974 846.66	97 747 450 247.08
购买商品、接受劳务支付的现金	91 343 104 748.10	83 727 059 132.09
支付给职工以及为职工支付的现金	6 526 734 447.70	5 901 915 825.84
支付的各项税费	2 099 012 220.29	1 973 182 108.31
支付其他与经营活动有关的现金	2 732 033 430.63	2 849 850 571.57
经营活动现金流出小计	102 700 884 846.72	94 452 007 637.81
经营活动产生的现金流量净额	2 855 089 999.94	3 295 442 609.27
二、投资活动产生的现金流量：		
收回投资收到的现金	6 251 550 176.90	801 057 907.42
取得投资收益收到的现金	134 583 307.04	138 516 193.62
处置固定资产、无形资产和其他长期资产收回的现金净额	14 028 295.51	253 437 489.96
收到其他与投资活动有关的现金	2 427 670 058.76	1 464 073 674.37
投资活动现金流入小计	8 827 831 838.21	2 657 085 265.37
购建固定资产、无形资产和其他长期资产支付的现金	1 570 820 506.31	1 021 169 929.11
投资支付的现金	5 510 593 325.84	4 629 372 527.76
支付其他与投资活动有关的现金	999 380 296.31	1 663 874 743.13
投资活动现金流出小计	8 080 794 128.46	7 314 417 200.00
投资活动产生的现金流量净额	747 037 709.75	−4 657 331 934.63
三、筹资活动产生的现金流量：		
吸收投资收到的现金	6 010 000.00	448 263 300.97
其中：子公司吸收少数股东投资收到的现金	6 010 000.00	448 263 300.97
取得借款收到的现金	20 715 023 735.09	25 516 838 147.46
收到其他与筹资活动有关的现金	3 328 853 028.42	1 677 201 235.30
筹资活动现金流入小计	24 049 886 763.51	27 642 302 683.73
偿还债务支付的现金	19 943 623 554.58	23 176 976 249.48
分配股利、利润或偿付利息支付的现金	1 397 929 052.12	1 105 482 419.65
其中：子公司支付给少数股东的股利、利润	349 513 154.49	258 882 369.13
支付其他与筹资活动有关的现金	239 742 690.07	6 740 683 517.27
筹资活动现金流出小计	21 581 295 296.77	31 023 142 186.40
筹资活动产生的现金流量净额	2 468 591 466.74	−3 380 839 502.67
四、汇率变动对现金及现金等价物的影响	−441 409 605.04	88 026 286.35
五、现金及现金等价物净增加额	5 629 309 571.39	−4 654 702 541.68
加：期初现金及现金等价物余额	14 741 221 408.74	19 395 923 950.42
六、期末现金及现金等价物余额	20 370 530 980.13	14 741 221 408.74

公司负责人：柳江 主管会计工作负责人：茆海云 会计机构负责人：茆海云

1.4.2 现金流量表的内容

如表1-10或表1-11所示，现金流量表的“现金流量”分为经营活动产生的现金流量、投资活动产生的现金流量和筹资活动产生的现金流量。各类现金流量围绕“现金”又分为“现金流入量”和“现金流出量”。某个期间内的“现金流入量”与“现金流出量”之间的差额就是该期间的“现金流量净额”。

1）经营活动产生的现金流量

经营活动是指企业投资活动和筹资活动以外的所有交易和事项。经营活动产生的现金流量是影响企业现金流量的最重要的因素。

根据我国企业会计准则，经营活动产生的现金流入项目主要包括：①销售商品、提供劳务收到的现金；②收到的税费返还；③收到其他与经营活动有关的现金。

根据我国企业会计准则，经营活动产生的现金流出项目主要包括：①购买商品、接受劳务支付的现金；②支付给职工以及为职工支付的现金；③支付的各项税费；④支付其他与经营活动有关的现金。

根据表1-11，四川长虹电器股份有限公司2023年度的经营活动产生的现金流入量和现金流出量分别为105 555 974 846.66元和102 700 884 846.72元，而经营活动产生的现金流量净额为2 855 089 999.94元。

2）投资活动产生的现金流量

投资活动是指企业长期资产的购建和不包括在现金等价物范围内的投资及其处置活动。

根据我国企业会计准则，投资活动产生的现金流入项目主要包括：①收回投资收到的现金；②取得投资收益收到的现金；③处置固定资产、无形资产和其他长期资产收回的现金净额；④处置子公司及其他营业单位收到的现金净额；⑤收到其他与投资活动有关的现金。

根据我国企业会计准则，投资活动产生的现金流出项目主要包括：①购建固定资产、无形资产和其他长期资产支付的现金；②投资支付的现金；③取得子公司及其他营业单位支付的现金净额；④支付其他与投资活动有关的现金。

根据表1-11，四川长虹电器股份有限公司2023年度的投资活动产生的现金流入量和现金流出量分别为8 827 831 838.21元和8 080 794 128.46元，而投资活动产生的现金流量净额为747 037 709.75元。

3）筹资活动产生的现金流量

筹资活动是指导致企业资本及债务规模和构成发生变化的活动。

根据我国企业会计准则，筹资活动产生的现金流入项目主要包括：①吸收投资收到的现金；②取得借款收到的现金；③收到其他与筹资活动有关的现金。

根据我国企业会计准则，筹资活动产生的现金流出项目主要包括：①偿还债务支付的现金；②分配股利、利润或偿付利息支付的现金；③支付其他与筹资活动有关的现金。

根据表1-11，四川长虹电器股份有限公司2023年度的筹资活动产生的现金流入量和现金流出量分别为24 049 886 763.51元和21 581 295 296.77元，而筹资活动产生的现金流量净额为2 468 591 466.74元。

为了便于理解，可以把现金流量表比喻为一个由“经营活动”“投资活动”“筹资活动”三个“小蓄水池”组成的“大蓄水池”，把“现金”视为“蓄水池”里高度流动的“水”，并用两类“水表”分别计量三个“小蓄水池”里“水”的“流入量”和“流出量”。在一定期间内，如果某个“小蓄水池”的“流入量”大于其“流出量”，那么该“蓄水池”的“水”的存量就越来越多，即企业期末现金存量增加；反之，如果“小蓄水池”的“流入量”小于“流出量”，该“蓄水池”的“水”的存量就越来越少乃至干枯，即企业期末现金存量减少乃至现金短缺。两类“水表”计量的差量就是某个期间内“现金流量净额”。现金流量表详细地描述了“蓄水池”的“进水量”、“出水量”和“存量”。

现金流量表实际上就是对“亏损企业可能发放股利，盈利企业可能走向破产”的解释，也是对资产负债表结果的解释。可以说，资产负债表体现企业经济活动的结果，而现金流量表则体现企业经济活动的过程。现金流量表揭示了企业的现金从哪里来，到何处去。

在短期内，企业可以通过筹资活动产生的现金流入量满足经营活动和投资活动产生的现金流出量需求。但是，从长期的角度看，企业必须靠持续的经营活动产生的现金流量才能维持下去。

根据表1-11，以经营活动、投资活动和筹资活动产生的现金流量净额为基础，综合“汇率变动对现金及现金等价物的影响”（-441 409 605.04元）和“期初现金及现金等价物余额”（14 741 221 408.74元），四川长虹电器股份有限公司2023年度的“期末现金及现金等价物余额”为20 370 530 980.13元。①

拓展学习1-4

国际会计准则理事会发布《国际财务报告准则第18号——财务报表列示和披露》

综合上述，资产负债表、利润表和现金流量表之间存在密切的关系。实际上，从单纯确定当期利润的角度看，只要对比前后两期资产负债表的“所有者权益”项目数额，剔除所有者（股东）的投资和企业的利润分配等因素便可得到当期的利润。利润表解释了资产负债表的“所有者权益”项目变动情况。现金流量表则解释了“盈利的企业为何没有现金”的原因，揭示了利润表的利润“含金量”（利润的现金含量），解释了资产负债表的“货币资金”项目变动情况。因此，资产负债表是企业最基本的财务报表（第一报表）。简而言之，财务报表以会计学特有语言描述企业的基本财务状况、经营成果和现金流动状况。

【延伸阅读资料1-5】②

国际会计准则理事会（International Accounting Standard Board，IASB）和美国财务会计准则委员会（Financial Accounting Standard Board，FASB）共同意识到：会计规范的派别差异与区域差异极大地阻碍了经济资源的国际融通。为此，它们设立了两大会计准则协

① 显然，四川长虹电器股份有限公司2023年度的“期末现金及现金等价物余额”（203 702 530 980.13元）与2023年12月31日资产负债表列示的“货币资金”余额（26 382 196 391.50元）不相等。因为资产负债表的“货币资金”列示的是企业拥有的货币资金，而现金流量表的“期末现金及现金等价物余额”列示的是企业可自由支配的“货币资金”。企业因诉讼、保证金、应收利息和冻结银行存款等原因往往会存在一定数额的“使用受限的现金及现金等价物和应收利息”。显然，企业的“使用受限的现金及现金等价物和应收利息”属于资产负债表的“货币资金”，但因其用途受限（不可自由支配）而不能计入现金流量表的“期末现金及现金等价物余额”。

② 陈敏. 财务报表革命［M］. 北京：中国财政经济出版社，2009：1-21.略有改动。

调项目组，财务报表列报的改进协调是该项目组的子项目。

该子项目的目标是：改进“财务报表列报”，构建高质量的财务信息列报会计准则，消除采用《国际财务报告准则》的企业与采用“美国公认会计原则”的企业间财务列报格式、列报方式、列报内容等差异，使不同地域、不同国家的企业财务报表对使用者的认知发挥同等效用。

2008年10月16日，协调项目组发表了长达168页的《改进财务报表列报咨询建议》。2009年是方案讨论与征求意见阶段，2010年是方案正式定稿阶段，自2011年1月1日开始在全球范围的上市公司实施。

这套改进的财务报表列报方案，对现行的财务报表结构进行了颠覆性的变革，其目的是为财务报表使用者绘制一幅联系紧密的企业经济活动的财务图画，分解对未来现金流量预测的有用信息，从而有助于财务报表使用者评价企业的流动性与财务弹性。

那么，为何要改革现行财务报表呢？因为现行财务报表不能充分反映各项经济活动对企业过去与未来的影响，现行财务报表列报框架与内容妨碍了财务报表使用者对企业的认知。更重要的是，财务报表使用者已经改变了其财务报表的信息需求，财务报表使用者关注财务报表的重点已经从“结果”转向“过程”。

具体地说，现行资产负债表存在如下缺陷：(1) 现行资产负债表相当于复式记账方法下总括的“丁字账”，将“借方余额”与“贷方余额”列示在“丁”字的两边，使之左右对等。(2) 现行资产负债表的分类较为简单，只反映是什么，没反映干什么。因为干什么能够传递各项资产、负债的作用。(3) 从现行资产负债表格式看，资产负债表比较消极，主要反映资产负债表性质，只提供流动性的分析信息，并没有按各项资产负债功能进行详细的分类。例如，各项“资产”“负债”用于何种活动？该项活动与企业核心目标存在何种关系？该项活动与企业获利能力存在何种关系？该项活动与企业现金流量存在何种关系？

就利润表而言，不同性质损益的信息，对财务报表使用者预测未来非常有用。但现行利润表将经营活动（operating activity）、投资活动（investing activity）和筹资活动（financing activity）归为“营业活动”（business activity）。殊不知，经营活动是企业核心业务，其获利能力具有可持续性；投资活动虽然能够为企业获得经济利益，但风险很大，且受市场环境影响较大，具有较大的不确定性；筹资活动主要形成企业负债与融资费用，不直接创造收益，但为创造收益的经营活动筹集资金。三种不同性质的营业活动对企业损益影响程度、影响方向大相径庭，不能混为一谈。财务报表使用者既需要了解企业营业活动的内容，又需要了解各项营业活动对企业创造价值的影响。

价值引领

1. 如何理解财务报表的静态平衡与动态变化的和谐发展理念，进而树立正确的“义利观”？

2. 党的二十大报告强调“加快发展数字经济”。结合党的二十大精神，如何借助财务报表助力企业数字化转型，“加快发展数字经济”？

[总结与结论]

财务报表以会计特有语言描述企业的基本财务状况、经营成果和现金流动状况。财务报表是会计信息使用者理解企业经济活动过程以及结果的重要载体。财务报表是财务报表分析的重要载体。

无论企业的组织结构、业务内容、经营规模如何不同，也不管企业是否取得了“惊天动地”的成就，所有的企业都通过资产负债表、利润表和现金流量表描述其财务状况、经营成果和现金流动状况。

资产负债表是企业某个特定时点财务结构的“快照”，利润表是企业一定期间经营成果的“一段精彩录像”，而现金流量表则揭示了“企业现金从哪里来，到何处去”，进一步解释资产负债表和利润表的结果。资产负债表、利润表和现金流量表存在密切的关系。

[练习题库]

★ 网络习题

上网（如巨潮资讯网 www.cninfo.com.cn/new/index）任意选择一家上市公司的年度财务报告为样本。然后，回答以下问题：

1.该公司报告期的资产总额、负债总额和所有者权益总额分别是多少？

2.该公司报告期的营业收入、营业成本、公允价值变动收益、资产减值损失、信用减值损失、营业利润、利润总额、净利润和综合收益分别是多少？

3.该公司报告期的经营活动产生的现金流入量、经营活动产生的现金流出量和经营活动产生的现金流量净额分别是多少？

4.该公司报告期的投资活动产生的现金流入量、投资活动产生的现金流出量和投资活动产生的现金流量净额分别是多少？

5.该公司报告期的筹资活动产生的现金流入量、筹资活动产生的现金流出量和筹资活动产生的现金流量净额分别是多少？

6.该公司报告期的汇率变动对现金及现金等价物的影响、现金及现金等价物净增加额分别是多少？

★ 业务题

1.某独资企业20×1年年初的负债总额为25 000元，20×1年年末的负债总额为20 000元。该企业20×1年年末的所有者权益总额为30 000元，20×1年年末的资产总额比20×1年年初的资产总额多10 000元。如果资本投入的数额比利润分配的数额多4 000元，那么：

（1）计算该独资企业20×1年度的利润。

（2）既然只要根据前后两期的资产负债表就可以计算出当期利润，为什么还要编制利润表呢？

2.某服务企业在20×1年1月1日创立，第一年免税，到20×1年12月31日，其有关账户余额见表1-12。

表1-12　　　　　　　　　　**某服务企业账户余额表**

20×1年12月31日　　　　　　　　　　单位：元

项　目	余　额
应付账款	8 645
应付票据	10 000
货币资金	39 861
固定资产——房屋	54 000
累计折旧——房屋	1 800
固定资产——设备	19 200
累计折旧——设备	2 400
实收资本	100 000
应收账款	23 300
应付职工薪酬	7 130
管理费用——电话费	324
服务收入	26 120
销售费用——广告费	500
资料费	450

要求：

（1）编制该服务企业20×1年度的利润表和20×1年12月31日的资产负债表。

（2）计算该服务企业20×1年12月31日的未分配利润。

★ 案例分析

根据【实例1-2】资料，要求：

1.请将四川长虹电器股份有限公司2023年度的利润表（净利润部分见表1-7）由多步式转化为单步式。

2.讨论由此可能导致哪些有用信息的缺失。

★ 思考题

1.如何理解资产、负债与所有者权益之间的平衡关系？

2.利润表为什么要单独列示研发费用、净敞口套期收益、公允价值变动收益、信用减值损失、资产减值损失和资产处置收益等项目？

3.如何理解现金流量表揭示了“企业现金从哪里来，到何处去”？

4.如何理解资产负债表、利润表和现金流量表之间的关系？

5.如何理解资产负债表体现了“平衡过程求发展”的思想，而现金流量表体现了“发展过程求平衡”的思想？

6. 如何借助财务报表隐含的和谐发展理念，树立正确的“义利观”？

★ **讨论题**

1. 国有企业的资产负债表能反映人们常说的“国有资产”吗？
2. 如果李四拥有一家资产总额为100亿元的企业，李四算富有的人吗？
3. 在有限责任公司中，注册资本是公司承担法律责任的财务基础吗？
4. 为什么利润表的“净利润”与现金流量表的“现金流量净额”通常不一致？
5. 如何借助财务报表助力企业数字化转型，“加快发展数字经济”？

[延伸阅读文献]

[1] 中华人民共和国财政部．企业会计准则第30号——财务报表列报（2014）[M]．北京：中国财政经济出版社，2014.

[2] 陈敏．财务报表革命 [M]．北京：中国财政经济出版社，2009.

[3] 陈敏．财务报表列报研究：过去、现在、未来 [M]．北京：经济科学出版社，2011.

[4] 马歇尔，麦克玛纳斯，维勒．会计学：数字意味着什么 [M]．沈治，刘祖基，译．8版．北京：人民邮电出版社，2013.

[5] 张新民．会计与财务报表分析 [M]．北京：人民日报出版社，2019.

[6] 胡玉明，陈晓敏，周茜．会计学 [M]．4版．北京：中国人民大学出版社，2024.

[7] 本书编写组．党的二十大报告辅导读本 [M]．北京：人民出版社，2022.

第2章

财务报表分析框架

[学习目标]

知识传授：理解会计信息的需求与供给及其对会计信息质量的影响；通过企业经济活动转化为企业财务报表的过程，理解财务报表的内在局限；理解财务报表分析的基本框架。

能力培养：拓宽视野，立足现代企业制度与金融市场，理解会计信息在社会经济发展中的重要作用。

价值塑造：通过历史看现实，透过现象看本质，树立系统思维；借助财务报表分析，通过高质量会计信息引导资源配置，"充分发挥市场在资源配置中的决定性作用"。

如前所述，财务报表是财务报表分析的主体，但财务报表以"会计特有语言"描述企业经济活动过程及其结果。基于新的经济环境，财务报表的"会计特有语言"具有与生俱来的某些缺陷。如何借助财务报表分析新思维，突破"就财务报表论财务报表"的思维桎梏，就显得尤为重要。

2.1 会计信息的需求与供给

会计信息意味着什么（What accounting information means）？基于企业与金融市场环境，会计信息是社会财富分配或利益转移的基础。理解会计信息的需求与供给，有助于判断会计信息的质量。

2.1.1 现代企业制度与金融市场的共生互动性

从企业组织形式演进的历史进程来看，最早的企业组织形式是独资企业，随后才是合伙企业。无论是独资企业还是合伙企业，随着经济的发展、市场的拓宽和需求的日益增大，企业的生产规模也会继续扩大。即使每年业主或合伙人自己拿出一部分资金用于再投资，以扩大生产规模，企业的业主或合伙人仍然感到资金紧张。这时，企业的业主或合伙人发现自己处于这样一个困境：企业越成功，发展得越快，资金越短缺。但企业要扩大规模，就需要投入更多的资金。企业一旦建立了良好的信誉，就可以通过银行贷款获得资金，然而，对于一家迅速成长的企业而言，要是财务状况良好，偿债能力也强，向银行贷款自然比较顺利。但是，如果企业的经营状况并没有像预料的那么顺利，企业会出现亏损，这时，银行债务的沉重负担也许会使企业从此一蹶不振。因此，一般来说，无论从银行角度还是从企业角度来看，企业都不会去冒如此大的风险完全依赖债务生存。经过长期的实践与探索，企业的业主或合伙人便想到，通过使更多的人分享企业利润或分担企业亏损的方式来获得更多的资金（股本）可能是一种较为理想的筹资途径。由此，股份有限公司特别是上市公司（以下简称“公司”）这种企业组织形式便应运而生。

公司与上述的独资企业或合伙企业完全不同。公司是依法创立的法人组织，具有所有权与经营权相分离的重要特性。由于这个特性，公司具有如下三个特点：(1) 可以较长期地持续经营。公司的股份可以转让，公司不会因为所有者或经营者的死亡而宣告结束，除非公司的经营活动导致破产清算，否则公司就可以较长期地持续经营。(2) 便于股份的转让。公司的注册资本划分为若干等额的股份，谁持有股份谁就拥有公司的所有权。在发达金融市场上，股份的转让相当方便。(3) 公司的所有者即股东只负有限的偿债责任。公司的股东只以其出资额对公司的债务负责。基于这些特点，公司筹集资金的能力很强。

从企业组织形式的发展历程可以看到：它是沿着从独资企业到合伙企业，一直到公司这样一条道路发展的。这条发展道路经历了相当长的时间，其中也有许多原因和背景，但是，有一点是肯定的：现代公司制度的产生和发展与如何满足企业发展过程所需要的资金（包括通过哪些渠道和方式筹集资金）这个问题密切相关。就此而言，企业组织形式发展的轨迹是一条“资金拉动”型的路径。

企业组织形式发展的轨迹离不开金融市场。所谓“金融市场”，通俗地说，就是资金融通的场所。一个完善而发达的金融市场，应该是由金融市场的主体（金融机构）、客体（金融工具）和参与者（资本需求者和资本供应者）三个部分组成的金融体系。在所有金融市场参与者中，现代公司是主力军。从某种意义上说，如果没有公司的存在、发展和积极参与，金融市场将难以蓬勃发展。从历史上看，企业组织形式的演化，特别是现代公司制度的形成、发展和完善，是与金融市场的建立和发展相辅相成的。因为金融市场为公司提供了资金融通的场所，可以说，没有完善的金融市场，就没有现代公司制度；而没有现代公司制度，也就没有发达的金融市场。这就是现代企业制度（尤其是公司制度）与金融市场的共生互动性。这种共生互动性强化了财务报表及财务报表分析的重要性。

现代企业制度（尤其是公司制度）与金融市场的共生互动性是理解会计信息需求与供给关系的基础。这种以公司制度为基础而出现的经营权与所有权相分离的现象对现代会计产生了极为重大而深刻的影响。正是基于两权分离，适应企业的所有者和经营者的不同信息需求，现代会计才逐步形成两个相对独立的领域：财务会计（financial accounting）与管理会计（management accounting）。

通俗地说，财务会计就是为融资服务的会计（financial accounting means accounting for financing），它主要面向金融市场，在公认会计原则（generally accepted accounting principles，GAAP）的指引下，通过定期的通用财务报告（财务报表是通用财务报告的重要组成部分）[①]，为与企业存在经济利益关系的各界人士即利益相关者服务，从而履行所

① 基于本教材的主题，后续章节将用“财务报表”替代“通用财务报告”。

有者与经营者的“受托责任”（accountability）。管理会计就是为管理服务的会计（management accounting means accounting for management），在“相关信息适时地提供给相关的人”（right information is provided to right people at the right time）的原则指引下，它主要面向企业，通过不定期的内部管理报表（internal management report）或绩效报告（performance report）为企业内部经营管理服务，从而履行企业内部各层次经营者之间的“受托责任”。

由此，基于现代企业制度（尤其是公司制度）与金融市场环境，会计信息的需求与供给可以分别从内部与外部两个视角予以分析。

2.1.2　会计信息的需求

1）从外部需求的角度看会计信息的需求者

（1）股东和潜在股东。就经济实力而言，公司主导着现代经济社会。近代较大规模的企业，大多数是通过金融市场筹集资金的股份公司。随着现代企业制度与金融市场的形成和发展，股东和潜在股东广泛地分散在社会的各个角落，其中绝大多数股东和潜在股东又远离经营主体，失去了对企业的支配权力。这些股东实际上与企业外部的债权人具有相类似的性质，他们与企业存在密切的经济利益关系，但都不直接参与企业的经营管理活动，他们只能靠财务报表所提供的会计信息了解企业的经济活动过程及结果。例如，现有的股东关心的是投入资本的安全与盈利分配，他们通过财务报表所提供的会计信息了解企业的财务状况和经营成果，以便对其掌握的股份做出价值评估；潜在的股东也需要通过财务报表所提供的会计信息了解企业的财务状况和经营成果，以便确定是否投资入股。

（2）债权人和潜在债权人。债权人和潜在债权人与企业股东和潜在股东具有相类似的性质，他们与企业存在密切的经济利益关系，但也都不直接参与企业的经营管理活动。他们同样只能靠财务报表所提供的会计信息了解企业的经济活动过程及结果。例如，商业银行作为长短期债权人需要了解企业的盈利能力和现金流量状况，判断企业的偿债能力，以便决定相应的对策和措施；供应商也需要了解企业的经营状况和偿债能力，以便决定其信用政策。

（3）基金经理。在一个有效的金融市场上，机构投资者占主导地位。为了更好地确定投资组合，基金经理有必要，也有能力分析财务报表所提供的会计信息，从而评估企业的投资价值。

（4）证券分析师。为了社会公众利益，证券分析师或股评专家需要分析财务报表所隐含的会计信息，从而更好地选股或推荐有投资价值的目标企业或股票。

（5）潜在员工（求职者）。财务报表提供的会计信息可能影响潜在员工（求职者）择业。财务报表提供的会计信息不仅引导财务资源的合理流动，也引导人力资源的合理流动。“知彼知己，百战不殆”。潜在员工如大学毕业生求职前可以先阅读目标企业（求职企业）的财务报表，了解目标企业的基本情况，进而既可以从容应对面试，也可以借此判断目标企业是否适合自己。

（6）税务机关。为了更好地执行税法及相关法规并培植税源，税务机关需要利用财务报表所提供的会计信息，了解企业纳了多少税，是否依法纳税，未来的纳税前景如何。

（7）立法和监管机构。基于“会计信息是社会财富分配或利益转移的基础”，政府的立法和监管机构也是会计信息的需求者。例如，立法机构通过财务报表所提供的会计信息，了解社会财富或利益分配是否公正，从而反思或修改相关的法律或法规。中国证券监督管理委员会需要通过财务报表所提供的会计信息，了解企业是否充分披露信息，所披露的会计信息是否误导投资者的决策，投资者是否便于理解企业公开披露的会计信息。

2）从内部需求的角度看会计信息的需求者

（1）董事会。董事会是企业所有者与经营者相联系的桥梁，一方面需要利用财务报表所提供的会计信息辅助战略的制定，另一方面需要利用会计信息评估经营者履行“受托责任”的情况。

（2）监事会。为了保证董事会的有效运作并监督董事会成员和经营者认真履行“受托责任”，监事会同样需要利用财务报表所提供的会计信息。

（3）经营者。为了保证企业战略的制定及有效执行，企业的经营者同样需要利用财务报表所提供的会计信息，评估自己履行“受托责任”的情况。除了是财务报表的信息需求者之外，企业经营者还是内部管理报表的信息需求者。企业经营者利用内部管理报表所提供的会计信息实施经营决策和管理控制，并评估企业经营过程及成效，反馈于战略的制定。

（4）工会组织。作为代表企业员工利益的工会组织自然也是会计信息的需求者。工会组织通过财务报表所提供的会计信息，了解员工的权益是否得到保障，利益分配是否公正，企业是否履行社会责任（social responsibility）。

（5）员工。毫无疑问，员工也是财务报表所提供的会计信息的需求者。员工利用会计信息评估企业经营状况，了解企业能否可持续发展，从而评估企业能否为员工提供稳定的就业环境，以及企业的工资福利待遇是否会发生变动、企业的工资福利待遇是否与企业经营成果挂钩等情况。

2.1.3 会计信息的供给

从理论上说，会计信息生产过程决定了会计信息质量。这就涉及会计信息供给（生产）者的责任问题。一般认为，企业经营者是会计信息的供给（生产）者。其实，对企业披露的财务报表做出独立鉴证的注册会计师也是会计信息的供给者，对会计信息质量同样要承担必要的责任。如果企业经营者提供的财务报表存在质量问题，注册会计师能够恪守其应有的独立审计准则，那么，会计信息的质量还是可以得到保证的。与此相反，如果企业经营者提供的财务报表存在质量问题，而注册会计师没有恪守其应有的独立审计准则，低质量的会计信息由此产生，而且会遍布整个社会。因此，企业经营者是保证会计信息质量的“第一道防线”，而注册会计师是保证会计信息质量的“第二道防线”。如果注册会计师能够守住保证会计信息质量的“第二道防线”，会计信息质量就可以得到保证。因此，从内部供给的角度看，会计信息的供给者就是企业经营者，而从外部供给的角度看，会计信息的供给者就是注册会计师。①

总之，基于现代企业制度与金融市场环境，会计信息不是枯燥的数字，会计信息是社会财富转移或利益分配的基础，其背后隐藏着经济利益或政治利益，甚至两者兼而有之。会计信息质量是会计信息的需求与供给双方权衡与博弈的结果，其权衡与博弈过程就是利益争端与平衡的过程。现代企业是一系列契约的连接点，而“契约的实质就是信息”。现

① 就上市公司而言，董事会下属的审计委员会是确保会计信息质量的“第三道防线”。

代企业正是通过披露或提供高质量会计信息解除企业与社会各界的“受托责任”，减少“信息不对称”，“摆平”利益相关者的各种利益关系，从而，引导社会资源的有效配置。这也是财务报表分析的基本立足点。

图 2-1 描绘了会计信息供需双方对会计信息质量的影响。

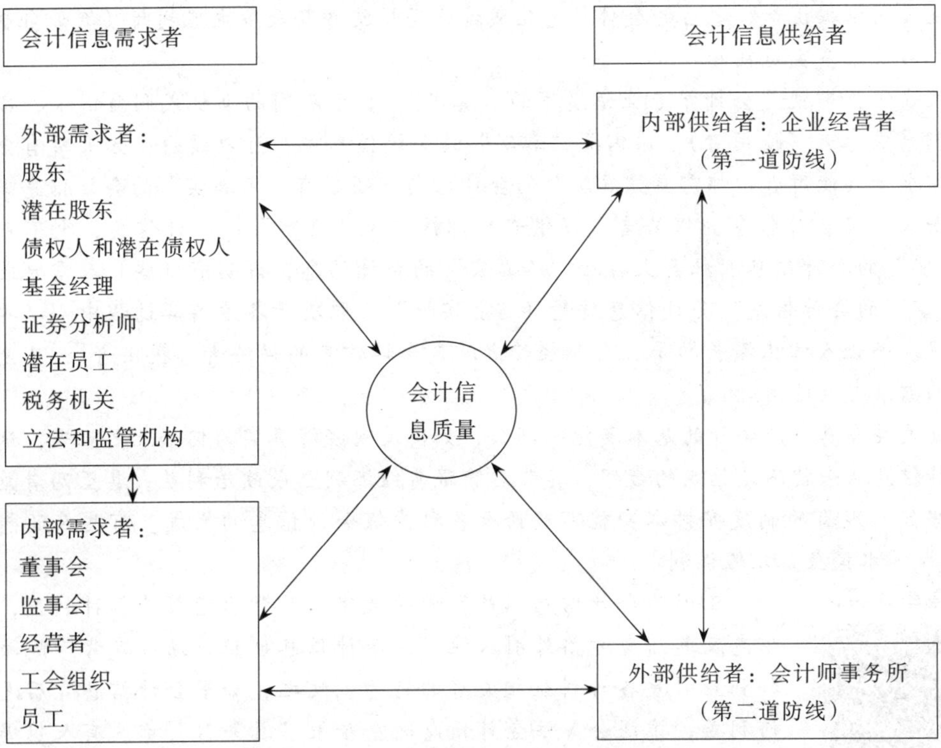

图2-1　会计信息供需双方对会计信息的影响

【延伸阅读资料 2-1】①

芸芸众生都听说过“会计”，也与“会计”打过交道，对“会计”都“似曾相识，却又不甚明了”，而真正懂得“会计”的人并没有那么多。“庙堂”话语体系的“真实”与“江湖”话语体系的“真实”不同。除了“货币资金”，许多“会计要素”都难以达到芸芸众生所认知的“真实”境界。如果“货币资金”包括外币，也难以达到芸芸众生所认知的“真实”境界。“会计”的期末盘点只能“盘点”资产要素的数量（有时，资产要素的数量都难以准确地“盘点”），却“盘点”不了资产要素的价值。

许多会计信息是会计人员“做”出来的，专业术语美其名曰“加工、整理”。会计信息生成过程就是会计人员基于特定经营环境和经营战略，用会计特有语言（例如会计准则）将丰富多彩的经济活动“翻译”为商业语言（会计信息）的过程。这个“翻译”过程受到众多因素的影响，导致会计信息并非经济活动的“原样照映”。因此，以财务报表为主要载体提供的会计信息天然“失真”，但未必“虚假”。“虚假”是“无中生有”，“失真”则原本就“有”，只是如何以会计特有语言表达或呈现出来的问题。理解会计信息生成过程，就可以理解“失真”与“虚假”的差别。“失真”是“会计”的固有缺陷，而“虚假”则是人为的“伪造”。“庙堂”里的专业人士讨论的“真实”是会计学专业语境下

① 胡玉明. 论数字化时代的会计信息质量［J］. 财会月刊，2024（5）：11-17.

的"真实"。因此，会计学专业语境下的"真实"是加双引号的"真实"。

当然，会计学专业语境下的"真实"与法律专业语境下的"真实"不同。法律专业语境下的"真实"强调"真的，假不了；假的，真不了"，一切用证据说话。基于会计学专业语境，经济活动（业务）发生之后，取得原始凭证（有时，也难以取得合法的原始凭证）还算用证据说话，之后的会计信息生成过程恐怕就涉及众多主观判断（例如自制原始凭证就涉及众多主观判断）。

在我国，即便是会计学专业语境下的"真实"，基于不同的动机或利益诉求，各种内外部信息需求者（使用者），谁需要"真实"的会计信息呢？可以设想：如果所有会计信息的需求者（使用者）都需要"真实"的会计信息，还会有"不真实"的会计信息吗？反之，如果所有会计信息的供给者（提供者）都提供了"真实"的会计信息，也不可能有"不真实"的会计信息。社会上存在"不真实"的会计信息，说明有（些）人需要或提供"不真实"的会计信息。会计信息质量（"真实性"）取决于各方博弈过程中哪（些）方占上风。而让人意味深长的是，企业经营者既是会计信息的供给者（提供者），又是会计信息的需求者（使用者）。

反映经济真实是会计的基本职能。那么，如实反映经济真实为何如此之难呢？这是因为会计信息从来就不是枯燥的数字，其背后隐藏着经济利益或政治利益，甚至两者兼而有之。当然，现有的制度安排本身就可能诱致各种虚假会计信息的生成。有些人还想通过"假账"浑水摸鱼，以假谋利。

拓展学习2-1

有效的会计系统必须解决三大问题

正因为会计信息不是枯燥的数字，其背后隐藏着各种利益，会计信息及其质量才格外引人注目。会计信息也正是通过其背后隐藏的各种利益引导各种利益相关者的行为。反之，如果会计信息背后没有任何利益，谁还会关注会计信息呢？如果"真茅台"都没有人想喝，还会出现"假茅台"吗？因此，洞察会计信息背后隐藏的各种利益，才有可能"对症下药""分类治理"（"失真"交给会计学家去研究，"虚假"交给法学家去解决），从而提高会计信息质量。

2.2 从企业经济活动到企业财务报表

在市场经济环境下，企业总是基于一定环境和战略从事经济活动，而绝大多数企业由经营者负责经营。通俗地说，现代企业的经营模式就是"经营者用他人的钱，为他人赚更多的钱"。由此，企业经营者就是面对企业内外部环境，从人才市场和金融市场获得人力资源和财务资源并整合这些资源为企业创造价值，企业经营者为此制定经营战略并在企业实施这些战略。

财务报表用"会计特有语言"总结了企业经济活动的财务后果。会计系统提供了一种机制，通过这种机制，对企业的经济活动进行确认、计量，以财务报表的形式对外报告，从而完成了从企业经济活动到企业财务报表的转化过程。图2-2描述了从企业经济活动到企业财务报表的转化过程。[①]

① 佩普，希利，伯纳德.运用财务报表进行企业分析与估价［M］. 孔宁宁，丁志杰，译.2版.北京：中信出版社，2004：5.略有改动。

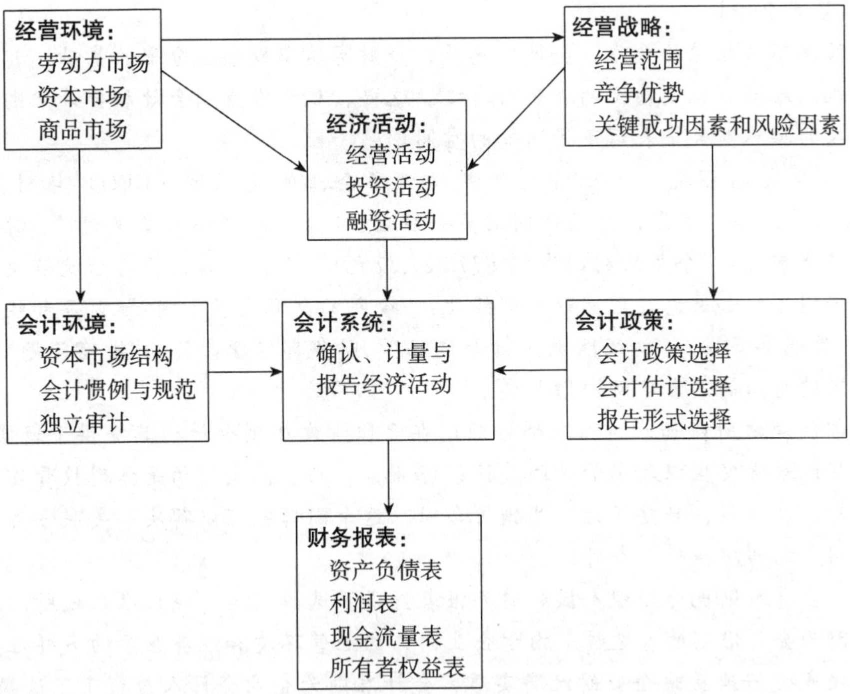

图2-2　从企业经济活动到企业财务报表的转化过程

图2-2描述了企业基于特定经营环境和经营战略所从事的经济活动，经过会计环境、会计政策和会计系统的影响、加工，最终表现为企业财务报表的过程。由图2-2可见，在从企业经济活动到企业财务报表的转化过程中，许多因素导致企业财务报表不能真实、完整地反映企业经济活动。这些因素主要是：

（1）会计用特有语言描述企业经济活动。会计特有语言体现在会计准则中。会计基于会计准则描述企业的经济活动。这就将难以通过会计准则描述的经济活动排除在会计视野之外。

（2）权责发生制会计（accrual accounting）。基于现代企业制度安排，尤其是现代企业的委托代理关系，权责发生制存在许多优点，但是，其人为武断因素同样不容否认。正是由于权责发生制的这个内在缺陷，受到利益的驱动，人们可能操纵财务报表，而现行的会计准则在某种意义上却为人为操纵财务报表提供了选择空间。

（3）审计准则以及以此为基础的审计行为可能强化财务报表本身的内在缺陷。由独立于财务报表编制者的机构或人员对财务报表进行审计，减少了会计信息的使用风险，在一定程度上提高了会计信息的质量，但是，也可能强化财务报表本身的内在缺陷。因为它认可了长期延续下来的会计规则和常规，而这些会计规则和常规本身存在缺陷。审计准则以及审计行为使得本身存在缺陷的会计准则得以更有效地执行，这样，审计准则以及审计行为就有可能放大会计准则的内在缺陷。从这个意义上说，审计准则以及审计行为的有效性取决于会计准则的完美性。

拓展学习2-2

权责发生制与收付实现制

【延伸阅读资料2-2】[①]

会计信息不是枯燥的数字，会计信息是社会财富转移或利益分配的基础，其背后隐藏着经济利益或政治利益，甚至两者兼而有之。这样，权责发生制会计和会计准则为企业经理人试图人为操纵财务报表留下了选择的空间。

在某些特定的环境下，权责发生制改变了企业的总经理（CEO）与财务部经理（CFO）对话的内容。早期，总经理问财务部经理："今年的利润有多少啊?" 财务部经理会直截了当地回答："今年的利润为57 877 827.77元!" 干脆利落，两句话就解决问题。现在可有点不同了。如果总经理问财务部经理："今年的利润有多少啊?" 财务部经理会反问总经理："你想要多少?" 总经理说："1个亿吧!" 财务部经理回答："没有问题!" 同样干脆利落，不过对话的内容从两句增加到四句。

财务部经理之所以如此自信，部分原因在于权责发生制会计为其提供了现实可能性。权责发生制以权责发生以及影响时间确认经济业务，而合同或契约是体现权责发生以及影响时间的标志。这样，只要签订一些销售合同，这个问题就可以解决。关联方关系及其交易为这个问题的解决提供了条件。

当然，会计准则也为经理人操纵财务报表提供了选择空间。会计准则之所以存在选择空间，是因为会计准则的普适性。由于企业面临的经营环境和经济业务的多样性，为了使企业财务报表更好地反映企业的经济实质，会计准则为企业会计人员留下了选择的空间，以期让会计人员能够选择最能体现或反映本企业经济实质的会计方法，从而更好地展示本企业的经营绩效。然而，由于会计信息具有经济后果，会计准则的良好期待未必带来良好的结果：基于各种考虑，会计人员往往不是选择最能体现或反映本企业经济实质的会计方法，而是选择最能达到或实现企业意图的会计方法。因此，理想与现实之间往往存在矛盾，"良好的愿望未必有良好的结果"。

拓展学习2-3

财务报表就像相片

如此一来，从企业经济活动到企业财务报表的转化过程就存在许多"噪声"，财务报表难以真实、完整地反映企业经济活动，基于新经济环境，财务报表的"噪声"越来越多。因此，如何"通过历史看现实，透过现象看本质，树立系统思维"就显得尤为重要。

●2.3　财务报表分析的基本框架

许多财务报表分析者一看到财务报表，就马上埋头分析起来，其实，这种做法并不合理。

尽管财务报表充满数字，但是，财务报表分析的基本逻辑却必须跳出繁杂琐碎的数字迷宫，从企业经济活动透视财务报表，从财务报表回归到企业经济活动，从而梳理财务报表分析的整体框架。由图2-2可见，经济活动是财务报表试图反映的经济实质，财务报表只是用来反映企业经济活动的一面"镜子"。如果财务报表分析者不了解企业所面临的经营环境、经营战略、会计环境和会计政策，仅仅陷入会计数字的迷宫，就难以把握和理解企业经济活动的实质。这时，财务报表分析就可能演化成为一种"重形式、轻实质"的

① 根据作者在企业实地调查情况整理。

"数字游戏"。

图2-3清晰地描述了有效的企业经济活动分析的框架[①]。

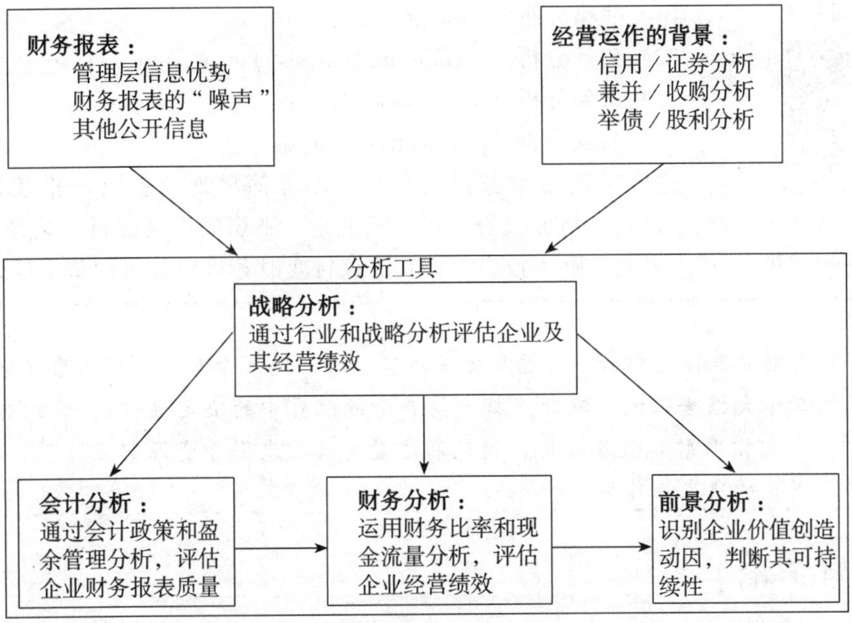

图2-3　企业经济活动分析的框架

企业价值取决于其运用资金获得超过资本成本的收益的能力，而这种能力又受制于行业的选择、经营战略的定位、多元化还是专业化的战略思维。只有充分了解企业行业的竞争态势、竞争优势的持久性、多元化或专业化的适应性，才能对企业获取超额收益的能力的可持续性（价值创造动因及其可持续性）做出合理判断，而这正是企业战略分析的焦点之所在。会计分析和财务分析则是最为有效而直接的分析工具。当然，财务分析的有效性不仅取决于其之前的战略分析，还受到会计分析的影响。

因此，财务报表分析的基本框架可以用图2-4描述如下：

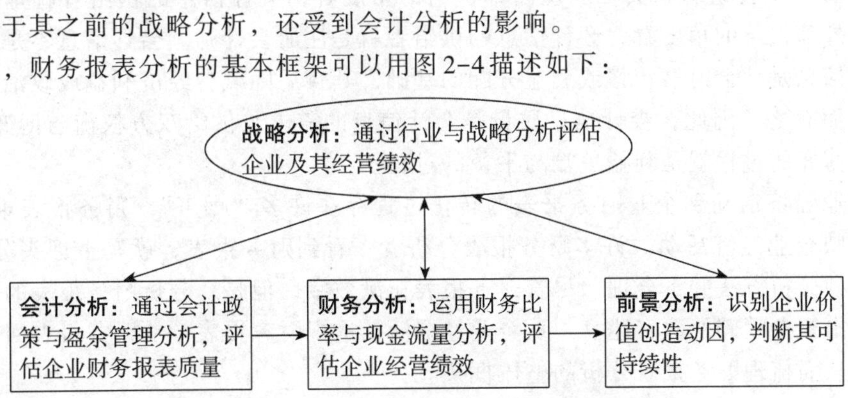

图2-4　企业财务报表分析的基本框架

根据图2-4，财务报表分析者首先要分析企业的战略以及定位，然后进行会计分析，评估财务报表的会计数据及其质量，再进行财务分析，评价企业的经营绩效，最后进行前景分析，诊断企业未来发展前景。唯有如此，财务报表分析者才能从"环境-战略-行为-

① 帕利普，希利．经营分析与估值［M］．刘媛媛，译．5版．大连：东北财经大学出版社，2014：10.略有改动。

过程-结果”一体化的视野理解和把握“结果”，从而不仅“知其然”，更“知其所以然”。因此，财务报表分析的基本框架包括：

拓展学习2-4

基于经理人双重角色的财务报表质量

（1）战略分析（strategy analysis）；

（2）会计分析（accounting analysis）；

（3）财务分析（financial analysis）；

（4）前景分析（prospective analysis）。

这就决定了财务报表分析者不能简单地“就财务报表论财务报表”，否则，财务报表分析者只能是“不识庐山真面目，只缘身在此山中”。因此，财务报表分析者应该转变财务报表分析的基本逻辑思维。

价值引领

1.如何借助财务报表分析，通过历史看现实，透过现象看本质，树立系统思维？

2.党的二十大报告强调“充分发挥市场在资源配置中的决定性作用”。结合党的二十大精神，如何借助财务报表分析，通过高质量会计信息引导资源配置，“充分发挥市场在资源配置中的决定性作用”？

[总结与结论]

现代企业制度（尤其是公司制度）与金融市场的共生互动性是理解会计信息需求与供给关系的基础。基于现代企业制度与金融市场环境，会计信息的需求与供给可以分别从内部与外部两个视角予以分析。从外部需求的角度看，会计信息的需求者主要包括：股东与潜在股东、债权人与潜在债权人、基金经理、证券分析师、潜在员工（求职者）、税务机关、立法和监管机构。从内部需求的角度看，会计信息的需求者主要包括：董事会、监事会、经营者、工会组织和员工。从内部供给的角度看，会计信息的供给者就是企业经营者，而从外部供给的角度看，会计信息的供给者就是注册会计师。会计信息不是枯燥的数字，会计信息是社会财富转移或利益分配的基础，其背后隐藏着经济利益或政治利益，甚至两者兼而有之。因此，会计信息质量是会计信息的需求与供给双方权衡与博弈的结果，其权衡与博弈的过程就是利益争端与平衡的过程。

从企业经济活动到企业财务报表的转化过程存在许多“噪声”，财务报表难以真实、完整地反映企业经济活动。许多财务报表分析者一看到财务报表，就马上埋头分析起来。其实，这种分析方法并不合理。尽管财务报表充满数字，但是，分析财务报表的基本逻辑却必须跳出繁杂琐碎的数字迷宫，从企业经济活动透视财务报表，从财务报表回归企业经济活动，从而梳理财务报表分析的整体框架。

财务报表分析的基本框架包括：（1）战略分析；（2）会计分析；（3）财务分析；（4）前景分析。唯有如此，财务报表分析者才能从“环境-战略-行为-过程-结果”一体化的视野理解和把握“结果”，从而不仅“知其然”，更“知其所以然”。

[练习题库]

★ 案例分析

1.企业发展与会计变迁

股份有限公司通常是大型而复杂的组织，但可通过追溯其从个人创意到大型公司的发展过程加以考察。例如，对亨利·福特公司的传记式描述——该公司制定的决策是怎样影响相关决策的，每一步都加入其他利益相关方或利益关系人。

亨利·福特公司始于为大众生产汽车的创意。亨利用自己的钱购买原材料，制造一部汽车并卖给一个非常满意的客户而获得一定的利润。他又将销售所得资金进行投资，购买更多的原材料，制造更多的汽车。表2-1描述了亨利最初的资产负债表。

表2-1　**亨利最初的资产负债表**

项　目	金　额	项　目	金　额
现金	C		
原材料	R		
工具	T		
汽车间	G	亨利权益	HE
资产总计	TA	负债及所有者权益总计	TA

表2-1中，资产负债表的基本等式为：

资产总额=负债总额+所有者权益总额

这个等式必须永远保持平衡。筹资决策通过资产负债表的右方来反映。亨利本人提供全部资本，因此，负债及所有者权益仅由亨利权益组成，记作HE。亨利也是该企业的经理。实际上，此时除了供应商和顾客之外，亨利是该企业的唯一直接参与者。

亨利的初衷是赚钱，但是，如果企业失败了怎么办？自然是亨利花光了钱。在这种情况下，亨利就损失了所投入的资金，但他人并没有损失什么。

最初制造一部汽车还好，然而，当亨利有了较多的顾客，如果购买更多的原材料并还想节约运费，问题就出现了：亨利（即企业）没有足够资金，因此，必须向银行借款。他承诺以未来汽车销售收入偿还借款。表2-2描述亨利企业变化后的资产负债表。

表2-2　**亨利向银行借款后的资产负债表**

项　目	金　额	项　目	金　额
现金	C′		
原材料	R′		
工具	T′	银行借款	B′
汽车间	G′	亨利权益	HE′
资产总计	TA′	负债及所有者权益总计	TA′

此时，该企业筹资的资本结构系由两部分组成（为强调会计等式永远保持平衡，以TA′代表负债加所有者权益），即负债和权益。其中，权益代表所有权，负债是对借款的法律义务。作为唯一的股东，亨利对该企业及其资产仍然享有唯一的所有权。他因是该企业经理，对企业及其资产保持直接控制权。然而，他现在受到银行借款义务的约束，需要支付借款利息和偿还借款本金。银行已成为亨利企业的利益相关者。

银行向亨利贷款的初衷是赚钱，因此，亨利承诺在还款之外还要付息。亨利的企业这时如果失败，即不能卖掉汽车获利又会怎样？在这种情况下，该企业可能没有足够的现金清偿银行借款。由于这种可能性，银行就要承担一定的风险，那么风险有多大？

悲观而言，即使亨利损失了全部投资，无法偿清借款，银行仍可有所得。乐观而言，如果企业成功，银行不仅获得偿贷，还要加收约定利息，此时，亨利获得全部“超额净收益”——超过约定付给银行后的全部净收益。简而言之，在悲观状态下，亨利比银行更糟；而在乐观状态下，亨利比银行更好。当然，银行必须信任亨利会承担责任而不会不偿还借款。

举债后的情况比初创时亨利提供全部资本的情况更为复杂，确定向企业求偿的价值亦更难。企业的决策因影响更多的利益相关者而尤为复杂。现在的情况是：（1）亨利保持企业的唯一所有权；（2）亨利仍然控制企业的资产，但受银行借款义务的约束；（3）银行承担一定风险；（4）亨利承担其余全部风险，这是企业风险的主要部分。

不久，亨利有了更多的订单，顾客甚至每天接踵而来，以至于他个人终生都无法完成接待顾客和生产汽车的任务。为了满足这些顾客的需要，亨利雇用了一些员工。此时，虽然资产负债表并无变化，但亨利的企业对其员工承担某些固有的义务。例如，倘若企业迟付工资，其员工会烦恼。同时，员工也对企业承担某些固有的义务。例如，员工不得为个人谋利而报销费用。因此，虽然资产负债表和企业所有权没有变化，但是，亨利对企业资产的控制权却受到更多的约束。

对亨利汽车的需求持续上升。此时，虽然亨利雇用员工按订单制造汽车，但他再次陷入购买原材料资金不足的困境。他去找银行，但银行拒绝增加贷款。换言之，银行不愿承担追加贷款的风险。只有亨利投入更多资本，银行才肯增加贷款。但是，亨利已身无分文，他已将全部资金都投入了企业。银行建议亨利进行其他权益性筹资，亨利听从了建议。像网景公司一样，亨利将公司的股份让售给新的权益所有者，还组建了董事会。表2-3列示了该企业新的资产负债表。

表2-3 **亨利企业上市后的资产负债表**

项　目	金　额	项　目	金　额
现金	C″		
原材料	R″	银行借款	B″
工具	T″	新股东权益	O″
汽车间	G″	亨利权益	HE″
资产总计	TA″	负债及所有者权益总计	TA″

亨利及其企业现在所处的境况是：（1）该企业已不再由亨利独有；（2）尽管亨利仍任

经理并仍然控制企业的资产，但此时受到更多的约束，在银行借款和员工义务外，他还要承担为其他股东最佳利益行事的义务；（3）银行继续承担企业的一些风险；（4）亨利不再承担剩余的全部企业风险，他和新股东按每人持有股份的比例分担剩余的企业风险。

应当指出，新股东投资的动机与亨利和银行一样，都是为了获利。企业获利越多，各个股东获利也就越多（按每人持股的比例）。由于各位股东包括亨利的动机相同，他们的利益似乎也是一致的。但是，亨利是唯一直接控制企业资产的股东，因而，其他股东需要委托亨利按他们的最佳利益行事，如不会为本人支付不当的高薪。

随着时间的流逝，亨利企业的经营比以往更为成功，然而，亨利此时对从事多年的工作感到厌倦，决定退休靠投资报酬度日。从而，亨利聘任经理经营企业。聘任经理与其他员工一样并不改变资产负债表。但这种变更却非常重要：亨利不再直接控制企业及其资产，而是由经理控制企业资产，此时亨利已同其他股东一样了。亨利必须委托经理为其利益经营企业，就像其他股东曾经委托他经营那样。

这时，亨利的企业已成为一个特大型的、复杂的股份有限公司。在初创时，其资产负债表的右方非常简单，资产全部由亨利权益提供。现在变得复杂了，股东之间涉及外在和内在的约定。每项变更都增加了股东之间的潜在利益冲突。例如，对企业资产无直接控制权的股东，可能宁愿企业冒高风险以便取得高报酬的机会，因为有其他资产能够“承受”风险。与这些股东相比，企业经理对资产拥有直接控制权，但受企业风险的影响不同，倘若企业破产，经理会失业，因此，经理可能限制企业风险，甚至放弃具有较大潜在报酬的投资机会。

资料来源　爱默瑞，芬尼特.公司财务管理［M］. 荆新，译.北京：中国人民大学出版社，1999：9-12.略有改动。

阅读了上述素材之后，请讨论：

（1）亨利与银行之间可能存在哪些利益冲突？

（2）亨利与其他股东之间可能存在哪些利益冲突？

（3）亨利企业的经理与亨利和其他股东之间可能存在哪些利益冲突？

（4）会计如何协调上述利益冲突？

（5）从独资企业到公司这种企业组织形式的演变，会计信息使用者发生了哪些变化？

2.延伸阅读分析

运用图2-4所描述的财务报表分析基本框架，浏览四川长虹电器股份有限公司（上市股票代码600839）的年度财务报告（www.cninfo.com.cn/new/index）。

★ 思考题

1.如何理解会计信息是需求与供给权衡的结果？

2.如何理解从经济活动到财务报表的转化过程？

3.如何理解财务报表分析的基本框架？

4.如何树立财务报表分析的系统思维？

★ 讨论题

1.财务报表真实、完整地反映了企业经济活动过程及其结果吗？

2.谁需要真实的会计信息？

3.如何理解财务报表就是企业的“一张相片”？

4.股东是否等同于所有者？这对企业经济活动以及会计信息披露有何影响？

5.张三认为“学习财务报表分析不是很有用，除非你想当财务分析师”。请讨论之。

6.如何借助财务报表分析，通过高质量会计信息引导资源配置，“充分发挥市场在资源配置中的决定性作用”？

[延伸阅读文献]

[1] 帕利普，希利. 经营分析与估值［M］. 刘媛媛，译. 5版. 大连：东北财经大学出版社，2014.

[2] 瓦伦，巴金斯基，布拉德肖. 财务报表分析［M］. 胡玉明，译. 8版. 北京：中国人民大学出版社，2020.

[3] 黄世忠. 财务报表分析：理论、框架、方法与案例［M］. 北京：中国财政经济出版社，2007.

[4] 杨小舟. 财务报表分析：框架与应用［M］. 北京：中国财富出版社，2019.

[5] 薛云奎，郭照蕊. 财务报表分析［M］. 北京：机械工业出版社，2019.

[6] 胡玉明. 企业财务报表分析的新思维［J］. 财务与会计：综合版，2006（12）.

[7] 本书编写组. 党的二十大报告辅导读本［M］. 北京：人民出版社，2022.

第3章

战略分析

[学习目标]

知识传授：理解在财务报表分析框架中，战略分析的重要性；掌握行业分析的基本原理及其运用；理解竞争战略分析的基本原理及其运用。

能力培养：以战略思维审视财务报表，感悟财务报表数据背后的“灵性”。

价值塑造：权衡全局与局部、当前与长远、微观与宏观的关系，树立战略思维；借助战略分析，助力中国企业的高质量发展。

在商界，任何伟大战略的实施都离不开财务资源的支持，而任何战略之所以伟大就在于其最终能够创造财务资源。战略决定企业的财务资源配置，因此，战略分析是财务报表分析的逻辑起点。通过战略分析，财务报表分析者可以定性分析企业经济活动的经济意义，使后续的会计分析和财务分析奠定于企业现实的管理情景（management context）之中。同时，战略分析有助于财务报表分析者识别企业绩效动因（performance driver）及其背后隐藏的主要风险，从而评估企业当前绩效的可持续性并预测其未来绩效。

如前所述，企业的价值取决于企业运用其资金获取超过资本成本（cost of capital）的获利能力。尽管资本成本由资本市场决定，但企业的盈利能力却取决于其自身战略的选择：（1）行业选择。例如，企业计划在哪一个或哪几个行业从事经济活动。（2）竞争优势（定位）。例如，企业打算采取何种方式与同行业的其他企业竞争。（3）企业战略。例如，企业希望通过何种方法在各个经营部门之间创造并运用协同效应。因此，战略分析包括行业分析、竞争优势与企业战略分析。

3.1 行业分析

如前所述，战略分析包括行业分析。企业从事哪个行业的经营业务，不仅影响同行业的比较基础，而且影响财务报表分析的结论。

3.1.1 识别行业特征

财务报表分析者试图从一系列的财务报表数据得出各种财务关系，然而，统领这些财务关系的关键正是行业的经济特征。行业特征会以各种各样的方式影响财务报表的内在关系以及指标的意义。

【实例 3-1】①

以食品杂货商店、制药企业、电力公司和商业银行为例，其资产负债表和利润表（各项数据以占销售收入的百分比表示）见表 3-1。

表 3-1 **四家企业资产负债表和利润表**

××××年 12 月 31 日/××××年度

项　目	食品杂货商店	制药企业	电力公司	商业银行
资产负债表				
现金与有价证券	0.7%	11.0%	1.5%	261.9%
应收账款与应收票据	0.7%	18.0%	7.8%	733.5%
存货	8.7%	17.0%	4.5%	/
土地、厂房和设备（净值）	22.2%	28.7%	159.0%	18.1%
其他资产	1.9%	72.8%	29.2%	122.6%
资产总额	34.2%	147.5%	202.0%	1136.1%
流动负债	7.7%	30.8%	14.9%	936.9%
非流动负债	7.6%	12.7%	130.8%	71.5%
其他非流动负债	2.6%	24.6%	1.8%	27.2%
股东权益	16.3%	79.4%	54.5%	100.5%
负债及股东权益总额	34.2%	147.5%	202.0%	1136.1%
利润表				
销售收入	100.0%	100.0%	100.0%	100.0%
销售成本	74.1%	31.6%	79.7%	/
经营费用	19.7%	37.1%	/	41.8%
研究与开发费用	/	10.1%	/	/
利息费用	0.5%	3.1%	4.6%	36.6%
所得税费用	2.2%	6.0%	5.2%	8.6%
净利润	3.5%	12.1%	10.5%	13.0%

某家食品杂货商店的货品与其他食品杂货商店的类似货品差别不大，难以区别。这些货品可以统称为商品。此外，食品杂货商店行业的进入门槛较低，只要具备零售的场所并拥有商品分销商，就可以进入该行业。如此一来，激烈的竞争和无差异的商品使得该行业

① 瓦伦，巴金斯基，布拉德肖．财务报表分析［M］．胡玉明，译．8版．北京：中国人民大学出版社，2020：4-6.略有改动。

的销售利润率相对较低（在本例，销售利润率为3.5%）。不过，食品杂货商店只要少量的资产就可以获得销售收入（每1美元的销售收入只需要34.2美分的资产）。这些资产每年周转2.9次（100.0%÷34.2%），每投入1美元的资产平均可以获得2.90美元的收入。该食品杂货商店的资产每周转一次，就可以获得1美元的收入，从而获得3.5美分的利润。因此，在这一年间，该食品杂货商店每投入1美元的资产就可以获得10.15美分（3.5%×2.9）的利润。

制药公司的进入门槛远远高于食品杂货商店。为了开发新药，制药公司必须投入巨额的研究与开发费用。研究与开发过程相当漫长，且充满不确定性。只有极少的项目才能成功开发出新药。即便制药公司开发出新药，这些新药也必须经历漫长的政府测试与审批程序。如果这些新药通过了政府的审批，制药公司就得到这些新药的专利权。这些专利权赋予制药公司在一定期间内制造并销售这些新药的专属权利。较高的进入门槛使得制药公司能够通过这些获批的专利保护产品实现远远高于食品杂货商店的利润率。根据表3-1，该制药公司的利润率为12.1%。该利润率是食品杂货商店利润率的3倍多。不过，制药公司面临产品责任风险以及竞争对手开发出更有效的新药而导致其产品遭淘汰的风险。由于存在这些经营风险，与其他行业的公司（如电力公司和商业银行）相比，制药公司的债务融资数额相对较小。

电力公司的主要资产是需要投入巨额资金的发电厂。这样，财产、厂房与设备就是资产负债表的重要项目。由于这些资产需要巨额投资，电力公司通常要求在某个特定地域能够享有垄断地位。政府监管部门允许电力公司享有这些垄断地位，不过，政府监管部门限定了电力公司向顾客收取的电力服务价格。因此，电力公司的利润率较高（在本例，利润率为10.5%），可以弥补其相对较低的资产周转率（在本例，资产周转率为0.495（100.0%÷202.0%）。这种垄断地位与监管保护降低了电力公司陷入财务困境的风险，使得电力公司能够在长期资产项目投入巨额资金，且债务在资本结构所占的比例也相对较高。然而，随着垄断地位的逐渐消失和电力服务定价引入竞争机制，电力公司的这些经济特征近年来已经发生显著变化。由此，电力公司的利润率也显著下降。

商业银行通过其借贷行为充当金融资本的供给与需求的中介。商业银行的主要资产是对金融证券的投资与向公司和消费者发放的贷款。商业银行的主要资金来源是储户的存款和短期借款。由于储户通常可以随时提取存款，商业银行投资于必要时可以快速转换为现金的证券。货币是一种商品，人们期待商业银行从其贷款获得的收入（利息收入）超过其支付信贷资金的价格（利息费用），从而取得较低的利润率。根据表3-1，该商业银行的利润率为13.0%。这意味着该商业银行通过收费金融服务（如为公司设计融资组合方案、提供金融担保、安排公司的兼并与收购）获得非常高的利润率。值得注意的是，该商业银行每年的资产周转率只有0.09次（100.0%÷1 136.1%）。这是该商业银行需要在金融资产项目投入大量资金以及每年6%~8%的利息收入、投资与贷款收益等因素综合影响的最终结果。

其实，如果财务报表分析者忽略了行业特征，就根本无法理解财务报表数据的经济含义。例如，存货100万元对企业意味着什么？这个问题的答案取决于该企业所处的行业。只有了解企业所处的行业，从而了解其行业特征，财务报表分析者才能理解和体会财务报表数据的经济含义。

3.1.2 研究行业特征的工具[①]

研究行业特征的工具主要包括：价值链分析（value chain analysis）、波特五力分类（Porter's five forces classification）和经济特征框架（economic attributes frame work）。下面简要讨论价值链分析和经济特征框架。[②]

1）价值链分析

某个行业的价值链描绘了相应行业研究与开发、生产以及分销产品和服务的各种活动。这些活动体现了行业特征。

【实例3-2】[③]

图3-1描述了制药行业的价值链。

图3-1 制药行业的价值链

制药公司为了发现和开发新药，投资于研究与开发活动。一旦开发出药品，制药公司就开始进入漫长的药品审批程序。根据估计，开发出一种新药并获得批文，需要耗时7~10年和耗资大约10亿美元。为了加速审批程序，降低成本，使科学家能够专心致志于更富有创造性的药品开发阶段，制药公司经常会与临床研究机构签订合同，委托临床研究机构实施新药审批程序的新药测试与跟踪工作。

只要财务报表分析者知道产品或服务在价值链各个环节的价格，就可以清楚特定行业内可以创造价值的领域。例如，财务报表分析者只要知道根据收购某家拥有预期或新近已开发出药品的公司所需要支付的价格，就可以确定药品开发阶段的价值。临床研究机构针对新药测试与获得批文所支出的费用，就反映了这些活动所能创造的价值。任何活动所能创造的价值越高，该阶段的盈利能力就应该越高。

财务报表分析者也可以运用价值链识别特定行业内的某家公司的战略定位。制药公司通常只关注研究与开发阶段至创造需求阶段，而将分销工作交给药房去做。越来越多的制药公司开始将药品测试与获得批文的工作外包出去。

生产药品需要混合各种化学品和其他原料。基于质量控制和保证产品纯度的原因，制药公司引进了各种高度自动化的生产流程，聘用销售人员将药品销售给医生、医院和保健机构。为了努力创造新药的需求，制药公司不断通过各种广告媒体推销其新药，以使消费者向医生咨询新药的功效。尽管邮购和网购越来越普遍（医疗保险机构也鼓励这种购药方式），但药品分销的常规渠道还是药房。

2）经济特征框架

经济特征框架也是一种识别行业特征的有效方法。经济特征框架主要包括：

（1）需求。这方面需要考虑：顾客对价格是否高度敏感（如汽车行业），还是相对不敏感（如软饮料行业）？需求所处的行业是增长迅速（如保健行业）还是相对较为成熟（如食品杂货商店行业）？需求与经济周期波动相一致（如住房和写字楼建筑行业）还是相

---

① 瓦伦，巴金斯基，布拉德肖.财务报表分析［M］. 胡玉明，译. 8版. 北京：中国人民大学出版社，2020：6-11.略有改动。

② 关于波特"五力"分类，本书将在后面结合行业盈利能力分析再进行讨论。

③ 瓦伦，巴金斯基，布拉德肖.财务报表分析［M］. 胡玉明，译. 8版. 北京：中国人民大学出版社，2020：6-7.略有改动。

对不敏感（如食品和医疗保健行业）？一年内，需求是随季节波动（如夏装和滑雪设备行业）还是相对较平稳（如食品杂货商店行业）？

（2）供给。这方面需要考虑：是众多供应商提供产品（如食品杂货商店行业），还是只有少数供应商提供产品（如石油行业）？是进入门槛较高（如电力行业），还是新进入者可以轻易进入（如食品杂货商店行业）？

（3）生产。这方面需要考虑：生产过程是资本密集型（如电力行业），还是劳动密集型（如广告行业），或者介于两者之间（如汽车制造业和飞机运输行业）？是生产过程较为复杂且不允许出现差错的行业（如心脏起搏器制造行业），还是相对较为简单且可接受一定范围内质量误差的行业（如非机械的玩具制造行业）？

（4）市场营销。这方面需要考虑：产品是销给其他企业，从而营销人员起重要作用（如工业用品制造行业），还是销给消费者，从而广告投放起重要作用（如生活用品制造行业）？具有稳定需求（如基本生活用品制造行业），还是必须不断创造并引导需求（如时尚用品制造行业）？

（5）融资。这方面需要考虑：在行业中，企业资产周转周期相对较短，从而要求资产与其短期资金来源相匹配（如商业银行），还是相对较长，从而要求与长期资金来源相匹配（如电力行业）？企业资产风险相对较小，从而可以较高地利用债务融资（如消费信贷行业），还是风险相对较高，从而债务融资比例较低，更多地利用权益融资（如制药行业）？企业所处行业现金流量相对稳定且充裕（如高速公路行业），还是现金流量相对不稳定或短缺（如家用电器制造行业）？

拓展学习3-1

只有理解行业特征，才能真正理解财务指标

上述经济特征框架分析所揭示出来的特征通常会体现于财务报表中。【实例3-1】印证了这一点。

3.1.3 行业竞争程度与行业盈利能力分析①

各行各业的盈利能力存在显著差异。波特（Porter）在其《竞争战略》（Competitive Strategy）中指出，有“五大力量”（five forces）影响着行业的平均盈利水平。因此，在分析企业盈利能力时，必须首先分析企业所在行业的盈利能力。图3-2描述了行业的平均盈利能力如何受五大力量的影响。

根据图3-2，竞争的强度决定企业在行业中创造超额利润的潜力，潜在利润能否由行业保持则取决于该行业的企业与其顾客和供应商的议价（讨价还价）能力。可见，在一个行业中，存在三种潜在的竞争源：现有企业之间的竞争、新进入者威胁和替代品威胁。议价能力则从市场的层面影响甚至加剧行业的竞争程度，从而影响行业盈利能力。

1）现有企业之间的竞争

在多数行业中，现有企业之间的竞争性质影响企业平均盈利水平。有些行业，企业之间的竞争异常激烈，其产品价格接近甚至低于边际成本。而有些行业，价格竞争并不激烈，相反，其竞争的落脚点表现在非价格因素如创新或品牌形象等方面。决定现有企业之间竞争强度的主要因素包括：

---

① PALEPU K G，HEALY P M，BERNARD V L.Business analysis & valuation：Using financial statements［M］. 3rd ed.Chula Vista：South-Western College Pub，2003.略有改动。

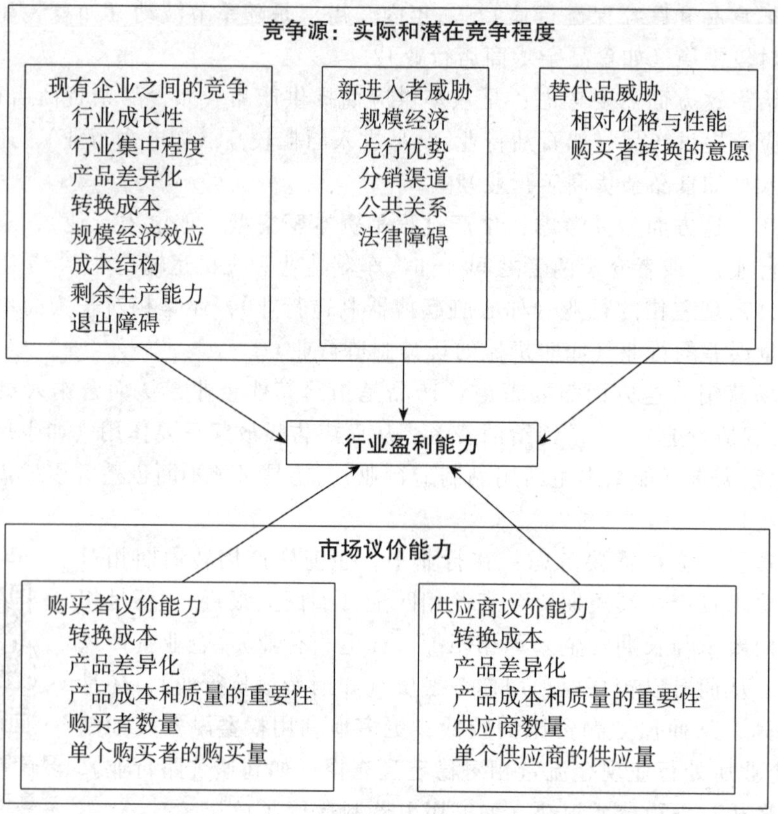

图3-2 行业结构与盈利能力

（1）行业成长性。如果某个行业高速增长，那么，现有企业不需要通过从其他企业争夺市场份额来获得自身的增长，其竞争程度相对较低；相反，如果某个行业很萧条，现有企业获得发展空间的唯一途径就是从其他企业那里夺得市场份额，其竞争程度相对较为激烈。这时，“价格大战”在所难免。

（2）行业集中程度。某个行业的企业数量及其规模决定了该行业的集中程度，行业集中程度影响同行业的各个企业之间协商定价和其他竞争方式。例如，如果某个行业只有一个企业，它就可以制定并实施竞争规则，这时该企业就是价格的制定者；如果某个行业只有两三个规模相当的企业，它们就可以“合作竞争”，避免恶性价格竞争；如果某个行业存在许多规模相当且较小的众多企业，那么，该行业的价格竞争必定非常激烈，这时企业只能是价格的接受者。

（3）产品差异化和转换成本。企业之间的竞争程度取决于其产品或服务的差异化程度。如果某个行业提供的产品非常相似，顾客就可以根据价格因素随时从一家企业转向另一家企业。当然，顾客的这种转换成本决定着顾客从一家企业的产品转向另一家企业的产品的购买倾向。如果这种转换成本很低，同行业企业之间的竞争就会非常激烈；如果企业的产品“独一无二”，具有非常强的差异化程度，顾客转换成本就非常高，同行业企业之间的竞争程度就相对较低。

（4）规模经济效应与成本结构。如果某个行业存在某种类型的规模经济效应，那么，规模就成为重要的竞争因素。市场份额的争夺将显得异常激烈。与规模经济效应相联系的是成本结构问题（企业成本总额中，固定成本与变动成本所占的比例）。一般而言，规模经济效应大的企业，其固定成本所占比例相对比较高。这样，企业就有强烈的动机降低价格，以利用剩余的生产能力。频繁地进行“价格大战”的航空行业就是这种情况的典型例证。

（5）剩余生产能力和退出障碍。如果企业存在剩余生产能力，必然会产生降低价格，扩大需求量，从而利用剩余生产能力的强烈动机。与此相联系，如果企业资产的专用性很强，那么，企业从某个行业退出存在重大障碍或退出代价高昂，剩余生产能力问题就可能显得更为突出。因此，剩余生产能力和退出障碍同样影响竞争的强度。

2）新进入者威胁

企业获得的超常利润必然会引来新进入者。新进入者的到来，可能影响行业中现有企业的竞争格局，从而影响行业的平均盈利水平。因此，新进入者进入行业的难易程度便成为影响行业平均盈利水平的重要因素。新进入者对现有企业的威胁程度取决于如下因素：

（1）规模经济。如果某个行业存在规模经济效应，那么，新进入者就面临斥巨额投资而其生产能力可能难以充分利用的风险，这样，新进入者至少在早期可能处于成本劣势。

（2）先行优势。先行者（early entrants）起步早，在行业内占据一定的竞争地位，从而通常具备一定的先行优势。例如，先行者可能制定行业标准，与廉价原材料供应商达成特别协议，也可能获得管制行业经营的政府许可。从规模经济的角度看，先行者比新进入者拥有绝对的成本优势。有时，顾客使用现有产品之后就会喜欢这种产品，当其转换成本较高时，先行优势就非常明显。例如，微软公司Windows操作系统的用户就面临巨大的转换成本，其他软件公司很难销售新的操作系统。

（3）分销渠道与公共关系。现有分销渠道的有限容量，以及开辟新的分销渠道的巨额成本，成为新进入者进入该行业的强大障碍。例如，汽车行业的新进入者可能因难以开发经销商网络而面临难以逾越的障碍，新消费品生产企业的产品难以进入超级市场。企业与顾客之间的现有关系也使得新进入者难以进入该行业。审计服务行业、投资银行行业和广告行业就是典型例证。

（4）法律障碍。在有些行业，法律障碍（例如专业密集型产业的专利权和版权）限制新进入者进入该行业。同样地，许可证规则也限制了新进入者进入某些行业（例如出租车服务行业、医疗服务行业、广播和电信行业）。

3）替代品威胁

替代品是指其功能与现有产品相似或相同的产品。替代品的威胁取决于相互竞争的产品或服务的价格和性能，以及顾客的替代意愿。如果两种替代产品之间性能差不多，品牌就是一个重要的竞争因素。当然，品牌也是影响顾客转换意愿的重要因素。例如，名牌服装并不具有更多的实用性，但因为顾客认可该品牌的价值，即使其价格相同甚至高一些，顾客仍然喜欢该品牌产品，而没有转换的意愿。

4）购买者议价能力

决定购买者议价能力的因素主要是价格敏感性和相对议价能力。价格敏感性决定购买者愿意讨价还价的程度；相对议价能力决定购买者能否成功地取得较低价格。

（1）价格敏感性。如果企业提供的产品或服务不具有独特性且顾客转换成本很低，那么，购买者对价格的敏感性就很强。当然，价格敏感性与顾客定位也有关。通常，低收入阶层顾客对价格的敏感性强一些。

（2）相对议价能力。即便购买者对价格敏感，如果购买者不具备议价能力，也难以取得较低的价格。购买者议价能力取决于购买者相对于供应商的数量、单一购买者的购买数量、购买者可选择产品或服务的数量、购买者转换成本以及购买者向后整合（backward integration）的威胁。例如，在汽车行业，汽车制造商通常比零部件制造商具有更强的议价能力。因为汽车制造商是大的购买者，存在许多可选择的供应商，而且转换成本较低。在个人电脑行业，由于顾客转换成本很高，计算机制造商的议价能力比操作系统制造商的议价能力要差。

5）供应商议价能力

供应商议价能力的分析与购买者议价能力的分析基本思路相同。这里不再赘述。

【延伸阅读资料3-1】[①]

SWOT分析（S表示优势、W表示劣势、O表示机会、T表示威胁），是指基于企业内外部竞争环境和竞争条件的综合分析。具体地说，SWOT分析就是将与研究对象密切相关的各种主要内部优势（strength）、劣势（weakness）、外部的机会（opportunity）和威胁（threat）等，通过调查列举出来，并依照矩阵形式排列，然后用系统分析的思想，把各种因素相互匹配起来加以分析，从中得出相应结论，而结论通常带有一定的决策性，对制定相应的发展战略、计划以及对策起到支撑作用。根据SWOT分析，战略目标应该是一个企业“能够做的”（即企业的强项和弱项）和“可能做的”（即环境的机会和威胁）之间的有机组合。

图3-3提供了SWOT分析的一个模板。

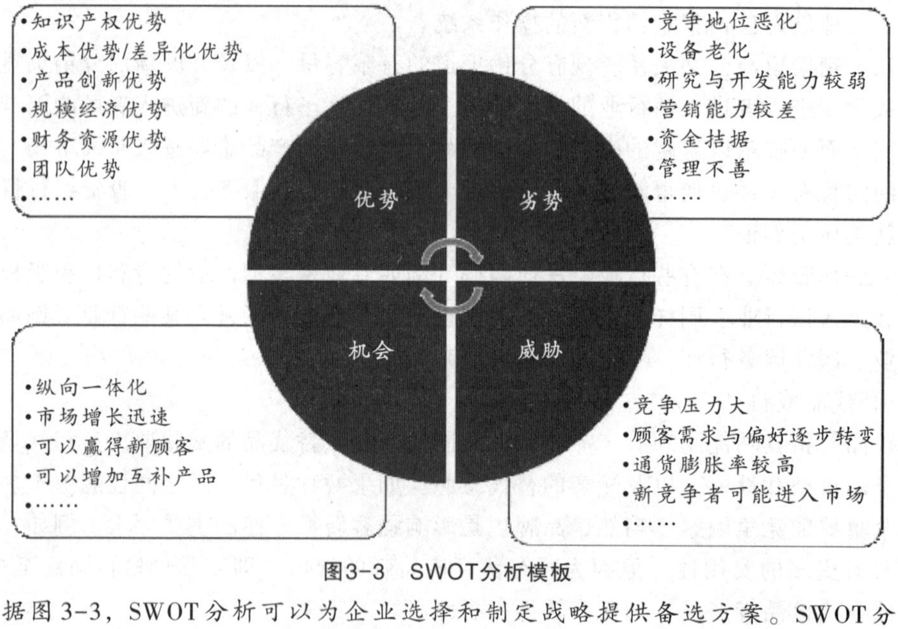

图3-3 SWOT分析模板

根据图3-3，SWOT分析可以为企业选择和制定战略提供备选方案。SWOT分析提供了四种战略：

（1）SO战略。这是依靠企业内部优势去抓住外部机会的战略。如果某家资源雄厚（内在优势）的企业发现某个国际市场未曾饱和（外在机会），那么，该企业就应该采取

① 胡玉明．管理会计应用指引详解与实务［M］．北京：经济科学出版社，2018：20-22.

SO战略去开拓这个国际市场。

（2）WO战略。这是利用企业外部机会改进内部劣势的战略。如果某家企业的计算机服务需求增长（外在机会），却十分缺乏技术专家（内在劣势），那么，该企业就应该采用WO战略招聘和培育技术专家，或购入某家具有高新技术的计算机公司。

（3）ST战略。这是利用企业的优势，去避免或减轻外部威胁的打击。如某家企业的销售渠道（内在优势）很多，但由于各种限制又不允许该企业经营其他商品（外在威胁），那么，就应该采取ST战略，走集中型、多样化的道路。

（4）WT战略。这是直接克服内部劣势和避免外部威胁的战略。如果某家企业的商品质量差（内在劣势），供应渠道不可靠（外在威胁），该企业就应该采取WT战略，强化企业的管理，提高产品质量，稳定供应渠道，或走联合、合并之路以谋生存和发展。

拓展学习3-2

PEST分析

值得指出的是，上述讨论的行业分析框架假设行业存在明确的范围，现实情景未必如此，因为行业的界线难以明确划分，不恰当的行业界定可能导致分析的失误。

●3.2 竞争战略分析

企业如何在特定行业有所作为，在相当大程度上取决于其战略定位。如前所述，战略决定财务资源的配置，进而影响财务报表分析的结论。

3.2.1 企业竞争战略分析

在这个世界上，为何在没有吸引力的行业中仍存在盈利水平很高的企业，而在吸引力很高的行业中却又存在经营状况很差的企业？受潜在高利润的诱惑，企业进入与自身竞争优势基本不相关的行业从事多元化经营，最终这些企业缘何大多以失败告终？这就涉及企业的竞争战略定位问题。

其实，世界上没有不盈利的行业，只有不盈利的企业。因此，企业竞争定位涉及两个方面问题：行业吸引力和企业在该行业中的竞争地位。

行业吸引力与企业竞争地位相互依存，但是，并非绝对固定不变。随着技术和经济的发展，两者可能都会发生变化。选择行业固然重要，但更重要的还是企业在其所选择的行业当中的竞争地位。企业在行业中的竞争地位决定了企业的盈利能力。只要企业占据较好的竞争地位，即便在行业结构不佳、行业平均盈利能力不高的环境下，企业的盈利能力依然可能高于行业平均水平。如果这种局面能够长期存在，企业便具备了持续的竞争优势。

企业制定竞争战略的实质，就是将一个企业与其所面临的环境建立联系。在企业环境中，最关键的因素就是企业所参与竞争的一个或几个行业。行业结构强烈地影响着竞争规则的制定以及潜在的可供选择的战略。行业外部力量通常影响着行业内部的所有企业。问题的关键在于企业对外部影响的应变能力。因此，企业盈利能力不仅受到行业结构的影响，而且受到企业在其行业竞争定位时所做的战略选择的影响。

在市场经济环境下，企业之间的竞争是不可避免的。尽管企业相对其竞争对手存在许多优势和劣势，企业仍然可以拥有两种基本的竞争战略：成本领先（cost leadership）和差异化（differentiation）。这两种战略都有助于企业建立可持续的竞争优势。图3-4描述了这种创造竞争优势的战略关系①。

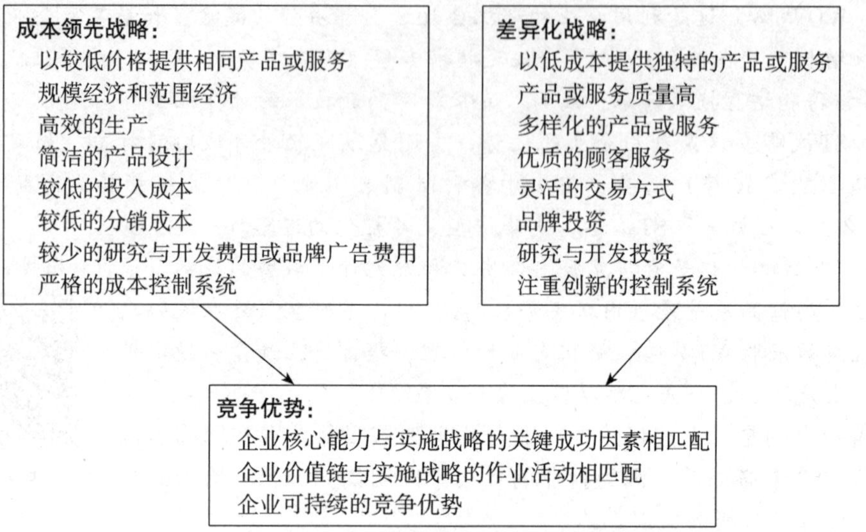

图3-4　创造竞争优势的战略

一个企业所具有的优势或劣势的显著性最终取决于企业在多大程度上能够在成本领先和差异化方面有所作为，而成本领先和差异化又由行业结构所左右。

1）成本领先战略

成本领先战略通常是一种获取竞争优势最明确的战略。成本领先要求积极地建立达到有效规模的生产设施，在经验基础上，严格控制成本费用，全力以赴降低成本费用。贯穿于整个战略的主题是如何使企业成本费用低于其竞争对手。为了达到这些目标，企业必须高度重视成本费用管理。

尽管企业在一个行业内部存在着强大的竞争力量，但是，处于成本领先地位的企业依然可以获得保持高于行业平均水平的盈利能力。这是因为：

（1）成本领先可以使企业在与其竞争对手的竞争过程中受到保护。成本领先意味着当别的企业在竞争中失去利润时，该企业依然可以得到利润。

（2）在强大的购买者议价能力博弈过程中，处于成本领先的企业有利于保护自己。购买者最多只能将价格压到效率居于其次的竞争对手水平。

（3）成本领先的企业也构成对强大供应商的防卫。成本领先企业在应对产品涨价方面具有较高的灵活性。

（4）产生成本领先地位的各种因素通常也以规模经济或成本优势的形式建立起进入壁垒，从而可以抵御潜在进入者的威胁。

（5）面临替代品的竞争，与同行业的其他竞争对手相比，成本领先企业通常处于更有利的地位，从而抵御了替代品的威胁。因此，成本领先企业面对“五大力量”的威胁具有强大的防御作用。

在成本领先这种战略指导下，企业的目标就是要使其成为行业的低成本生产者。成本领先优势的来源各不相同，并取决于行业结构。成本领先优势的来源主要包括规模经济、

① 佩普，希利，伯纳德．运用财务报表进行企业分析与估价［M］．孔宁宁，丁志杰，译．2版．北京：中信出版社，2004：35.略有改动。

专有技术、优惠的原料等。当然，规模经济是有条件的，它受市场容量的约束。如果企业能够创造和维持全面的成本领先地位，那么，它只要将价格控制在行业平均或接近平均的水平，就可以获得高于平均水平的经营绩效。与竞争对手的价位相比，成本领先企业的低成本优势将转化为高盈利能力。成本领先优势的战略价值取决于其持久性。如果企业成本领先优势的来源对于竞争对手来说是难以复制或模仿的，其持久性就会存在。因此，企业要获得成本领先优势就必须追溯成本动因和重构价值链。

2）差异化战略

在差异化战略指导下，企业力求就顾客广泛重视的一些方面在行业内独树一帜，别具一格。如果一个企业能够提供给顾客某种具有独特性的东西，那么，它就具备了有别于其竞争对手的经营差异化。经营差异化减少了竞争，能够保证其市场份额。

差异化战略利用顾客对品牌的忠诚以及由此产生对价格的敏感性下降使企业得以避开竞争。它可以使盈利能力提升而不必追求成本领先。顾客的忠诚以及某一个竞争对手要战胜这种“独特性”需要付出的努力也就构成了进入壁垒。产品或服务差异化带来的较高收益可以用来对付供应商的强大压力，同时也可以缓解购买者的压力。当顾客缺乏选择余地时，其价格的敏感性也就不高。最后，采取差异化战略而赢得顾客忠诚的企业，在面对替代品威胁时，其所处的地位比其他竞争对手也更为有利。

因此，实施差异化战略的企业必须做好三件事：

（1）确定产品或服务的一种或多种受顾客重视的独特性；

（2）以独特的方式为特定顾客提供具有独特性的产品或服务，满足顾客的需求；

（3）以低于顾客愿意为具有独特性的产品或服务支付的价格的成本水平实现这种独特性。

【延伸阅读资料3-2】①

过去，战略研究者将成本领先与差异化视为两种互斥战略。他们认为同时实施这两种战略的企业会陷入“夹在中间”（stuck in the middle）、左右为难的境地，并获得较低的收益。因为这些企业既要冒因成本过高而不能吸引注重价格的顾客的风险，又不能使产品或服务具有足够的独特性以吸引愿意支付溢价的顾客。

然而，近年来，企业面临的战略挑战之一是必须与通过成本领先实现差异化的竞争者打交道。例如，日本汽车制造商已经成功地表明不必在质量与成本之间进行权衡。同样，近年来，沃尔玛和家得宝（Home Depot）等一些非常成功的零售商已经能够将高质量、高水平服务与低价格结合起来。这些案例表明，如果企业进行重大技术或经营革新时，将成本领先战略与差异化战略相结合是可能的。然而，只有存在竞争者模仿的重大障碍时，这种成本领先和差异化优势才能得以持续。

因此，在选择成本领先战略和差异化战略时，成功的企业也不能完全忽视竞争的非主要方面。以差异化为战略的企业也需要重视成本问题，以便具有差异化的产品或服务能够以市场可以接受的成本实现；同样，只有至少达到竞争者所具有的质量和服务等主要方面的最低标准，成本领先优势才有竞争力。

然而，企业竞争战略的选择不会自然而然地产生竞争优势。为了获得持续的竞争优

---

① 佩普，希利，伯纳德．运用财务报表进行企业分析与估价［M］．孔宁宁，丁志杰，译．2版．北京：中信出版社，2004：35-36.略有改动。

势，企业必须明确目标，制定与企业面临的内外部环境相适应的战略并有效执行战略。成本领先战略和差异化战略都要求企业具备核心能力（core competence），并以适当的方式构造其价值链。核心能力和价值链的独特性以及竞争对手难以模仿的程度决定其竞争优势的可持续性。

【延伸阅读资料3-3】[①]

任何战略的实施都需要财务资源的支持，而任何战略的实施都应该创造财务资源。从这个意义上说，企业战略与财务战略必须相匹配，财务战略服务于企业战略，有效的财务战略可以提升企业价值。然而，企业因产品或服务的存在而存在，任何产品都有生命周期，因此，企业在不同的发展阶段，其企业财务战略也不同。企业财务战略必须与企业产品生命周期相匹配。

产品生命周期通常表现为企业发展的不同阶段。产品生命周期描述了产品从进入市场到为市场所淘汰的整个过程，通常可以分为投入期、成长期、成熟期和衰退期四个不同阶段。尽管世界上不存在两个完全相同的企业，企业经营过程也充满个性化色彩，但是，一般认为企业产品生命周期具有一些基本特征（见表3-2）。

表3-2 **不同产品生命周期的特征**

基本特征	产品生命周期			
	投入期	成长期	成熟期	衰退期
市场特征	知名度不高	建立了知名度	具有较高知名度	市场萎缩
战略目标	生存并成长	发展壮大	巩固、改善	产品更新
关键因素	营销、顾客认可	提高市场份额	控制成本	研究与开发
成长性	非常高	高	中等偏低	负数
资金来源	风险（权益）资本	权益资本	债务资本	债务资本
经营风险	非常高	高	中等	低
财务风险	非常低	低	中等	高
现金流量	负数	基本平衡	正数	平衡
每股收益	几乎没有或非常低	低	高	开始下滑
股利支付率	0	一般	高	100%
市盈率	非常高	高	中等	低
财务战略	稳步成长型	快速扩张型	稳健型	紧缩型

从表3-2中可以看到：

（1）如果企业的产品生命周期处于投入期，顾客对企业的产品了解不多，产品在市场上的知名度较低，市场份额较小，而为了获得顾客认可，提高产品知名度，需要投入巨额营销费用。这样，经营活动现金流量通常为负数，利润较少甚至亏损，企业经营风险非常

① 胡玉明. 有效财务战略提升企业价值［J］. 新理财，2007（1）：41-43.

高。面对这种情形，根据经营风险与财务风险的匹配关系，企业可以采取“吸引风险资本、较低财务杠杆和不分配”的稳步成长型财务战略，积极支持产品的市场推广。

（2）如果企业的产品生命周期处于成长期，顾客逐步接受或认可企业的产品，产品在市场上已经初步建立了知名度，销售量逐步增加，市场份额逐步增长，经营活动现金流量基本保持平衡。这时，尽管销售费用还在增加，但其占销售额的比重却有所下降，经营风险也有所降低。面对这种情形，根据经营风险与财务风险的匹配关系，企业可以采取“吸引权益资本、低财务杠杆和少分配”的快速扩张型财务战略，积极树立产品的品牌形象，提高市场份额。

（3）如果企业的产品生命周期进入成熟期，这时，多数顾客已经接受或认可企业的产品，产品在市场上树立了较高的知名度，销售量稳步增加，市场份额保持在较高水平，经营活动现金流量相对稳定且充裕。但同类产品竞争较为激烈，价格成为一个敏感问题，只要加强成本控制就能够“将昨天的成本转化为明天的利润”，经营风险水平一般。面对这种情形，根据经营风险与财务风险的匹配关系，企业可以采取“吸引债务资本、适当财务杠杆和适当分配”的稳健型财务战略，强化成本控制，巩固现有市场份额。

（4）如果企业的产品生命周期已经进入衰退期，产品开始甚至已经老化，难以满足顾客的需求，销售量逐步下降，市场开始或已经萎缩，这时，尽管经营活动现金流量还可以保持平衡，但是，产品几乎已经无利可图，企业面临产品更新问题。面对这种情形，根据经营风险与财务风险的匹配关系，企业可以采取“吸引债务资本、较高财务杠杆和多分配”的紧缩型财务战略，积极支持产品更新换代，并为下一个产品生命周期做准备。

当然，企业产品生命周期的划分绝非像表3-2那样“泾渭分明”，自然也就不存在一种“放之四海而皆准”的财务战略，但是，企业的财务战略必须与具体的产品生命周期相匹配却是一个不争的事实。相反，如果忽视企业产品生命周期，采用统一或不匹配的财务战略，可能导致企业财务状况恶化，降低企业价值。例如，上市公司“五粮液”的主要业务“白酒”已经处于或正在进入“衰退期”，本应采取紧缩型财务战略，不宜大幅度追加固定资产投资，但是，该公司在2001年至2003年间增加产能10万吨以上，导致其资产周转率从2001年的16.69%下降到2003年的8.51%。这种与产品生命周期不匹配的财务战略不仅导致相关财务指标大幅度滑坡，而且备受众多股东的质疑。

为了评估企业能否获得竞争优势，财务报表分析者应当思考如下问题：

（1）与企业所选择竞争战略相关的成功因素和风险有哪些？

（2）企业目前拥有处理这些成功因素和风险的资源和能力吗？

（3）企业现有能力与实现竞争优势的必要条件之间存在差距吗？

（4）企业的价值链是否与竞争战略相匹配？

（5）企业的竞争优势可持续吗？企业战略是否存在难以模仿的障碍？

（6）行业结构是否存在可能消减企业竞争优势的潜在变化（比如新技术、来自国外的竞争、规则的变化、顾客需求的变化等）？

3.2.2　识别企业的战略

如前所述，企业要在激烈的竞争中脱颖而出，必须制定有效的经营战略，但是，行业的经济特征会影响企业制定这些战略的灵活性，因此，各行各业的企业都会面临一系列的战略选择。战略分析框架有助于财务报表分析者更好地考察企业的战略选择，从而识别企业的战略。[①]

（1）产品或服务的性质。企业是基于特定细分市场尝试创造独特的产品或服务，从而达到相对较高的盈利能力（差异化战略），还是提供无差异产品或服务达到相对较低的盈利能力，从而提高资产周转率（成本领先战略）？对于企业而言，是否有可能通过培育品牌的忠诚度并严格控制成本，从而同时实现差异化战略与成本领先战略呢？

（2）价值链的一体化程度。企业是追求纵向一体化战略，参与价值链所有环节，还是只占据价值链某些战略环节？就生产而言，企业是自己进行所有生产流程（例如钢铁生产），还是外包所有生产流程？就分销而言，企业是自己直接控制分销功能，还是依靠外部资源进行分销？

（3）地区多元化程度。企业产品或服务的目标市场是集中于国内市场，还是国际市场？在国际市场开拓，固然可以创造并获得增长的机会，但可能面临更多的风险，如汇率风险和政治风险。

拓展学习3-3

企业战略：是否具备创造价值的潜力

（4）行业多元化程度。企业是在单一行业开展经营活动，还是分散投资于多个行业？多元化经营究竟是“馅饼”还是“陷阱”，在很大程度上，取决于企业的战略定位以及以此为基础的核心能力培植。

企业战略选择及其实施结果最终都会体现在财务报表上，因此，财务报表分析者必须将财务报表分析与识别企业的战略相结合，从而使企业的战略、业务与财务融为一体。

【延伸阅读资料3-4】[②]

每个企业也许都制定了伟大战略，但是，设计精巧、构思美妙的伟大战略不会自然实现。没有实施的战略只能是一种“美丽的幻想”，对企业不会产生任何效益。1999年6月，《财富》（Fortune）杂志的一篇题为《首席执行官们为何失败》（Why CEOs Fail）的文章认为70%的首席执行官难以有效地实施企业制定的战略。如何解决战略与战略的有效实施是企业发展过程中面临的关键问题。

就企业而言，有效地实施战略更为重要。那么，如何化战略为行动（translating strategy into action）呢？

战略的实施具有鲜明的“情境化”特征，“一千个企业，一千个样”。尽管“他山之石，未必可以攻玉”，但“他山之石，肯定可以观赏”。在商界，不乏有效地实施战略的成功经验。这些成功经验总结为有效实施战略的五大原则。

原则之一：将战略转化为执行语言（translate the strategy to operational terms）。战略本身是抽象的，仅凭战略描述难以真正为执行者所理解。执行者对其不能完全理解的事情，执行起来就会“走样”，甚至存在抵触情绪。只有将战略转化为一种可执行的语言，战略的执行才能成为现实。这种可执行的语言应该清晰、易于理解且可操作。更重要的是，这种语言不仅要为企业高管所理解，还要为所有员工所理解，调动所有人的积极性和创造性。财务指标就是将战略转化为执行语言的一个例证。

原则之二：企业与战略协同（align the organization to the strategy）。企业是一个人造的

---

① 斯蒂克尼 C P，布朗 P R.财务报告与报表分析：战略的观点［M］. 张志强，魏保，吴青根，译. 4版. 北京：中信出版社，2004：11-12.略有改动。

② 胡玉明. 高级管理会计［M］. 3版. 厦门：厦门大学出版社，2009：97-100.略有改动。

有机整体。协同（synergy）是企业组织设计的重要目标。企业通常由不同经营单位组成，这些不同的经营单位都有各自的战略。为了使企业的整体绩效高于各经营单位绩效之和，各个不同经营单位的战略必须协调与整合，不能各自为政，违背企业的整体战略。传统的企业依据职能分工而设计，每个职能部门（经营单位）都有其自己的专业领域、语言和文化。由此，多数企业产生了职能部门（经营单位）之间沟通与协调的困难，从而衍生出各职能部门（经营单位）各自为政，自建“藩篱”的现象，从而成为有效实施战略的重要障碍。

原则之三：使战略成为每个员工的日常工作（make strategy everyone’s everyday job）。战略经常被习以为常地视为企业首席执行官的“专利”。其实，战略的有效实施单靠企业的首席执行官等少数人的努力难以奏效，战略的有效实施必须依赖企业每个人的参与并做出相应的贡献。然而，如何使企业董事会圆桌上的战略深入到每个员工的“心田”并成为其日常工作和行动的指南至关重要。只有这样，才能使所有员工理解战略并以有利于战略实施的行为方式从事其日常工作。这就不能采取传统的“上令下行”的指令方式，而必须采取“由上而下”的层层战略沟通。更重要的还在于不能只停留在让员工理解战略的层面上，要通过绩效评价与激励机制相结合让每个员工清楚并感受到其日常工作与战略休戚相关，激发员工对战略的兴趣。如果企业的每个员工都理解战略并得到激励，驱使他们有效实施战略，企业也就自然而然地使战略成为每个员工的日常工作。

原则之四：使战略成为一个连续的过程（make strategy a continual process）。多数企业的管理也就是围绕预算和经营计划转。每个月的管理层会议主要讨论该月绩效与预算或经营计划的差异和原因，以及如何解决这些差异的行动计划。应该说，这样的日常管理层会议本身并没有错，也很有必要，但是，这不应该是管理层会议的全部议题。不幸的是，多数企业仅仅停留在这个简单的层面上，没有进一步深入到战略层面。战略必须与企业内外部环境相适应。即便是最优秀的领航员，想顺利地带领一艘远航的船到达目的地，也需要根据风向和水流的变化，随时调整船的航线，难道企业就不需要根据环境的变化“与时俱进”地调整或修正战略吗？因此，企业应该建立战略反馈与检讨机制。这是一个持续不断的循环机制，绝非一年一度的事情。

原则之五：通过高层领导敦促变革（mobilize change through executive leadership）。尽管前述四大原则为企业提供了一系列有效实施战略的理念和工具，但是，要真正有效地实施企业的战略光有这些还是远远不够的。要知道企业并不是因为其强大而生存，而是因为其“适应”环境变化的能力而得以生存。在变化的世界，唯有不变的事物就是变化本身。在变化的环境下，没有永远正确的战略，也没有固定不变的战略。战略必须是一个连续的过程，领导艺术就在于静止与变化之间的微妙平衡。既然战略是一个连续的过程，那么，如何使企业的战略也“与时俱进”呢？这只能靠企业的高层领导抛弃“以不变应万变”的错误观念，树立“以变化带动变化”的观念，积极引导企业的变革。

拓展学习3-4

关于中央企业加快建设世界一流财务管理体系的指导意见

以战略为导向的财务报表分析有助于企业“化战略为行动”，使企业制定的伟大战略落地并取得预期成效，进而助力企业的高质量发展。

价值引领

1.如何借助战略分析，权衡全局与局部、当前与长远、微观与宏观的关系，树立战略思维？

2.党的二十大报告强调“高质量发展是全面建设社会主义现代化国家的首要任务”。中国经济的高质量发展离不开中国企业的高质量发展。结合党的二十大精神，如何借助战略分析助力中国企业的高质量发展？

[总结与结论]

战略分析是财务报表分析的逻辑起点。通过战略分析，财务报表分析者可以定性分析企业经济活动的经济意义，使后续的会计分析和财务分析奠定于企业现实的管理情景之中。同时，战略分析有助于财务报表分析者识别企业绩效动因及其背后隐藏的主要风险，从而评估企业当前绩效的可持续性，并预测其未来绩效。

战略分析包括行业分析、竞争优势与企业战略分析。

财务报表分析者试图从一系列的财务报表数据中得出各种财务关系，然而，统领这些财务关系的关键正是行业的经济特征。行业特征会以各种各样的方式影响财务报表的内在关系以及指标的意义。只有了解企业所处的行业，从而了解其行业特征，财务报表分析者才能理解和体会财务报表数据的经济含义。研究行业特征的工具主要包括价值链分析、波特五力分类和经济特征框架。

竞争的强度决定企业在行业中创造超额利润的潜力，潜在利润能否由行业保持则取决于该行业的企业与其顾客和供应商的议价（讨价还价）能力。在一个行业中，存在三种潜在的竞争源：现有企业之间的竞争、新进入者威胁和替代品威胁。而议价能力则从市场的层面影响甚至加剧行业的竞争程度，从而影响行业盈利能力。

企业竞争定位涉及两个方面问题：行业吸引力和企业在该行业的竞争地位。

行业吸引力与企业竞争地位相互依存，但是，并非绝对固定不变。选择行业固然重要，但更重要的还是企业在其所选择的行业当中的竞争地位。企业在行业的竞争地位决定了企业的盈利能力。因此，企业盈利能力不仅受到行业结构的影响，而且受到企业在其行业竞争定位时所做的战略选择的影响。

尽管企业相对其竞争对手存在许多优势和劣势，企业仍然可以拥有两种基本的竞争战略：成本领先和差异化。企业竞争战略的选择不会自然而然地产生竞争优势。为了获得持续的竞争优势，企业必须明确目标，制定与企业面临的内外部环境相适应的战略并有效执行战略。

各行各业的企业都会面临一系列的战略选择。战略分析框架有助于财务报表分析者更好地考察企业的战略选择，从而识别企业的战略。企业战略选择及其实施结果最终都会体现在财务报表上。财务报表分析者必须将财务报表分析与识别企业的战略相结合，从而使企业的战略、业务与财务融为一体。

[练习题库]

★ 案例分析

1. 价值链分析与财务报表之间的关系

医药行业处于价值链不同环节的7家公司的利润表和资产负债表资料见表3–3。表3–3各个项目的数据都是以占销售收入百分比的方式表示。表3–3最后一行列示了该年度各家公司经营活动现金流量与资本支出的比率。有些具体项目的百分比并没有出现，这并不意味着相应的数据为0。这只是说明对于相应的公司而言，相应项目的数额不大，即使不披露也不会有重要的影响。

表 3–3　　医药行业 7 家公司的利润表和资产负债表资料

项　目	1	2	3	4	5	6	7
年度利润表资料							
营业收入	100%	100%	100%	100%	100%	100%	100%
营业成本	(50.3%)	(13.6%)	(19.2%)	(55.3%)	(32.5%)	(72.3%)	(91.9%)
销售与管理费用	(14.3%)	(22.5%)	(38.6%)	(34.9%)	(38.8%)	(20.8%)	(4.9%)
研究与开发费用	(9.9%)	(25.3%)	(14.9%)	/	(8.8%)	/	/
利息费用	/	(0.3%)	(1.0%)	(1.8%)	(0.6%)	(1.8%)	(0.3%)
所得税费用	(10.0%)	(13.5%)	(7.7%)	(3.2%)	(5.3%)	(2.0%)	(1.3%)
其他项目（净值）	4.2%	7.8%	(1.5%)	1.3%	(0.4%)	0.1%	0.2%
净收益	19.7%	32.6%	17.1%	6.1%	13.6%	3.2%	1.8%
年末资产负债表资料							
货币资金	48.2%	51.6%	14.5%	18.5%	9.9%	0.1%	3.9%
应收账款	18.3%	10.8%	19.9%	33.2%	15.0%	2.4%	6.4%
存货	25.6%	4.7%	14.1%	/	11.6%	13.9%	14.0%
其他流动资产	4.4%	4.9%	8.7%	2.4%	6.9%	0.8%	1.1%
长期股权投资	/	5.2%	10.3%	/	/	/	/
土地、厂房和设备净值	31.0%	43.6%	34.0%	23.1%	26.1%	35.4%	1.7%
其他非流动资产	41.9%	11.6%	28.2%	19.2%	23.1%	1.3%	3.2%
资产总计	169.4%	132.4%	129.7%	96.4%	92.6%	53.9%	30.3%
流动负债	12.4%	30.8%	49.9%	36.2%	24.0%	10.0%	15.6%
非流动负债	/	2.8%	6.1%	31.4%	6.5%	23.1%	3.0%
其他非流动负债	6.9%	7.5%	11.8%	1.9%	12.0%	3.5%	1.2%
股东权益	150.1%	91.3%	61.9%	26.9%	50.1%	17.3%	10.5%
负债及股东权益总计	169.4%	132.4%	129.7%	96.4%	92.6%	53.9%	30.3%
经营活动现金流量/资本支出	2.4%	3.1%	2.7%	0.7%	2.8%	1.1%	1.7%

资料来源　斯蒂克尼，布朗. 财务报告与报表分析：战略的观点［M］. 张志强，魏保，吴青根，译. 4版. 北京：中信出版社，2004：38–40.略有改动。

这7家公司及其活动简要介绍如下：

（1）A公司：开发、生产和销售处方药品（这些药品要求有医生开具的处方才能购买）。公司的药品主要通过各种化学品的合成进行生产。处方制药公司必须获得食品和药品管理局的审批。这些药品的专利可以保护公司在一定时期免受其他公司的竞争，直到其他公司开发出更为有效的替代药品，或者本公司的药品专利到期为止。

（2）B公司：开发、生产和销售以生物研究为基础的药品。药品需要获得食品和药品管理局的批准，其专利保护也类似于以化学品为基础的药品。与处方制药行业相比，生物药品市场相对没有成熟，迄今为止只有少数的产品获得了食品和药品管理局的批准。

（3）C公司：开发、生产和销售基因药品。基因药品与化学合成药品有相同的成分，公司的产品曾经受到专利的保护，但现在专利已经到期。最近，由于其他处方药品的专利保护到期，基因制药公司从中获得好处。然而，主要的处方制药公司频频推出其具有基因概念的处方药品，以此与基因制药公司展开竞争。

（4）D公司：开发、生产和销售柜台销售的健康护理产品。这种产品不要求医生的处方，而通常要求有较高的品牌认知度。

（5）E公司：提供实验室的测试服务以及食品和药品管理局审批处方制药公司开发新药的过程中所需要的设备。该公司的销售成本包括进行实验室测试的人员工资以及药品审批服务的费用。

（6）F公司：向药店、医院以及大商场销售药品的批发商同时提供医药管理服务，包括通过设计并提供顾客所需的数据，帮助顾客更有效地进行订货、压低成本并监督顾客的进货流程。公司的销售成本包括销售的成本加上提供医药管理服务的人员工资。

（7）G公司：在全国范围内经营药品连锁店。表3-3中，G公司的数据包括其所属零售商店经营租赁的租金。

要求：

根据您所获得的信息，从表3-3中分别找出与上述7家公司相对应的数据。

2.延伸阅读分析

阅读四川长虹电器股份有限公司（上市股票代码600839）的年度财务报告（www.cninfo.com.cn/new/index）并运用图3-4所描述的“创造竞争优势的战略”基本框架，分析四川长虹电器股份有限公司的竞争优势。

★ 思考题

1.如何理解在财务报表分析中，战略分析的重要性？

2.如何识别行业特征？

3.行业竞争程度如何影响企业盈利能力？

4.如何进行战略分析？

5.如何识别企业的战略？

6.如何树立财务报表分析的战略思维？

★ 讨论题

1.成本领先与差异化是否矛盾？如果成本领先与差异化之间存在矛盾，能否平衡？

2.会计学专业学生李四认为：在财务报表分析过程中，战略分析似乎是不必要的兜圈子，为什么不能直接分析财务报表问题？请讨论之。

3.为什么有些行业发展非常迅速，而其行业平均盈利能力却很低呢？

4.金融专业学生张三认为：你们对影响行业盈利能力的五大力量的分析不全面。例如，在银行业，我能想到至少三种同样重要的其他因素：政府管制、人口趋势和文化因素。他的同学不赞同这种观点，认为：只有当这三个因素影响五大力量之一时，它们才是重要的。请讨论张三提出的三个因素如何影响银行业的五大力量。

5.如何借助战略分析，助力中国企业的高质量发展？

[延伸阅读文献]

[1] 帕利普，希利. 经营分析与估值 [M]. 刘媛媛，译. 5版. 大连：东北财经大学出版社，2014.

[2] 斯蒂克尼，布朗. 财务报告与报表分析：战略的观点 [M]. 张志强，魏保，吴青根，译. 4版. 北京：中信出版社，2004.

[3] 瓦伦，巴金斯基，布拉德肖. 财务报表分析 [M]. 胡玉明，译. 8版. 北京：中国人民大学出版社，2020.

[4] 黄世忠. 财务报表分析：理论、框架、方法与案例 [M]. 北京：中国财政经济出版社，2007.

[5] 波特 M.竞争优势 [M]. 陈丽芳，译. 北京：中信出版社，2014.

[6] 刘顺仁. 财报就像一本故事书 [M]. 太原：山西人民出版社，2007.

[7] 张新民. 从报表看企业：数字背后的秘密 [M]. 5版. 北京：中国人民大学出版社，2024.

[8] 郭永清. 透视公司财报数字：看故事读财报 [M]. 大连：大连出版社，2011.

[9] 伯曼 K，奈特 J，凯斯 J.财务智慧：如何理解数字的真正含义 [M]. 刘璐，译. 北京：商务印书馆，2010.

[10] 本书编写组. 党的二十大报告辅导读本 [M]. 北京：人民出版社，2022.

第4章

会计分析

[学习目标]

知识传授：理解在财务报表分析框架中，会计分析的重要性；掌握会计分析的基本步骤；理解会计政策及其对财务报表分析的影响；理解盈余管理及其对财务报表分析的影响。

能力培养：借助会计分析洞察企业是"盈余管理"还是"卓越管理"。

价值塑造：树立"诚信为本，操守为重"的职业道德，培育"敬业、守业"的职业精神，树立正确的人生观和价值观；借助会计分析，提高会计信息质量，"健全资本市场功能"。

正如第2章所提及，"许多财务报表分析者一看到财务报表，就马上埋头分析起来，其实，这种做法并不合理"。这句话意味深长。除了希望财务报表分析者突破"就财务报表论财务报表"的思维桎梏之外，还希望财务报表分析者先评估财务报表的质量，以免陷入"假账真算"的窘境。

●4.1 会计分析概述

会计分析旨在评估财务报表披露的会计信息对企业经济活动现实的反映程度。财务报表分析者可以通过评估会计弹性（accounting flexibility）、会计政策与估计（accounting policies and estimates）的恰当性，评价会计信息扭曲企业经济活动的程度，从而运用现金流量和财务报表附注（footnotes）资料，"去伪存真"，消除会计信息的扭曲，使会计信息更好地反映企业经济活动现实。有效的会计分析有助于提升财务报表分析框架的后续部分——财务分析结论的可靠性。

4.1.1 财务报告的制度框架及其对会计信息质量的影响

为了有效地评估财务报表披露的会计信息质量，财务报表分析者必须首先了解财务报表的基本特征、制度框架及其对会计信息质量的影响。

1）财务报表的编制基础

总体上，财务报表的编制基础是权责发生制。正如第2章所述，基于现代企业制度和金融市场环境，权责发生制有其优点，但是，其局限性同样不言而喻。除了现金流量表外，其他财务报表的编制基础都是权责发生制而不是现金制（cash accounting）。权责发生制将经济业务相关的成本以及收益的确认时间与现金实际收付时间区分开来。利润就是典型的基于权责发生制的期间绩效指标。在实践中，权责发生制的运用涉及许多假设，具有较强的主观性和武断性。特别是随着社会经济的发展，企业组织结构日趋复杂，关联方关系及其交易极其频繁，各种投融资工具不断创新并普遍运用，权责发生制的局限性日趋明显。

2）财务报表的编制主体

财务报表由企业管理层编制。正如第2章所述，财务报表由企业编制。尽管财务报表要素的基本定义很简单，但是，在实践中，其运用却经常涉及复杂的职业判断。如此一来，财务报表编制过程以及信息披露就面临两个重要问题：第一，企业管理层的职业判断能力。面对经济业务的复杂性，企业管理层难以做出完全合理的职业判断。即便企业管理层已经做出了“最合理”的判断，随着环境的变化和社会经济的发展，也可能导致偏差。这种客观性或能力问题会影响财务报表披露的会计信息的质量。第二，企业管理层的信息权利（information right）。正如第2章所述，由于会计信息不是枯燥的数字，会计信息是社会财富转移或利益分配的基础，其背后隐藏着经济利益或政治利益，甚至两者兼而有之。“契约的实质就是信息”。这样，企业管理层就存在利用会计信息谋求利益的动机，从而利用其信息权利和职业判断使财务报表披露的会计信息“承载”了企业管理层的“主观意愿”，影响财务报表披露的会计信息的质量。总之，无论是客观的“职业判断”问题还是主观的“职业判断”问题，财务报表披露的会计信息的质量都可能受到影响。

3）会计准则的质量

为了限制企业管理层“滥用”其信息权利，各个国家都制定了相应的会计准则，规范企业管理层对经济业务的确认、计量和报告行为。可以说，财务报表是会计准则的产物。这样，财务报表披露的会计信息的质量自然就与会计准则的质量存在密切的关系。然而，何谓“高质量会计准则”呢？这是一个难以圆满回答的重要问题。实际上，会计准则是社会财富转移或利益分配（调整利益格局，界定财富分配）的“游戏规则”。会计准则的质量问题不仅仅是“技术”问题，更重要的还是“经济后果”问题。在许多情况下，会计准则只是“微妙的平衡”。只要会计准则还没有达到“完美”的境界，财务报表披露的会计信息的质量就可能存在问题。

4）独立审计

尽管财务报表由企业管理层编制，但是，任何财务报表都必须经由独立于企业管理层的会计师事务所的独立审计，才能对外披露。正如第2章所述，注册会计师对财务报表的独立审计有助于减少会计信息的使用风险，在一定程度上提高了会计信息的质量，但是，也可能强化财务报表本身的内在缺陷。毕竟，独立审计旨在强化会计准则的有效运用，而会计准则本身并不“完美”。况且，独立审计本身的“独立性”备受质疑。如果独立审计本身不能保持“独立”，那么，财务报表披露的会计信息的质量就可能“雪上加霜”。

5）法律责任

裁定企业管理层、注册会计师和投资者等会计信息使用者之间会计争端（accounting disputes）的法律环境（legal environment）也会对财务报表披露的会计信息的质量产生重要影响。尽管巨额的诉讼成本和法律惩处有助于遏制企业管理层“滥用”其信息权利，也有助于敦促注册会计师“恪尽职守”，提高会计信息质量，但是，这种承受重大的法律责任（legal liability）的可能性也可能影响财务报表披露的会计信息的质量。最为典型的例证就是预测性或前瞻性信息的披露（forward-looking disclosures）。虽然这些预测性或前瞻性信息有助于会计信息使用者的决策，但是，面对经营环境的急剧变化，这些预测性或前瞻性信息偏离现实的可能性比较大。如此一来，企业管理层和注册会计师经常担心因披露预测性或前瞻性信息而受到法律诉讼和惩处，不愿意在财务报表中披露这些预测性或前瞻性信息，从而极大地影响了财务报表披露的会计信息的质量。因此，财务报表制度框架的法律责任可能导致企业管理层和注册会计师在财务报表的信息披露方面存在许多“难言之隐”。

【延伸阅读资料4-1】①

如前所述，财务报表披露的会计信息的质量受到许多因素的影响，因此，在分析会计信息质量的过程中，财务报表分析者要寻求以下五个问题的答案：

1.会计准则的质量

会计准则是否完善？如果对未来的预测以会计准则为基础，而会计准则却没有包含与企业价值相关的所有信息（例如企业的创新能力和自创商誉），那么，以价值评估为目的的财务报表分析，其结论可能产生误导。

2.审计质量

企业的行为是否违背会计准则或者根本就是财务欺诈？符合会计准则的会计行为是适当的，但企业也许依据的是惯例而不是会计准则。企业是否在顾客没有做出明确承诺的情况下就确认应收账款？它是否没有确认要求确认的费用或摊销成本？它是否在使用会计准则不允许使用的会计方法？要回答这些问题，财务报表分析者必须熟悉这些业务。财务报表分析者通常依赖于审计，但也需要对审计失败或注册会计师可能利用会计准则的灰色地带接受企业管理层的某些操纵行为保持高度的警惕。

3.会计准则运用质量

企业是否利用会计准则操纵财务报表？会计准则在对企业使用的会计方法加以限制的同时，又允许企业在众多会计方法中进行选择。这些选择可以视为一种通行证，用它就可以操纵财务报表数据以达到希望的效果，而且注册会计师也不会反对。从这个意义上说，经理人不仅操纵了企业及其经营活动，而且操纵了企业财务报表。如果再考虑会计记账时的某些估计，情况就会变得微妙起来。这里，细致的观察起关键的作用；否则，你可能就会被误导。

4.交易确认时间的质量

企业是否通过操纵经济业务来操纵企业财务报表的编制呢？有时，企业会忠诚地遵循会计准则，根据会计需要来安排交易以达到想要的结果。尽管这只是操纵经济业务而不直接操纵财务报表，但却依赖会计本身特点而行事。它有两种方式：（1）操纵收入。会计准则要求收入在产品发出或服务转移给消费者的时候就予以确认。由此，企业会在一个会计期间结束之前发出大量产品以增加该期间的利润，或者推迟发货，以减少该期间的利润。

① 佩因曼．财务报表分析与证券估值［M］．朱丹，等译．5版．北京：机械工业出版社，2016.略有改动。

这种情况有时称为“渠道填塞”（channel stuffing）。（2）操纵费用。企业会控制与利润表直接相关的费用来达到控制利润的目的。例如，把研究与开发费用和广告费推迟到以后期间确认就可以增加当期利润；相反，把以后期间的费用提前到当期确认就可以减少利润。

5.披露的质量

披露的会计信息足以分析企业的经营活动吗？这些披露反映在财务报表及其附注和企业管理层讨论与分析当中。企业管理层讨论与分析还可以给财务报表分析者提供额外的信息。财务报表分析者的众多分析取决于良好的披露、对业务的了解并知道它们在财务报表上如何反映。财务报表分析者需要特别关注：（1）从财务报表的融资项目中区分出经营性项目的信息；（2）从非经常项目中区分出核心经营收益的信息；（3）揭示核心盈利能力驱动因素的信息；（4）对使用的会计方法的解释性信息。

4.1.2 会计分析的基本步骤[①]

那么，财务报表分析者如何进行会计分析呢？会计分析的基本步骤包括：

1）辨认关键会计政策

正如第2章所述，企业的行业特征以及竞争战略选择决定了其关键成功因素和风险因素。财务报表体现了企业的行业与经济特征。会计分析的目的之一在于评估企业如何处理这些关键成功因素和风险因素。因此，在会计分析过程中，财务报表分析者首先要辨认企业用于反映这些关键成功因素和风险因素的会计政策，从而评估这些会计政策是否与行业特征以及战略选择相符合。例如，对于高新技术企业而言，创新是其灵魂，那么，与人力资源、研究与开发等关键成功因素和风险因素相关的会计政策就显得十分重要。财务报表分析者应该关注这些会计政策、隐含在这些会计政策中的各种会计估计以及由此而产生的会计信息。

2）评估会计政策的弹性

显然，不同企业，其关键会计政策不同；不同企业，其会计政策的弹性也不同。有些企业的关键会计政策受到会计准则的严格限制，企业管理层没有多少“自由裁量权”（discretion）。例如，尽管研究与开发支出是生物技术公司的关键成功因素，但是，在美国，企业管理层在报告研究与开发支出时没有“自由裁量权”，必须全部费用化。而有些企业的关键会计政策可能受企业管理层的信息权利影响较大，具有一定的“弹性”。例如，信贷风险管理是商业银行的关键成功因素，商业银行管理层对信贷资产的质量和贷款损失准备的计提却拥有较大的“自由裁量权”。当然，还有些会计政策（如固定资产折旧、存货流动计价）弹性较大，企业管理层拥有较大的“自由裁量权”。企业会计政策的弹性越大，财务报表分析者就应越谨慎。

3）评估会计策略

如果企业管理层在关键会计政策选择方面拥有较大的“自由裁量权”，他们就可以运用这种“自由裁量权”更好地传递或隐瞒企业的经营绩效，以达到其目的。因此，财务报表分析者必须关注并判断企业管理层所采取的会计策略及其合理性。在考察企业管理层如何实施其会计策略时，可以关注以下问题：

（1）与行业惯例相比，企业的关键会计政策如何？如果企业的关键会计政策与行业惯

---

① 佩普，希利，伯纳德．运用财务报表进行企业分析与估价［M］．孔宁宁，丁志杰，译．2版．北京：中信出版社，2004：74-78.略有改动。

例相悖，是否意味着企业实施与众不同的竞争战略？例如，如果财务报表显示了低于行业平均水平的产品保修准备，究竟是企业实施以高质量为基础的竞争战略，将大量资源投入到产品质量上，从而提高了产品质量，还是企业本身就低估了产品保修负债？

（2）企业管理层是否存在运用其信息权利和“自由裁量权”进行盈余管理（earnings management）的动机？例如，企业是否处于违反债务保护条款的边缘？企业经理人难以实现以财务报表数据为基础的薪酬目标吗？企业管理层持有企业大量股份吗？其激励机制如何设计？其薪酬如何安排？企业准备上市或增资扩股吗？

（3）企业是否改变其会计政策或会计估计？如果企业改变其会计政策或会计估计，其原因何在？其影响又如何？例如，企业的保修费用降低了，这是因为企业为了提高产品质量而进行了大量投资吗？

（4）企业过去所采用的会计政策和会计估计切合实际吗？例如，长期待摊费用摊销时间过长的企业可能被迫在以后期间巨额冲销。这种巨额冲销的历史记录可能预示着盈余管理业已存在。

（5）为了达到某些会计目标，企业是否做出了重要的经营安排或从事明显缺乏商业意义的交易？例如，企业可以改变融资安排，以避免稀释财务报表披露的每股收益。

4）评估信息披露质量

如第1章所述，财务报表是财务报表分析的重要载体。然而，除了财务报表之外，还有其他信息披露途径（例如管理层讨论与分析、董事会报告、监事会报告、财务报表附注等）。尽管人们希望企业管理层能够“充分披露”（full disclosure）企业经济活动信息，但是，这只能是一个“美好的愿望”。会计准则只是规定了最低的披露要求。这种最低的披露要求构成了信息的“强制披露”方面。在信息的“自愿披露”方面，企业管理层拥有较大的“自由裁量权”。因此，企业管理层的信息披露质量（包括信息披露的广度和深度）体现了企业会计信息质量的高低。在评估信息披露质量时，财务报表分析者需要关注以下问题：

（1）为了评估企业的经营战略及经济后果，企业是否已充分披露信息？例如，某些企业通过“管理层讨论与分析”清楚地表明企业的行业状况、竞争地位和管理层的未来规划，而有些企业则通过“管理层讨论与分析”吹嘘企业经营绩效并掩盖企业可能面临的竞争问题。

（2）财务报表附注是否充分解释了企业主要会计政策、会计估计以及会计方法选择的理由？例如，如果企业的收入和费用确认政策与行业惯例不同，企业可以在财务报表附注中加以说明。同样地，如果企业的会计政策发生重大变化，也可以通过财务报表附注说明其变化的原因。

（3）企业对其当前经营绩效及其变动给予充分说明了吗？企业年度报告的“管理层讨论与分析”部分为财务报表分析者提供了了解企业经营绩效变动原因的机会。有些企业通过“管理层讨论与分析”将企业财务绩效与经营状况联系起来。例如，如果某个期间的销售利润率下降，是因为价格竞争还是因为制造成本上升？

（4）如果会计规则和惯例限制企业恰当地披露企业的关键成功因素和风险因素，企业是否披露额外、充分的信息帮助信息使用者了解这些关键成功因素和风险因素？例如，企业可以披露市场份额、顾客满意度等非财务指标，帮助信息使用者理解企业的关键成功因素和风险因素。

（5）如果企业实施多元化经营战略，各个分部或地区的信息披露质量如何？例如，有些企业通过产品分类报告和地区分类报告对其经营绩效给予充分的说明。行业竞争程度以及管理层分享分部经营绩效的意愿影响企业分部或地区的信息披露。

（6）企业对"好消息"和"坏消息"是"一视同仁"，还是"报喜不报忧"呢？企业对"坏消息"的处理方式最能考验企业的信息披露质量。

（7）企业的投资者关系计划如何？企业提供了有关经营和绩效的详细数据吗？财务报表分析者容易接近企业管理层吗？

根据上述问题的判断，如果财务报表分析者对财务报表披露的会计信息质量不满意，就应该挖掘数据，拓宽财务报表分析的视野。

5）识别潜在危险信号

基于财务报表内在的"钩稽关系"，企业的财务舞弊行为或潜在危险信号都可能在财务报表上留下"痕迹"。识别潜在危险信号有助于引领财务报表分析者更仔细地查验某些项目或针对某些项目收集更充分的信息。常见的危险信号包括：

（1）未加解释的会计政策变化，特别是经营绩效"不佳"时的会计政策变化，这可能预示着经理人正在运用其会计"自由裁量权"来"粉饰"财务报表。

（2）未加解释的旨在提升利润的交易。例如，当企业经营绩效"不佳"时，通过交易如资产销售或债转股获得利润。

（3）应收账款异常增加。这可能预示着企业为了当期利润，放宽赊销的信用政策，从而导致当期应收账款增长速度远远大于销售收入的增长速度。

（4）存货异常增加。如果存货增加是由于产成品存货增加，可能表明市场对企业的产品需求下降，将来企业可能出现跌价损失，也可能表明企业通过多生产降低产品单位成本，"创造"当期利润。如果存货增加是由于在产品存货增加，可能就是好消息，有可能企业预期销售会增加。如果存货增加是由于原材料存货增加，那就可能意味着生产或采购效率较低，从而导致销售成本增加。

（5）企业报告利润与经营活动产生的现金流量之间的缺口扩大。尽管基于权责发生制，利润与现金流量可能背离，但是，如果企业的会计政策没有变化，利润与现金流量之间通常保持稳定的关系。因此，利润与经营活动产生的现金流量之间的背离可能预示着企业会计政策的微妙变化。财务报表分析者要特别注意企业连续盈利，而现金流量却"入不敷出"的现象。

（6）企业报告利润与应税利润之间的缺口扩大。尽管财务报表与税务报表可以遵循不同的会计政策，但是，只要会计政策或税收规则没有发生变化，两者通常保持稳定的关系。企业报告利润与应税利润之间的缺口扩大，可能预示着企业给投资者报送的财务报表过于乐观。

（7）过分热衷于运用诸如与关联方合作从事研究与开发活动、设立特定目的主体、附带追索权的应收账款转让等融资机制。尽管这些安排可能存在正当的理由，但是它们可能为企业管理层低估负债或高估资产提供机会。

（8）突如其来的巨额资产冲销。这可能预示着企业管理层没有及时将经营环境的变化纳入会计政策，或者经营环境发生了未曾料到的变化。如果企业资产冲销的数额太大（比如其数额远远超过前几年的利润总额)，还可能预示着企业以前年度存在“虚盈实亏”的现象。

(9) 第四季度或第一季度出现大额调整。尽管企业年度财务报表必须经过注册会计师的独立审计，但是，企业的中期财务报表通常没有这种强制要求。如果企业管理层不愿在中期财务报表运用恰当的会计政策，它会迫于注册会计师的压力而被迫在年末进行调整。当然，企业管理层也可能为了年末财务报表能够顺利通过注册会计师的审计而“循规蹈矩”，然而，一旦得到注册会计师的签证，下个年度的第一季度就会再“急忙”调整。因此，第四季度或第一季度出现大额调整，可能预示着企业管理层在编制财务报表时运用了“不恰当”的会计政策。

(10) 被出具“不清洁审计意见”，或频繁更换注册会计师/独立董事。这可能预示着企业管理层运用“不恰当”的会计政策或存在购买“审计意见”或“独立董事意见”的倾向。

(11) 频繁的关联方交易。这些交易可能缺乏市场交易的客观性，企业管理层对这些交易的会计估计可能过于主观、武断，甚至存在“自利”(self-serving) 之嫌疑。

拓展学习 4-1

现金流量表也可以操纵

尽管上述“常见的危险信号”值得财务报表分析者关注，但是，财务报表分析者必须深入分析这些“常见的危险信号”背后隐含的经济活动才能得出最终结论。因为上述每一种“常见的危险信号”可能都存在多种解释。有些解释存在合理的理由，而有些解释则是因为会计方法本身存在问题。因此，识别潜在危险信号只是财务报表分析者深入研究财务报表的起点，而不是终点。

6) 消除会计信息的扭曲

如果经过上述会计分析发现财务报表披露的会计信息有问题，财务报表分析者应该利用财务报表附注、现金流量表和其他信息，“去伪存真”，尽量“还原”企业经济活动的本来面目。

●4.2 会计政策对财务报表分析的影响

如前所述，财务报表是财务报表分析的主体，但是，财务报表通常以会计特有语言描述企业的基本财务状况、经营成果和现金流动状况。这里的“会计特有语言”包括会计确认、计量和报告标准，而这些标准通常体现于会计政策中。因此，理解会计政策及其运用是财务报表分析的前提。

尽管财务报表是会计惯例、会计准则和会计制度的产物，但是，由于企业面临的经营环境各不相同，而且千变万化，为了使财务报表更好地反映企业的经济实质，各国会计准则都给企业管理层留下选择的余地，让他们选择更能反映企业经济实质的会计方法。当然，这也就给企业管理层出于机会主义的动机而操纵利润留下了空间。

不管怎么说，企业管理层有选择会计政策的权利和空间。不同会计方法和会计估计，会使相同的经济实质以不同的会计数字体现出来，当然，也可能使不同的经济实质反映为相似的会计数字。因此，同一个经济事项，采用不同的会计政策，会导致不同的会计数字，从而对财务报表产生重要的影响。财务报表分析者要真正理解会计数字背后真实的企业，就必须理解企业所采用的会计政策。在特定会计政策下，财务报表分析者透过会计信息背后隐藏的“玄机”，才能真正体会“会计数字意味着什么”。

然而，会计政策体现在财务报表附注中，这就需要阅读财务报表附注。通过阅读财务报表附注，一方面可以了解会计数字是在何种会计政策、会计方法和会计估计之下产生的；另一方面也可以了解财务报表上一个简单的会计数字背后详细的构成情况以及那些在财务报表中没有或无法体现出来的信息。从某种意义上说，阅读财务报表附注甚至比阅读财务报表本身更为重要。

以上市公司为例，财务报表分析者具体需要了解：

（1）上市公司简介：了解上市公司在哪个行业经营什么业务以及谁（哪些高管）主导经营这些业务。

（2）主要会计政策：了解上市公司如何编制财务报表，上市公司的会计政策是否发生重大调整，与同行业的主要竞争对手相比，上市公司所采用的会计政策、会计方法和会计估计是否存在明显差异。

（3）主要税项和税率：了解上市公司涉税事项，诊断税务健康状况，验证财务报表的某些数据。

（4）控股企业及合营企业：了解上市公司存在哪些控股企业和合营企业。这是理解和把握上市公司关联方关系及其交易的基础。

（5）合并财务报表主要项目注释：合并财务报表是对上市公司及其下属的所有存在控制关系的单位的综合反映。通过层层汇总，会计信息逐步演化为数字的堆积，导致这些数字越来越抽象。只有通过分析合并财务报表主要项目的注释才能拨开“层层迷雾”，理解会计数字背后的经济实质。

（6）母公司财务报表主要项目注释：母公司财务报表只反映母公司的情况。同理，只有分析母公司财务报表主要项目注释，才能理解会计数字背后的经济实质。

（7）分行业资料：如果一个上市公司涉足多个行业，且这些行业差异性较大，仅从合并财务报表难以了解上市公司的全貌。因为合并财务报表抽象掉行业特征，这给财务报表的理解带来一定的困难，通过分析分行业资料，才能还其本来面目。

（8）关联方关系及其交易：关联方和关联方交易是上市公司经营过程必然发生的一种现象。当然，关联方交易可能“粉饰”财务报表，了解关联方关系及其交易有助于识别财务报表“粉饰”。

（9）或有事项或承诺事项：或有事项或承诺事项如担保，对上市公司的潜在影响非常大，了解上市公司存在哪些或有事项或承诺事项对财务报表分析具有重要的意义。

（10）资产负债表日后事项：何谓资产负债表日后事项？上市公司披露年度报告的时间一定是在资产负债表日（12月31日）之后，在资产负债表日到年度报告披露日之间公司的经济活动并没有停止，这样就出现了在披露年度报告时已经发生，但又不属于年度报告需要反映的事项，这种事项就属于资产负债表日后事项。对资产负债表日后事项应该区别对待。如果某事项本身在资产负债表日以前就已经发生，只不过那时还没有一个明确的结果，资产负债表日后事项只是这个结果的明朗化。例如，某上市公司在资产负债表日（20×1年12月31日）之前被起诉了，法院判决结果在20×1年12月31日还没出来，但在年度报告披露日（20×2年3月30日）之前已经有了判决结果，该事项属于资产负债表日后事项的调整事项，应该调整准备披露的财务报表。如果某事项本身就是在资产负债表日以后，但在年度报告披露日以前发生，那么，该事项属于资产负债表日后事项的非调整事项。例如，某上市公司年度报告披露日为20×2年3月30日，该上市公司于20×2年2月15日收购另一家企业的全部股权，即属于资产负债表日后事项的非调整事项。尽管该非调整事项不体现在披露的年度报告之内，只需要在财务报表附注中说明，但这并不意味着该非调整事项就不重要。事实上，该事项（股权收购）在财务报表分析时就已经发生了，而且可能已经极大地改变了上市公司的经营状况和经营前景，只是因为会计分期假设而没有体现在财务报表中而已。如果简单地忽略该事项，就可能错过了重要信息，甚至对上市公司现有的财务信息做出错误的判断。

（11）债务重组：债务重组可能改变上市公司的财务状况，了解债务重组才能把握企业的财务状况。

（12）审计报告：尽管审计报告的功效备受质疑，但是，审计报告毕竟是从“第三只眼睛”的角度看财务报表，因此，审计意见对于理解财务报表具有一定的参考价值。

拓展学习 4-2

审计意见与关键审计事项

通过会计政策，财务报表分析者才能真正理解和体会财务报表上每个数字背后的经济实质，从而理解和体会“会计数字意味着什么”。孤立地分析财务报表难以理解和体会财务报表所反映的上市公司经营活动，甚至根本无法解读“会计数字”的经济含义，如此一来，财务报表分析可能演化为一种重形式、轻实质的“数字游戏”。

【延伸阅读资料4-2】①

财务报表显示“货币资金”100 000元，如果没有分析会计政策，财务报表分析者就不知道这100 000元是单纯的人民币，还是包括一定数量的外币。如果包括一定数量的外币，这些外币如何折算成人民币？由于外币折算不等于外币兑换，这些外币是国际硬通货，还是软通货？在合并财务报表的情况下，这些“货币资金”是母公司的，还是子公司的？如果财务报表分析者不能理解“货币资金”100 000元背后的经济实质，就难以真正理解企业拥有“货币资金”100 000元意味着什么，从而难以真正理解企业的支付能力。再比如说，财务报表显示“存货”200 000元，如果没有分析会计政策，财务报表分析者同样不知道“存货”包括哪些具体项目及其比重。这对理解企业的资产流动性和短期偿债能力具有重要的影响。显然，如果企业的“存货”200 000元当中绝大部分属于产成品，那么，企业存货的变现能力可能存在问题。反过来，如果企业的“存货”200 000元当中绝大部分属于原材料，那么，其存货的变现能力就比较强。因为原材料属于通用性的“存货”，而产成品已经属于专用性的“存货”了。这样的例子可以举出很多。只要分析财务报表附注，了解企业的会计政策，大多数问题都可以“迎刃而解”。

值得注意的是，财务报表分析者在分析财务报表附注时，不能孤立地理解会计政策，还要注意会计政策与战略之间的匹配关系。

【实例4-1】

两家不同的航空公司，对相同的波音飞机运用了不同的折旧年限，分别是10年和25

---

① 胡玉明，董毅华，肖继辉．财务报告与评价［M］．广州：暨南大学出版社，2006：11.

年，飞机的经济使用年限是15年，哪家公司的折旧政策更为合理呢？

如果离开两家航空公司的战略，财务报表分析者难以回答这个问题。然而，只要结合两家航空公司战略，财务报表分析者就很容易回答这个问题。关键要看公司折旧政策是否与公司战略相匹配。

第一家航空公司采用差异化战略，主要为高端乘客提供高质、安全的服务。在这种情况下，缩短飞机使用年限，及时重置或更新飞机，保证服务质量与公司战略相匹配，因此，采用10年的折旧年限是合理的。

第二家航空公司采用成本领先（低成本）战略，通过低价来吸引价格敏感度高，而对服务和安全质量要求较低的中低端乘客，通过延长飞机的使用年限来降低成本，同样与其战略相匹配。因此，采用25年的折旧年限同样是合理的。

拓展学习4-3

新三板与注册制

●4.3　盈余管理对财务报表分析的影响

如前所述，由于会计政策的可选择性，给企业管理层出于机会主义的动机而实施盈余管理留下了空间，因此，盈余管理会对财务报表产生重要的影响。在金融市场和现代企业制度框架下，“会计信息已经不是单纯的数字，而是社会财富转移或经济利益分配的基础”，因而，国内外企业都存在盈余管理。可以说，只要企业可以选择会计政策，就存在盈余管理的空间。显然，盈余管理影响了财务报表的分析以及信息的利用。因此，要真正理解财务报表，就必须了解盈余管理动机及其对财务报表的影响。

4.3.1　盈余管理的动机

企业的盈余管理动机很多，不同的盈余管理动机，对财务报表的影响有所不同。理解这些不同的盈余管理动机，有助于财务报表分析者更好地分析企业的财务报表。

企业盈余管理的动机主要包括：取得上市资格并抬高股价、配股和增发、特别处理以及退市的威胁、政治成本和税收上的原因、合同的限制、与盈利预测相符、扭亏为盈或脱困、股票期权激励机制。分述如下：

（1）取得上市资格并抬高股价。在中国，上市资格的取得与财务指标密切相关。企业为了获得更多资金，必须提高股票价格，而要提高股票价格（与每股收益有关）必须提高盈利，进而实施盈余管理，甚至实施财务舞弊。

【实例4-2】[①]

1.“红光实业”的上市过程

红光实业是成都红光实业股份有限公司的简称，1997年6月在上海证券交易所上市，代码为600083[②]。其前身是国营红光电子管厂，始建于1958年，是在成都市工商行政管理局登记注册的全民所有制工业企业，该厂是我国“一五”期间156项重点工程之一，是我国最早建成的大型综合性电子束器件基地，也是我国第一支彩色显像管的诞生地。

经成都市体改委〔1992〕162号文批准，1993年5月，由原国营红光电子管厂以其全

① 刘峰．制度安排与会计信息质量：红光实业的案例分析［J］．会计研究，2001（7）：7-15；65.随着时光的流逝，资本市场参与者也许已经淡忘20多年前的情境，然而，令人不禁“一声叹息”的是，案例所描述的“基本内核”却依然适合当下的情境。作者始终认为案例的关键在于经典，而不在于时尚。

② 现为*ST博信。

部生产经营性净资产投入，联合四川省信托投资公司、中国银行四川省分行、交通银行成都分行作为发起人以定向募集方式设立成都红光实业股份有限公司。成都市科学技术委员会认定红光实业为高新技术企业（成科工字〔1994〕019号文），技术中心被国家经济贸易委员会、国家税务总局、海关总署认定为享受优惠政策的企业（集团）技术中心（国经贸技〔1995〕374号文），1995年12月被四川省人民政府、国家经济体制改革委员会（川府函〔1995〕517号文）列为全国现代企业制度试点企业。经中国证券监督管理委员会证监发〔1997〕246号文和〔1997〕247号文批准，红光实业于1997年5月23日以每股6.05元的价格向社会公众发行7 000万股社会公众股，占发行后总股本的30.43%，实筹得4.1亿元资金。

2.上市前的相关信息披露

公司能否取得上市资格、公司新股发行价格的确定等，主要取决于由上市公司提供、经相关中介机构认定的财务资料等信息，而这部分信息也构成了“上市公告书”和“招股说明书”的主体。

财务资料成为后期上市运作最为关键的因素：顺利通过中国证券监督管理委员会的批准并取得较高的发行价格。红光实业披露的经成都市蜀都会计师事务所审计的上市前三年销售收入和利润总额见表4-1。

表4-1 **红光实业上市前三年销售收入和利润总额** 单位：万元

年　份	1996年	1995年	1994年
主营业务收入	42 492	95 676	83 771
利润总额	6 331	11 685	9 042
净利润	5 428	7 860	6 076

红光实业在1997年4月（股票公开发行前一个月），进行了一次1∶0.4的缩股，将原来4亿股的总股数缩减为1.6亿股。再按缩股后的股数对前三年净利润计算每股收益，倒算出1994—1996年的每股税后利润分别为0.380元、0.491元和0.339元；在此基础上，确定了每股6.05元的发行价格（发行价格=三年平均每股税后利润×市盈率=（0.380+0.491+0.339）÷3×15）。

除财务信息外，关于拟上市公司的一些描述性信息也颇受关注，特别是关于该公司发展前景的信息。理论上，中国证券监督管理委员会不能也不应该批准一个没有发展前景的公司上市。因此，如何将拟上市公司的前景描述得“动听”且“诱人”是招股说明书和上市公告的主要任务之一。从红光实业所提供的招股说明书和上市公告书中我们可以发现，该公司是一家“前途光明灿烂”的电子企业。同时，按照招股说明书的格式要求，红光实业还提供了经会计师事务所审核的盈利预测数字：预计公司1997年度全年利润7 055万元，每股税后利润（全面摊薄）0.3063元，每股税后利润（加权平均）0.3513元。

3.中国证券监督管理委员会的调查结果

红光实业1997年6月初股票上市发行，募集了4.1亿元资金；但年报披露亏损1.98亿元，每股收益为-0.86元。当年上市，当年亏损，开中国股票市场之先河。为此，中国证券监督管理委员会进行了调查并公布了调查结果：

（1）编造虚假利润，骗取上市资格。红光实业在股票发行上市申报材料中称1996年盈利5 400万元。经查实，红光实业通过虚构产品销售、虚增产品库存和违规账务处理等手段，虚报利润15 700万元，1996年实际亏损10 300万元。

（2）少报亏损，欺骗投资者。红光实业上市后，在1997年8月公布的中期报告中，将亏损6 500万元虚报为净盈利1 674万元，虚构利润8 174万元；在1998年4月公布的1997年度报告中，将实际亏损22 952万元（相当于募集资金的55.9%）披露为亏损19 800万元，少报亏损3 152万元。

（3）隐瞒重大事项。红光实业在股票发行上市申报材料中，对其关键生产设备彩玻池炉的废品率上升、不能维持正常生产的重大事实未做任何披露。

显然，如果红光实业事先如实披露其亏损和生产设备不能正常运行的事实，它将无法取得上市资格；即便取得上市资格，上市募股，也很难取得成功。

（2）配股和增发。在中国，上市公司的配股和增发制度几经改革，但"万变不离其宗"，依然与财务指标密切相关，由此，许多上市公司为了达到配股或增发条件而实施盈余管理。

（3）特别处理以及退市的威胁。特别处理和退市同样与财务指标密切相关。在中国，上市资格目前还是一种相对紧缺的"壳资源"。如此一来，有些上市公司为了避免被特别处理或退市，保住"壳资源"而实施盈余管理。

（4）政治成本和税收上的原因。在金融市场上，会计信息可能引导社会资源的配置。常言道："人往高处走，水往低处流。"同理，资金总是流向盈利能力高的企业。那么，哪些企业的盈利能力高呢？财务报表显示出较高利润的企业通常就是盈利能力高的企业。所有已经创造并报告出来的利润，都是向市场发出的引导资源配置进一步变化的信号。诺贝尔经济学奖得主米尔顿·弗里德曼（Milton Friedman）说过一句很精彩的话："任何企业获得较高的利润，就等于给天下的英雄豪杰发出了邀请函。"这是一种市场压力。"邀请函"已经发出去了，"天下英雄豪杰"终归要来，更激烈的全球竞争和国内竞争难以避免。如果存在市场准入障碍，"天下英雄豪杰"就算收到"邀请函"，也无法前来"赴会"。当然，利润高的企业或行业还存在非市场压力。那就是企业社会责任的"滥用"问题。如此一来，利润高的企业可能"树大招风"，从而可能导致严厉的价格管制、政府监管或消费者监督、激烈的商业竞争、更高的税负、更多的反垄断指控等巨额政治成本。有些企业通常会选择将报告利润由本期递延至未来期间等异常保守的会计政策，以降低财务报表所体现出来的利润，避免成为社会公众关注的焦点，从而降低企业面临的潜在政治成本。美国微软公司（Microsoft）正是递延收入的典型例证。

（5）合同的限制。在现实的经济活动中，许多合同都与财务指标有关。以商业银行的信贷合同为例。企业为了获得商业银行的信贷合同，争取较为优惠的利率，减少信贷合同对企业经济活动的限制，通常会选择将报告利润由未来期间提前至本期确认的盈余管理行为。

（6）与盈利预测相符。在美国，华尔街的财务分析师提供盈利预测信息。如果上市公司公布的每股收益达到华尔街的盈利预测，其股价便会上扬；否则，便会遭到市场严厉的惩罚。最为典型的例子是国际商业机器公司（IBM）在某一季度报告的每股收益比华尔街财务分析师预测数少1美分，导致一天之内股票价格下跌了6%，股票市值损失达数十亿美元。久而久之，上市公司就会千方百计地迎合华尔街的盈利预测。通用电气公司（GE）就是典型的“收益平滑化”的高手。通用电气公司曾经在17年每个季度报告的每股收益都达到华尔街的盈利预测，被誉为全美国“最具可预测性”的公司。在中国，中国证券监督管理委员会规定，上市公司的年报必须对下一个年度的盈利能力做出预测。如果实际的盈利水平与预测水平发生很大的差异，上市公司将受到惩罚。如此一来，一旦上市公司发现自己的盈利水平与预测水平发生重大偏离，就会想方设法将盈利水平调整到预测水平。

（7）扭亏为盈或脱困。中国的企业尤其是国有企业和上市公司，普遍存在“扭亏为盈”或“脱困”的目标，盈余管理自然在所难免。

（8）股票期权激励机制。客观地说，股票期权作为一种激励机制具有非常强的激励效果，但其负面影响同样不能忽视。实行股票期权激励机制之后，上市公司的股票即使发生微小的价格波动，也会直接影响经理人所持有的股票期权的价值。面对这种财富效应，企业经理人有可能在行使股票期权之前采用激进的收入确认政策，或推迟发生“自由裁量性支出”（例如研究与开发费用、广告促销等费用），甚至直接实施财务舞弊。此外，股票期权激励机制还有可能滋生“报喜不报忧”的现象，企业经理人不及时、如实地向投资者报告企业的经营状况。例如，2001年，甲骨文公司（ORACLE）的首席执行官劳伦斯·J.埃里森（Laurence J.Ellison）在行使股票期权并赚取7.06亿美元之后才准许公司发布业绩预警公告。这种行为备受投资者和监管部门的质疑。但除了质疑，还能怎么样呢？因此，股票期权激励机制可能激励企业经理人如首席执行官去造假。

4.3.2 盈余管理的方法

盈余管理包括应计性盈余管理（accrual earnings management）与真实性盈余管理（real earnings management）。企业为了达到某种目的而实施盈余管理，其主要方法包括：

（1）利用会计方法和会计准则（不安排交易）实施盈余管理。其方法主要包括：①借助于应计项目实施盈余管理。比如说，改变各类资产减值准备的提取和冲销比例、收入以及费用确认比例。②改变会计方法和会计原则。例如，销售成本（存货）核算方法的改变、折旧和摊销方法的变化、收入与费用确认原则的改变。③会计差错更正。

【实例4-3】[①]

TCL通讯在2001年年报中对八项重大会计差错进行了追溯调整：

1.少计提减值准备

2000年度及以前年度，本集团在计提应收款项坏账准备、存货跌价准备及长期资产减值准备时，由于账龄分类不准确、部分集团内公司未严格执行附注二所述的有关资产减值准备的会计政策等，造成了2000年度及以前年度该类资产的准备计提严重不足。2000年及以前年度，本集团少计提的该类资产的减值准备合计分别约为6 949万元和942万元。

2.多计收入

2000年度，本集团由于收入确认标准的差错而确认了未实现的销售收入，造成多计利润约426万元。

3.少转成本

2000年度及以前年度，本集团由于成本结转计算的差错造成了少计成本分别约2 265

① 李晓慧．会计与资本市场案例研究［M］．北京：高等教育出版社，2006：166-170.略有改动。

万元和350万元。

4.少计所得税费用

2000年度，本集团所得税返还款于年末并未实际收到，而本集团已冲减了2000年度的所得税费用，造成少计所得税费用约300万元。

5.少计广告费用

2000年度及以前年度，本集团将实际已发生的广告费用计入待摊费用摊销，造成少计费用分别约1 915万元和77万元。

6.少计研究与开发费用

2000年度，本集团将研究与开发费用计入长期待摊费用摊销，造成少计费用约1 200万元。

7.未抵销集团内公司间交易的未实现利润

2000年度，本集团未将集团内公司本部与分公司间交易产生的存货未实现利润予以抵销，造成多计利润约为840万元。

8.少计其他费用

2000年度，本集团由于会计差错，造成少计费用约221万元。

综合上述，TCL通讯2001年年报重大会计差错追溯调整项目见表4-2。

表4-2　**TCL通讯重大会计差错追溯调整项目**　单位：元

重大会计差错追溯调整项目	金　额
补提少计的坏账准备	(43 923 744)
补提少计的存货跌价准备	(28 133 409)
补提少计的长期投资减值准备	(6 845 224)
纠正收入确认差错	(4 259 479)
纠正成本结转差错	(26 157 335)
补提少计的所得税费用	(3 003 126)
补计少摊销的广告费用	(19 917 647)
补计少摊销的研究与开发费用	(12 001 419)
抵销存货中未实现的利润	(8 403 519)
其他差错更正	(2 205 356)
重大会计差错更正合计	(154 850 258)

TCL通讯在2001年年报对高达15 485万元的重大会计差错进行追溯调整之后，2000年度由盈利2 632万元变为亏损8 356万元。

由于TCL通讯1999年已经出现巨额亏损（亏损17 984万元），如果2000年再亏损，TCL通讯就会沦为“ST”了。而2001年TCL通讯之所以主动对其重大会计差错予以更正，更多的是迫于2001年年报盈利压力。如果不追溯调整，就得让2001年消化这些潜亏，那样，2001年就会出现亏损，而2001年必须保持盈利，于是，TCL通讯选择了让以前年度

“一次亏个够”的做法。毕竟，追溯调整事项和金额不影响已公布年度报告和当期报告的年度利润数据和财务指标。

市场人士李德林将TCL通讯的八项重大会计差错的追溯调整解读为“TCL通讯财务造假虚增利润”。对此，TCL通讯坚决予以否认。TCL通讯将八项重大会计差错的追溯调整视为“会计处理和会计估计不当”，而不是财务造假。

争论的焦点在于：(1) 究竟是会计政策变更还是会计估计变更？(2) 使用追溯调整法还是未来适用法？

(2) 利用关联方交易实施盈余管理。通常，这是一种“利益输送”，其方法主要包括：①资产重组。例如，把包袱转出去、“金子”转进来，不良实物资产对外投资，调节股权投资比例以及馈赠巨额资产等。②债务重组。比如债权转股权、债务豁免等。③补贴收入和税收先征后返还。④股权转让收益。⑤关联购销。⑥无形资产交易。⑦资产租赁与委托经营。⑧分红派发现金股利。[①]

【延伸阅读资料4-3】[②]

会计把戏（Accounting Hocus-pocus）

会计原则并非要变成一种束缚。会计人员有自知之明，他们知道他们没有办法亲身参与每一件经济事务，也不可能参与每项经创新或改进后的交易，因此，他们建立了会计原则，容许一定程度的柔性以适应环境变化。这也正是为什么客观性、诚信与判断这类最高标准不允许例外。它们必须成为准则。

会计原则柔性的目的是使得会计跟上企业创新的步伐，但当人们发现可以利用其作为欺诈的特性后，就开始滥用诸如盈余管理这类手段，各种技巧被利用以使财务事实上易变的特性变得模糊不清。这就使管理人员的决策后果戴上了面具。这类实务上的处理不仅仅限于那些努力吸引投资者兴趣的小公司，类似的事情也发生在那些生产我们所熟悉和赞赏的产品的公司身上。

那么，这些假象有哪些呢？今天，我想讨论其中五个比较流行的手法，它们是：费用“大洗澡”、创造性的并购会计、零星的“甜饼盒准备”、滥用“重要性”会计原则和提前确认收入。

1. 费用“大洗澡”（big bath charges）

我们先讨论重组费用“大洗澡”。

公司通过评估经营效率和盈利能力以保持竞争能力。然而，当我们看到大量与公司重组有关的费用时，问题就产生了——这些费用帮助公司“清洗”其资产负债表，给它来个“大洗澡”。

为什么公司试图高估这些费用？因为当企业收益最受人瞩目时，华尔街通行的定理就会忽略一时的损失，而仅仅关注其未来收益。

如果对这些费用做出略微超出稳健的估计，当会计估计变更或者未来收益下降时，这

---

① 第7章将讨论净资产收益率或权益收益率（return on equity，ROE）这个重要的财务指标。净资产收益率或权益收益率=净利润÷净资产平均余额×100%。从净资产收益率或权益收益率的计算公式可以看到，其影响因素包括净利润和净资产平均余额。就上市公司而言，净资产收益率或权益收益率是一个极为重要的财务指标。上市公司宣告分红派发现金股利，将减少净资产（未分配利润）的数额，提升净资产收益率或权益收益率。因此，分红派发现金股利可能沦为盈余管理的方法。

② 摘自1998年9月28日美国证券交易委员会（SEC）主席亚瑟·列维特（Arthur Levitt）在纽约大学法律与商务中心（Center for Law and Business，New York University）所做的题为“数字游戏”（The Numbers Game）的演讲。

种所谓的稳健估计就会奇迹般地再生为收益。

当公司决定重组，管理人员与一般员工、投资者与贷款人、顾客与供应商都希望了解该事项产生的预期效果。当然，我们需要保证该信息在财务报告中披露，但这不应当导致所有相关成本（尽管也许会多一点）从财务报表上冲洗掉。

2.创造性的并购会计（creative acquisition accounting）

让我们转向第二个小伎俩，即创造性的并购会计。

近年来，所有行业都以合并、并购或是剥离的方式进行重组。一些实施并购的公司，尤其是那些通过股份而不是现金实施收购的公司，利用这种环境作为一种机会从事另一类的“创造性会计”，我称之为“合并魔术”。

今晚，我不是来探讨权益集合法还是购买法问题。一些公司别无选择，只能采用购买法。这会导致较低的未来收益。但这是一些公司所不愿容忍的结果。

那它们会怎么做呢？它们将并购价格中那些持续增长的部分归类为“正在发生的”研究与开发费用，因此，你能猜到，那些金额会作为“一次性”费用注销掉。这样，就抹去了可能拖未来收益后腿的东西。同样的问题是为未来的经营费用创造巨额负债，以捍卫未来收益。所有这些都以并购为幌子。

3.零星的“甜饼盒准备”（miscellaneous cookie jar reserves）

公司上演的第三种伎俩是运用不切实际的假设，为销售退回、贷款损失或产品保证成本这类项目估计负债。这样一来，它们把应计项目年景好的时候储藏在甜饼盒里，等到年景差的时候再伸手掏出来，即做零星的“甜饼盒准备”。

这让我想起了一家美国公司，它为偿还其设备特许经营商的损失而计提了一大笔一次性损失冲销盈余。但那些设备，实际上还包括厨房下水槽，都还没买回来呢。与此同时，它宣告未来收益将以令人心动的15%的年增长率增长。

4.滥用“重要性”（materiality）会计原则

再看看第四种伎俩——滥用重要性原则，这是一个引起律师和会计师关注的措辞。重要性是我们对财务报告设置柔性的另一种方式。按收益递减的逻辑，有些项目非常不重要，以至于它们不值得精确计量和报告。

但一些公司却滥用了重要性原则。它们在规定的限度内蓄意做出错误的记录。然后，它们试图辩称，这对净收益影响甚微，无关紧要。如果真如此，那它们为什么还会这么卖力地去创造这些错误？也许就是因为这些影响事关重大，尤其是如果它弥补了共识性盈余预测所差的最后一分钱时更显得重要。当公司管理人员或者外部审计师质疑这些明显违背公认会计原则的做法时，他们总是羞怯地回答：“……这没什么，它们不重要。”

在一个哪怕只比盈余预测差一分钱就会导致股票市值损失数百万美元的市场中，我难以接受这种所谓“这些非重要事项无关紧要”的说法。

5.提前确认收入

最后，企业试图通过操纵收入确认（revenue recognition）来抬升盈余。不妨设想一瓶美酒，在它完全酿造好之前你不会打开它的软木塞。但有些公司对其收入就是这么做的。在销售完成之前就确认收入，在产品交付给客户之前就确认收入，或在客户还有权终止销售、取消或递延时就确认收入。

拓展学习4-4

会计人员职业道德规范

其实，财务报表犹如婚姻介绍所的相片（甚至可能是“艺术照”）。相片（“艺术照”）不能反映人的全部，财务报表也不能反映企业经济活动的全部。盈余管理（更通俗的财务报表“粉饰”）甚至“造假”犹如照相之前的化妆。如果有人只根据相片就确定婚姻，那么，化妆对其婚姻决策具有重要影响。同理，如果有人只根据财务报表做决策，财务报表“粉饰”甚至“造假”对其决策也具有重要影响。可是，有多少人只根据照片就确定婚姻呢？化妆并不能左右婚姻，难道财务报表“粉饰”甚至“造假”就能左右决策？除非有人只根据财务报表就做决策！

因此，尽管盈余管理“粉饰”了财务报表，干扰了财务报表分析。但是，只要财务报表分析者明确盈余管理对财务报表的“粉饰”，识别这些“粉饰”财务报表的手段，就可以“透过现象看本质”“去伪存真”，理解财务报表所反映的企业经济活动及其成果，看清财务报表的“庐山”真面目，从而洞察企业是“盈余管理”还是“卓越管理”。

价值引领

1.如何借助会计分析，树立“诚信为本，操守为重”的职业道德，培育“敬业、守业”的职业精神，树立正确的人生观和价值观？

2.党的二十大报告强调“健全资本市场功能”。结合党的二十大精神，如何借助会计分析，提高会计信息质量，“健全资本市场功能”？

[总结与结论]

会计分析旨在评估财务报表披露的会计信息对企业经济活动现实的反映程度。财务报表分析者可以通过评估会计弹性、会计政策与估计的恰当性，评价会计信息扭曲企业经济活动的程度，从而运用现金流量和财务报表附注资料，“去伪存真”，消除会计信息的扭曲，使会计信息更好地反映企业经济活动现实。有效的会计分析有助于提升财务报表分析框架的后续部分——财务分析结论的可靠性。

财务报表的制度框架影响会计信息的质量。有效的会计分析包括：辨认关键会计政策、评估会计政策的弹性、评估会计策略、评估信息披露质量、识别潜在危险信号和消除会计信息的扭曲等六个步骤。

财务报表分析者要真正理解会计数字背后真实的企业，就必须理解企业所采用的会计政策。在特定会计政策下，财务报表分析者透过会计信息背后隐藏的“玄机”，才能真正体会“会计数字意味着什么”。然而，会计政策体现在财务报表附注中。这就需要分析财务报表附注。通过分析财务报表附注，一方面可以了解会计数字是在何种会计政策、会计方法和会计估计之下产生的；另一方面也可以了解财务报表上一个简单的会计数字背后详细的构成情况以及那些在财务报表中没有或无法体现出来的信息。从某种意义上说，分析财务报表附注甚至比分析财务报表本身更为重要。

只要企业可以选择会计政策，就存在盈余管理的空间。显然，盈余管理影响了财务报表的分析以及信息的利用。因此，要真正理解财务报表，就必须了解盈余管理动机以及对财务报表的影响。盈余管理的动机主要包括：取得上市资格并抬高股价、配股和增发、特别处理以及退市的威胁、政治成本和税收上的原因、合同的限制、与盈利预测相符、扭亏为盈或脱困、股票期权激励机制。企业可以利用会计方法和会计准则（不安排交易）实施盈余管理，也可以利用关联方交易实施盈余管理。

尽管盈余管理“粉饰”了财务报表，干扰了财务报表分析。但是，只要财务报表分析者明确盈余管理对财务报表的“粉饰”，识别这些“粉饰”财务报表的手段，就可以“透过现象看本质”“去伪存真”，理解财务报表所反映的企业经济活动及其成果。

[练习题库]

★ 案例分析

1.销售企鹅的收入是营业收入还是资产处置收益①

2021年7月20日，上海证券交易所（以下简称上交所）决定将对大连圣亚旅游控股股份有限公司（以下简称大连圣亚或公司，股票代码600593.SH）股票实施退市风险警示。就有关监管情况，上交所相关负责人回答了记者的提问。

（1）请简要介绍一下上交所对大连圣亚股票实施退市风险警示的主要监管过程。

2021年4月30日，大连圣亚披露了2020年年度报告。年度报告显示，公司2020年度营业收入为11 422万元，扣除非经常性损益后的净利润为-8 405万元。上交所依据监管职责对公司年度报告进行了审核，发现公司曾分别于2021年1月30日、4月28日和4月29日3次披露可能被实施退市风险警示的提示公告，明确预计主营业务收入低于人民币1亿元。年度报告中披露的营业收入与前期公告披露的数据存在较大差异。

此外，审核还关注到，公司部分销售收入的会计处理存在较大疑问，可能不符合《企业会计准则》的相关规定，按规定扣除后公司营业收入低于1亿元，相关财务指标将触及《上海证券交易所股票上市规则》（以下简称《股票上市规则》）规定的应当实施退市风险警示的情形。鉴于上述情况，上交所于2021年4月30日，即公司年度报告披露的当日晚间发出审核问询函，重点要求公司核实2020年第四季度营业收入大幅增长的具体原因、收入构成及相关会计处理是否符合《企业会计准则》的规定。

2021年5月18日，大连圣亚回复称，新增收入主要来源于企鹅销售。2020年，公司共销售企鹅52只。其中，44只企鹅销售确认为主营业务收入，共计1 876万元；其余8只企鹅销售作为资产处置收益。但公司以前年度财务报告显示，企鹅销售全部计入资产处置损益，未确认为营业收入。因此，公司2020年度企鹅销售的会计处理，与以前年度明显不同。上交所随即于2021年5月18日再次向大连圣亚发出年度报告审核问询函，要求其披露企鹅销售的具体交易情况及相关会计处理的依据。大连圣亚于2021年5月31日回复二次问询函称，销售的企鹅属于消耗性生物资产，并具备企鹅分类的相关内部控制，可以确认为收入。但公司未能提供证据证实其上述说法。为进一步核实情况，上交所联合中国证监会大连监管局自2021年6月8日起对大连圣亚进行了现场检查。检查中，公司以商业秘密等为由拒不提供相关证明材料，企鹅销售会计核算相关内部控制的完备性和有效性无

① 李静．上交所：将对大连圣亚股票实施退市风险警示［EB/OL］．［2021-07-20］．http：//www.jjckb.cn/2021-07/20/c_1310073061.htm.

法核实，且发现部分重要会计凭证和审计底稿存在更改和不一致的情况。为督促公司提供企鹅销售收入会计处理的依据，上交所于2021年7月6日再次向大连圣亚及公司年审会计师发出问询函，要求公司于5个交易日内提供充分证据，证实企鹅销售的会计处理符合相关规定，且与公司主营业务有关；同时，明确告知公司，如未在规定限期提供充分证据证实相关收入的真实性、会计核算的合规性以及收入与主营业务有关或具备商业实质，上交所将根据《股票上市规则》第13.3.2条的相关规定，要求公司扣除企鹅销售所得，并按照扣除后的营业收入金额决定是否对公司股票实施退市风险警示。截至2021年7月13日，大连圣亚未在规定期限内回复问询函。同日，公司年审会计师根据监管现场检查发现的线索，对相关审计证据进行了重新核实，并向上交所提交了更正后的收入扣除专项意见，明确表示应当扣除企鹅销售相关的“新增销售收入”1 876万元和其他收入共3 021万元，扣除后大连圣亚主营收入金额为8 401万元。鉴于此，根据《股票上市规则》第13.3.2条、第13.3.5条等规定，上交所做出了对大连圣亚股票实施退市风险警示的决定。上交所向公司发出的年度报告问询函、公司相关回复、会计师意见等均已依规向市场公开。

（2）能否具体说明一下，此次在判断大连圣亚2020年度财务数据是否触及退市风险警示财务标准时，交易所认定应当扣除企鹅销售相关营业收入的依据？

《股票上市规则》明确规定，在判断上市公司股票是否触及退市风险警示情形时，涉及营业收入指标的，应当扣除与主营业务无关的业务收入或不具备商业实质的收入。大连圣亚于2021年1月主动披露扣除与主营业务无关的业务收入和不具备商业实质的收入后，公司2020年营业收入将低于人民币1亿元。此后，公司却在2020年年度报告中披露，扣除后的营业收入高于1亿元，信息披露前后出现重大偏差。其中的主要原因是公司2020年将大部分企鹅销售确认为与主营业务相关的营业收入。之所以认定应当扣除与企鹅销售相关营业收入，主要基于如下三项事实：一是企鹅销售收入确认依据不充分。对于出售生物资产能否确认收入，现行《企业会计准则》有明确和严格的规定。公司出售的生物资产，属于消耗性生物资产的，可以确认收入；属于生产性生物资产的，不能确认收入。大连圣亚在问询函回复中称，2020年第四季度，将企鹅分为消耗类企鹅和生产类企鹅，分别对应暂养区企鹅和展示区企鹅，并据此进行会计处理。出售展示区企鹅直接确认资产处置收益，出售暂养区企鹅确认存货销售收入。大连圣亚在2020年前三季度，均将企鹅销售所得直接确认资产处置收益。第四季度，公司对2020年前三季度企鹅销售的会计处理进行差错更正称，2020年销售的企鹅中有44只为消耗类企鹅，并确认相关存货销售收入。但在现场检查中，大连圣亚拒绝提供区分生产类企鹅和消耗类企鹅的企鹅臂环编码和生物档案等必要资料，未能证明其企鹅销售收入所得确认为营业收入符合《企业会计准则》的收入确认规定。二是公司企鹅销售收入不具备稳定性。大连圣亚提供的数据显示，公司2016年至2020年分别销售企鹅40只、30只、15只、4只和52只。其中，2016年至2019年公司销售企鹅均作为出售生产性生物资产进了会计核算，未确认销售收入，说明公司销售消耗性企鹅未形成稳定业务模式和规模。2020年公司企鹅销售数量出现大幅增长，直接销售企鹅且作为消耗性企鹅进行会计核算的业务模式能否持续，存在重大不确定性。三是公司年审会计师同样认为应当扣除。公司年审会计师中兴财光华会计师事务所（特殊普通合伙）关注到上交所现场检查结果后，对相关审计证据进行了重新核实，提交了更正后的收入扣除专项意见。专项意见表示，相关企鹅销售收入“性质特殊，可能影响报表使用者对公司持续经营能力和盈利能力做出正常判断”，明确应当扣除该部分“新增销售收入”1 876万元和其他收入共3 021万元，扣除后大连圣亚主营收入金额为8 401万元。鉴于上述情况，大连圣亚对其企鹅销售收入所做的会计处理，缺乏有效证据支撑，也缺乏应有的稳定性，导致这部分收入无法被认定为与其主营业务有关的业务收入，根据《股票上市规则》第13.3.2条规定，在判断公司股票是否触及退市风险警示情形时应当予以扣除。由于公司未按规定扣除相关收入，上交所根据《股票上市规则》第13.3.2条、第13.3.5条等规定，要求公司扣除，并按照扣除后营业收入决定对公司股票实施退市风险警示。

（3）相关媒体报道，大连圣亚近日称上交所公司监管部门相关工作人员阻扰公司信息披露，能否介绍一下相关情况？

上交所已关注到媒体的上述报道并进行了核实，公司所称相关工作人员阻扰公司信息披露的情况并不属实。2019年以来，大连圣亚信息披露严重失序，存在多项违规情形。为避免公司随意发布公告、干扰投资者正常的投资决策，上交所于2021年2月2日起暂停了大连圣亚适用信息披露直通车业务，其发布的公告须经上交所事前登记并做合规性审核，其合法合规的公告仍可正常发布披露。2021年7月15日晚间，大连圣亚提交了5份公告文件，分别为回复上交所问询函的公告、关联交易更正公告、收到上交所工作函的公告，以及董事会决议公告和监事会决议公告。其中，公司提交的董事会决议公告主要包括4项内容：一是质疑年审会计师出具的更正后的收入扣除意见（其中包括上述意见未经公司盖章确认）；二是不认可上交所披露未经公司盖章的上述收入扣除意见；三是公司可以多渠道维权；四是建议公司召开专家论证会。同时，监事会决议公告对上述董事会决议内容予以确认认可。经审核，关于第一项、第二项内容，年审会计师出具的更正后的收入扣除意见，是其对于上交所的问询回复，属于应当披露的信息，且现行规则并未要求会计师出具的相关收入扣除意见须由公司盖章确认。因此，公司不认可上交所披露未经公司盖章的上述收入扣除意见缺乏规则依据。关于第三项、第四项内容，不属于依照《股票上市规则》应当披露的公告信息。形成审核意见后，上交所公司监管部门相关工作人员随即通过公司业务系统和电话同时向大连圣亚反馈了审核意见，告知公司相关公告经修改后可正常披露。同时，特别向公司说明，对于不属于信息披露范围的事项，公司可以通过其他合法渠道表达诉求和意见。收到上述反馈意见后，大连圣亚表示当日不再提交董事会决议公告和监事会决议公告，公司当日提交的其他3份公告均正常披露。

（4）公司股票被实施*ST处理后，投资者需要关注股票交易方式的哪些变化？

对公司股票实施退市风险警示（*ST）处理，实行差异化交易机制，主要是向投资者警示公司目前面临的退市风险情形，提醒投资者在股票交易时充分关注公司目前经营和信息披露存在的风险，审慎决策。大连圣亚股票被实施*ST处理后，将转入上交所风险警示板交易，其交易方式也将有所变化：一是股票价格的涨跌幅限制为5%；二是投资者应当采用限价委托方式参与交易；三是投资者当日通过竞价交易和大宗交易累计买入的单只风险警示股票，数量不得超过50万股。此外，首次委托买入公司股票的投资者，还应当根据指定交易的证券公司的要求，以书面或电子形式签署《风险警示股票风险揭示书》；未签署的，投资者仅可卖出此前持有的公司股票，不能再买入公司股票。投资者应当充分注意到风险警示股票交易方式的上述变化，也可进一步查阅《上海证券交易所风险警示板股票交易管理办法》等业务规则，了解各项具体规定。需要特别说明的是，对公司股票被实施退市风险警示，主要目的是向投资者提示其存在的退市风险，并不表明公司股票将立即退市。公司2021年年度报告披露后，如满足《股票上市规则》规定的条件，即可申请撤销退市风险警示，上交所将依规进行处理。

阅读上述素材，请讨论：

（1）大连圣亚销售企鹅的收入是营业收入还是资产处置收益？

（2）大连圣亚的行为是会计造假还是盈余管理？

（3）会计职业道德规范与会计规范有何差异？

（4）大连圣亚的行为对财务报表分析有何影响？

2.延伸阅读分析

阅读四川长虹电器股份有限公司（上市股票代码600839）的年度财务报告（www.cninfo.com.cn/new/index），了解其会计政策，特别关注其会计政策是否发生变化及变化原因，进而评价四川长虹电器股份有限公司的财务报表质量。

★ 思考题

1.为什么要进行会计分析？

2.如何进行会计分析？

3.如何理解阅读财务报表附注比阅读财务报表本身更重要？

4.企业实施盈余管理动机何在？

5.企业如何实施盈余管理？

6.资本市场能“看穿”盈余管理吗？

7.如何理解“诚信”是会计职业的灵魂，也是会计职业的“立业之本”？

★ 讨论题

1.有位财务学专业的学生说：“我真不明白，既然从现金流量表可以得到经营活动产生的现金流量这种‘纯净’的数字，为什么人们还要关注利润呢？”对此，你有何评论？

2.有位会计学专业的学生说：“我希望会计准则能够消除企业管理层的会计‘自由裁量权’。这样，就可以得到各个企业统一的会计数字，而没有必要为会计分析而发愁。”对此，你有何评论？

3.会计造假与盈余管理关系如何？

4.在中国，分红派发现金股利一定就是盈余管理吗？

5.为何会出现会计造假？

6.会计数字真实、可靠和完整地反映企业经济活动过程及其结果吗？

7.会计是一门“科学”还是一门“艺术”，或者根本就是一门“魔术”？

8.如何借助会计分析，提高会计信息质量，“健全资本市场功能”？

[延伸阅读文献]

[1] 帕利普，希利．经营分析与估值［M］．刘媛媛，译．5版．大连：东北财经大学出版社，2014.

[2] 黄世忠．财务报表分析：理论、框架、方法与案例［M］．北京：中国财政经济出版社，2007.

[3] 罗尼，亚瑞．盈余管理：理论、实践与研究的新发展［M］．漆江娜，路晓燕，饶静，译．大连：东北财经大学出版社，2014.

[4] 李晓慧．会计与资本市场案例研究［M］．北京：高等教育出版社，2006.

[5] 黄世忠．会计数字游戏：美国十大财务舞弊案例剖析［M］．北京：中国财政经济出版社，2003.

[6] 黄世忠，张胜芳，叶丰滢．会计舞弊之反思：世界通信公司治理、会计舞弊和审计失败剖析［M］．大连：东北财经大学出版社，2004.

[7] 魏明海．公司高管的会计责任：前世通公司CEO法庭审理分析［M］．北京：中国财政经济出版社，2005.

[8] 刘峰．制度安排与会计信息质量：红光实业的案例分析［J］．会计研究，2001（7）.

[9] 薛云奎．克服偏见还原财报背后的真相［M］．北京：机械工业出版社，2019.

[10] 本书编写组．党的二十大报告辅导读本［M］．北京：人民出版社，2022.

第2篇

基于外部会计视角的财务分析

考虑到会计信息需求“内外有别”，财务分析部分将分别从外部的会计视角和内部的管理视角解读财务报表，以达到“内外兼修”之效果，从而全面理解财务报表，进而更有效地利用会计信息。本篇立足于外部会计视角，侧重于经理人的投资者角色，阐述财务报表分析的基本方法及其运用。本篇包括：

第5章　财务报表分析方法基础

第6章　流动性与偿债能力分析

第7章　盈利能力与股东权益分析

第8章　现金流量分析

第5章 财务报表分析方法基础

[学习目标]

知识传授：掌握财务报表分析的核心问题；理解财务报表分析的评价标准；理解财务报表分析的基本方法。

能力培养：灵活运用财务报表分析方法，深入、系统地分析企业的财务报表，发现问题并解决问题。

价值塑造：锻造耐心细致、严谨规范的工匠精神；借助财务报表分析方法，“促进数字经济和实体经济深度融合”。

常言道：“工欲善其事，必先利其器。”财务报表分析必须遵循其基本方法。

5.1 财务报表分析的核心问题

拓展学习5-1

透过数字看问题

尽管财务报表是企业财务状况、经营成果和现金流量状况的重要信息载体，但是，财务报表所列示的各类项目的金额，如果孤立地看，并没有多大的意义。例如，根据表1-7，四川长虹电器股份有限公司2023年度的“营业成本”为86 205 989 292.89元，孤立地看，并不能说明其成本管理水平的高低。财务报表上的各项数据必须与其他数据相比较，才能成为有意义的信息。然而，财务报表的数据很多，是否都要比较、分析呢？

显然没有这种必要。财务报表分析的核心是分析和评价企业的偿债能力（solvency）和盈利能力（profitability）这两个密切相关的问题。如果企业的盈利能力不佳，势必影响其未来现金流量和营运资本（working capital），从而影响企业的偿债能力；如果企业的偿债能力较差，不能及时清偿到期债务，又势必影响其筹资活动，使资金短缺，影响经营活动，以致出现亏损而陷入财务困境，从而影响其未来的盈利能力。相反，如果企业的盈利能力不断增强，企业就拥有充裕的资金和可信赖的偿债能力，从而又促进企业进一步扩大经营规模，创造出更好的财务环境，取得更多的利润。然而，基于权责发生制，代表盈利能力的利润与代表最终偿债能力的现金流量毕竟存在差异。因此，衡量与评价企业的偿债能力、盈利能力和创造现金流量能力是财务报表分析的核心问题。[①]

●5.2 财务报表分析的评价标准

如前所述，孤立地看财务报表的数据没有什么意义。那么，如何判断财务报表数据所体现的企业财务状况、经营成果和现金流量状况的好坏呢？这就需要借助一些评价标准。因此，选择财务报表分析的评价标准是财务报表分析的一个基本步骤和重要环节。选择不同的评价标准，即便是分析同一个问题，也会得出不同的结论。

在实践中，财务报表分析的评价标准主要包括：经验标准、历史标准、行业标准和预算（计划）标准。

5.2.1 财务报表分析的经验标准

所谓经验标准是指依据大量且长期的实践检验而形成的标准。例如，在市场经济国家，20世纪70年代以来的财务报表分析实践就形成了流动比率为2∶1、速动比率为1∶1等经验标准。经验标准有助于财务报表分析者观察企业的经济活动是否合乎常规。

其实，经验标准来源于特定的经营环境。如果企业的经营环境发生了变化，经验标准可能失去其原有的意义。同时，经验标准并非人们常说的平均水平。换句话说，平均水平未必能够成为经验标准。

5.2.2 财务报表分析的历史标准

历史标准是指本企业过去某个期间（例如上年或上年同期）的实践形成的标准。历史标准是本企业曾经达到的标准，因此，历史标准比较可靠，也比较现实。历史标准有助于财务报表分析者揭示差异，实施差异分析，从而查明产生差异的原因，为改进企业经济活动提供依据，同时也便于趋势分析，了解和掌握企业经济活动的变化趋势及规律，并为前景分析提供一定的依据。

在实践中，历史标准可以是本企业历史最高水平的标准，也可以是企业正常经营条件下的标准，还可以是本企业连续多年平均水平的标准。不过，常用的历史标准是上年或上年同期的水平。

当然，“某个企业的未来未必是其历史的必然延伸”。如果企业的经营环境发生重大变化，历史标准就可能使财务报表分析者“刻舟求剑”。

5.2.3 财务报表分析的行业标准

事实上，每一个行业都有以行业活动为基础并反映行业特征的一些标准，这些标准就是所谓的行业标准。在财务报表分析中，采用行业标准体现了“知己知彼”的战略思想，符合第3章所述的竞争战略分析的思路。行业标准有助于财务报表分析者判断本企业在同行业所处的竞争地位或优势，明确本企业今后的战略目标。

然而，运用行业标准却要慎重。虽然两个企业处于同行业，但是，它们可能不可比。因为它们可能占据行业价值链的不同环节，而且所采用的会计政策也可能不同。更重要的

① 有些教材认为财务报表分析的核心问题是偿债能力、营运能力、盈利能力、创造现金流量能力和增长能力等“五力”。本教材作者认为营运能力属于偿债能力（尤其是短期偿债能力）的范畴，而5.3节将讨论的“比较资产负债表”和“比较比利润表”体现了增长能力。当然，偿债能力、盈利能力和创造现金流量能力具有更为浓厚的财务报表分析的“风味”。

是，许多大型企业都从事多元化经营，难以明确界定其所属的行业。

有鉴于此，作为行业标准的“变异”，目前流行“标杆”（benchmarking）标准。所谓“标杆”就是同行业具有可比性的先进企业。“标杆”标准就是具有可比性的“同行业先进水平”的标准。采用“标杆”标准有助于企业“与同行业先进水平比”，“比、学、赶、超”，从而成为世界领先企业。不过，“这个世界不存在两家完全相同的企业”，“一千家企业，一千个样儿”，“标杆”的确定也是一件困难的事情。

5.2.4　财务报表分析的预算（计划）标准

在实行预算（计划）管理的企业，预算（计划）标准是现成的指标。预算（计划）标准有助于财务报表分析者判断企业实际的财务状况和经营成果与预算（计划）目标之间的差异，并寻求差异的原因。

不过，应该注意的是，预算（计划）标准是企业内部的标准，通常不公开披露，因此，预算（计划）标准只适合企业内部的财务报表分析，而且将财务报表分析与预算管理相结合。

拓展学习5-2

由此及彼，由表及里

【延伸阅读资料5-1】[①]

为深入贯彻习近平总书记重要指示批示精神，落实党的十九大和十九届二中、三中、四中全会精神，进一步推动国有企业加强管理体系和管理能力建设，加快培育具有全球竞争力的世界一流企业，国务院国资委决定在中央企业和地方国有重点企业（以下统称国有重点企业）开展对标世界一流管理提升行动（以下简称对标提升行动）。为此，国务院国资委于2020年6月13日发布了《关于开展对标世界一流管理提升行动的通知》。该通知的全文如下：

一、充分认识开展对标提升行动的重要性和紧迫性

加强管理是企业发展的永恒主题，是企业实现基业长青的重要保障。习近平总书记做出重要指示批示，深刻阐述了新时期加强管理体系和管理能力建设的重要意义，为做好企业管理工作指明了方向，提供了根本遵循。党的十九届四中全会做出推进国家治理体系和治理能力现代化的重大战略部署，对国有企业提升管理能力和水平提出了更高要求。近年来，国有企业不断夯实管理基础，强化管理创新，企业管理工作取得积极成效。但与世界一流企业相比，仍存在管理制度不完备、体系不健全、机制不完善、执行不到位等问题，一定程度上影响了企业发展的质量和效益。特别是当前，受全球疫情冲击，世界经济增长低迷，产业链供应链循环受阻，不确定不稳定因素增多，我国经济形势面临的下行压力持续加大。面对日益严峻的形势和挑战，国有企业必须通过立足自身、苦练内功，从先进的管理中要质量、要效益、要增长，才能在日益复杂激烈的竞争环境中立于不败之地，才能不断增强国有经济竞争力、创新力、控制力、影响力和抗风险能力。

要充分认识新形势下对标世界一流提升企业管理水平的重要意义，将对标提升行动作为贯彻落实习近平总书记重要指示批示精神和党的十九届四中全会决策部署的重要举措，作为应对新挑战新要求、提高企业发展质量效益的关键抓手，作为增强核心竞争力、着力打造具有全球竞争力世界一流企业的必然要求，摆上重要工作日程，抓紧研究部署推进。

---

① 国务院国有资产监督管理委员会文件《关于开展对标世界一流管理提升行动的通知》（国资发改革〔2020〕39号）。

通过对标世界一流企业，聚焦自身存在的突出问题，进一步加强管理体系和管理能力建设，尽快补齐短板和弱项，有效增强竞争实力，促进国有资产保值增值，推动国有资本和国有企业做强做优做大。

二、准确把握对标提升行动的总体要求和重点任务

总体要求。以习近平新时代中国特色社会主义思想为指导，以对标世界一流为出发点和切入点，以加强管理体系和管理能力建设为主线，坚持突出重点、统筹推进、因企施策，对照世界一流企业、行业先进企业找差距，有针对性地采取务实管用的工作措施，促进企业管理水平在现有基础上明显提升。到2022年，国有重点企业管理理念、管理文化更加先进，管理制度、管理流程更加完善，管理方法、管理手段更加有效，管理基础不断夯实，创新成果不断涌现，基本形成系统完备、科学规范、运行高效的中国特色现代国有企业管理体系，企业总体管理能力明显增强，部分国有重点企业管理达到或接近世界一流水平。

重点任务。综合分析世界一流企业的优秀实践，深入查找企业管理的薄弱环节，通过健全工作制度、完善运行机制、优化管理流程、明确岗位职责、严格监督检查等措施，持续加强企业管理的制度体系、组织体系、责任体系、执行体系、评价体系等建设，全面提升管理能力和水平。

（一）加强战略管理，提升战略引领能力。针对战略管理意识不强、投资决策不科学、主责主业不突出、国际化经营水平不高等问题，进一步强化战略管理意识，紧紧围绕落实国家战略和提升企业核心竞争力的要求，科学谋划战略定位、主攻方向和业务结构，切实强化战略规划的刚性约束和有效落实；强化投资管理，健全完善战略规划、商业计划、投资决策、项目实施、考核评价等紧密衔接的管理体系，实施投资全周期管理，提高投资的科学性和有效性；强化主业管理，推动各类资源要素向主责主业集中，严控非主业投资，加快剥离非主业非优势业务，清理处置低效无效资产；强化国际化经营，积极稳妥实施“走出去”，构建更加适应国际化经营需要的管理机制，有序融入世界产业链和创新生态圈，不断增强全球话语权和影响力。

（二）加强组织管理，提升科学管控能力。针对总部定位不清晰、机构设置不匹配、授权放权不充分、流程运转不顺畅、管理方式不合理等问题，进一步明确总部职能定位，科学设置组织架构，探索推行“扁平化”“大部门制”“项目制”管理，建立健全目标明确、边界清晰、权责对等、精简高效的组织体系；分类开展授权放权，综合考虑所出资企业发展阶段、行业特点、治理能力、管理基础等因素，给予不同范围、不同程度的授权放权，全面激发企业活力；完善组织运行机制，进一步压缩管理链条、优化工作流程，确保组织高效运转、快速响应；转变行政化管理方式，依据股权关系，通过法人治理结构，依法履职行权，提升企业管理市场化、法治化水平；加强组织文化建设，着力培育传承国有企业优良传统、体现时代特征的企业文化，积极履行社会责任，塑造良好企业形象，不断增强企业凝聚力、向心力和软实力。

（三）加强运营管理，提升精益运营能力。针对精细化管理能力不强、成本和质量管控不到位、运营效率不高等问题，进一步树立全员参与、协同高效、持续改善的精益管理理念，将精益管理运用到研发设计、生产制造、供应链管理、营销服务等全流程全链条，以最小资源投入，创造更多更大价值；加强现场管理，对生产现场各要素进行合理有效的

计划、组织、协调、控制，实现生产的安全、优质、高效、环保、低耗和均衡；着力优化供应链管理，持续提升采购的集约化、规范化、信息化、协同化水平，实现采购优质优价和全生命周期总成本最低；完善营销管理和用户服务体系，科学制定营销策略，创新服务模式，不断提升服务质量和品牌形象，提高客户忠诚度和满意度。

（四）加强财务管理，提升价值创造能力。针对集团财务管控薄弱、“两金”规模较大、资金使用效率不高、资本运营能力不足等问题，进一步构建一体化财务管控体系，深入推进资金集中统一管理，完善全面预算管理和财务信息化建设，实现财务信息贯通和管控落地；充分挖掘和有效利用财务资源，持续优化资本结构、强化“两金”管控、加强成本费用控制，不断提高资源配置效率；建立健全资本管理体系，有效利用多层次资本市场，通过股权运作、并购重组、基金投资、培育孵化等方式，提高资本的流动性和回报率，促进国有资本保值增值；加强市值管理，依托上市公司平台有效整合资源、盘活存量资产，提高上市公司透明度，不断提升价值创造能力。

（五）加强科技管理，提升自主创新能力。针对关键核心技术受制于人、创新效率不高、科技领军人才不足、创新体制机制有待完善等问题，进一步加强科技创新战略规划，强化新兴技术和战略必争领域前瞻性布局，加大研发投入，提升知识产权工作水平，打造长板优势；完善技术创新体系，形成基础研究、应用基础研究、技术创新、成果转化及高新技术产业化相配套的梯次研发体系，加强高水平研发平台建设，加快突破一批关键核心技术；提高协同创新水平，加强产学研用合作，积极融入全球创新网络，推进国企创新联合体建设，打造高水平双创平台，组建共性技术研发平台和技术创新战略联盟；完善体制机制，强化创新考核引导，健全人才引进培养评价激励机制，促进科技成果转移转化，营造良好创新生态。

（六）加强风险管理，提升合规经营能力。针对风险防范意识不强、内控体系不完善、合规管理不到位、责任追究力度不够等突出问题，进一步强化风险防控意识，抓好各类风险的监测预警、识别评估和研判处置，坚决守住不发生重大风险的底线；加强内控体系建设，充分发挥内部审计规范运营和管控风险等作用，构建全面、全员、全过程、全体系的风险防控机制；推进法律管理与经营管理深度融合，突出抓好规章制度、经济合同、重大决策的法律审核把关，切实加强案件管理，着力打造法治国企；健全合规管理制度，加强对重点领域、重点环节和重点人员的管理，推进合规管理全面覆盖、有效运行；加强责任追究体系建设，加快形成职责明确、流程清晰、规范有序的工作机制，加大违规经营投资责任追究力度，充分发挥警示惩戒作用。

（七）加强人力资源管理，提升科学选人用人能力。针对人力资源规划不清晰、三项制度改革落实不到位、人才队伍活力不足、高层次领军人才缺乏等突出问题，进一步强化规划引领，坚持人力资源管理与企业战略、业务发展同步谋划，充分发挥市场作用，围绕人力资源的获取、配置、利用、保留和开发等核心环节持续探索创新，提高人力资源对企业战略目标的支撑作用；完善市场化选人用人机制，拓展人才引进渠道，着力推行经理层任期制和契约化管理，积极探索职业经理人制度，加快建立和实施以劳动合同管理为基础、以岗位管理为核心的市场化用工制度；健全薪酬分配激励机制，全面推行岗位绩效工资制度，统筹运用多种中长期激励方式，鼓励支持知识、技术、管理等生产要素有效参与分配，充分激发各类人才的活力动力；加强人才培养和梯队建设，以创新型、专业化、高层次人才为重点，把握不同类别人才特点因才施策，持续优化人才成长路径和队伍结构，全面提升人才队伍素质。

（八）加强信息化管理，提升系统集成能力。针对信息化管理缺乏统筹规划、信息化与业务“两张皮”、信息系统互联互通不够、存在安全隐患等问题，结合“十四五”网络安全和信息化规划制定和落实，以企业数字化智能化升级转型为主线，进一步强化顶层设计和统筹规划，充分发挥信息化驱动引领作用；促进业务与信息化的深度融合，推进信息系统的平台化、专业化和规模化，实现业务流程再造，为企业生产经营管理和产业转型升级注入新动力；打通信息“孤岛”，统一基础数据标准，实现企业内部业务数据互联互通，促进以数字化为支撑的管理变革；加强网络安全管理体系建设，落实安全责任，完善技术手段，加强应急响应保障，确保不发生重大网络安全事件。

三、扎实做好对标提升行动的组织实施

（一）加强组织领导。切实将加强党的领导党的建设贯穿对标提升行动全过程和各方面，牢牢把握正确方向，为完成工作目标提供坚强保障。各地国资委要高度重视，认真抓好对标提升行动的组织实施。国有重点企业党委（党组）充分发挥把方向、管大局、保落实的领导作用，认真研究制定实施方案，抓好部署安排和组织落实。企业主要负责同志作为第一责任人，要靠前指挥、亲自推动。加强统筹协调，建立工作机制，明确牵头承担对标提升行动任务和企业管理工作的责任部门，强化人员、资金、考核等保障措施。

（二）有序推进实施。对标提升行动分为三个阶段。

1.研究部署阶段（2020年6—9月）：印发专门文件，召开启动会议，全面部署对标提升行动。坚持一企一策、一行一策，聚焦管理薄弱环节，制定对标提升行动实施方案和“对标提升工作清单”，于2020年9月底前按照管理关系报国务院国资委或地方国资委备案。实施方案要明确对标提升行动的目标任务、主要措施、进度安排、组织保障等，也可结合实际增加相关管理提升任务。“对标提升工作清单”要明确每项重点任务的对标领域、对标对象、问题表现、提升目标、具体措施、成果形式、时间节点、进展情况、责任部门及责任人等。

2.组织落实阶段（2020年10月—2022年7月）：贯彻落实国务院国资委工作部署，按照实施方案和“对标提升工作清单”，集中力量推进管理体系和管理能力建设，补齐管理短板，提升管理水平。

3.评估深化阶段（2022年8—12月）：深入总结对标提升行动的做法和经验，对提升效果进行全面深入的评估，建立管理提升的长效机制，持续加强企业管理工作。

（三）加强指导督促。国务院国资委将成立对标提升行动领导小组，建立统筹推进落实的工作机制，加强组织动员、指导督促和考核评估。按照不同的管理类别组织开展系列培训和课题研究，提供有针对性的指导。通过视频会议、现场研讨、调研督导等方式，搭建沟通交流平台，推介优秀企业管理成果和经验，促进相互交流和借鉴。组织有关专家、中介机构和企业等，明确评价标准，开展分析评估。将对标提升行动纳入中央企业领导班子综合考核评价以及董事会工作评价，在任期经营业绩考核中给予加分奖励。各地国资委可结合本地实际，采取切实有效措施，加强对所监管国有重点企业开展对标提升行动的指导督促，并及时向国务院国资委报告有关进展情况。

（四）实施在线监管。国务院国资委充分运用国资国企在线监管系统，搭建专项工作平台，有效促进对标提升行动开展。通过专项工作平台，及时发布政策文件，传达工作部署要求，动态更新各企业工作进展，推介展示好的做法和经验。汇总分析企业在不同阶段遇到的难点问题，采取专家咨询、在线交流等方式答疑解惑。借助行业协会和中介机构力量，结合企业实际，探索在国资国企在线监管系统中建立分行业的对标指标数据库，为工作开展提供有力支撑。各地国资委也要充分运用信息化手段，加强对标提升行动的实时跟踪、推动促进和支持保障。

（五）抓好典型选树。国务院国资委将强化激励、鼓励先进，按不同行业、不同层级、不同管理类型，持续推出一批管理标杆企业，选树一批管理标杆项目，推广一批管理标杆范式。通过《国有企业改革动态》专刊、"国资小新""国企改革"微信公众号和国资委网站等平台，对国有重点企业中出现的标杆企业、标杆项目和标杆范式进行广泛宣传和推广，不断扩大应用成效。各地国资委和国有重点企业要高度注重总结提炼好的经验做法，做好先进典型推介宣传，形成比学赶超的浓厚氛围。

●5.3　财务报表分析的基本方法

财务报表分析的基本方法包括比较分析法（comparative analysis）和比率分析法（ratio analysis）。

5.3.1　比较分析法

常言道：没有比较，就没有鉴别。

比较分析法是一种广泛运用于各个学科领域的方法。就财务报表分析而言，通俗地说，比较分析法就是对企业前后期财务报表项目做出比较的一种分析方法。比较分析法可以揭示企业前后期财务报表项目的变动额与变动百分比，从而反映其变动趋势。由此，比较分析法也称为趋势分析法（trend analysis）。

企业前后期财务报表项目的比较，既可以是各个财务报表项目前后期金额的比较，也可以是各个财务报表项目前后期金额占关键项目金额百分比的比较。前者称为横向分析法（horizontal analysis），后者称为纵向分析法（vertical analysis）。因此，财务报表分析的比较分析法又细分为横向分析法和纵向分析法。

1）横向分析法

如前所述，横向分析法是一种比较、分析各个财务报表项目前后期金额的方法。横向分析法通过编制比较财务报表（comparative financial statements）而展开分析。比较财务报表研究各个财务报表项目在不同期间的变动情况，列示出各个财务报表项目前后两期或数期的金额，并计算其增减变动金额和百分比。

【实例5-1】

根据表1-2和表1-7，四川长虹电器股份有限公司2023年与2022年的比较资产负债表和比较利润表见表5-1和表5-2。①

① 计算机程序可以自动生成比较财务报表（包括后面的共同比财务报表），财务报表分析者必须"与时俱进"，强化"读表"的能力。比较现金流量表将在第8章讨论。

表 5-1　　四川长虹电器股份有限公司2023年与2022年比较资产负债表　　金额单位：元

项目	2023年12月31日	2022年12月31日	变动额	变动百分比[①]
流动资产：				
货币资金	26 382 196 391.50	21 615 590 514.34	4 766 605 877.16	22.05%
交易性金融资产		300 302 465.75	-300 302 465.75	-100.00%
衍生金融资产	75 444 012.01	140 654 579.58	-65 210 567.57	-46.36%
应收票据	488 219 664.05	270 935 819.26	217 283 844.79	80.20%
应收账款	14 974 284 039.02	11 902 872 354.09	3 071 411 684.93	25.80%
应收款项融资	2 593 016 860.34	2 397 534 164.33	195 482 696.01	8.15%
预付款项	1 548 897 544.10	1 308 963 977.76	239 933 566.34	18.33%
其他应收款	386 411 864.18	457 853 171.90	-71 441 307.72	-15.60%
其中：应收利息				
应收股利	4 550 000.00		4 550 000.00	NA
存货	19 547 118 874.85	18 887 178 958.44	659 939 916.41	3.49%
合同资产	128 352 590.31	89 638 392.26	38 714 198.05	43.19%
持有待售资产	653 228 574.81		653 228 574.81	NA
一年内到期的非流动资产	1 054 619 525.85	653 726 673.41	400 892 852.44	61.32%
其他流动资产	2 744 795 040.87	3 579 734 612.62	-834 939 571.75	-23.34%
流动资产合计	70 576 584 981.89	61 604 985 683.74	8 971 599 298.15	14.56%
非流动资产：				
债权投资	1 026 238 314.86	941 815 792.47	84 422 522.39	8.96%
长期应收款	3 694 643 176.75	4 807 624 128.54	-1 112 980 951.79	-23.15%
长期股权投资	4 142 529 810.78	3 927 940 613.56	214 589 197.22	5.46%
其他非流动金融资产	406 952 970.78	109 867 625.71	297 085 345.07	270.40%
投资性房地产	1 143 798 876.73	669 800 538.69	473 998 338.04	70.77%
固定资产	7 289 459 265.52	7 645 035 554.89	-355 576 289.37	-4.65%
在建工程	208 304 894.69	240 691 007.73	-32 386 113.04	-13.46%
使用权资产	317 809 510.15	175 625 785.24	142 183 724.91	80.96%
无形资产	4 224 152 289.30	4 372 579 828.84	-148 427 539.54	-3.39%

① 由于做了“四舍五入”的处理，“变动百分比”的计算结果可能产生微小误差，但不影响分析的结论。

续表

项目	2023年12月31日	2022年12月31日	变动额	变动百分比
开发支出	449 386 543.23	394 582 245.85	54 804 297.38	13.89%
商誉	141 820 328.31	151 439 442.39	−9 619 114.08	−6.35%
长期待摊费用	78 092 458.84	50 977 264.17	27 115 194.67	53.19%
递延所得税资产	498 944 363.41	350 636 181.46	148 308 181.95	42.30%
其他非流动资产	201 532 411.95	94 136 410.76	107 396 001.19	114.09%
非流动资产合计	23 823 665 215.30	23 932 752 420.30	−109 087 205.00	−0.46%
资产总计	94 400 250 197.19	85 537 738 104.04	8 862 512 093.15	10.36%
流动负债：				
短期借款	12 474 520 582.86	14 426 877 979.04	−1 952 357 396.18	−13.53%
衍生金融负债	105 951 376.41	148 732 154.25	−42 780 777.84	−28.76%
应付票据	22 122 252 375.09	19 228 361 086.86	2 893 891 288.23	15.05%
应付账款	19 424 319 009.51	15 620 129 061.78	3 804 189 947.73	24.35%
预收账款	16 253 730.48		16 253 730.48	NA
合同负债	2 749 913 571.94	2 524 933 114.54	224 980 457.40	8.91%
应付职工薪酬	1 153 888 463.14	1 115 992 914.16	37 895 548.98	3.40%
应交税费	504 755 290.15	499 118 952.01	5 636 338.14	1.13%
其他应付款	3 532 001 288.05	3 515 979 286.75	16 022 001.30	0.46%
其中：应付利息				
应付股利	134 212 262.97	138 388 224.16	−4 175 961.19	−3.02%
持有待售负债	300 676 167.63		300 676 167.63	NA
一年内到期的非流动负债	2 423 802 254.83	2 050 933 593.77	372 868 661.06	18.18%
其他流动负债	345 892 287.78	217 468 371.73	128 423 916.05	59.05%
流动负债合计	65 154 226 397.87	59 348 526 514.89	5 805 699 882.98	9.78%
非流动负债：				
长期借款	3 101 951 484.73	1 552 018 329.72	1 549 933 155.01	99.87%
租赁负债	235 883 028.82	131 252 515.82	104 630 513.00	79.72%
长期应付款	55 900 347.84	56 245 286.48	−344 938.64	−0.61%
长期应付职工薪酬	249 977 029.25	242 066 714.37	7 910 314.88	3.27%

续表

项目	2023年12月31日	2022年12月31日	变动额	变动百分比
预计负债	623 183 427.65	547 039 454.31	76 143 973.34	13.92%
递延收益	686 788 749.29	725 298 069.59	−38 509 320.30	-5.31%
递延所得税负债	231 948 140.01	98 390 348.94	133 557 791.07	135.74%
非流动负债合计	5 185 632 207.59	3 352 310 719.23	1 833 321 488.36	54.69%
负债合计	70 339 858 605.46	62 700 837 234.12	7 639 021 371.34	12.18%
所有者权益：				
实收资本	4 616 244 222.00	4 616 244 222.00	0.00	0.00%
资本公积	3 656 193 158.58	3 688 509 043.63	−32 315 885.05	−0.88%
其他综合收益	−28 878 741.68	−5 145 949.15	−23 732 792.53	-461.19%
专项储备	53 960 980.60	33 168 772.31	20 792 208.29	62.69%
盈余公积	202 335 263.00	202 335 263.00	0.00	0.00%
未分配利润	5 627 914 844.74	5 125 257 366.02	502 657 478.72	9.81%
归属于母公司所有者权益合计	14 127 769 727.24	13 660 368 717.81	467 401 009.43	3.42%
少数股东权益	9 932 621 864.49	9 176 532 152.11	756 089 712.38	8.24%
所有者权益合计	24 060 391 591.73	22 836 900 869.92	1 223 490 721.81	5.36%
负债和所有者权益总计	94 400 250 197.19	85 537 738 104.04	8 862 512 093.15	10.36%

表 5-2 **四川长虹电器股份有限公司2023年度与2022年度比较利润表** 金额单位：元

项目	2023年度	2022年度	变动额	变动百分比①
一、营业总收入	97 455 828 421.45	92 481 659 367.24	4 974 169 054.21	5.38%
其中：营业收入	97 455 828 421.45	92 481 659 367.24	4 974 169 054.21	5.38%
二、营业总成本	95 248 671 527.84	90 450 236 047.05	4 798 435 480.79	5.31%
其中：营业成本	86 205 989 292.89	81 731 310 332.10	4 474 678 960.79	5.47%
税金及附加	606 912 664.23	569 879 390.82	37 033 273.41	0.65%
销售费用	4 272 049 034.27	3 873 570 250.98	398 478 783.29	10.29%
管理费用	1 814 842 398.72	1 742 845 395.97	71 997 002.75	4.13%
研发费用	2 213 496 663.06	2 302 786 612.28	−89 289 949.22	−3.88%

① 由于做了“四舍五入”的处理，“变动百分比”的计算结果可能产生微小误差，但不影响分析的结论。

续表

项目	2023年度	2022年度	变动额	变动百分比
财务费用	135 381 474.67	229 844 064.90	−94 462 590.23	−41.10%
其中：利息费用	412 583 574.48	384 693 221.77	27 890 352.71	7.25%
利息收入	564 220 884.24	471 753 638.49	92 467 245.75	19.60%
加：其他收益	482 960 996.55	410 788 483.76	72 172 512.79	17.57%
投资收益	92 337 346.69	94 807 055.43	−2 469 708.74	−2.60%
其中：对联营企业和合营企业的投资收益	132 780 793.39	87 461 712.62	45 319 080.77	53.27%
以摊余成本计量的金融资产终止确认收益	−74 097 800.64	−112 709 133.31	38 611 332.67	−34.26%
公允价值变动收益	271 337 426.87	1 501 415.83	269 836 011.04	17 972.10%
信用减值损失	−436 749 271.36	−687 370 337.16	250 621 065.80	−36.46%
资产减值损失	−590 193 236.05	−370 535 753.35	−219 657 482.70	59.28%
资产处置收益	−1 532 843.33	38 331 072.99	−39 863 916.32	−104.00%
三、营业利润	2 025 317 312.98	1 518 945 257.69	506 372 055.29	33.34%
加：营业外收入	52 236 480.51	67 785 482.07	−15 549 001.56	−22.94%
减：营业外支出	38 430 678.92	139 124 209.39	−100 693 530.47	−72.38%
四、利润总额	2 039 123 114.57	1 447 606 530.37	591 516 584.20	40.86%
减：所得税费用	240 980 611.41	313 228 222.19	−72 247 610.78	−23.07%
五、净利润	1 798 142 503.16	1 134 378 308.18	663 764 194.98	58.51%

根据表5-1和表5-2所呈现的各个财务报表项目变动情况（变动额和变动百分比），财务报表分析者就可以确定应该重点关注的项目，追踪其变动的原因，寻找改善空间。

拓展学习5-3

增长能力分析

2）纵向分析法

如前所述，纵向分析法是一种比较、分析各个财务报表项目前后期金额占关键项目金额百分比的方法。纵向分析法通过编制比较共同比财务报表（comparative common-size financial statements）而展开分析。共同比财务报表将财务报表的某个关键项目的金额定为100%，而将其余项目换算为对关键项目的百分比，以显示各项目的相对地位。这种仅有百分比而没有金额的财务报表，就是共同比财务报表。

（1）比较共同比资产负债表。比较共同比资产负债表分别以资产总额和负债及所有者权益总额为100%，计算各组成项目所占的百分比。

分析比较共同比资产负债表，主要通过企业资产组成的比例观察企业资产的流动性，通过负债和股东权益的组成比例观察企业的资本结构情况。

【实例5-2】

根据表5-1，四川长虹电器股份有限公司2023年度与2022年度的比较共同比资产负债表见表5-3。

表5-3 四川长虹电器股份有限公司2023年度与2022年度比较共同比资产负债表

项目	2023年12月31日	2022年12月31日	增减变动情况
流动资产：			
货币资金	27.94%	25.27%	2.67%
交易性金融资产		0.35%	-0.35%
衍生金融资产	0.08%	0.16%	-0.08%
应收票据	0.52%	0.32%	0.20%
应收账款	15.86%	13.92%	1.94%
应收款项融资	2.75%	2.80%	-0.05%
预付款项	1.64%	1.53%	0.11%
其他应收款	0.41%	0.54%	-0.13%
其中：应收利息			
应收股利	0.00*		0.00*
存货	20.71%	22.08%	-1.38%
合同资产	0.14%	0.10%	0.03%
持有待售资产	0.69%		0.69%
一年内到期的非流动资产	1.12%	0.76%	0.36%
其他流动资产	2.91%	4.18%	-1.27%
流动资产合计	74.76%	72.02%	2.74%
非流动资产：			
债权投资	1.09%	1.10%	-0.01%
长期应收款	3.91%	5.62%	-1.71%
长期股权投资	4.39%	4.59%	-0.20%
其他非流动金融资产	0.43%	0.13%	0.30%
投资性房地产	1.21%	0.78%	0.44%

续表

项目	2023年12月31日	2022年12月31日	增减变动情况
固定资产	7.72%	8.94%	-1.22%
在建工程	0.22%	0.28%	-0.06%
使用权资产	0.34%	0.21%	0.13%
无形资产	4.47%	5.11%	-0.64%
开发支出	0.48%	0.46%	0.02%
商誉	0.15%	0.18%	-0.03%
长期待摊费用	0.08%	0.06%	0.02%
递延所得税资产	0.53%	0.41%	0.12%
其他非流动资产	0.21%	0.11%	0.10%
非流动资产合计	25.24%	27.98%	-2.74%
资产总计	100.00%	100.00%	/
流动负债：			
短期借款	13.22%	16.87%	-3.65%
衍生金融负债	0.11%	0.17%	-0.06%
应付票据	23.43%	22.48%	0.95%
应付账款	20.58%	18.26%	2.32%
预收账款	0.02%		0.02%
合同负债	2.91%	2.95%	-0.04%
应付职工薪酬	1.22%	1.30%	-0.09%
应交税费	0.53%	0.58%	-0.05%
其他应付款	3.74%	4.11%	-0.37%
其中：应付利息			
应付股利	0.14%	0.16%	-0.02%
持有待售负债	0.32%		0.32%
一年内到期的非流动负债	2.57%	2.40%	0.17%
其他流动负债	0.37%	0.25%	0.12%
流动负债合计	69.02%	69.38%	-0.36%
非流动负债：			

续表

项目	2023年12月31日	2022年12月31日	增减变动情况
长期借款	3.29%	1.81%	1.47%
租赁负债	0.25%	0.15%	0.10%
长期应付款	0.06%	0.07%	-0.01%
长期应付职工薪酬	0.26%	0.28%	-0.02%
预计负债	0.66%	0.64%	0.02%
递延收益	0.73%	0.85%	-0.12%
递延所得税负债	0.25%	0.12%	0.13%
非流动负债合计	5.49%	3.92%	1.57%
负债合计	74.51%	73.30%	1.21%
所有者权益:			
实收资本	4.89%	5.40%	-0.51%
资本公积	3.88%	4.31%	-0.43%
其他综合收益	-0.03%	-0.01%	-0.02%
专项储备	0.06%	0.04%	0.02%
盈余公积	0.21%	0.24%	-0.03%
未分配利润	5.96%	5.99%	-0.03%
归属于母公司所有者权益合计	14.97%	15.97%	-1.00%
少数股东权益	10.52%	10.73%	-0.21%
所有者权益合计	25.49%	26.70%	-1.21%
负债和所有者权益总计	100.00%	100.00%	/

注：*实际数值为0.004%，只因百分比的数值取两位小数所致。

表5-3表明，四川长虹电器股份有限公司2023年度流动资产总额占资产总额的比重从2022年的72.02%略微上升为74.76%，流动性相对稳定。在负债和所有者权益方面，负债总额所占比重从2022年度的73.30%稍微上升为74.51%，而所有者权益总额所占比重则从2022年度的26.70%稍微下降为25.49%。

（2）比较共同比利润表。比较共同比利润表以营业收入作为关键项目，并将其定为100%，其余项目的金额都与之比较，计算出各个利润表项目的金额占营业收入的百分比。

【实例5-3】

根据表5-2，四川长虹电器股份有限公司2023年度与2022年度的比较共同比利润表见表5-4。

表5-4　　四川长虹电器股份有限公司2023年度与2022年度比较共同比利润表

项目	2023年度	2022年度	增减变动情况
一、营业总收入	100.00%	100.00%	/
其中：营业收入	100.00%	100.00%	/
二、营业总成本	97.73%	97.80%	−0.07%
其中：营业成本	88.46%	88.37%	0.09%
税金及附加	0.62%	0.62%	0.00%
销售费用	4.38%	4.19%	0.19%
管理费用	1.86%	1.88%	−0.02%
研发费用	2.27%	2.49%	−0.22%
财务费用	0.14%	0.25%	−0.11%
其中：利息费用	0.42%	0.42%	0.00%
利息收入	0.58%	0.51%	0.07%
加：其他收益	0.50%	0.44%	0.06%
投资收益	0.09%	0.10%	−0.01%
其中：对联营企业和合营企业的投资收益	0.14%	0.09%	0.05%
以摊余成本计量的金融资产终止确认收益	−0.08%	−0.12%	0.04%
公允价值变动收益	0.28%	0.00%*	0.28%
信用减值损失	−0.45%	−0.74%	0.29%
资产减值损失	−0.61%	−0.40%	−0.21%
资产处置收益	−0.00%*	0.04%	−0.04%
三、营业利润	2.08%	1.64%	0.44%
加：营业外收入	0.05%	0.07%	−0.02%
减：营业外支出	0.04%	0.15%	−0.11%
四、利润总额	2.09%	1.56%	0.53%
减：所得税费用	0.25%	0.34%	−0.09%
五、净利润	1.84%	1.22%	0.62%

注：*实际数值为0.002%，只因百分比的数值取两位小数所致。

由表5-4可见，与2022年度相比，四川长虹电器股份有限公司2023年度利润表各个项目占营业收入的百分比稍有升降，但销售费用占营业收入的百分比上升幅度相对较大，而研发费用和财务费用占营业收入的百分比下降幅度较大，营业总成本占营业收入的百分比随之下降。与此同时，公允价值变动收益和信用减值损失占营业收入的百分比上升幅度较大，而资产减值损失占营业收入的百分比下降幅度较大。综合这些主要变动因素，四川长虹电器股份有限公司2023年度的营业利润、利润总额和净利润占营业收入的百分比都略高于2022年度，盈利能力有所提升。

综合上述，共同比财务报表可以显示出各个财务报表项目在不同期间的相对重要性，便于不同期间各个财务报表项目的比较。不过，运用比较分析法要注意以下几个问题：

第一，在分析之前，应先剔除偶发性的特殊项目，这样分析的数据才能反映企业正常的经营情况，不受特殊事件的影响。

第二，分析的项目应有针对性，切合分析目的。

第三，比较分析可以应用例外原则，突出企业经营管理过程中存在重大变动的特殊问题。

第四，比较分析可以不限于连续数期的财务报表数据，也可以用本期的实际数与预算数或目标进行比较。

无论是横向分析法，还是纵向分析法，都要立足企业的行业特征、战略重点和业务流程，由“表”（财务报表）及“里”（经济活动）：①从各项资产项目所占比例及其变动趋势，判断资产结构（财务资源的配置）与行业特征、战略重点和业务流程是否相匹配；②从各项资本来源所占比例及其变动趋势，判断资本结构与资产结构的匹配关系，从而揭示财务风险；③从各项收入与成本费用之间的关系，借助同行业标杆，判断企业的竞争优势。

5.3.2 比率分析法

如前所述，横向分析法是一种比较、分析各个财务报表项目前后期金额的方法，借助比较财务报表揭示各个财务报表项目在不同期间的变动情况（增减变动金额和百分比）。而纵向分析法是一种比较、分析各个财务报表项目前后期金额占关键项目金额百分比的方法，借助共同比财务报表揭示各个财务报表项目在不同期间的相对重要性。除此之外，财务报表有些项目之间存在一定的关系，可将它们组合成一个比率，以说明企业某一个方面的情况。例如，企业要用流动资产来偿还流动负债，因而，流动资产与流动负债之间存在一定的关系，可以把它们联系在一起，组成流动比率，用于说明企业的短期偿债能力，由此就产生了各种财务比率或称为财务指标。顾名思义，比率分析法就是借助各种财务比率分析财务报表的方法。

鉴于本教材第6至8章将专门讨论比率分析，这里暂且不论。

【延伸阅读资料5-2】

财务报表项目之间存在密切的联系，因此，基于不同目的，可以组成许多不同的财务比率或财务指标。那么，财务报表分析者应该关注哪些财务比率或财务指标呢？

如前所述，衡量与评价企业的偿债能力、盈利能力和创造现金流量能力（可以简称为创现能力）等“三力”是财务报表分析的核心问题。体现财务报表分析“三力”的财务比率或财务指标见表5-5。

表5-5　**体现财务报表分析“三力”的财务比率或财务指标**

财务比率或财务指标类型	主要财务比率或财务指标
偿债能力	短期资产流动性指标：应收账款周转率、存货周转率和营业周期 短期偿债能力指标：营运资本、营运资本周转率、流动比率和速动比率 长期偿债能力指标：负债比率、权益比率、负债与权益比率、有形净值债务比率、利息保障倍数、长期负债比率和长期资产适合率
盈利能力	与销售有关的指标：销售毛利率、销售利润率和销售营业利润率 与投资有关的指标：资产周转率和资产收益率（ROA） 与上市公司有关的指标：净资产收益率（ROE）、每股收益（EPS）、每股净资产、股利支付率、市盈率（P/E）和资本保值增值率
创现能力	流动性指标：流动负债保障率、负债保障比率 获现能力指标：营业现金比率、每股经营现金流量、资产现金回收率 盈利质量指标：净利润现金比率

当然，表5-5所列示的是具有代表性的财务比率或财务指标（本教材第6章至第8章将分别讨论这些财务比率或财务指标）。在实践中，财务报表分析者理应本着“举一反三，触类旁通”的思维，基于企业的特定战略、行业特征，做出相应的变通，千万不能照搬套用、刻舟求剑。

例如，国务院国资委考核分配局每年按行业、规模编制并出版《企业绩效评价标准值》（每年根据环境的变化动态调整，因此，每年的绩效评价指标及其标准值有所不同）。以2023年度为例，国务院国资委考核分配局编制的《企业绩效评价标准值》包括4个维度、16项评价指标和8项补充指标（见表5-6），并列示各个指标的优秀值、良好值、平均值、较低值和较差值的具体数据。①

表5-6　**《企业绩效评价标准值》的4个维度、16项评价指标和8项补充指标**

评价维度	评价指标
盈利回报指标	净资产收益率、营业收入利润率、总资产报酬率、盈余现金保障倍数
资产营运指标	总资产周转率、应收账款周转率、流动资产周转率、两金占流动资产比重
风险防控指标	资产负债率、现金流动负债比率、带息负债比率、已获利息倍数
持续发展指标	研发经费投入强度、全员劳动生产率、经济增加值率、国有资本保值增值率
补充指标	营业现金比率、国有资本回报率、EBITDA率、百元收入支付的成本费用、存货周转率、速动比率、利润总额增长率、营业总收入增长率

① 国务院国资委考核分配局．企业绩效评价标准值（2023）[M]．北京：经济科学出版社，2023.

拓展学习5-4

商业银行贷款主要看“三品”

再如，2023年1月5日，在中央企业负责人会议上，国资委提出进一步优化中央企业经营指标体系，并将中央企业经营指标体系“简明扼要”地归结为“一利五率”：利润总额、资产负债率（负债比率）、营业现金比率、净资产收益率、研发经费投入强度（研发经费投入/营业收入）和全员劳动生产率（劳动生产总值/从业员工人数）。

总之，评价什么，就做什么！企业的战略决定其选用的财务比率或财务指标。因此，财务报表分析者应该关注企业的战略，进而关注与企业的战略相匹配的财务比率或财务指标。

价值引领

1.如何借助财务报表分析方法，锻造耐心细致、严谨规范的工匠精神？

2.党的二十大报告强调“促进数字经济和实体经济深度融合”。结合党的二十大精神，如何借助财务报表分析方法，“促进数字经济和实体经济深度融合”？

[总结与结论]

尽管财务报表是企业财务状况、经营成果和现金流量状况的重要信息载体，但是，财务报表所列示的各类项目的金额，如果孤立地看，并没有多大的意义。财务报表上的各项数据必须与其他数据相比较，才能成为有意义的信息。

然而，财务报表的数据很多，没有必要逐一分析。财务报表分析的核心问题是分析和评价企业的偿债能力和获利能力这两个密切相关的问题。然而，基于权责发生制，代表盈利能力的利润与代表最终偿债能力的现金流量毕竟存在差异。因此，衡量和评价企业的偿债能力、盈利能力、创造现金流量能力是财务报表分析的核心问题。

选择财务报表分析的评价标准是财务报表分析的一个基本步骤和重要环节。选择不同的评价标准，即便是分析同一个问题，也会得出不同的结论。在实践中，财务报表分析的评价标准主要包括：经验标准、历史标准、行业标准和预算（计划）标准。

财务报表分析的基本方法包括比较分析法和比率分析法。比较分析法又细分为横向分析法和纵向分析法。

[练习题库]

★ 案例分析

1.根据表5-1至表5-4，结合四川长虹电器股份有限公司（上市股票代码600839）的2023年度财务报告（www.cninfo.com.cn/new/index），简要评价其2023年度的财务状况和经营情况。

2.根据表5-1至表5-4，结合四川长虹电器股份有限公司（上市股票代码600839）的2023年度财务报告（www.cninfo.com.cn/new/index），引入并对照标杆企业，简要评价四川长虹电器股份有限公司2023年度的行业竞争地位。

★ 业务题

1.A公司20×1年和20×2年的资产负债表见表5-7。

表5-7　　A公司资产负债表

20×1年和20×2年12月31日　　单位：百万元

资产	20×2年	20×1年
流动资产		
现金及现金等价物	16.9	12.8
应收账款净额	798.3	614.5
存货	3 482.4	2 830.8
其他流动资产	96.3	92.0
流动资产合计	4 393.9	3 550.1
非流动资产		
财产及设备，按成本计价，减去累计折旧及摊销	4 345.3	3 428.2
其他非流动资产	94.6	125.4
非流动资产合计	4 439.9	3 553.6
资产总计	8 833.8	7 103.7
负债和所有者权益		
流动负债		
短期借款	440.7	—
应付账款	1 546.8	1 364.0
其他流动负债	937.5	847.7
所得税费用	86.6	92.0
流动负债合计	3 011.6	2 303.7
非流动负债		
递延所得税负债	137.0	101.6
其他非流动负债	478.0	464.4
非流动负债合计	615.0	566.0
所有者权益		
优先股，每股面值0.0625元，核准发行3 200万股，未发行	—	—
普通股，每股面值0.078125元，核准发行32亿股，20×1年发行在外1 019 425 052股，20×2年发行在外1 010 818 890股	79.6	79.0
实收资本	596.7	367.2
未分配利润	4 530.9	3 787.8
所有者权益合计	5 207.2	4 234.0
负债和所有者权益总计	8 833.8	7 103.7

要求：

（1）利用资产负债表，以20×1年为基础，对20×2年和20×1年做横向共同比分析。

（2）利用资产负债表，以资产总额为基础，对20×2年和20×1年做纵向共同比分析。

（3）简要评价上述（1）和（2）所体现出来的趋势。

2.A公司20×0年至20×2年的利润表见表5-8。

表5-8　**A公司利润表**　单位：百万元

项　目	20×2年度	20×1年度	20×0年度
收益			
营业收入	24 623.0	21 206.9	17 838.8
成本及扣除项目			
营业成本	18 048.9	15 465.9	12 978.6
销售及管理费用	5 175.8	4 516.9	3 844.8
	23 224.7	19 982.8	16 823.4
其他（收入）费用			
利息收入	（5.4）	（6.3）	（12.3）
利息费用	3.1	0.4	0.4
其他收入	（22.1）	（33.5）	
	（24.4）	（39.4）	（11.9）
利润			
税前利润	1 422.7	1 263.5	1 027.3
所得税费用	537.1	486.4	403.2
净利润	885.6	777.1	624.1

要求：

（1）利用利润表，以20×1年度为基础，对20×2年度和20×1年度做横向共同比分析。

（2）利用利润表，以营业收入为基础，对20×2年度和20×1年度做纵向共同比分析。

（3）简要评价上述（1）和（2）所体现出来的趋势。

★ 思考题

1. 如何理解财务报表分析的核心问题？
2. 财务报表分析的评价标准包括哪些？
3. 财务报表分析的基本方法包括哪些？
4. 如何编制比较财务报表？
5. 如何编制共同比财务报表？
6. 运用比较分析法应该注意哪些问题？
7. 如何借助财务报表分析方法，锻造耐心细致、严谨规范的工匠精神？

★ **讨论题**

1.财务报表分析的评价标准选择与财务报表分析目标之间的关系如何？

2.横向分析与纵向分析如何结合运用？

3.如何借助财务报表分析方法，“促进数字经济和实体经济深度融合”？

[延伸阅读文献]

[1] 朱滔. 财务报表分析 [M]. 北京：高等教育出版社，2023.

[2] 陆正飞. 财务报告与分析 [M]. 3版. 北京：北京大学出版社，2020.

[3] 张新民，钱爱民. 财务报表分析 [M]. 6版. 北京：中国人民大学出版社，2023.

[4] 王化成，支晓强，王建英. 财务报表分析 [M]. 3版. 北京：中国人民大学出版社，2022.

[5] 薛云奎，郭照蕊. 财务报表分析 [M]. 北京：机械工业出版社，2019.

[6] 国务院国资委考核分配局. 企业绩效评价标准值（2023）[M]. 北京：经济科学出版社，2023.

[7] 本书编写组. 党的二十大报告辅导读本 [M]. 北京：人民出版社，2022.

第6章

流动性与偿债能力分析

[学习目标]

知识传授：理解短期资产流动性与长短期偿债能力分析指标的含义及运用；理解影响偿债能力的其他因素。

能力培养：运用会计信息布局筹资结构，帮助企业做出合理的筹资安排。

价值塑造：树立风险意识，优化筹资结构，合理配置财务资源，助力企业高质量发展；通过流动性与偿债能力分析，防范企业财务风险，从企业微观层面“强化金融稳定保障体系”“守住不发生系统性风险底线”。

资产（尤其是短期资产）的流动性与偿债能力（尤其是短期偿债能力）密切相关。资产的流动性是偿债能力的基础。

6.1 短期资产流动性与偿债能力分析

就企业而言，企业短期资产的流动性以及短期偿债能力至关重要。如果企业不能保持一定的短期偿债能力，就会面临生存危机。当然，如果企业只有短期偿债能力，但缺乏长期偿债能力，企业可能只有短期生存的空间，而没有长期发展的空间。因此，就企业未来的生存与发展而言，企业短期资产流动性与偿债能力也非常重要。

6.1.1 短期资产流动性

流动资产俗称“短期资产”，是指在一年或者一个营业周期（视何者为长）之内以现金的形式存在、将要转变为现金、视同现金使用的资产。流动资产通常包括：货币资金（主要包括库存现金、银行存款和其他货币资金。其他货币资金又包括银行本票存款、银行汇票存款、信用卡存款、信用证保证金存款、外埠存款、存出投资款等项目）、应收及预付款项（主要包括应收票据、应收账款、应收款项融资、预付账款、其他应收款等项目）、交易性金融资产、衍生金融资产、存货、合同资产、持有待售资产以及其他流动资产等。

上述短期资产中，以现金或现金等价物形式存在的项目，几乎没有流动性问题。因此，下面着重讨论应收账款和存货等项目的流动性问题。

1）应收账款的流动性

企业通常会有一些能够获取未来现金流入量的债权。这种债权在财务报表上通常归入应收账款（accounts receivable）和应收票据（notes receivable）。大多数企业的这种债权主要来自向顾客赊销商品或劳务，顾客承诺在限定的时期内（如30天）付款。这种债权又称为应收销货款。有时候，顾客在应收账款到期无力支付时，或者直接在赊购商品或劳务时，会签发一张应收票据代替应收账款。

企业应收账款的流动性可以通过应收账款周转率（accounts receivable turnover ratio）指标来衡量。应收账款周转率指标又可以表述为应收账款周转次数和应收账款周转天数。

在计算应收账款周转率指标时，应收账款包括应收票据（但不包括不涉及赊销的其他应收款）。应收账款周转次数和应收账款周转天数的计算公式分别为：

应收账款周转次数=营业收入÷应收账款平均余额

应收账款周转天数=应收账款平均余额÷（营业收入÷365）

应收账款周转天数与应收账款周转次数之间的关系为：

应收账款周转天数=365÷应收账款周转次数

应收账款周转次数=365÷应收账款周转天数

如果在企业内部分析应收账款周转率这个指标，采用赊销总额代替营业收入比较合适。因为只有赊销才产生应收账款，现销不会产生应收账款。但是，在与其他企业进行比较时，可能采用营业收入比较合适，因为其他企业对外公布的财务报表很少标明赊销的数据。

【实例6-1】

根据表1-2和表1-7，四川长虹电器股份有限公司2023年度的应收账款周转率指标的计算见表6-1。[①]

表6-1　**四川长虹电器股份有限公司2023年度应收账款周转率计算表**　金额单位：元

项　目	2023年度	2022年度
营业收入（1）	97 455 828 421.45	92 481 659 367.24
“应收账款”账面余额（2）	14 974 284 039.02	11 902 872 354.09
“应收票据”账面余额（3）	488 219 664.05	270 935 819.26
应收账款余额（4）=（2）+（3）	15 462 503 703.07	12 173 808 173.35
应收账款平均 余额（5）=（15 462 503 703.07+12 173 808 173.35）÷2	13 818 155 938.21	
应收账款周转次数（6）=97 455 828 421.45÷（5）	7.05次	
应收账款周转 天数（7）=365÷（6）或（5）÷［（1）÷365］	51.75天	

① 应收账款周转率计算公式的分母是“营业收入”。因此，从逻辑上说，应收账款周转率的“应收账款”应该指“应收销货款”（即与营业收入相关的应收款项），而不仅仅是“应收账款”和“应收票据”，但“应收账款”和“应收票据”是“应收销货款”的主要项目，有鉴于此，本教材以“应收账款”和“应收票据”指代“应收销货款”。

应收账款周转率用于估计应收账款变现速度和管理效率，反映了资产和利润的质量。一般认为应收账款周转越快（表现为应收账款周转次数越多或应收账款周转天数越少），应收账款的流动性越好。因为应收账款周转越快表明收款速度快，可以减少坏账损失，资产流动性强，后续收账费用少。更为重要的是，应收账款周转越快，企业资金周转越快。这样，企业就可以"少花钱，多赚钱"，从而达到"流动性与盈利性并增"的"双赢局面"。

财务报表分析者在分析应收账款周转率时，还可以结合应收账款的账龄分析，以便更好地分析应收账款的流动性。

【延伸阅读资料6-1】

通俗地说，应收账款（包括应收票据，下同）就是企业应该收取购货方（债务人）的购货款。企业的应收账款过多，可能是企业的赊销政策过于宽松，乃至企业的竞争力较弱所致。基于市场经济环境，具有强大竞争力或"话语权"的强势企业，可能要求购货方现款交易，"一手交钱，一手交货"，甚至要求购货方预付货款，"先交款，再交货"。基于这种情境，企业的应收账款数额可能微不足道，甚至应收账款数额为负数（表现为资产负债表的流动负债项目即预收款项）。因此，应收账款的数额及应收账款周转率体现了企业的竞争力。

当然，就众多企业而言，应收账款还是一项重要的流动资产项目。有鉴于此，财务报表分析者首先要识别应收账款是否存在关联方交易及其比例（其实，如果企业采用关联方交易，人为地创造"营业收入"乃至"会计利润"，应收账款数额剧增，应收账款周转率指标的表现自然不佳。借助应收账款周转率指标可以"看穿"企业的盈余管理）。在此基础上，财务报表分析者需要借助财务报表附注，了解前几名债务人的名称及其欠款数额和占全部应收账款总额的比例，判断应收账款的坏账风险，进而了解应收账款的坏账准备计提情况（包括计提依据、计提范围、计提比例和计提结果）。

2）存货的流动性

在确定企业短期资产流动性以及偿债能力时，存货通常是制造型企业的一个重要资产项目。存货流动性的分析方法与应收账款流动性的分析方法相似，主要通过存货周转率（inventory turnover ratio）指标来衡量。同理，存货周转率指标又可以表述为存货周转次数和存货周转天数。

存货周转次数和存货周转天数的计算公式分别为：

存货周转次数=营业成本÷存货平均余额

存货周转天数=存货平均余额÷（营业成本÷365）

存货周转天数与存货周转次数之间的关系为：

存货周转天数=365÷存货周转次数

存货周转次数=365÷存货周转天数

【实例6-2】

根据表1-2和表1-7，四川长虹电器股份有限公司2023年度存货周转率指标的计算见表6-2。

表6-2 四川长虹电器股份有限公司2023年度存货周转率计算表 金额单位：元

项 目	2023年度	2022年度
营业成本（1）	86 205 989 292.89	81 731 310 332.10
存货余额（2）	19 547 118 874.85	18 887 178 958.44
存货平均余额（3）=（19 547 118 874.85+18 887 178 958.44）÷2	19 217 148 916.65	
存货周转次数（4）=86 205 989 292.89÷（3）	4.49次	
存货周转天数（5）=365÷（4）或（3）÷［（1）÷365］	81.37天	

存货周转率是衡量企业销售能力强弱和存货是否适量的指标，反映了资产和利润的质量。通常，如果企业的经营活动有利可图，存货周转越快（表现为存货周转次数越多或存货周转天数越少），存货占用的资金越少，利润率就越大，因而，存货周转率与企业盈利能力直接相关。存货周转得快，企业就可以“少花钱，多赚钱”，从而达到“流动性与盈利性并增”的“双赢局面”。

如果财务报表分析者能够结合存货订货批量进一步分析存货周转率，其效果更好，因为企业可能通过调节存货订货批量“粉饰”存货周转率指标。此外，财务报表分析者还可以结合存货的构成来分析存货周转率。

【延伸阅读资料6-2】

由于存货具有行业特征，存货周转率指标自然也有行业特征。

从价值增值的角度看，除了像烟草、酿酒行业等特种企业之外，存货不会增加价值。因此，从优化价值链的角度看，企业应该树立“适时”（just-in-time，JIT）的理念，消除存货，尽量实现“零存货”（zero inventory）。

然而，有些人一听到企业要实现“零库存”就急了，并迫不及待地反问“原材料不需要加工就能自动转化成产品吗？难道在产品不是库存吗？”其实，这误解了“适时”的理念。“适时”的理念与其说是一种理念，不如说是一种管理哲学：一种“持续改善”的管理哲学！财务报表分析者不能机械地理解“零存货”。其实，企业要真正实现“适时”的理念，进而实现“零存货”远没有想象的那么简单。“适时”的理念和“零存货”的目标涉及企业内外部环境的诸多因素或限制条件。但是，这是一个理想境界！既然存货是不必要的，本应该消除而没有消除，说明企业生产经营活动远没有达到理想境界，由此促使企业加强经营管理，拓宽视野，竭尽全力，持续改善，以达到“零存货”的理想境界。

过去企业一直都认为存货是必要的，存货可以起到“蓄水池”的作用，由此便产生了在保证存货必要的前提下降低存货相关成本的经济订货批量（EOQ）模型。基于“适时”的理念，存货是不必要的，存货管理的目标就是消除存货即实现“零存货”。由此看来，基于“适时”的理念，经济订货批量模型失去了存在的基础。存货除了保证“企业正常的生产经营活动”这个“蓄水池”的作用之外，还“蓄”了企业生产经营活动的潜在问题。因此，存货是浪费资源之祸首，应该尽量消除存货。如果“供水系统”（企业供产销各个环节）能够完全做到“适时”的“无缝对接”，还要“蓄水池”（存货）吗？既然存货是不必要的，除非特殊行业，只要企业没有实现“零存货”，那么，企业经营管理方面就存在改进的空间，由此就产生了“持续改善”的新观念。例如，某公司原先每个分支机构都设有仓库和存货，受到“适时”理念的启发，通过调查研究，该公司重新整合，采用共享仓库，大大减少存货所占用的资金及其相关成本。进一步看，配售中心和第三方物流的产生与发展也都可归功于“适时”的理念。

显然，按照“适时”的理念，除了像烟草、酿酒行业企业等特种企业之外，企业应该达到“零存货”的理想境界。果真如此，财务报表分析者也就不必再关注存货周转率指标啦！

然而，“理想很丰满，现实很骨感”，存货管理的未来发展趋势也不等于存货管理的现实。除了像烟草、酿酒行业等特种企业之外，对许多制造业企业而言，“零存货”并不现实，许多制造业企业的资产负债表还存在数额不小的存货项目。有鉴于此，财务报表分析者还是要关注存货周转率指标。企业的存货过多，存货周转率指标表现不佳，可能是因为企业的供产销乃至产品设计存在问题（当然，如果企业通过多生产，降低产品成本和营业成本，人为地创造“会计利润”，存货数额剧增，存货周转率指标的表现自然不佳。借助存货周转率指标同样可以“看穿”企业的盈余管理）。

3）营业周期

在前述的流动资产界定过程中，涉及一个重要的概念：营业周期（operating cycle）。营业周期是指企业从取得商品到销售商品最终收回现金的整个期间。例如，某家食品店购买存货，然后将其销售并取得现金就是一个营业周期。食品店存货资产的持有时间较短意味着其营业周期也较短。又如，某汽车制造厂购入原材料，耗费了人工和费用后，将这些材料制造成汽车，批发商先赊购汽车，然后才向制造商付款。与食品店相比，汽车制造厂的营业周期要长得多，但它仍然短于一年，只有少数企业的营业周期长于一年。例如，某个出售旅游资产的企业，其将该资产销售之前的平均持有时间加上平均收款期，一般长于一年。营业周期的长短从一个侧面反映了企业短期资产的流动性。

从应收账款的流动性指标和存货的流动性指标可以大致确定营业周期。其计算公式为：

营业周期=应收账款周转天数+存货周转天数

【实例 6-3】

根据表 6-1 和表 6-2，四川长虹电器股份有限公司 2023 年度营业周期为：

营业周期=应收账款周转天数（51.75 天）+存货周转天数（81.37 天）=133.12（天）

6.1.2 短期偿债能力分析

流动资产总额与流动负债总额之间的比较与分析可以反映企业短期偿债能力。因此，反映企业短期偿债能力的指标主要包括营运资本、营运资本周转率、流动比率、速动比率。

1）营运资本

营运资本是反映企业短期偿债能力的一个指标。其计算公式为：

营运资本=流动资产总额-流动负债总额

【实例 6-4】

根据表 1-2，四川长虹电器股份有限公司 2023 年度和 2022 年度的营运资本指标见表 6-3。

表6-3　　四川长虹电器股份有限公司2023年度和2022年度营运资本计算表　　单位：元

项　目	2023年度	2022年度
流动资产总额（1）	70 576 584 981.89	61 604 985 683.74
流动负债总额（2）	65 154 226 397.87	59 348 526 514.89
营运资本（3）=（1）-（2）	5 422 358 584.02	2 256 459 168.85

一般而言，营运资本为正数，表明企业的流动负债有足够的流动资产作为偿付的保证；反之，则意味着偿债能力不足。

本期营运资本数额应该与以前期间的数额进行比较，以确定营运资本是否合理。由于企业的规模不同，不同企业之间营运资本的比较，也会由于其规模的不同而失去意义。如果营运资本出现异常，就必须逐项分析流动资产和流动负债。

拓展学习6-1

营运资本为负数说明什么

2）营运资本周转率

营业收入与营运资本之间的比率表示企业营运资本的周转效率。财务报表分析者应该将营运资本周转率与以前年度相比、与竞争对手相比、与行业平均数相比，以便对企业营运资本周转效率是否恰当得出结论。与其他比率一样，营运资本周转率应该保持什么样的水平才合理，也没有一个绝对的标准。

同理，营运资本周转率也可以表述为营运资本周转次数和营运资本周转天数。其计算公式分别为：

营运资本周转次数=营业收入÷营运资本平均余额

营运资本周转天数=营运资本平均余额÷（营业收入÷365）

营运资本周转天数与营运资本周转次数之间的关系为：

营运资本周转天数=365÷营运资本周转次数

营运资本周转次数=365÷营运资本周转天数

【实例6-5】

根据表1-7和表6-3，四川长虹电器股份有限公司2023年度的营运资本周转率指标见表6-4。

表6-4　　四川长虹电器股份有限公司2023年度营运资本周转率计算表　　金额单位：元

项　目	2023年度	2022年度
营业收入（1）	97 455 828 421.45	92 481 659 367.24
营运资本（2）	5 422 358 584.02	2 256 459 168.85
营运资本平均余额（3）=（5 422 358 584.02+2 256 459 168.85）÷2	3 839 408 876.44	
营运资本周转次数（4）=97 455 828 421.45÷（3）	25.38次	
营运资本周转天数（5）=365÷（4）或（3）÷［（1）÷365］	14.38天	

如果营运资本周转次数较少或营运资本周转天数较多，意味着企业营运资本的盈利能力较低。换句话说，相对于可用的营运资本，营业收入不足。但如果营运资本周转次数较多或营运资本周转天数较少，则意味着企业营运资本不足。营运资本不足的企业，在经营

条件发生较大的不利变化时，对流动性问题尤其敏感。

3）流动比率

流动比率（current ratio）是企业流动资产总额与流动负债总额之比率。其计算公式为：

流动比率=流动资产总额÷流动负债总额

【实例6-6】

根据表1-2，四川长虹电器股份有限公司2023年度和2022年度的流动比率指标见表6-5。

表6-5 四川长虹电器股份有限公司2023年度和2022年度流动比率计算表

金额单位：元

项　　目	2023年度	2022年度
流动资产总额（1）	70 576 584 981.89	61 604 985 683.74
流动负债总额（2）	65 154 226 397.87	59 348 526 514.89
流动比率（3）=（1）÷（2）	1.08	1.04

流动比率是衡量企业短期偿债能力最通用的财务比率。流动比率表明企业的短期债务可由预期在该债务到期前转变为现金的资产来偿还的能力。一般认为，流动比率为2∶1（相当于2元的流动资产对应1元的流动负债）才足以表明企业的财务状况稳妥可靠。但近年来，人们逐渐废弃这种单凭经验的标准。

当然，流动比率过高并不是一个好的现象。因为流动比率过高，可能是存货积压或滞销的结果，也可能是拥有过多的现金未能很好地运用于经营活动。一般而言，营业周期短的行业，流动比率较低；营业周期越长，流动比率越高。

【延伸阅读资料6-3】①

企业的流动比率还应该与前期比较，以及与行业平均水平比较。这些比较有助于判断企业流动比率是高了还是低了。但这些比较还不能说明为什么高了或低了，财务报表分析者还必须逐项分析流动资产和流动负债才能从中发现可能的原因。通常我们可以通过对应收账款和存货的详细分析，找出流动比率出现偏差的主要原因。

人们通常认为流动比率比营运资本更能说明企业的短期偿债能力。营运资本仅仅反映流动资产与流动负债之间的绝对数差异，流动比率则显示了流动资产规模和流动负债规模之间的联系，使流动比率指标更具有可比性。例如，对IBM公司和Intel公司进行比较，如果比较两家公司的营运资本是没有意义的，因为IBM公司要比Intel公司的规模大得多。

计算流动比率之前，财务报表分析者应该先计算应收账款周转率和存货周转率，从而洞察应收账款或存货是否存在流动性问题。应收账款和存货质量的评价会影响财务报表分析者对流动比率的评价。如果应收账款或存货存在流动性问题，则要求流动比率更高。

4）速动比率

流动比率只能表明企业流动资产总额与流动负债总额之间的关系，没有揭示流动资产的构成与质量。如果流动比率较高，而流动资产的流动性却很低，企业的短期偿债能力依

① 吉布森．财务报告与分析［M］．胡玉明，译．9版．大连：东北财经大学出版社，2005：140.

然较差。速动比率（quick ratio），也被称为酸性测验比率（acid-test ratio），就是要弥补流动比率的这些缺陷。速动比率是速动资产总额与流动负债总额的比率。其计算公式为：

速动比率=速动资产总额÷流动负债总额

上述公式中的“速动资产”（quick assets）是指几乎立即可以用来偿还流动负债的那些流动资产。速动资产一般包括货币资金、交易性金融资产、应收账款和应收票据等项目。

【实例6-7】

根据表1-2，四川长虹电器股份有限公司2023年度和2022年度的速动比率指标见表6-6。

表6-6　**四川长虹电器股份有限公司2023年度和2022年度速动比率计算表**

金额单位：元

项　目	2023年度	2022年度
货币资金（1）	26 382 196 391.50	21 615 590 514.34
交易性金融资产（2）		300 302 465.75
应收账款（3）	14 974 284 039.02	11 902 872 354.09
应收票据（4）	488 219 664.05	270 935 819.26
速动资产总额（5）=（1）+（2）+（3）+（4）	41 844 700 094.57	34 089 701 153.44
流动负债总额（6）	65 154 226 397.87	59 348 526 514.89
速动比率（7）=（5）÷（6）	0.64	0.57

一般认为，速动比率比流动比率更能说明问题。传统经验认为，速动比率以1∶1为最佳。但是，实际上，财务报表分析者必须根据企业的性质而定，不能一概而论。

拓展学习6-2

财务报表分析的立场

●6.2　长期偿债能力分析

企业长期偿债能力分析包括两种方法：（1）通过利润表评价企业长期偿债能力；（2）通过资产负债表评价企业长期偿债能力。

从长期来看，根据权责发生制得出的报告利润与企业长期偿债能力相联系。尽管从短期来看，报告利润与可提供的现金流量并不一致，但收入与费用最终都会表现为现金流量。由于报告利润与企业偿还长期债务能力密切相关，因而，企业的盈利能力就成为决定其长期偿债能力的一个重要因素。

除了企业的盈利能力外，对企业的债务数额与企业规模之间的关系也应该加以分析。这种分析显示了由外部利益相关者提供的资金数额与由所有者提供的资金数额之间的关系。如果由外部利益相关者提供的资金所占比例较大，那么，企业的经营风险实质上已经转移给了外部利益相关者。而如果债务数额在资本结构（capital structure）中所占的比例较大，就会增加企业不能偿还本息的风险，因为企业有可能不能赚到足够的资金偿还这些债务，因此，企业长期偿债能力涉及资本结构问题。

6.2.1 通过利润表评价长期偿债能力

利用利润表考察企业的长期偿债能力，可以借助于利息保障倍数（interest coverage）这个指标。企业的息税前利润（earnings before interest and tax，EBIT）越大，债权人的利息收入就越有保障，因此，长期债权人通常关注利息保障倍数，以考察其长期债权投资的安全程度。其计算公式为：

利息保障倍数=（净利润+利息费用+所得税费用）÷利息费用

=（利润总额+利息费用）÷利息费用

【实例 6-8】

根据表 1-7，四川长虹电器股份有限公司 2023 年度和 2022 年度的利息保障倍数指标见表 6-7。

表 6-7　**四川长虹电器股份有限公司 2023 年度和 2022 年度利息保障倍数计算表**

金额单位：元

项　　目	2023 年度	2022 年度
利润总额（1）	2 039 123 114.57	1 447 606 530.37
利息费用（2）	412 583 574.48	384 693 221.77
息税前利润（3）=（1）+（2）	2 451 706 689.05	1 832 299 752.14
利息保障倍数（4）=（3）÷（2）	5.94	4.76

从长远的观点看，基于正常情况的利息保障倍数应该大于 1，否则，企业便不能举债经营（trading on the equity），但是，不能绝对化，有时企业的利息保障倍数小于 1，却也可以支付债务利息。这是因为，在这些企业的费用中，有一些数额较大，但它们是不需要用现金支付的非付现成本项目，比如折旧费用等转账摊销费用。在这里进一步说明现金流量与利润的差异。其实，利息保障倍数对利息的支付未必有“保障”。因为企业的利息并不是用利润支付的，只有现金才能支付利息。如果企业拥有利润而没有足够的现金流量，利息保障倍数较大，但却未必能够支付利息。财务报表分析者还要关注现金流量指标。

6.2.2 通过资产负债表评价长期偿债能力

通过资产负债表评价企业的长期偿债能力，可以借助负债比率（liabilities to assets ratio）、权益比率（equity ratio）、负债与权益比率（liabilities to equity ratio）、有形净值债务比率、长期负债比率（long-term liabilities ratio）和长期资产适合率等指标。

1）负债比率

负债比率是负债总额与资产总额的比率。其计算公式为：

负债比率=（负债总额÷资产总额）×100%

【实例 6-9】

根据表 1-2，四川长虹电器股份有限公司 2023 年度和 2022 年度的负债比率指标见表 6-8。

表6-8　四川长虹电器股份有限公司2023年度和2022年度负债比率计算表

金额单位：元

项　　目	2023年度	2022年度
负债总额（1）	70 339 858 605.46	62 700 837 234.12
资产总额（2）	94 400 250 197.19	85 537 738 104.04
负债比率（3）=［（1）÷（2）］×100%	74.51%	73.30%

负债比率衡量企业的资产总额中由债权人所提供的百分比。不过，负债比率越高，企业的偿债压力越大，企业的财务风险越高。

【延伸阅读资料6-4】①

少数股东权益是当企业以拥有少于100%的股权合并另一家企业时产生的。被合并企业的那部分不被母公司拥有的股权列示在资产负债表所有者权益的上方。

有些企业在计算负债比率时不将少数股东权益包括在内，因为这个数额并不代表将来对外部人员支付资金的承诺。另一些企业则在计算负债比率时将少数股东权益包括在内，因为这些资金来自外部，并且是企业使用的资金总额的一部分。

值得指出的是，负债比率的高低没有一个通用的评判标准，但是负债比率的高低具有鲜明的行业特征。例如，公用事业单位由于其现金流量相对比较稳定，且与债务契约要求的现金流量结构相吻合，因此，负债比率相对较高；制药行业属于“高风险、高收益”行业，“高风险”特征使其现金流量相对不稳定，从而难以较多举债，而“高收益”特征使其内源融资成为可能。负债比率高低还涉及企业资本结构选择问题。

【延伸阅读资料6-5】②

尽管从理论上说，在一定严格的假设前提下，企业可以采用定量分析方法如每股收益无差别分析法和方案对比法确定可行资本结构，但是，它却未必能够得到实践的检验。因此，可行资本结构是一个动态的、相对的概念。从理论上说，企业都应该有其可行的资本结构，但企业财务管理实践中要解决这个问题却十分困难，到目前为止，还没有一种科学的方法可以用来判断资本结构的合理性。因为企业财务管理工作是一种人性化的工作，它涉及人的经验判断。尽管如此，在企业财务管理实务中，根据某些影响资本结构的因素，财务管理人员还是可以凭借其经验和判断能力做出选择的。这些影响资本结构的因素主要包括：

（1）企业的风险程度。企业的风险程度对企业融资方式影响较大。企业风险越大，举债融资方式相对而言就越不如投资者投资来得理想。当前高新技术产业的资本大多来自风险资本投资就是一个例证，因为负债融资需要定期还本付息。

（2）企业的财务状况和经营成果。一般而言，企业获利能力越大，财务状况越好，变现能力越强，就越有能力承担财务上的风险，因而举债融资就越有吸引力。

（3）销售的稳定性。销售的稳定性对资本结构的选择也会产生重要影响。如果企业的销售稳定，其获利性也相对稳定，负担负债利息的能力就越强；如果销售呈现周期性，那

① 吉布森．财务报告与分析［M］．胡玉明，译．9版．大连：东北财经大学出版社，2005：156.
② 胡玉明．公司理财［M］．2版．大连：东北财经大学出版社，2009：211-213．略有改动。

么，固定的利息负担将成为一个大的包袱，如此，举债将冒很大的风险。例如，公用事业的销售较为稳定，因而较多地采用举债融资。

（4）投资者和管理人员的态度。企业投资者和管理人员的态度对资本结构也有重要影响，因为企业资本结构的选择最终是由他们做出的。就企业投资者来说，主要是关注企业的控制权问题。负债比率涉及控制权的旁落问题。如果一个企业的股权比较分散，谁也没有绝对的控制权，这个企业可能会更多地采用投资者投资的方式来筹集资本。这时，企业投资者并不担心控制权的旁落，因为他们本来就没有什么控制权可言。相反，如果企业的股权相对集中，企业为少数投资者所控制，投资者很重视企业控制权问题，如此，为了保证少数投资者的绝对控制权，企业倾向于举债融资。因此，投资者的态度对企业资本结构具有重要影响。就企业管理人员来说，冒险型的人将倾向于举债融资，而稳健型的人将倾向于股权融资。

（5）债权人的态度。一般而言，企业管理人员会与债权人商讨资本结构并尊重他们的意见。因为在融资实践中，企业经常受到债权人严格的契约保护条款的限制，债权人为了保护其经济利益，倾向于股权融资。当然，如果企业管理人员坚持举债融资，债权人也会采取相应的对策。

（6）企业所处的行业。不同行业的企业资本结构存在很大的差别，企业的财务管理人员必须考虑本企业所处的行业，选择适合本企业的资本结构。医药行业的负债比率通常较低，因为医药行业是一个高风险、高利润的行业。高利润使企业内部融资成为可能，而高风险、需要大量科研经费、产品试制周期特别长的企业，举债融资不太适合。零售业主要是因为存货增加而需要资本，而存货周转较快，变现能力较强，从而使用了大量的短期负债，使其负债比率较高。钢铁行业的利润率相对较低，从而降低了钢铁行业的股票价值，发行股票筹资不容易，不得不借助于举债融资，因此，其负债比率相对较高。

（7）激励机制问题。如果企业的激励机制以财务绩效为基础，如利润或每股收益，那么，企业经理人可能倾向于利用债务融资，利用财务杠杆原理获得高额利润。如果企业的激励机制以市场为基础，如企业价值最大化，企业管理层可能倾向于利用股权融资，这时，债务融资会增加财务风险，可能降低企业的市场价值。

（8）其他因素。除了上述因素外，资产结构、所得税税率水平和利率水平的变动趋势也会影响企业资本结构。在存在税务问题时，负债融资的利息可以作为税前利润的抵减项目，从而获得税收效应。所得税税率越高，税收效应就越大；反之，则税收效应不明显。至于利率水平，如果企业财务管理人员认为利率暂时较低，但不久的将来可能会上升，便会大量发行长期债券从而在若干年内把利率固定在较低的水平上。

事实上，企业的资本结构就是企业经理人根据企业面临的现实金融市场，结合企业具体情况，考虑上述因素之后所做出的选择。企业资本结构不存在优化的问题，只存在选择的问题。具体地说，就是企业在全面估量财务杠杆的有利效应和不利效应的基础上，结合自身面临的内外部宏观和微观环境，对负债比率的选择问题。企业资本结构不仅影响企业资本成本和企业整体价值，而且影响企业的治理结构和管理行为，进而影响一个国家或地区的总体经济增长和稳定。因此，企业资本结构的研究不能单纯以负债比率高低来衡量，而要权衡相关利益者的利益和企业风险。负债比率本身体现了企业治理结构，我们应该全面研究企业资本结构问题。

2）权益比率

权益比率是所有者权益总额与资产总额的比率。其计算公式为：

权益比率=（所有者权益总额÷资产总额）×100%

【实例6-10】

根据表1-2，四川长虹电器股份有限公司2023年度和2022年度的权益比率指标见表6-9。

表6-9　**四川长虹电器股份有限公司2023年度和2022年度权益比率计算表**

金额单位：元

项　目	2023年度	2022年度
所有者权益总额（1）	24 060 391 591.73	22 836 900 869.92
资产总额（2）	94 400 250 197.19	85 537 738 104.04
权益比率（3）=［（1）÷（2）］×100%	25.49%	26.70%

与负债比率相对应，权益比率衡量企业的资产总额由所有者所提供的百分比。权益比率越大，财务风险越小，但是，权益比率过高，也未必就是好现象，因为在举债经营过程中，财务杠杆在微妙地起作用。

权益比率与负债比率之和为100%，因此，在企业财务报表分析过程中，只要运用其中之一即可。后面将提及的权益乘数是权益比率的倒数。

3）负债与权益比率

负债与权益比率将负债比率与权益比率结合起来，用来考察负债总额与所有者权益总额的比值。其计算公式为：

负债与权益比率=负债总额÷所有者权益总额

【实例6-11】

根据表1-2，四川长虹电器股份有限公司2023年度和2022年度的负债与权益比率指标见表6-10。

表6-10　**四川长虹电器股份有限公司2023年度和2022年度负债与权益比率计算表**

金额单位：元

项　目	2023年度	2022年度
负债总额（1）	70 339 858 605.46	62 700 837 234.12
所有者权益总额（2）	24 060 391 591.73	22 836 900 869.92
负债与权益比率（3）=（1）÷（2）	2.92	2.75

负债与权益比率表明由债权人提供和由所有者提供的资金来源的相对关系以及企业基本财务结构的强弱。

4）有形净值债务比率

对于无形资产或递延资产数额较大的企业如高新技术企业，负债比率或权益比率或负债与权益比率未必能够说明问题，于是，就产生了有形净值债务比率。

有形净值债务比率是企业债务总额与有形净值的比值。有形净值是指所有者权益总额减去无形资产和递延资产后的净值，即所有者具有所有权的有形资产。所有者权益总额代表了企业的净资产，而所有者权益总额减去无形资产和递延资产之后的余额被称为有形资产净值。这里的“无形资产和递延资产”主要包括使用权资产、无形资产、开发支出、商誉、长期待摊费用和递延资产等项目。

有形净值债务比率是负债与权益比率的延伸，它能够更为谨慎地反映在企业清算时债权人投入的资本受到所有者权益保障的程度。由于企业长期债务的偿还要靠企业的有形资产来保证，无形资产和递延资产等项目的价值具有很大的不确定性，不一定能用来偿债（当企业破产清算时，财务报表账面的无形资产和递延资产等项目很可能变得一文不值）。有形净值债务比率的计算公式为：

有形净值债务比率=负债总额÷（所有者权益总额–无形资产及递延资产总额）

【实例 6–12】

根据表 1–2，四川长虹电器股份有限公司 2023 年度和 2022 年度的有形净值债务比率指标见表 6–11。

表 6–11　**四川长虹电器股份有限公司 2023 年度和 2022 年度有形净值债务比率计算表**

金额单位：元

项　　目	2023 年度	2022 年度
负债总额（1）	70 339 858 605.46	62 700 837 234.12
所有者权益总额（2）	24 060 391 591.73	22 836 900 869.92
使用权资产（3）	317 809 510.15	175 625 785.24
无形资产（4）	4 224 152 289.30	4 372 579 828.84
开发支出（5）	449 386 543.23	394 582 245.85
商誉（6）	141 820 328.31	151 439 442.39
长期待摊费用（7）	78 092 458.84	50 977 264.17
递延资产（8）	498 944 363.41	350 636 181.46
无形资产及递延资产总额（9）=（3）+（4）+（5）+（6）+（7）+（8）	5 710 205 493.24	5 495 840 747.95
有形净值（10）=（2）–（9）	18 350 186 098.49	17 341 060 121.97
有形净值债务比率（11）=（1）÷（10）	3.83	3.62

5）长期负债比率

长期负债比率是长期（非流动）负债总额与资产总额的比率，用于考察企业长期负债总额占全部资产的比例。其计算公式为：

长期负债比率=（长期负债总额÷资产总额）×100%

【实例 6–13】

根据表 1–2，四川长虹电器股份有限公司 2023 年度和 2022 年度的长期负债比率指标见表 6–12。

表6-12　　四川长虹电器股份有限公司2023年度和2022年度

长期负债比率计算表

金额单位：元

项　　目	2023年度	2022年度
长期负债总额（1）	5 185 632 207.59	3 352 310 719.23
资产总额（2）	94 400 250 197.19	85 537 738 104.04
长期负债比率（3）=［（1）÷（2）］×100%	5.49%	3.92%

一般而言，长期负债比率越大，说明企业依赖于债务资本的程度越高，其资本结构越薄弱；反之，说明企业依赖于债务资本的程度越低，其资本结构越稳定。

6）长期资产适合率

长期资产适合率是企业长期融资额（所有者权益和长期负债之和）与长期资产总额（非流动资产总额）之间的比值。长期资产适合率从企业资源配置结构方面反映企业的财务状况和偿债能力。其计算公式为：

长期资产适合率=（所有者权益总额+长期负债总额）÷长期资产总额

【实例6-14】

根据表1-2，四川长虹电器股份有限公司2023年度和2022年度的长期资产适合率指标见表6-13。

表6-13　　四川长虹电器股份有限公司2023年度和2022年度

长期资产适合率计算表

金额单位：元

项　　目	2023年度	2022年度
所有者权益总额（1）	24 060 391 591.73	22 836 900 869.92
长期负债总额（2）	5 185 632 207.59	3 352 310 719.23
长期资产总额（3）	23 823 665 215.30	23 932 752 420.30
长期资产适合率（4）=［（1）+（2）］÷（3）	1.23	1.09

长期资产适合率从企业长期资产与长期资本来源的平衡性与协调性角度出发，反映了企业财务结构的稳定程度和财务风险的大小。长期资产适合率指标在充分反映企业偿债能力的同时，也反映了企业资金使用的合理性，分析企业是否存在盲目投资、长期资产挤占流动资金或者负债使用不充分等问题。

拓展学习6-3

财务指标是一种沟通语言

从维护企业财务结构稳定和长期安全性角度出发，长期资产适合率指标数值较高比较好，但过高又会导致融资成本的增加，一般认为长期资产适合率指标为1较好。但长期资产适合率指标究竟为多高才合适，还应根据企业的具体情况，参照行业平均水平确定。

6.3 影响偿债能力的其他因素

上述偿债能力指标都是从财务报表取得，还有一些财务报表没有反映出来的因素也影响企业偿债能力，甚至影响力更大。

基于“会计特有语言”，有些没有进入财务报表的项目可能影响企业短期和长期偿债能力。

（1）可随时动用的银行贷款指标。已取得银行同意，企业尚未办理贷款手续的贷款，可以随时增加企业的货币资金，提高企业的支付能力。可随时动用的银行贷款指标一般列示在财务报表附注中，或在财务状况说明书中注明。

（2）准备很快变现的长期资产。由于各种原因，企业可能会有一部分长期债权投资即将到期，或者有一部分闲置不用的固定资产准备出售，或者有一项已经开发完成将要转让的无形资产等，这些业务会导致资产结构的变化，从而可以有效地增强企业的短期偿债能力。

（3）偿债能力的声誉。企业的良好商业信誉是企业在多年经营过程中形成的，对于银行决定向企业贷款以及降低筹资成本也有明显的促进作用。具有良好的偿债能力声誉的企业，一旦出现短期偿债困难，通常有能力比较容易地得到新的贷款或者通过发行债券、股票等筹集到所需的资金，从而可以解决暂时的资金短缺，进而“借新债还旧债”。

拓展学习6-4

财务报表重在披露

（4）担保责任引起的负债。企业可能以自己的部分流动资产为其他企业提供经济担保，一旦被担保企业未能按约履行所负义务时，也可能转化为企业的负债，从而影响企业的偿债能力。因此，财务报表分析者应在财务报表附注或财务状况说明书中搜集相关信息，以做出正确的判断。

价值引领

1.如何借助流动性与偿债能力分析，树立风险意识，优化筹资结构，合理配置财务资源，助力企业高质量发展？

2.党的二十大报告强调“强化金融稳定保障体系，依法将各类金融活动全部纳入监管，守住不发生系统性风险底线”。结合党的二十大精神，如何借助流动性与偿债能力分析防范企业财务风险，从企业微观层面，“强化金融稳定保障体系”“守住不发生系统性风险底线”？

[总结与结论]

就企业而言，企业短期资产的流动性以及短期偿债能力至关重要。如果企业不能保持一定的短期偿债能力，就会面临生存危机。当然，如果企业只有短期偿债能力，但缺乏长期偿债能力，企业可能只有短期生存的空间，而没有长期发展的空间。因此，就企业未来的生存与发展而言，企业短期资产流动性与偿债能力也非常重要。

在短期资产中，以现金或现金等价物形式存在的项目，几乎没有流动性问题。因此，短期资产的流动性主要就是应收账款和存货等项目的流动性。企业应收账款的流动性可以通过应收账款周转率指标来衡量。存货流动性的分析方法与应收账款流动性的分析方法相似，关注存货周转率指标。

在流动资产界定过程中，涉及一个重要的概念：营业周期。营业周期是指企业从取得商品到销售商品最终收回现金的整个期间。从应收账款的流动性指标和存货的流动性指标可以大致确定营业周期。

反映企业短期偿债能力的指标主要包括：（1）营运资本；（2）营运资本周转率；（3）流动比率；（4）速动比率。

企业长期偿债能力分析包括两种方法：（1）通过利润表评价企业长期偿债能力；（2）通过资产负债表评价企业长期偿债能力。前者主要考察利息保障倍数，后者主要考察负债比率、权益比率、负债与权益比率、有形净值债务比率、长期负债比率和长期资产适合率。

基于“会计特有语言”，有些没有进入财务报表的项目可能影响企业短期和长期偿债能力。这需要借助于财务报表附注予以分析。

[练习题库]

★ 案例分析

1.根据表6-1至表6-13，结合四川长虹电器股份有限公司（上市股票代码600839）的2023年度财务报告（www.cninfo.com.cn/new/index），简要评价其2023年度的长短期偿债能力。

2.根据表6-1至表6-13，结合四川长虹电器股份有限公司（上市股票代码600839）的2023年度财务报告（www.cninfo.com.cn/new/index），引入标杆企业，简要评价四川长虹电器股份有限公司2023年度的长短期偿债能力。

3.行业特征与财务指标的选择。

华景公司是一家以生产和销售棉纺织品为主的制造业企业。为了激励经理人努力工作，创造出卓越的绩效，华景公司采用了一系列财务指标分析、评价经理人的经营绩效，并将经理人的薪酬与经营绩效挂钩。这一系列的财务指标就包括了存货周转率。结果，事与愿违，华景公司非但没有取得卓越的经营绩效，相反，经营绩效不断恶化，甚至连简单再生产所需要的原材料（棉花）都短缺。

对此，华景公司的董事会感到十分困惑。

根据上述基本素材，请讨论：

（1）华景公司采用存货周转率指标存在何种问题？

（2）如何解决华景公司的上述问题？

★ 业务题

1.交易事项通常会影响各种短期偿债能力指标。有关交易事项见表6-14。

假设初始的流动比率大于1。

要求：指出上述交易对流动资产总额、流动负债总额、营运资本净额和流动比率等指标的影响。用“+”表示增加，“-”表示减少，“○”表示没有影响。

表6-14　　　　各种交易事项对短期偿债能力指标的影响

交易事项	流动资产总额	流动负债总额	营运资本净额	流动比率
(1) 增发普通股获取的现金				
(2) 现销商品（假定有利润）				
(3) 固定资产高于账面价值出售				
(4) 支付前欠购货款				
(5) 宣布并支付现金股利				
(6) 宣布并支付股票股利				
(7) 向银行长期贷款取得现金				
(8) 盈利企业提高其固定资产折旧				
(9) 支付本期销售费用				
(10) 签发10年期票据，偿付应付款				
(11) 收回应收账款				
(12) 以短期票据购买设备				
(13) 赊购商品				
(14) 估计的应交税费增加				
(15) 有价证券低于成本出售				

2.表6-15列示了某企业部分财务数据。

表6-15　　　　某企业部分财务数据　　　　单位：元

项　目	20×0年12月31日	20×1年12月31日	20×2年12月31日
流动资产总额	450 000	400 000	500 000
流动负债总额	390 000	300 000	340 000
营业收入	1 450 000	1 500 000	1 400 000
营业成本	1 180 000	1 020 000	1 120 000
存货	280 000	20 000	250 000
应收账款	120 000	110 000	105 000

要求：

(1) 根据表6-15的数据计算该企业20×1年和20×2年的下列指标：

①营运资本、流动比率和速动比率；

②应收账款周转次数和应收账款周转天数；

③存货周转次数和存货周转天数。

（2）根据计算结果简要评价该企业的短期流动性。

3.交易事项通常会影响各种长期偿债能力指标。有关交易事项见表6-16。

表6-16　各种交易事项对长期偿债能力指标的影响

交易事项	利息保障倍数	负债比率	负债与权益比率	有形净值债务比率
（1）以抵押贷款购买建筑物				
（2）以高于基本利率1%的短期贷款购入存货				
（3）宣告并支付现金股利				
（4）宣告并支付股票股利				
（5）降低销售成本、提高利润				
（6）分拨留存收益				
（7）出售普通股				
（8）偿还长期银行借款				
（9）将债券转换为流通在外的普通股				
（10）以高于成本价格出售存货				

假定期初的利息保障倍数大于1，负债比率、负债与权益比率和有形净值债务比率都小于1。

要求：指出每项交易对表6-16所列财务比率的影响。用“+”表示增加，用“-”表示减少，用“○”表示没有影响。

4.某企业某年度的年末资产负债表见表6-17。

表6-17　某企业某年度的年末资产负债表　单位：元

资　产	金　额	负债及所有者权益	金　额
货币资金	5 000	应付账款	?
应收账款（净额）	?	应交税费	7 500
存货	?	非流动负债	?
固定资产（净额）	50 000	实收资本	60 000
		未分配利润	?
合　计	85 000	合　计	?

该企业年末的流动比率为2，负债与权益比率（负债总额÷所有者权益总额）为0.7，以营业收入和年末存货计算的存货周转次数为14次，以营业成本和年末存货计算的存货周转次数为10次，本年营业毛利（营业收入-营业成本）为40 000元。

要求：根据表6-17的资料，计算该企业某年度年末资产负债表的空缺项目（即表6-17中标“?”的项目）的金额。

★ 思考题

1.如何评价企业短期资产的流动性?

2.如何评价企业短期偿债能力?

3.如何评价企业长期偿债能力?

4.如何关注财务报表没有反映但会影响企业偿债能力的项目?

5.如何借助流动性与偿债能力分析，树立风险意识，助力企业高质量发展?

★讨论题

1.企业是否存在一个“最佳负债比率”呢?

2.企业陷入财务困境是负债比率过高还是流动性过低?

3.利息保障倍数这个指标的数值会出现负数吗?为什么?

4.会计政策选择（比如应收账款计价和坏账处理方法、存货计价方法）如何影响财务报表分析?

5.如何借助流动性与偿债能力分析，防范企业财务风险，从企业微观层面，“强化金融稳定保障体系”?

[延伸阅读文献]

[1] 朱滔. 财务报表分析 [M]. 北京：高等教育出版社，2023.

[2] 陆正飞. 财务报告与分析 [M]. 3版. 北京：北京大学出版社，2020.

[3] 张新民，钱爱民. 财务报表分析 [M]. 6版. 北京：中国人民大学出版社，2023.

[4] 王化成，支晓强，王建英. 财务报表分析 [M]. 3版. 北京：中国人民大学出版社，2022.

[5] 吴世农，吴育辉. CEO财务分析与决策 [M]. 3版. 北京：北京大学出版社，2024.

[6] 本书编写组.党的二十大报告辅导读本 [M]. 北京：人民出版社，2022.

第 7 章

盈利能力与股东权益分析

[学习目标]

知识传授：理解和掌握盈利能力分析指标的含义及运用；理解和掌握股东权益分析指标的含义及运用。

能力培养：借助会计信息，促进社会分配的公平。

价值塑造：树立合理分配的理念，平衡利益相关者的利益，树立长期主义观念；通过盈利能力与股东权益分析，改善企业的分配制度，实现“全体人民共同富裕的现代化”。

盈利能力与股东权益密切相关。如果企业没有盈利能力，就会蚀本经营，因此，盈利能力是股东权益的最终基础。

7.1 盈利能力分析

盈利能力（profitability）是企业赖以生存和发展的基本条件。近年来，企业日益重视盈利能力，并认为盈利能力比财务状况更为重要。从会计学的角度看，盈利能力是指企业赚取利润的能力。就股东而言，盈利能力分析至关重要，因为股东以现金股利的形式获取投资收益。此外，利润的增长，可能使股票市场价格上升，从而使股东得到资本利得。就债权人而言，利润也十分重要。尽管利润与现金流量存在差异，但真正盈利的企业必须“有现金流量的利润”与“有利润的现金流量”相统一，利润与现金流量大体相匹配。因此，利润还是偿还债务的基础。企业则用利润作为绩效评价的标准。

通常，以某些项目的数据为基础计算的百分比来评价盈利能力比单纯的绝对数更有意义。作为计算百分比基础的数据可以是营业收入，也可以是生产性资产数额、股东或债权人投入资本。

7.1.1 以营业收入为基础的盈利能力分析

以营业收入为基础的盈利能力分析主要借助销售毛利率（gross profit margin on sales）、销售利润率（profit margin on sales）和销售营业利润率（net operating margin on sales）等指标。

1）销售毛利率

销售毛利率是指销售毛利（营业收入-营业成本）占营业收入的百分比。其计算公式为：

销售毛利率=［（营业收入-营业成本）÷营业收入］×100%

【实例 7-1】

根据表 1-7，四川长虹电器股份有限公司 2023 年度和 2022 年度销售毛利率指标见表 7-1。

表 7-1　四川长虹电器股份有限公司 2023 年度和 2022 年度销售毛利率计算表

金额单位：元

项　目	2023 年度	2022 年度
营业收入（1）	97 455 828 421.45	92 481 659 367.24
营业成本（2）	86 205 989 292.89	81 731 310 332.10
销售毛利（3）=（1）-（2）	11 249 839 128.56	10 750 349 035.14
销售毛利率（4）=［（3）÷（1）］×100%	11.54%	11.62%

销售毛利率这个指标之所以具有重要的分析价值，是因为销售毛利率表明单位营业收入可以创造的销售毛利，销售毛利率是企业最终实现利润的基础。销售毛利率是多种因素共同影响的结果：①销售价格；②购货或生产成本；③销售结构。就单一商品而言，影响销售毛利率的重要因素是销售价格和营业成本，但是，就整个企业而言，销售毛利率还受到销售结构的影响。

在制造业企业，销售毛利率是衡量制造或生产过程中产品本身盈利能力的一个重要指标，也是融合了产品本身的差异化优势（通过销售价格与销售数量体现在营业收入中）与低成本优势（直接体现在营业成本中）的一个重要指标。然而，如果企业的产品本身更新换代的速度较快，产品生命周期较短，研究与开发费用和营销费用数额较大，那么，鉴于销售毛利率只关注产品制造或生产过程，忽略了研究与开发过程和营销过程，销售毛利率这个指标可能存在问题，某种产品的销售毛利率可能较高，但是，企业却未必具有盈利能力。

2）销售利润率

销售利润率是指净利润占营业收入的百分比。其计算公式为：

销售利润率=净利润÷营业收入×100%

【实例 7-2】

根据表 1-7，四川长虹电器股份有限公司 2023 年度和 2022 年度销售利润率指标见表 7-2。

表 7-2　四川长虹电器股份有限公司 2023 年度和 2022 年度销售利润率计算表

金额单位：元

项　目	2023 年度	2022 年度
净利润（1）	1 798 142 503.16	1 134 378 308.18
营业收入（2）	97 455 828 421.45	92 481 659 367.24
销售利润率（3）=［（1）÷（2）］×100%	1.85%	1.23%

销售利润率反映单位营业收入可以带来多少净利润，揭示营业收入的收益水平。

由于净利润包含的营业外收支等并非来源于经营性项目，导致销售利润率计算公式的分子与分母口径不一致，同时，这些非经营性项目并不经常发生，即便发生也不能充分反映企业的经营实力，因此，如果销售利润率的升降主要受营业外收支项目的影响时，就不能简单地认为企业经营管理水平提高或下降，为此，需要进一步考察企业的销售营业利润率。其计算公式为：

销售营业利润率=营业利润÷营业收入×100%

【实例 7-3】

根据表 1-7，四川长虹电器股份有限公司 2023 年度和 2022 年度销售营业利润率指标见表 7-3。

表 7-3　**四川长虹电器股份有限公司 2023 年度和 2022 年度销售营业利润率计算表**　金额单位：元

项　目	2023 年度	2022 年度
营业利润（1）	2 025 317 312.98	1 518 945 257.69
营业收入（2）	97 455 828 421.45	92 481 659 367.24
销售营业利润率（3）=［（1）÷（2）］×100%	2.08%	1.64%

7.1.2　以资产为基础的盈利能力分析

以资产为基础的盈利能力分析主要借助资产周转率（asset turnover）和资产收益率（return on assets，ROA）等指标。

1）资产周转率

资产周转率是营业收入与资产平均余额的比率。资产周转率同样可以表述为资产周转次数和资产周转天数，其计算分别公式为：

资产周转次数=营业收入÷资产平均余额

资产周转天数=365÷资产周转次数

【实例 7-4】

根据表 1-2 和表 1-7，四川长虹电器股份有限公司 2023 年度资产周转率指标见表 7-4。

表 7-4　**四川长虹电器股份有限公司 2023 年度资产周转率计算表**　金额单位：元

项　目	2023 年度	2022 年度
营业收入（1）	97 455 828 421.45	92 481 659 367.24
资产总额（2）	94 400 250 197.19	85 537 738 104.04
资产平均余额（3）=（94 400 250 197.19+85 537 738 104.04）÷2	89 968 994 150.62	
资产周转次数（4）=97 455 828 421.45÷（3）	1.08 次	
资产周转天数（5）=365÷（4）	337.96 天	

资产周转率考察企业运用全部资产的效率，即通过资产营运而产生的营业收入。

2）资产收益率

资产收益率用来衡量企业运用所有经济资源的效益（即资源使用效益评价），体现了利益相关者的理念。其计算公式为：

资产收益率=［（净利润+利息费用+所得税）÷资产平均余额］×100%

资产平均余额=（期初资产余额+期末资产余额）÷2

上述第一个公式中，分子实际上就是息税前利润。之所以采用息税前利润，是因为资产收益率指标衡量的是企业经理人经营资产的效益，而利息和所得税本身就是企业经理人资产运用的结果。

在这里，必须区分资源配置效益评价和资源使用效益评价。如果财务报表分析者想用资产收益率这个指标评价资源配置效益，那么，其公式的分子就应该采用净利润。

资产收益率可以分解为：

资产收益率=（营业收入÷资产平均余额）×［（净利润+利息费用+所得税）÷营业收入］×100%

=资产周转次数×营业收益率×100%

【实例7-5】

根据表1-2和表1-7，四川长虹电器股份有限公司2023年度资产收益率指标见表7-5。

表7-5 **四川长虹电器股份有限公司2023年度和2022年度资产收益率计算表**

金额单位：元

项目	2023年度	2022年度
净利润+利息费用+所得税（1）	2 451 706 689.05	1 832 299 752.14
资产总额（2）	94 400 250 197.19	85 537 738 104.04
营业收入（3）	97 455 828 421.45	92 481 659 367.24
营业收益率（4）=（1）÷（3）×100%	2.52%	1.98%
资产平均余额（5）=（94 400 250 197.19+85 537 738 104.04）÷2	89 968 994 150.62	
资产收益率（6）=［2 451 706 689.05÷（5）］×100%	2.73%	
或者：资产收益率（6）=2.52%×1.08×100%（来自表7-4）		

资产收益率衡量企业运用全部资本的收益率，在评价特定企业的资产收益率时，应当与同行业的平均水平进行比较。同时，资产收益率指标还可以用于判断企业举债经营究竟是“有利财务杠杆”还是“不利财务杠杆”，从而为企业筹资决策和资本结构选择提供依据。

【延伸阅读资料7-1】①

对于那些固定资产规模较大的行业或企业（如电信企业），其固定资产折旧（depreciation）和无形资产摊销（amortization）的数额较大，资产收益率可能抑制其基础设施（如固定资产）投资的积极性，从而不利于该行业或企业的可持续发展。为此，财务报表分析者需要考察以息税折旧摊销前利润（earnings before interest，tax，depreciation and amortization，EBITDA，即益比达）为基础的益比达比率（EBITDA ratio）。其计算公式为：

益比达比率=息税折旧摊销前利润÷资产平均余额×100%

① 陆正飞. 财务报表分析［M］. 北京：中信出版社，2006：135.略有改动。

固定资产折旧及无形资产摊销是一种成本补偿，而不是投资所实现的报酬，所以，益比达比率的设计原本是有违财务比率设计原则的，因而也是没有分析意义的。只有被比较的两个企业或两个年度之间由于折旧政策的差异而使得息税前利润变得不可比时，益比达比率才具有可比性。这时，益比达比率就比资产收益率更具有分析意义了。在企业集团各子公司的长期投资决策权由母公司控制的情况下，为了鼓励各子公司提高经营周转效率，降低流动资产占用水平，益比达比率也就变得很有用了。因为在固定资产和无形资产规模既定，从而固定资产折旧及无形资产摊销也既定的情况下，子公司欲提高益比达比率，除了增加息税前利润之外，唯有控制流动资产占用水平，从而控制总资产规模。

拓展学习 7-1

资产周转率为何属于盈利能力指标

另外，在财务分析实务中，那些固定资产规模越大，固定资产在总资产中所占比重越高的公司，其管理层更乐于以益比达比率表现其业绩。这是因为，这类公司往往因为巨大的固定资产折旧及无形资产摊销而微利甚至亏损。如果计算资产收益率，业绩就很不乐观；而若计算益比达比率，业绩则会大为改观。

7.2　股东权益分析

前述的盈利能力分析立足于企业，而股东权益分析则立足于股东。股东权益分析主要借助净资产收益率（return on equity，ROE）、每股收益（earnings per share，EPS）、每股净资产（net asset per share，NAPS）、股利支付率（dividend payout ratio）、市盈率（price to earnings ratio，P/E ratio）和资本保值增值率等指标。

7.2.1　净资产收益率

净资产收益率是指企业一定期间内实现的净利润与该期间企业净资产（所有者权益）平均余额的比率，体现了股东至上的理念。其计算公式为：

净资产收益率=净利润÷净资产平均余额×100%

净资产平均余额是指企业的所有者权益期初余额与所有者权益期末余额的平均数，即：

净资产平均余额=（所有者权益期初余额+所有者权益期末余额）÷2

【实例 7-6】

根据表 1-2 和表 1-7，四川长虹电器股份有限公司 2023 年度净资产收益率指标的计算见表 7-6。

表 7-6　**四川长虹电器股份有限公司 2023 年度净资产收益率计算表**　金额单位：元

项　目	2023 年度	2022 年度
净利润（1）	1 798 142 503.16	1 134 378 308.18
所有者权益余额（2）	24 060 391 591.73	22 836 900 869.92
净资产平均余额（3）=（24 060 391 591.73+22 836 900 869.92）÷2	23 448 646 230.83	
净资产收益率（4）=［1 798 142 503.16÷（3）］×100%	7.67%	

净资产收益率站在股东的角度，用以衡量股东权益的盈利水平。净资产收益率指标充分体现了股东投入企业的资本获取净利润的能力，突出反映了股东投资与收益的关系。

净资产收益率的进一步分解就是著名的杜邦财务分析体系。图7-1描述了杜邦财务分析体系。

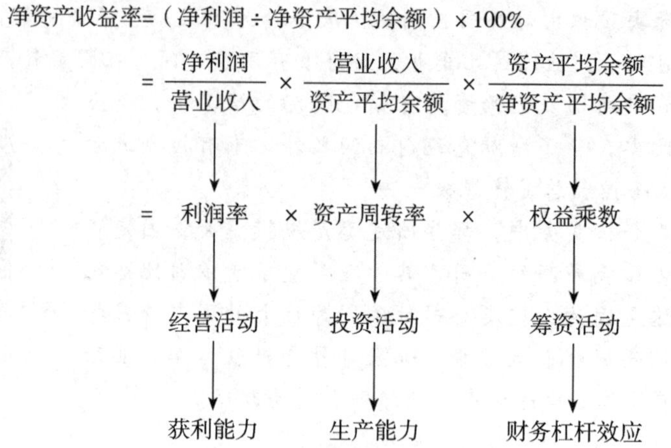

图7-1　杜邦财务分析体系

由图7-1可见，杜邦财务分析体系通过净资产收益率，将企业的经营活动、投资活动和筹资活动有机地联系在一起。以此为基础，可以再进一步分析其他财务指标。

【实例7-7】

根据表1-2和表1-7，四川长虹电器股份有限公司2023年度净资产收益率杜邦财务分析体系见表7-7。

表7-7

四川长虹电器股份有限公司2023年度

净资产收益率杜邦财务分析体系

金额单位：元

项　　目	2023年度	2022年度
净利润（1）	1 798 142 503.16	1 134 378 308.18
营业收入（2）	97 455 828 421.45	92 481 659 367.24
所有者权益余额（3）	24 060 391 591.73	22 836 900 869.92
资产总额（4）	94 400 250 197.19	85 537 738 104.04
净资产平均余额（5）=（24 060 391 591.73+22 836 900 869.92）÷2	23 448 646 230.83	
资产平均余额（6）=（94 400 250 197.19+85 537 738 104.04）÷2	89 968 994 150.62	
利润率（7）=（1 798 142 503.16÷97 455 828 421.45）×100%	1.85%	
资产周转次数（8）=97 455 828 421.45÷89 968 994 150.62	1.08次	
权益乘数（9）=（6）÷（5）	3.84	
净资产收益率（10）=（7）×（8）×（9）	7.67%	

【延伸阅读资料7-2】①

沃尔评分法

财务状况综合评价的先驱之一亚历山大·沃尔（Alexander Wall）在20世纪初出版的《信用晴雨表研究》和《财务报表比率分析》中提出了信用能力指数的概念，把若干个财务比率用线性关系结合起来，以此评价企业的信用水平。他选择了流动比率、净资产/负债、资产/固定资产、销售成本/存货、销售额/应收账款、销售额/固定资产、销售额/净资产7个财务比率，分别给定了其在总体评价中所占的比重，总和为100分。然后确定标准比率，并与实际比率相比较，评出每项指标的得分，最后求出总评分，从而对企业业绩进行评价。

从理论上讲，沃尔评分法存在一个弱点：未能证明为什么要选择这7个指标，而不是更多或更少些，或者选择别的财务比率，以及未能证明每个指标所占比重的合理性。这个问题至今仍然没有从理论上解决。尽管沃尔评分法在理论上还有待证明，在技术上也不完善，但它还是在实践中被应用。耐人寻味的是，很多理论上相当完善的经济计量模型在实践中往往应用得并不普遍，但实际使用并行之有效的模型却又在理论上难以解释。这也许就是经济活动的复杂性。

拓展学习7-2

如果净资产为负数，如何计算净资产收益率

7.2.2　每股收益

每股收益是指本年度归属于母公司股东的净利润与年末普通股股份总数的比值。其计算公式为：

每股收益=（归属于母公司股东的净利润-优先股股利）÷发行在外的普通股数量

如果企业没有发行优先股，那么，每股收益的计算公式为：

每股收益=归属于母公司股东的净利润÷发行在外的普通股数量

如果在年度内，股票总数发生增减变化，上述公式的分母应该采用“加权平均发行在外的普通股数量”。其计算公式为：

$$\text{加权平均发行在外的普通股数量} = \sum\left[\text{发行在外的普通股数量} \times (\text{普通股发行在外月份数} \div 12)\right]$$

如果企业发行了可转换证券（可转换债券和优先股），那么，一旦这些可转换证券的持有者行使了权利，将持有的债券或优先股转换为普通股，将会稀释每股收益。因此，根据国际惯例，企业必须计算如下两个每股收益指标：

（1）假设可转换证券都没有转换为普通股的原先每股收益（primary earnings per share）或基本每股收益（basic earnings per share）；

（2）假设可转换证券都转换为普通股的完全冲淡或稀释每股收益（diluted earnings per share）。

【实例7-8】

根据表1-2、表1-7和四川长虹电器股份有限公司2023年度报告“合并财务报表项目注释”的“54.股本”，四川长虹电器股份有限公司2023年度每股收益见表7-8。

① 胡玉明. 公司理财［M］. 大连：东北财经大学出版社，2002：91.

表 7-8　　四川长虹电器股份有限公司2023年度每股收益计算表

项　目	2023 年度
归属于母公司股东的净利润（1）	687 701 603.71 元
发行在外的普通股数量（2）*	4 616 244 222.00 股
每股收益（3）=（1）÷（2）	0.1490 元/股

注：*四川长虹电器股份有限公司2023年度发行在外的普通股数量没有发生变化，普通股数量为4 616 244 222.00股。

每股收益是衡量上市公司盈利能力最重要的财务指标。每股收益反映普通股的获利水平。

不过，财务报表分析者运用每股收益分析盈利能力时，要注意：

（1）每股收益不反映股票内含的风险。例如，假设某公司原来经营日用品的产销业务，最近转向房地产投资，公司的经营风险增大了许多，但每股收益可能不变或提高，并没有反映风险增加的变化。

（2）股票是一个份额概念，不同股票的“每股”在经济上不等量，“每股”所含有的净资产和市场价格不同，即换取每股收益的投入量不相同，限制了每股收益在企业之间的比较。

（3）每股收益大，并不意味着多分红，还要看企业现金流量状况和股利分配政策。

7.2.3　每股净资产

每股净资产，也称每股账面价值（book value per share，BVPS），是期末归属于母公司股东的净资产（即所有者权益）总额与发行在外普通股数量的比值。其计算公式为：

每股净资产=期末归属于母公司股东的所有者权益总额÷期末发行在外普通股数量

【实例 7-9】

根据表 1-2、表 1-7 和四川长虹电器股份有限公司 2023 年度报告“合并财务报表项目注释”的“54.股本”，四川长虹电器股份有限公司 2023 年度每股净资产见表 7-9。

表 7-9　　四川长虹电器股份有限公司2023年度每股净资产计算表

项　目	2023 年度
期末归属于母公司股东的所有者权益总额（1）	14 127 769 727.24 元
期末发行在外普通股数量（2）	4 616 244 222.00 股
每股净资产（3）=（1）÷（2）	3.060 元/股

每股净资产反映了股东持有的股份在企业中的理论价值，也就是“每股”在企业“享有”多少价值。因此，从财务报表分析的角度看，每股净资产这个指标的意义主要取决于资产负债表的资产账面价值在多大程度上反映企业的内在价值（intrinsic value）或市场价值（market value）。如果股票的每股市场价格高于每股净资产，通常意味着投资者认为该企业具有潜力；反之，如果股票的每股市场价格低于每股净资产，通常意味着投资者认为该企业没有潜力。①

① 如果将“每股市场价格”除以“每股净资产”就得到“市净率”。

不过，财务报表分析者在运用每股净资产时要注意：基于历史成本原则，每股净资产是一个“历史性”指标，而股票的每股市场价格反映了企业的未来预期，具有“前瞻性”，因此，股票的每股市场价格必然背离每股净资产。同时，每股净资产的计算基于会计的账面价值，强烈地受到企业会计政策的影响，企业会计政策不同，其每股净资产也不同，由此，不同企业之间的每股净资产可比性较差。

7.2.4 股利支付率

股利支付率反映企业的股利政策，可用于考察企业的净利润有多大比例用于分派股利。其计算公式为：

股利支付率=普通股每股股利÷普通股每股收益×100%

【实例7-10】

根据四川长虹电器股份有限公司股东大会决议，2023年度不进行利润分配。根据表7-8“四川长虹电器股份有限公司2023年度每股收益计算表”，其每股收益为0.1490元/股。因此，四川长虹电器股份有限公司2023年度股利支付率为0.00%（（0.00÷0.1490）×100%）。

在企业拓展时期，通常需要留存较多的净利润，以保证企业业务拓展的需要，因此，股利支付率较低。一般来说，企业的留存收益用于再投资，有利于提高企业的盈利能力，因此，股利支付率高低与企业投资机会和股利政策密切相关。财务报表分析者在运用股利支付率这个指标时必须关注企业投资机会和股利政策。

此外，股东的构成也会影响股利支付率这个指标。有些股东对现金股利感兴趣，他们把股利支付率作为投资决策的一个重要考虑因素。行业特征也会影响股利支付率。例如，公用事业收入较稳定，举债较容易，很可能获得举债经营的利益，通常股利支付率较高。

7.2.5 市盈率

市盈率，也称为P/E比率或价格收益比率。市盈率是普通股每股市场价格与每股收益的比率。其计算公式为：

市盈率=普通股每股市场价格÷每股收益

【实例7-11】

根据表7-8“四川长虹电器股份有限公司2023年度每股收益计算表”，其每股收益为0.1490元/股，2024年4月26日（星期五），四川长虹电器股份有限公司发布其2023年年度报告。当天，四川长虹电器股份有限公司的股票（上市股票代码600839）开盘价格为每股5.18元。因此，2024年4月26日，四川长虹电器股份有限公司的股票市盈率为34.77倍（5.18÷0.1490）。

股票投资者经常运用市盈率这个指标判断股票的每股市场价格是否具有吸引力。如果股票投资者比较许多企业的市盈率，并结合所属行业的经营前景，市盈率就可以作为选择目的股票的参考指标。

市盈率是人们普遍关注的指标，有关证券媒体几乎每天报道各类股票的市盈率。市盈率反映股票投资者对单位净利润所愿意支付的价格，可以用来估计股票的投资收益与风险。市盈率是股票市场对企业的共同期望指标，市盈率越高，表明股票市场越看好企业的未来发展前景。

在股票的每股市场价格确定的情况下，每股收益越高，市盈率越低，投资风险越小；

反之亦然。在每股收益确定的情况下，股票的每股市场价格越高，市盈率越高，投资风险越大；反之亦然。仅从市盈率高低的横向比较看，市盈率较高，说明企业能够获得股票市场的青睐，具有良好的前景；反之亦然。

财务报表分析者在运用市盈率指标时，应该注意：

（1）市盈率指标不能用于不同行业的企业之间的比较，充满扩展机会的新兴行业的市盈率普遍较高，而成熟的传统行业的市盈率普遍较低。这并不意味着成熟的传统行业的股票就没有投资价值。在每股收益很小或亏损时，股票的每股市场价格不会降至零，这时，很高的市盈率往往不能说明问题。[①]

（2）市盈率高低受净利润的影响，而净利润受可选择的会计政策的影响，从而使得企业之间的比较受到限制。

（3）市盈率高低受股票市场价格的影响，影响股票市场价格变动的因素很多，包括投机炒作等，因此，观察市盈率的长期趋势更为重要。

拓展学习7-3

市净率与市现率

投资者通常在市盈率较低时，以收购股票的方式实现对其他企业的兼并，然后进行重组改造，待到市盈率升高时，再以出售股票的方式卖出企业，从中获利。

市盈率相当于投资回收期，其倒数相当于投资收益率。由于一般的期望收益率为5%~10%，因此，正常的市盈率为10~20倍。通常，财务报表分析者还要结合其他有关信息，才能运用市盈率指标判断股票的投资价值。

7.2.6 资本保值增值率

资本保值增值率是指企业期末所有者权益总额与期初所有者权益总额之间的对比关系。其计算公式为：

资本保值增值率=期末所有者权益总额÷期初所有者权益总额

【实例 7-12】

根据表1-2，四川长虹电器股份有限公司2023年度的资本保值增值率计算如下：

资本保值增值率=24 060 391 591.73÷22 836 900 869.92=1.05

从某种意义上说，资本保值增值率是一个富有中国特色的财务指标。资本保值增值率指标可以衡量企业所有者拥有企业权益资本的完整性、保全性和增值性。对其评价的衡量尺度，一般以1为限。如果资本保值增值率等于1，则说明企业资本得到保值；如果资本保值增值率大于1，则说明资本得到增值；如果资本保值增值率小于1，则说明资本减值或流失。四川长虹电器股份有限公司2023年度的资本保值增值率为1.05，说明其资本不仅得到保值，还有所增值。一般而言，资本保值增值率越高，说明企业生产经营的效益越好；相反，则说明企业经营绩效不佳。

值得指出的是，财务报表分析者在运用资本保值增值率这个指标时，必须进一步分析期初、期末所有者权益总额变动的原因，剔除诸如增资或减值等非经营因素引起的所有者权益总额变动项目。

【延伸阅读资料 7-3】

其实，财务指标也是经营业绩考核指标。

---

① 对于每股收益很小或亏损的企业，如处于初创期的互联网和高新技术企业，可以采用“市销率”（price to sales，P/S）进行比较。市销率=每股市场价格÷每股销售收入。

尽管国有资本、集体资本、非公有资本等交叉持股、相互融合的混合所有制经济是中国基本经济制度的重要实现形式，但是，国有企业（尤其是中央企业）依然是国民经济的主体。因此，在中国，谈企业，离不开国有企业（尤其是中央企业）。从某种意义上说，《中央企业负责人经营业绩考核办法》就是财务指标的典型运用。有鉴于此，财务报表分析者有必要理解《中央企业负责人经营业绩考核办法》。

国务院国有资产监督管理委员会令第40号（简称国资委令第40号）《中央企业负责人经营业绩考核办法》的具体内容如下：

第一章　总则

第一条　坚持以习近平新时代中国特色社会主义思想为指导，全面贯彻党的十九大精神和党中央、国务院关于深化国有企业改革、完善国有资产管理体制的一系列重大决策部署，切实履行企业国有资产出资人职责，维护所有者权益，落实国有资产保值增值责任，建立健全有效的激励约束机制，引导中央企业实现高质量发展，加快成为具有全球竞争力的世界一流企业，根据《中华人民共和国公司法》《中华人民共和国企业国有资产法》《企业国有资产监督管理暂行条例》等有关法律法规和《中共中央 国务院关于深化国有企业改革的指导意见》以及深化中央管理企业负责人薪酬制度改革等有关规定，制定本办法。

第二条　本办法考核的中央企业负责人，是指经国务院授权由国务院国有资产监督管理委员会（以下简称国资委）履行出资人职责的企业（以下简称企业）中由中央或者国资委管理的人员。

第三条　企业负责人经营业绩考核遵循以下原则：

（一）坚持质量第一效益优先。牢固树立新发展理念，以供给侧结构性改革为主线，加快质量变革、效率变革、动力变革，不断做强做优做大国有资本。

（二）坚持市场化方向。遵循市场经济规律和企业发展规律，健全市场化经营机制，充分发挥市场在资源配置中的决定性作用，强化正向激励，激发企业活力。

（三）坚持依法依规。准确把握出资人监管边界，依法合规履行出资人职权，坚持以管资本为主加强国有资产监管，有效落实国有资产保值增值责任。

（四）坚持短期目标与长远发展有机统一。切实发挥企业战略引领作用，构建年度考核与任期考核相结合，立足当前、着眼长远的考核体系。

（五）坚持国际对标行业对标。瞄准国际先进水平，强化行业对标，不断提升企业在全球产业发展中的话语权和影响力，加快成为具有全球竞争力的世界一流企业。

（六）坚持业绩考核与激励约束紧密结合。坚持权责利相统一，建立与企业负责人选任方式相匹配、与企业功能性质相适应、与经营业绩相挂钩的差异化激励约束机制。

第四条　年度经营业绩考核和任期经营业绩考核采取由国资委主任或者其授权代表与企业主要负责人签订经营业绩责任书的方式进行。

第二章　考核导向

第五条　突出效益效率，引导企业加快转变发展方式，优化资源配置，不断提高经济效益、资本回报水平、劳动产出效率和价值创造能力，实现质量更高、效益更好、结构更优的发展。

第六条　突出创新驱动，引导企业坚持自主创新，加大研发投入，加快关键核心技术攻关，强化行业技术引领，不断增强核心竞争能力。

第七条　突出实业主业，引导企业聚焦主业做强实业，加快结构调整，注重环境保护，着力补齐发展短板，积极培育新动能，不断提升协调发展可持续发展能力。

第八条　突出国际化经营，引导企业推进共建“一带一路”走深走实，加强国际合作，推动产品、技术、标准、服务、品牌走出去，规范有序参与国际市场竞争，不断提升国际化经营水平。

第九条　突出服务保障功能，引导企业在保障国家安全和国民经济运行、发展前瞻性战略性产业中发挥重要作用。鼓励企业积极承担社会责任。

第十条　健全问责机制，引导企业科学决策，依法合规经营，防范经营风险，防止国有资产流失，维护国有资本安全。

第三章　分类考核

第十一条　根据国有资本的战略定位和发展目标，结合企业实际，对不同功能和类别的企业，突出不同考核重点，合理设置经营业绩考核指标及权重，确定差异化考核标准，实施分类考核。

第十二条　对主业处于充分竞争行业和领域的商业类企业，以增强国有经济活力、放大国有资本功能、实现国有资本保值增值为导向，重点考核企业经济效益、资本回报水平和市场竞争能力，引导企业优化资本布局，提高资本运营效率，提升价值创造能力。

第十三条　对主业处于关系国家安全、国民经济命脉的重要行业和关键领域、主要承担重大专项任务的商业类企业，以支持企业可持续发展和服务国家战略为导向，在保证合理回报和国有资本保值增值的基础上，加强对服务国家战略、保障国家安全和国民经济运行、发展前瞻性战略性产业情况的考核。适度降低经济效益指标和国有资本保值增值率指标考核权重，合理确定经济增加值指标的资本成本率。承担国家安全、行业共性技术或国家重大专项任务完成情况较差的企业，无特殊客观原因的，在业绩考核中予以扣分或降级处理。

第十四条　对公益类企业，以支持企业更好地保障民生、服务社会、提供公共产品和服务为导向，坚持经济效益和社会效益相结合，把社会效益放在首位，重点考核产品服务质量、成本控制、营运效率和保障能力。根据不同企业特点，有区别地将经济增加值和国有资本保值增值率指标纳入年度和任期考核，适当降低考核权重和回报要求。对社会效益指标引入第三方评价，评价结果较差的企业，根据具体情况，在业绩考核中予以扣分或降级处理。

第十五条　对国有资本投资、运营公司，加强落实国有资本布局和结构优化目标、提升国有资本运营效率以及国有资本保值增值等情况的考核。

第十六条　对科技进步要求高的企业，重点关注自主创新能力的提升，加强研发投入、科技成果产出和转化等指标的考核。在计算经济效益指标时，可将研发投入视同利润加回。

第十七条　对结构调整任务重的企业，重点关注供给侧结构性改革、主业转型升级、新产业新业态新模式发展，加强相关任务阶段性成果的考核。

第十八条　对国际化经营要求高的企业，加强国际资源配置能力、国际化经营水平等指标的考核。

第十九条　对资产负债水平较高的企业，加强资产负债率、经营性现金流、资本成本率等指标的考核。

第二十条　对节能环保重点类和关注类企业，加强反映企业行业特点的综合性能耗、主要污染物排放等指标的考核。

第二十一条　对具备条件的企业，运用国际对标行业对标，确定短板指标纳入年度或任期考核。

第二十二条　建立健全业绩考核特殊事项清单管理制度。将企业承担的保障国家安全、提供公共服务等事项列入管理清单，对当期经营业绩产生重大影响的特殊事项，在考核时予以适当处理。

第四章　目标管理

第二十三条　国资委按照企业发展与国民经济发展速度相适应、与国民经济重要支柱地位相匹配、与高质量发展要求相符合的原则，主导确定企业经营业绩总体目标（以下简称总体目标）。

第二十四条　企业考核目标值应与总体目标相衔接，根据不同功能企业情况，原则上以基准值为基础予以核定。

第二十五条　考核基准值根据企业功能定位，兼顾企业经营性质和业务特点，依据考核指标近三年完成值、客观调整因素和行业对标情况综合确定。

第二十六条　年度净利润、经济增加值等指标目标值可设置为三档。

第一档：目标值达到历史最好水平，或者明显好于上年完成值且增幅高于总体目标增幅。

第二档：目标值不低于基准值。

第三档：目标值低于基准值。

经行业对标，目标值处于国际优秀水平或国内领先水平的，不进入第三档。

第二十七条　国资委将年度净利润、经济增加值等指标目标值与考核计分、结果评级紧密结合。

第一档目标值，完成后指标得满分，同时根据目标值先进程度给予加分奖励。

第二档目标值，完成后正常计分。

第三档目标值，完成后加分受限，考核结果不得进入A级。

第二十八条　净利润等经济效益指标的目标值与工资总额预算挂钩，根据目标值的先进程度确定不同的工资总额预算水平。

第五章　考核实施

第二十九条　企业负责人经营业绩考核工作由国资委考核分配工作领导小组组织实施。

第三十条　年度经营业绩考核以公历年为考核期，任期经营业绩考核以三年为考核期。

第三十一条　经营业绩责任书内容：

（一）双方的单位名称、职务和姓名；

（二）考核内容及指标；

（三）考核与奖惩；

（四）责任书的变更、解除和终止；

（五）其他需要约定的事项。

第三十二条　经营业绩责任书签订程序：

（一）考核期初，企业按照国资委经营业绩考核要求，将考核期内考核目标建议值和必要的说明材料报送国资委。

（二）国资委对考核目标建议值进行审核，并就考核目标值及有关内容同企业沟通后予以确定。

（三）由国资委主任或者其授权代表同企业主要负责人签订经营业绩责任书。

第三十三条　考核期中，国资委对经营业绩责任书执行情况实施预评估，对考核目标完成进度不理想的企业提出预警。

第三十四条　建立重大事项报告制度。企业发生较大及以上生产安全责任事故和网络安全事件、重大及以上突发环境事件、重大及以上质量事故、重大资产损失、重大法律纠纷案件、重大投融资和资产重组等，对经营业绩产生重大影响的，应及时向国资委报告。

第三十五条　经营业绩完成情况按照下列程序进行考核：

（一）考核期末，企业依据经审计的财务决算数据，形成经营业绩总结分析报告报送国资委。

（二）国资委依据经审计并经审核的企业财务决算报告和经审查的统计数据，结合总结分析报告，对企业负责人考核目标的完成情况进行考核，形成考核与奖惩意见。

（三）国资委将考核与奖惩意见反馈给企业。企业负责人对考核与奖惩意见有异议的，可及时向国资委反映。国资委将最终确认的考核结果在一定范围内公开。

第三十六条　落实董事会对经理层的经营业绩考核职权。

（一）授权董事会考核经理层的企业，国资委与董事会授权代表签订年度和任期经营业绩责任书，董事会依据国资委考核要求并结合本企业实际对经理层实施经营业绩考核。

（二）国资委根据签订的经营业绩责任书和企业考核目标完成情况，确定企业主要负责人年度和任期经营业绩考核结果。

（三）董事会根据国资委确定的经营业绩考核结果，结合经理层个人履职绩效，确定经理层业绩考核结果和薪酬分配方案。

第三十七条　董事会应根据国资委经营业绩考核导向和要求，制订、完善企业内部的经营业绩考核办法，报国资委备案。

第六章　奖惩

第三十八条　年度经营业绩考核和任期经营业绩考核等级分为A、B、C、D四个级别。A级企业根据考核得分，结合企业国际对标行业对标情况综合确定，数量从严控制。

第三十九条　国资委依据年度和任期经营业绩考核结果对企业负责人实施奖惩。经营业绩考核结果作为企业负责人薪酬分配的主要依据和职务任免的重要依据。

第四十条　企业负责人的薪酬由基本年薪、绩效年薪、任期激励收入三部分构成。

第四十一条　对企业负责人实行物质激励与精神激励。物质激励主要包括与经营业绩考核结果挂钩的绩效年薪和任期激励收入。精神激励主要包括给予任期通报表扬等方式。

第四十二条　企业负责人的绩效年薪以基本年薪为基数，根据年度经营业绩考核结果并结合绩效年薪调节系数确定。

第四十三条　绩效年薪按照一定比例实施按月预发放。国资委依据年度经营业绩半年预评估结果对企业负责人预发绩效年薪予以调整。

第四十四条　任期激励收入根据任期经营业绩考核结果，在不超过企业负责人任期内年薪总水平的30%以内确定。

第四十五条　对科技创新取得重大成果、承担重大专项任务和社会参与做出突出贡献的企业，在年度经营业绩考核中给予加分奖励。

第四十六条　对经营业绩优秀以及在科技创新、国际化经营、节能环保、品牌建设等方面取得突出成绩的，经国资委评定后对企业予以任期激励。

第四十七条　连续两年年度经营业绩考核结果为D级或任期经营业绩考核结果为D级，且无重大客观原因的，对企业负责人予以调整。

第四十八条　企业发生下列情形之一的，国资委根据具体情节给予降级或者扣分处理；违规经营投资造成国有资产损失或其他严重不良后果，按照有关规定对相关责任人进行责任追究处理；情节严重的，给予纪律处分或者对企业负责人进行调整；涉嫌犯罪的，依法移送国家监察机关或司法机关查处。

（一）违反《中华人民共和国会计法》《企业会计准则》等有关法律法规规章，虚报、瞒报财务状况的；

（二）企业法定代表人及相关负责人违反国家法律法规和规定，导致发生较大及以上生产安全责任事故和网络安全事件、重大及以上突发环境事件、重大质量责任事故、重大违纪和法律纠纷案件、境外恶性竞争、偏离核定主业盲目投资等情形，造成重大不良影响或者国有资产损失的。

第四十九条　鼓励探索创新，激发和保护企业家精神。企业实施重大科技创新、发展前瞻性战略性产业等，对经营业绩产生重大影响的，按照"三个区分开来"原则和有关规定，可在考核上不做负向评价。

第七章　附则

第五十条　企业在考核期内经营环境发生重大变化，或者发生清产核资、改制重组、主要负责人变动等情况，国资委可以根据具体情况变更经营业绩责任书的相关内容。

第五十一条　对混合所有制企业以及处于特殊发展阶段的企业，根据企业功能定位、改革目标和发展战略，考核指标、考核方式可以"一企一策"确定。

第五十二条　中央企业专职党组织负责人、纪委书记（纪检监察组组长）的考核有其他规定的，从其规定。

第五十三条　国有资本参股公司、被托管和兼并企业中由国资委管理的企业负责人，其经营业绩考核参照本办法执行。

第五十四条　各省、自治区、直辖市和新疆生产建设兵团国有资产监督管理机构，设区的市、自治州级国有资产监督管理机构对国家出资企业负责人的经营业绩考核，可参照本办法并结合实际制定具体规定。

拓展学习7-4

中国资本市场"国九条"

第五十五条　本办法由国资委负责解释，具体实施方案另行制定。

第五十六条　本办法自2019年4月1日起施行。《中央企业负责人经营业绩考核办法》（国资委令第33号）同时废止。

最后，需要指出的是，第6章和第7章较为详细地讨论了比率分析法。尽管比率分析法能为财务报表分析者提供重要的信息，帮助财务报表分析者评价企业的现状和经营成果，并为预测未来提供依据，但是，财务报表分析者应该看到其局限性。比率分析法的局限性主要表现在：

（1）比率分析法使用的数据都属于历史数据，对预测未来仅有参考价值，并非绝对合理可靠。

（2）由于各个企业使用的会计政策不同，在与其他企业对比时，其可比性较差。

（3）比率分析法忽视企业资源流向的动态方面，而这方面正是评价企业财务绩效的重要方面。

因此，财务报表分析者要辩证地看待比率分析法。尽管比率分析法存在上述局限性，但这不能否定比率分析法已起过并将继续发挥的作用。为了弥补比率分析法的局限性，财务报表分析者只有将比率分析与现金流量分析、比较分析结合起来，才能充分发挥比率分析法的作用。现金流量分析将在第8章讨论。

价值引领

1.如何借助盈利能力与股东权益分析，树立合理分配的理念，平衡利益相关者的利益，树立长期主义观念？

2.党的二十大报告强调“中国式现代化是全体人民共同富裕的现代化”“分配制度是促进共同富裕的基础性制度”。结合党的二十大精神，如何借助盈利能力与股东权益分析，改善企业的分配制度，实现“全体人民共同富裕的现代化”？

[总结与结论]

盈利能力是企业赖以生存和发展的基本条件。近年来，企业日益重视盈利能力，并认为盈利能力比财务状况更为重要。通常，以某些项目的数据为基础计算的百分比来评价盈利能力比单纯的绝对数更有意义。作为计算百分比基础的数据可以是营业收入，也可以是生产性资产数额、股东或债权人投入的资本。

以营业收入为基础的盈利能力分析指标主要包括销售毛利率、销售利润率和销售营业利润率等；以资产为基础的盈利能力分析指标主要包括资产周转率和资产收益率等。

股东权益分析立足于股东的立场，分析与评价企业盈利能力。股东权益分析的主要指标包括净资产收益率、每股收益、每股净资产、股利支付率、市盈率和资本保值增值率。

尽管比率分析法能为财务报表分析者提供重要的信息，帮助财务报表分析者评价企业的现状和经营成果，并为预测未来提供依据。但是，财务报表分析者应该看到其局限性。为了弥补比率分析法的局限性，财务报表分析者应该将比率分析与现金流量分析、比较分析结合起来。

[练习题库]

★ 案例分析

1.根据表7-1至表7-9，结合四川长虹电器股份有限公司（上市股票代码600839）的

2023年度财务报告（www.cninfo.com.cn/new/index），简要评价其2023年度的盈利能力与股东权益。

2.根据表7-1至表7-9，结合四川长虹电器股份有限公司（上市股票代码600839）的2023年度财务报告（www.cninfo.com.cn/new/index），引入标杆企业，简要评价四川长虹电器股份有限公司2023年度的盈利能力与股东权益。

★ 业务题

1.某公司20×1年度营业收入为143 750元，销售折让等项目占营业收入的25%，毛利率为59.80%，利润率为17.25%，存货周转率为5.75次，期初存货余额为11 500元，期初应收账款余额为13 800元，期末应收账款余额为9 200元，流动比率为2.48，速动比率为1.84，流动资产总额占全部资产总额的31.05%，负债比率为46%。该公司只发行普通股，年初流通在外股份数为57 500股，于20×1年6月回购5 000股，每股市场价格为11.50元。该公司期初与期末资产总额相等。

要求：

（1）计算该公司20×1年应收账款周转次数；

（2）计算该公司20×1年资产收益率；

（3）如果该公司资产总额中有20 000元商誉和10 000元专利权，计算有形净值债务比率。

2.表7-10列示了某公司20×1年至20×3年年报部分数据。

表7-10　　**某公司20×1年至20×3年年报部分数据**　　金额单位：元

项　目	20×1年	20×2年	20×3年
每股收益	1.12元/股	1.20元/股	1.27元/股
每股现金股利（普通股）	0.90	0.85	0.82
每股市场价格	12.80	14.00	16.30
普通股股利总额	21 700 000	19 500 000	18 360 000
年末流通在外普通股数量	24 280 000股	23 100 000股	22 500 000股
资产总额	1 280 100 000	1 267 200 000	1 260 400 000
负债总额	800 400 000	808 500 000	799 200 000
优先股	15 300 000	15 300 000	15 300 000
优先股股利	910 000	910 000	910 000
净利润	31 200 000	30 600 000	29 800 000

要求：

（1）分别计算20×1至20×3年的市盈率、股利支付率、每股账面价值（净资产）；

（2）从潜在投资者的角度讨论上述计算结果。

3.某公司正处于免税期，20×1年的营业收入为62 500万元，比20×0年提高28%。有关财务指标见表7-11。

表 7-11　　某公司部分财务指标

财务比率	20×0 年同业水平	20×0 年该公司水平	20×1 年该公司水平
应收账款周转天数	35 天	36 天	36 天
存货周转次数	2.5 次	2.59 次	2.11 次
毛利率	38%	40%	40%
息税前利润率	10%	9.60%	10.63%
营业收入利息率	3.73%	2.40%	3.82%
利润率	6.27%	7.20%	6.81%
资产周转次数	1.14 次	1.11 次	1.07 次
负债比率	58%	50%	61.30%
利息保障倍数	2.68	4.00	2.78

运用杜邦财务分析体系讨论：

（1）该公司 20×0 年的净资产收益率与 20×0 年同业水平的差异及其原因；

（2）该公司 20×1 年的净资产收益率与其 20×0 年水平的差异及其原因。

4. 某公司 20×1—20×3 年主要财务指标见表 7-12。

表 7-12　　某公司 20×1—20×3 年主要财务指标　　金额单位：万元

财务指标	20×1 年	20×2 年	20×3 年
营业收入	4 000	4 300	3 800
资产总额	1 430	1 560	1 695
普通股	100	100	100
留存收益	500	550	550
所有者权益总额	600	650	650
流动比率	1.19	1.25	1.20
应收账款周转天数	18 天	22 天	27 天
存货周转次数	8.0 次	7.5 次	5.5 次
负债总额/所有者权益总额	1.38	1.40	1.61
长期负债总额/所有者权益总额	0.50	0.46	0.46
毛利率	20%	16.30%	13.20%
利润率	7.50%	4.70%	2.60%
资产周转次数	2.80 次	2.76 次	2.24 次
资产收益率	21%	13%	6%

如果某公司没有营业外收支和投资收益，所得税税率也没有发生变化，请讨论：

（1）该公司运用资产获利能力的变化及其原因；

（2）该公司资产、负债和所有者权益的变化及其原因；

（3）如果您是该公司的财务经理，20×4年应从哪些方面改善公司的财务状况和经营业绩。

5. 某公司20×1年度财务报表的主要数据见表7-13和表7-14。

表7-13　**某公司资产负债表（简表）**

20×1年12月31日　　单位：千元

项　目	金　额	项　目	金　额
货币资金（年初764）	310	应付账款	516
应收账款（年初1 156）	1 344	应付票据	336
存货（年初700）	966	其他流动负债	468
流动资产合计	2 620	流动负债合计	1 320
固定资产（净额）（年初1 170）	1 170	非流动负债	1 026
		实收资本	1 444
资产总计（年初3 790）	3 790	负债及所有者权益总计	3 790

表7-14　**某公司利润表（简表）**

20×1年度　　单位：千元

项　目	金　额
营业收入	6 430
营业成本	5 570
毛利	860
管理费用	580
利息费用	98
税前利润	182
所得税费用	72
税后利润	110

要求：

（1）计算填列表7-15所列某公司的财务指标。

表7-15　**某公司财务指标与行业平均水平**

财务指标	某公司水平	行业平均水平
流动比率		1.98
负债比率		62%
利息保障倍数		3.80
存货周转次数		6次
应收账款周转天数		35天
资产周转率		3次
利润率		1.30%
资产收益率		3.40%
净资产收益率		8.30%

（2）与行业平均水平相比，说明该公司经营管理可能存在的问题。

★ 思考题

1.盈利能力分析主要采用哪些指标？

2.股东权益分析主要采用哪些指标？

3.资产收益率与净资产收益率背后的逻辑有何不同？

4.股票的市盈率越高，其投资收益率就越高吗？

5.上市公司一定要支付现金股利吗？

6.如何借助盈利能力与股东权益分析，树立合理分配的理念，平衡利益相关者的利益，树立长期主义观念？

★ 讨论题

1.对于股东而言，净资产收益率（ROE）确实是一个非常重要的财务指标。但是，仅仅根据净资产收益率确定企业能否上市是否存在问题？为什么？

2.有些经济学家依据中国股票市场的市盈率过高，推定中国股票市场投机氛围过浓。这种论断是否存在问题？为什么？

3.上市公司如何平衡股东与债权人之间的利益诉求？

4.如何借助盈利能力与股东权益分析，改善企业的分配制度，实现“全体人民共同富裕的现代化”？

[延伸阅读文献]

[1] 朱滔. 财务报表分析［M］. 北京：高等教育出版社，2023.

[2] 陆正飞. 财务报告与分析［M］. 3版. 北京：北京大学出版社，2020.

[3] 张新民，钱爱民. 财务报表分析［M］. 6版. 北京：中国人民大学出版社，2023.

[4] 王化成，支晓强，王建英. 财务报表分析［M］. 3版. 北京：中国人民大学出版社，2022.

[5] 吴世农，吴育辉. CEO财务分析与决策［M］. 3版. 北京：北京大学出版社，2024.

[6] 本书编写组. 党的二十大报告辅导读本［M］. 北京：人民出版社，2022.

第8章

现金流量分析

[学习目标]

知识传授：理解企业的收益流量、现金流量与企业生命周期的关系；掌握现金流量的比较分析法和比率分析法及其运用。

能力培养：借助现金流量表提供的会计信息，合理安排现金流量。

价值塑造：树立量入为出的观念，统筹现金流出量与现金流入量之间的关系；通过现金流量分析，平衡盈利能力（利润）与偿债能力（现金流量）之间的关系，从企业微观层面“强化金融稳定保障体系”“守住不发生系统性风险底线”。

第6章和第7章的分析都以基于权责发生制的资产负债表和利润表为基础。现金流量表丰富了财务报表分析的内容，使会计学的权责发生制与收付实现制相融合，当然，现金流量分析奠基于现金流量表。

●8.1 收益流量、现金流量与企业生命周期

财务报表分析者应该关注现金流量的过程，而不仅仅关注现金流量的结果。实际上，财务报表分析者应该关注现金（cash）和成本（cost）两个“C”。如果企业不能获得现金流量，成本就不能得到真正的补偿。如果企业发生的成本长期不能得到补偿，企业就存在生存问题。这就是所谓的“现金为王”（Cash is king），“成本至上”的道理（这两个“C”也综合体现了企业的差异化优势与低成本优势）！不过，“物极必反”。过分强调“现金流量”可能使企业成为“守财奴”，甚至成为“钱柜”。企业财务资源配置的最高境界应该是现金流量为零而不至于出现任何财务问题。这就要求企业的未来现金流入量与现金流出量的数额、时间、币种和利率表现形式完全匹配，因此，财务报表分析者应该结合企业的生命周期考察现金流量。

8.1.1 企业生命周期与收益流量、现金流量的关系

如果财务报表分析者忽视企业所处的生命周期来讨论收入、利润和现金流量，那么，其意义不大。

俗话说，“一图胜过千言万语”（A picture is worth thousand words）。企业的收入、利润和现金流量与生命周期的关系分别如图 8-1、图 8-2 和图 8-3 所示。

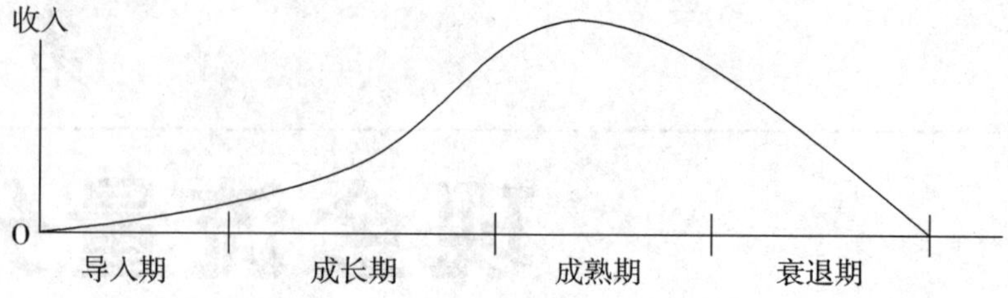

图8-1　收入与生命周期的关系

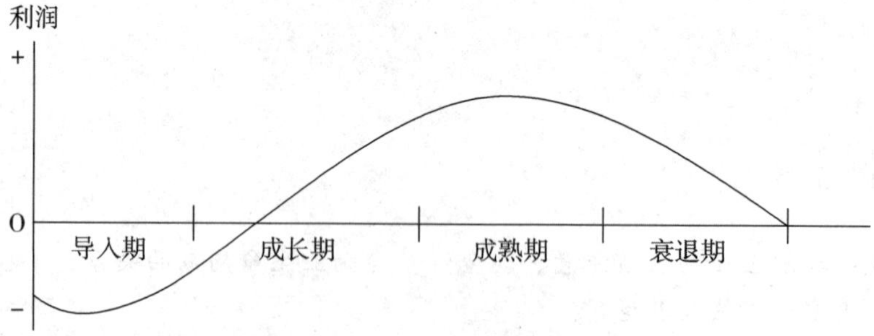

图8-2　利润与生命周期的关系

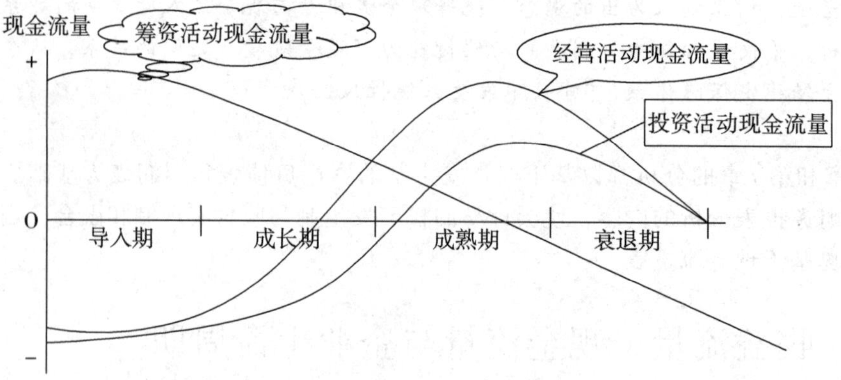

图8-3　现金流量与生命周期的关系

图 8-1 表明，刚开始收入随着产品生命周期的推进（从导入期到成长期）而逐步增加，到了成熟期，收入开始逐渐减少。

图 8-2 描述了利润在整个产品生命周期的变化趋势。在产品的导入期和成长期的前期阶段，通常会发生亏损，因为现有产品所带来的销售收入不足以弥补产品设计以及新产品推广所花费的成本。在成熟期，利润达到最高峰。随着产品进入衰退期，利润也开始下降。

图 8-3 显示了企业在产品生命周期的四个阶段从经营活动、投资活动和筹资活动中获得的现金流量。在导入期和成长期的早期阶段，经营活动现金流量和投资活动现金流量通常为负值，因为企业为推出新产品需要支付大量的现金，同时企业还要投资于生产设施的建设。投资活动现金流量负值的大小取决于企业相应业务的资本密集程度。因此，在导入期和成长期的早期阶段，企业必须从外部渠道（负债或所有者权益）获得现

金，以支持企业的经营活动和投资活动。随着成长期的深入发展，经营活动盈利状况不断改善，并开始产生正值的现金流量。然而，企业预期会有更多的销售收入，企业需要更多的现金来支持应收账款和存货的增加。因此，利润通常比经营活动现金流量更早地由负值转向正值。随着企业的产品进入成熟期，现金流量格局发生了变化，经营活动现金流量为正值并成为现金流量的主要提供者。这是因为，市场已经接受了企业的产品，企业对营运资本的需求趋向平稳，同时随着销售收入的增加，企业只需要使用和维持而不是增加生产能力。在成熟期的后期阶段，投资活动现金流量甚至可能变为正值，因为企业可能会出售不再需要的厂房和设备。企业从经营活动获得了充裕的现金流量（在某种程度上，企业也从投资活动获得了充裕的现金流量），从而，企业可以用这些现金流量归还在导入期和成长期借入的债务和发放股利。随着时间的推移，产品进入衰退期，随着销售收入的减少，经营活动现金流量和投资活动现金流量都逐渐减少，企业急需归还其剩余的债务。如此周而复始，不断循环，构成一幅企业产品生命周期与现金流量不断变化的和谐景象。

值得指出的是，尽管上述的讨论从产品生命周期的视角梳理了具体产品的销售收入、利润和现金流量之间的关系，但是，只生产一种产品的企业毕竟是少数的，许多企业会同时生产处于不同生命周期的一系列产品。现金流量表所披露的现金流量是企业所有产品的现金流量，而不是针对每一个具体产品的现金流量。因此，财务报表分析者还需要立足于企业内部更详细的数据，才能进一步分析多种产品的销售收入、利润、现金流量与生命周期之间的关系。

【延伸阅读资料8-1】①

表8-1至表8-5是5家处于不同行业企业的现金流量表，可以用来说明企业处于产品生命周期不同阶段对现金流量的影响。

一、某通信公司

表8-1是某通信公司的现金流量表。

某通信公司是一家互联网软件供应商。某通信公司从第四年开始业务运作，现在处于生命周期的快速成长期。某通信公司在第四年出现亏损，但是，在过去的三年中，某通信公司的经营绩效不断改善。由于经营费用超过经营收入，某通信公司的经营活动现金流量在第四年为负值。然而，在提供相关服务之前，某通信公司先从顾客那里收到现金（这种现金流量反映在“其他流动负债”项目中），因此，经营活动现金流量不像净利润的负值那么大。在第四年和第五年，某通信公司的销售收入快速增长。虽然某通信公司的经营仍然处于亏损状态，但因为顾客都是提前付款，某通信公司的经营活动现金流量已经转为正值。在第六年，某通信公司的销售收入继续增长，从而导致经营活动的净利润和现金流量同时为正值。在第六年，尽管应收账款快速增长，但某通信公司延长了其债务归还期，并且从顾客那里获得更多的预付资金。因此，某通信公司营运资本项目的变动金额不大。

---

① 斯蒂克尼，布朗．财务报告与报表分析：战略的观点［M］．张志强，魏保，吴青根，译．4版．北京：中信出版社，2004：64-71.略有改动。

表8-1　　某通信公司现金流量表　　金额单位：千美元

项目	第四年	第五年	第六年
经营活动			
净利润（亏损）	(13 830)	(6 613)	20 908
折旧	345	3 853	16 320
其他加回项目	0	2 553	2 456
其他扣除项目	0	0	(23 747)
经营活动提供的营运资本	(13 485)	(207)	15 937
应收账款（增加）减少	(1 688)	(24 929)	(83 525)
其他流动资产（增加）减少	(298)	(5 989)	(10 473)
应付账款增加（减少）	1 506	6 696	18 951
其他流动负债增加（减少）	6 845	36 437	74 197
经营活动现金流量	(7 120)	12 008	15 087
投资活动			
购置固定资产	(3 175)	(20 522)	(81 931)
有价证券变动	/	(116 367)	(87 120)
其他投资交易	(1 089)	(2 891)	(5 363)
投资活动现金流量	(4 264)	(139 780)	(174 414)
筹资活动			
长期借款增加	0	2 200	0
发行股票	17 852	171 059	192 182
长期借款减少	(504)	(401)	(601)
筹资活动现金流量	17 348	172 858	191 581
现金变动	5 964	45 086	32 254
年初现金余额	4 226	10 190	55 276
年末现金余额	10 190	55 276	87 530
收入增长率	/	1 963.5%	305.4%

在投资活动方面，某通信公司报告的固定资产快速增长，说明某通信公司正在抓紧建设其生产和通信能力，以便支持其快速增加的销售收入。在这三年中，经营活动创造的现金流量都不足以支持这种资本支出的扩张。而在筹资活动方面，某通信公司主要通过发行股票获得所需要的资金。由于计算机软件的生命周期较短，也更刺激某通信公司愿意采用

权益融资，而不是长期债务融资。某通信公司并没有将所有收到的现金都用在资本投资项目上，而是将暂时多余的现金投资于有价证券。

二、某连锁店公司

表8-2是某连锁店公司的现金流量表。

表8-2　**某连锁店公司现金流量表**　金额单位：百万美元

项　目	第五年	第六年	第七年	第八年	第九年
经营活动					
净利润	1 995	2 333	2 681	2 740	3 056
折旧	649	849	1 070	1 304	1 463
其他加回项目	13	0	0	0	0
其他扣除项目	0	（75）	（118）	（227）	0
经营活动提供的营运资本	2 657	3 107	3 633	3 817	4 519
应收账款（增加）减少	（106）	（165）	（84）	（61）	（58）
存货（增加）减少	（1 884）	（1 324）	（3 053）	（1 850）	99
其他流动资产（增加）减少	（20）	（1）	（147）	（77）	38
应付账款增加（减少）	420	230	1 914	448	1 208
其他流动负债增加（减少）	211	349	643	106	124
经营活动现金流量	1 278	2 196	2 906	2 383	5 930
投资活动					
购置固定资产	（3 360）	（3 644）	（3 734）	（3 566）	（2 643）
其他投资交易	（140）	（842）	（58）	234	575
投资活动现金流量	（3 500）	（4 486）	（3 792）	（3 332）	（2 068）
筹资活动					
短期借款增加	1 135	0	220	660	0
长期借款增加	1 367	3 108	1 250	1 004	632
股票发行	16	10	0	0	0
短期借款减少	0	（14）	0	0	（2 458）
长期借款减少	（67）	（456）	（107）	（207）	（615）
发放股利	（241）	（299）	（391）	（458）	（481）
其他金融交易	0	（51）	（61）	（12）	（140）
筹资活动现金流量	2 210	2 298	911	987	（3 062）
现金变动	（12）	8	25	38	800
年初现金余额	30	18	26	51	89
年末现金余额	18	26	51	89	889
收入增长率	26.4%	21.4%	22.5%	13.6%	12.0%

某连锁店公司是一家快速成长的折扣商店、会员制仓储商店以及超市连锁店。因为要将折旧费用加回来，所以实际每年经营活动提供的营运资本都要超过净利润。在所有年份中，除了第九年，因为要为未来年份更高的销售收入准备更多的商品存货，都使经营活动现金流量少于营运资本。应付供应商的账款少于存货的增加，这意味着某连锁店公司利用供应商的资金只能支持其部分存货的增加。某连锁店公司在第九年放慢了存货的增长速度，但同时增加了对供应商资金的占用，结果导致经营活动创造的现金流量超过经营活动提供的营运资本。某连锁店公司的销售不是通过现金就是通过银行信用卡，因此，某连锁店公司不需要在应收账款上占用太多的资金。

在第九年年末，某连锁店公司在经营活动中创造的正的现金流量不足以支持其各种商店的快速扩张和固定资产的增长。请注意，每一年固定资产的购置都超过了折旧费用，这意味着公司在土地、厂房和设备上的价值在增长。某连锁店公司主要依赖于长期借款来满足固定资产投资的需要。某连锁店公司之所以会采用债务资本而不是权益资本融资，有多方面的原因，其中包括：作为大的零售商有可预计的未来的现金流量；某连锁店公司的各种商店及其设备适宜作为抵押财产；某连锁店公司债务融资成本较低等。

请注意，某连锁店公司的销售增长在第八年和第九年开始显著放慢，公司降低了资本支出，与此同时，公司用多余的现金流量增加存货，并归还短期借款。

三、某制药公司

表8-3是某制药公司的现金流量表。

在第四年和第五年期间，某制药公司的净利润、经营活动提供的营运资本以及经营活动现金流量在数额上很接近。某制药公司的业务并不是资本密集型的。这从某制药公司与净利润相比相对较小的折旧和摊销就可以看出。某制药公司经营性流动负债的变动与其经营性流动资产的变动相匹配。某制药公司用经营活动创造的现金流量来支持其资本支出、支付股利以及回购公司股票的资金需要。

在第五年，某制药公司利用多余的现金流量完成了一个重大的并购项目，在财务报表中以“其他投资交易”项目来反映。这个并购行为对其后续年份的现金流量有多方面的影响。首先，某制药公司在其资产负债表上确认了相应的商誉，因为某制药公司为收购而支付了超过该公司净资产市场价格的价格。某制药公司在第六年开始摊销这项商誉的价值。与此同时，加回的折旧和摊销费用相应增加。其次，由于在第五年销售收入中只包含原来某制药公司的销售收入，而在第六年加入相应收购公司的销售收入，因此，在第六年销售收入出现快速增长。尽管如此，请注意，从第五年到第七年，某制药公司的净利润保持相对稳定。

从第六年到第八年，某制药公司的经营活动现金流量连续超过其资本支出。某制药公司运用这些多余的现金流量支付现金股利并回购公司普通股股票。回购公司股票减少了公司的资本结构中股权资本的比重，相应增加了债务资本的比重，因此增加了公司的财务杠杆。在第七年，权益资本的增长代表了公司新发行优先股股票的影响。同样在第七年，某制药公司还销售了某些业务经营单位（在现金流量表的“其他投资交易”项目中予以反映），并将所获得的资金投资于有价证券（在投资活动中予以反映）。

表 8-3　**某制药公司现金流量表**　金额单位：百万美元

项　目	第四年	第五年	第六年	第七年	第八年
经营活动					
净利润	2 446	2 941	2 997	2 827	3 881
折旧	321	386	382	667	731
其他加回项目	0	0	308	455	175
其他扣除项目	(92)	(230)	(11)	0	0
经营活动提供的营运资本	2 675	3 097	3 676	3 949	4 787
应收账款（增加）减少	(298)	(263)	(265)	(244)	(225)
存货（增加）减少	(177)	(47)	(26)	(272)	(268)
应付账款增加（减少）	101	(123)	291	383	414
其他流动负债增加（减少）	203	384	464	(872)	720
经营活动现金流量	2 504	3 048	4 140	2 944	5 428
投资活动					
购置固定资产	(1 067)	(1 013)	(1 009)	(1 006)	(1 197)
有价证券变动	(273)	342	269	(1 342)	(640)
其他投资交易	(12)	(1 917)	708	1 026	(142)
投资活动现金流量	(1 352)	(2 588)	(32)	(1 322)	(1 979)
筹资活动					
短期借款增加	480	911	0	40	0
长期借款增加	141	354	337	550	328
股票发行	52	83	139	1 284	442
短期借款减少	0	0	(1 580)	0	(7)
长期借款减少	(121)	(39)	(152)	(108)	(342)
股票回购	(863)	(371)	(705)	(1 571)	(2 493)
发放股利	(1 064)	(1 174)	(1 434)	(1 540)	(1 729)
其他金融交易	0	30	62	(34)	(143)
筹资活动现金流量	(1 375)	(206)	(3 333)	(1 379)	(3 944)
现金变动	(223)	254	775	243	(495)
年初现金余额	798	575	829	1 604	1 847
年末现金余额	575	829	1 604	1 847	1 352
收入增长率	12.3%	8.6%	42.6%	11.4%	18.9%

四、某航空公司

表8-4是某航空公司的现金流量表。

表8-4 **某航空公司现金流量表** 金额单位：百万美元

项　目	第四年	第五年	第六年	第七年	第八年
经营活动					
净利润（亏损）	（475）	（110）	228	167	1 016
折旧和摊销	1 041	1 223	1 250	1 259	1 204
其他加回项目	165	196	488	624	605
其他扣除项目	（101）	（30）	0	0	（497）
经营活动提供的营运资本	630	1 279	1 966	2 050	2 328
应收账款（增加）减少	（144）	37	（135）	（109）	（225）
存货（增加）减少	（85）	（27）	（19）	（11）	（66）
其他流动资产（增加）减少	244	（128）	49	（37）	（150）
应付账款增加（减少）	（53）	（27）	（1）	（103）	251
其他流动负债增加（减少）	251	243	（251）	395	578
经营活动现金流量	843	1 377	1 609	2 185	2 716
投资活动					
购置固定资产	（3 299）	（2 080）	（1 114）	（928）	（547）
购置有价证券	0	0	（239）	（65）	（924）
其他投资交易	345	326	（110）	68	257
投资活动现金流量	（2 954）	（1 754）	（1 463）	（925）	（1 214）
筹资活动					
短期借款增加	122	0	0	0	0
长期借款增加	2 397	1 811	426	184	0
股票发行	454	0	0	0	589
短期借款减少	（153）	（380）	0	0	0
长期借款减少	（779）	（1 069）	（549）	（1 401）	（2 130）
发放股利	0	（49）	（66）	（5）	0
其他金融交易	21	82	3	21	25
筹资活动现金流量	2 062	395	（186）	（1 201）	（1 516）
现金变动	（49）	18	（40）	59	（14）
年初现金余额	94	45	63	23	82
年末现金余额	45	63	23	82	68
收入增长率	11.7%	9.9%	2.0%	4.7%	4.6%

根据表8-4，该公司因为要加回大额的折旧费用，每年的经营活动现金流量明显超过净利润或亏损。折旧是一种不需要支付现金的费用，相应的现金流出发生于购置固定资产的时候。

某航空公司的净利润与经营活动现金流量的关系是资本密集型公司的典型情况。尽管某航空公司每年都有正值的经营活动现金流量，但在第四年和第五年，这种现金流量并不足以支持其资本支出。某航空公司同时采用长期债务来支持其固定资产的购置活动。一般而言，债务资本的成本低于权益资本的成本。某航空公司将购置的资产作为借款的抵押物。

某航空公司的现金流量从第六年开始出现显著变化。在第四年和第五年，某航空公司的亏损导致了较低的留存收益，以及在公司的资本结构中债务的比重较高。某航空公司以前的借款合约中有过多限制增加债务的保证条款，现在某航空公司已经接近于突破这个限制条款。

从第六年开始，某航空公司减少购置固定资产的数额。这意味着某航空公司已经停止增加购置飞机，转而通过租赁获得新的飞机。绝大多数的租赁都是采用了经营租赁的方式，因为签订经营租赁合约并不需要立即支付大笔现金，因此，就不会对现金流量表产生不利影响。经营活动所创造的现金流量（净利润增加导致的结果）超过了资本支出的需要，某航空公司就用剩余的部分归还长期借款。随着某航空公司盈利的增加以及长期债务的减少，某航空公司的债务在其资本结构中的比重也得到有效的降低。

五、某广告集团

表8-5是某广告集团的现金流量表。

表8-5 **某广告集团现金流量表** 单位：百万美元

项 目	第四年	第五年	第六年	第七年	第八年
经营活动					
净利润	112	126	93	130	205
折旧和摊销	40	43	46	50	60
其他加回项目	45	49	80	91	65
其他扣除项目	（11）	（9）	（21）	（34）	（54）
经营活动提供的营运资本	186	209	198	237	276
应收账款（增加）减少	24	（66）	（114）	（243）	（244）
其他流动资产（增加）减少	（17）	（13）	1	（32）	（49）
应付账款增加（减少）	（16）	59	193	183	264
其他流动负债增加（减少）	11	14	7	19	2
经营活动现金流量	188	203	285	164	249
投资活动					
出售固定资产	3	1	34	2	39

续表

项　目	第四年	第五年	第六年	第七年	第八年
购置固定资产	(37)	(79)	(56)	(70)	(79)
购置有价证券	(2)	0	0	0	0
其他投资交易	(20)	(83)	(50)	(87)	(33)
投资活动现金流量	(56)	(161)	(72)	(155)	(73)
筹资活动					
短期借款增加	0	35	0	18	0
长期借款增加	113	42	33	68	76
股票发行	11	19	13	31	20
短期借款减少	(70)	0	(44)	0	(25)
长期借款减少	(69)	(15)	(24)	(15)	(52)
股票回购	(52)	(37)	(44)	(70)	(87)
发放股利	(32)	(36)	(40)	(46)	(52)
其他金融交易	(17)	(14)	15	9	(6)
筹资活动现金流量	(116)	(6)	(91)	(5)	(126)
现金变动	16	36	122	4	50
年初现金余额	240	256	292	414	418
年末现金余额	256	292	414	418	468
收入增长率	10.6%	-3.3%	10.6%	9.9%	16.1%

某广告集团是一家大型的广告代理公司。对于某广告集团而言，与某航空公司相比，加回的折旧数额很小。这是服务性公司的典型情况。某广告集团的净利润与经营活动现金流量之间的差别主要来源于资本管理，特别是应收账款和应付账款管理的影响。广告代理服务是进行广告宣传的顾客（形成代理服务公司的应收账款）和各种发布广告的媒体（形成应付账款）之间的中介。与有关政策的选择相关，某广告集团每年的应收账款和应付账款都不能完全相互抵销，从而导致了每年的净利润与经营活动现金流量之间存在不同的消长关系。因为广告代理服务业务不是资本密集型的，经营活动创造的现金流量足够支持某广告集团的资本支出。经营活动创造的现金流量同样也足够用于某广告集团收购其他的广告商（包括在“其他投资交易”项目中）。某广告集团运用经营活动创造的多余的现金流量支付现金股利，并回购公司的普通股股票。

表8-1至表8-5的现金流量代表了五个行业的处于产品生命周期不同阶段的典型公司的情况。通过这五个行业典型的现金流量表的解释，演示出财务报表分析者在分析企业现金流量表时，对企业的经济特征和经营特征所做出的分析。

8.1.2　现金流量的基本结构及其意义

从现金流量的结构可以得到许多有价值的信息。表 8-6 列示了不同现金流量结构，"+"表示现金流量净额为正值，"-"表示现金流量净额为负值。如果现金流量净额刚好为 0，说明现金流入量与现金流出量的数额匹配，"收支平衡"。本教材不讨论这种"理想境界"。

表8-6　**不同现金流量结构表**

序号	经营活动现金流量	投资活动现金流量	筹资活动现金流量
1	+	+	+
2	+	+	-
3	+	-	+
4	+	-	-
5	-	+	+
6	-	+	-
7	-	-	+
8	-	-	-

由表 8-6 可以大体推测：

(1) 经营活动现金流量为正值，投资活动现金流量为正值，筹资活动现金流量为正值。这表明企业主营业务在现金流量方面不仅能够自给自足，而且有富余，说明企业的产品有比较好的市场反应，有一定的竞争力。同时，企业还有一定的投资项目。如果投资活动现金流量主要来自投资收益特别是实业投资收益，说明企业有一定的多元化经营，且效果不错。筹资活动现金流量为正值，说明企业还在继续筹资。

(2) 经营活动现金流量为正值，投资活动现金流量为正值，筹资活动现金流量为负值。这时，企业与第一种情形不同的是筹资活动现金流量为负值，说明企业的筹资规模并不大，主要在偿还以前的债务或支付股利。

(3) 经营活动现金流量为正值，投资活动现金流量为负值，筹资活动现金流量为正值。企业有良好的主营业务活动，但企业依然在筹资，用于投资活动。这说明企业集中各方面资金进行投资活动。

(4) 经营活动现金流量为正值，投资活动现金流量为负值，筹资活动现金流量为负值。这时，企业与第三种情形非常相似，其差别就是筹资活动现金流量为负值。但是，企业维系现金正常周转的纽带是经营活动现金流量。也就是说，企业的命运在一定程度上决定于企业的经营活动现金流量。

(5) 经营活动现金流量为负值，投资活动现金流量为正值，筹资活动现金流量为正值。企业依靠借钱维持生产经营的需要，财务状况可能恶化，应注意分析投资活动现金流量是来自投资收益还是投资收回。如果投资活动现金流量来自投资收回，形势非常严峻。

(6) 经营活动现金流量为负值，投资活动现金流量为正值，筹资活动现金流量为负值。企业经营活动已经发出危险信号，如果投资活动现金流量主要来自投资收回，那么，可能处于破产的边缘，需要高度警惕。

（7）经营活动现金流量为负值，投资活动现金流量为负值，筹资活动现金流量为正值。企业依靠借债维持日常经营和生产规模扩大，财务状况很不稳定。如果企业处于导入期，一旦渡过难关，还可能有发展空间；如果企业处于成长期或成熟期，则非常危险。

（8）经营活动现金流量为负值，投资活动现金流量为负值，筹资活动现金流量为负值。企业财务状况非常危急，必须及时扭转。这种情况通常发生在高速扩张时期，由于市场变化导致经营状况恶化，加上扩张时投入大量资金，使企业陷入进退两难的境地。

企业现金流量结构应该力求合理地安排现金的流量和流向，使得企业的现金流入量与现金流出量在数额、时间、币种和利率结构形式上相匹配。如果将企业视为一个人，那么，现金流量就是企业的血液。企业现金流量安排就是安排血管（流向），调节血管里血液的流量和流速。

流量是一个动态过程，流量导致存量，存量是一个结果。现金流动过程就是流量与存量相互联系、相互转化的过程。在会计账户上，流量就是发生额，存量表现为余额。现金流量表是企业现金流动的结果，它体现了“发展中求平衡”的思想。

从长远的观点看，企业的长短期偿债能力和盈利能力都必须立足于企业获得现金流量（简称“获现”）的能力。企业获现能力的分析以现金流量分析为基础。现金流量分析是在现金流量表出现之后发展起来的分析思维，其方法体系还处于进一步完善之中。

【延伸阅读资料8-2】①

在企业财务管理中，人们重视的是现金流量而不是会计学上的收入与支出。财务经理分析和规划现金流量，维持企业的偿债能力。企业的现金流量必须足以偿还债务和购置为达到其经营目标所需要的资产。

拓展学习 8-1

现金流入量与现金流出量的币种和利率形式应尽量匹配

这里举一个例子便可说明财务管理与会计学的基本差异。如果把人体比喻为一个企业，人的每一次“心跳”表示一次交易行为，那么，会计人员的主要任务就是把每一次“心跳”记录下来，表现为销售收入、成本费用和利润；而财务经理关心的主要是由“心跳”而产生经过动脉的“血液”是否抵达人体细胞，维持全身各种器官的功能。一个心脏强健的身体也可能由于血液循环系统出现问题而停止活动；同样地，一个企业也许有发展前途，但仍然有可能由于现金流量不足以偿还到期债务而倒闭。

现金流量分析不仅依靠现金流量表，还要结合资产负债表和利润表。现金流量分析包括现金流量的比较分析和现金流量的比率分析。

8.2 现金流量的比较分析

现金流量表的比较分析同样可以分为横向分析与纵向分析。

8.2.1 现金流量表的横向分析

现金流量表的横向分析主要借助比较现金流量表，揭示各个现金流量表项目的变动情况及其背后的原因。

① 胡玉明．公司理财［M］．2版．大连：东北财经大学出版社，2009：16.

【实例 8-1】

根据表 1-11，四川长虹电器股份有限公司 2023 年度与 2022 年度的比较现金流量表见表 8-7。

表 8-7　　四川长虹电器股份有限公司 2023 年度与 2022 年度比较现金流量表

项目	2023 年度	2022 年度	变动额	变动百分比
一、经营活动产生的现金流量：				
销售商品、提供劳务收到的现金	103 208 636 724.38	95 361 312 658.60	7 847 324 065.78	8.23%
收到的税费返还	1 693 434 433.36	1 763 714 827.00	−70 280 393.64	−3.98%
收到其他与经营活动有关的现金	653 903 688.92	622 422 761.48	31 480 927.44	5.06%
经营活动现金流入小计	105 555 974 846.66	97 747 450 247.08	7 808 524 599.58	7.99%
购买商品、接受劳务支付的现金	91 343 104 748.10	83 727 059 132.09	7 616 045 616.01	9.10%
支付给职工以及为职工支付的现金	6 526 734 447.70	5 901 915 825.84	624 918 621.86	10.59%
支付的各项税费	2 099 012 220.29	1 973 182 108.31	125 830 111.98	6.38%
支付其他与经营活动有关的现金	2 732 033 430.63	2 849 850 571.57	−117 817 140.94	−4.13%
经营活动现金流出小计	102 700 884 846.72	94 452 007 637.81	8 248 877 208.91	8.73%
经营活动产生的现金流量净额	2 855 089 999.94	3 295 442 609.27	−440 352 609.33	−13.36%
二、投资活动产生的现金流量：				
收回投资收到的现金	6 251 550 176.90	801 057 907.42	5 450 492 269.48	680.41%
取得投资收益收到的现金	134 583 307.04	138 516 193.62	−3 932 886.58	−2.84%
处置固定资产、无形资产和其他长期资产收回的现金净额	14 028 295.51	253 437 489.96	−239 409 194.45	−94.46%
收到其他与投资活动有关的现金	2 427 670 058.76	1 464 073 674.37	963 596 384.39	65.82%
投资活动现金流入小计	8 827 831 838.21	2 657 085 265.37	6 170 746 572.84	232.24%
购建固定资产、无形资产和其他长期资产支付的现金	1 570 820 506.31	1 021 169 929.11	549 650 577.20	53.83%
投资支付的现金	5 510 593 325.84	4 629 372 527.76	881 220 798.08	19.04%
支付其他与投资活动有关的现金	999 380 296.31	1 663 874 743.13	−664 494 446.82	−39.94%
投资活动现金流出小计	8 080 794 128.46	7 314 417 200.00	766 376 928.46	10.48%
投资活动产生的现金流量净额	747 037 709.75	−4 657 331 934.63	5 404 369 644.38	116.04%

续表

项目	2023年度	2022年度	变动额	变动百分比
三、筹资活动产生的现金流量:				
吸收投资收到的现金	6 010 000.00	448 263 300.97	-442 253 300.97	-98.66%
其中：子公司吸收少数股东投资收到的现金	6 010 000.00	448 263 300.97	-442 253 300.97	-98.66%
取得借款收到的现金	20 715 023 735.09	25 516 838 147.46	-4 801 814 412.37	-18.82%
收到其他与筹资活动有关的现金	3 328 853 028.42	1 677 201 235.30	1 651 651 793.12	98.48%
筹资活动现金流入小计	24 049 886 763.51	27 642 302 683.73	-3 592 415 920.22	-13.00%
偿还债务支付的现金	19 943 623 554.58	23 176 976 249.48	-3 233 352 694.90	-13.95%
分配股利、利润或偿付利息支付的现金	1 397 929 052.12	1 105 482 419.65	292 446 632.47	26.45%
其中：子公司支付给少数股东的股利、利润	349 513 154.49	258 882 369.13	90 630 785.36	35.01%
支付其他与筹资活动有关的现金	239 742 690.07	6 740 683 517.27	-6 500 940 827.20	-96.44%
筹资活动现金流出小计	21 581 295 296.77	31 023 142 186.40	-9 441 846 889.63	-30.43%
筹资活动产生的现金流量净额	2 468 591 466.74	-3 380 839 502.67	5 849 430 969.41	173.02%
四、汇率变动对现金及现金等价物的影响	-441 409 605.04	88 026 286.35	-529 435 891.39	-601.45%
五、现金及现金等价物净增加额	5 629 309 571.39	-4 654 702 541.68	10 284 012 113.07	220.94%
加：期初现金及现金等价物余额	14 741 221 408.74	19 395 923 950.42	-4 654 702 541.68	-24.00%
六、期末现金及现金等价物余额	20 370 530 980.13	14 741 221 408.74	5 629 309 571.39	38.19%

拓展学习8-2

经营活动现金流量未必就是“王中王”

根据表8-7可以“一目了然”地看到，四川长虹电器股份有限公司2023年度现金流量表的各个项目变动情况（变动额和变动百分比），有助于财务报表分析者关注重大变动项目，追踪其变动的原因，进而寻找改善空间。

8.2.2 现金流量表的纵向分析

现金流量的纵向分析主要借助比较共同比现金流量表，揭示各个现金流量表项目所占百分比及变动情况，进而追踪变动的原因。

根据现金流量表的基本特征，比较共同比现金流量表可以进一步细分为现金流入量结构分析与现金流出量结构分析。

1）现金流入量结构分析

以现金流量表的现金流入量为基础编制的比较共同比现金流量表分为总体结构分析和分类（经营活动、投资活动和筹资活动）结构分析。总体结构分析以现金流入量总额作为关键项目，并将其当作100%，分别计算各类活动现金流入量占现金流入量总额的百分比。而分类结构分析以各类活动的现金流入量总额作为关键项目，并将其当作100%，分别计算各项现金流入量占各类活动现金流入量总额的百分比。

【实例8-2】

根据表1-11，四川长虹电器股份有限公司2023年度与2022年度的现金流入量结构分析见表8-8。

表8-8　四川长虹电器股份有限公司2023年度与2022年度的现金流入量结构分析表

项目	2023年度		2022年度		增减变动情况	
	总体结构	分类结构	总体结构	分类结构	总体结构	分类结构
一、经营活动现金流入量						
销售商品、提供劳务收到的现金		97.78%		97.56%		0.22%
收到的税费返还		1.60%		1.80%		-0.20%
收到其他与经营活动有关的现金		0.62%		0.64%		-0.02%
经营活动现金流入量小计	76.25%	100.00%	76.34%	100.00%	-0.09%	/
二、投资活动现金流入量						
收回投资收到的现金		70.82%		30.15%		40.67%
取得投资收益收到的现金		1.52%		5.21%		-3.69%
处置固定资产、无形资产和其他长期资产收回的现金净额		0.16%		9.54%		-9.38%
收到其他与投资活动有关的现金		27.50%		55.10%		-27.60%
投资活动现金流入量小计	6.38%	100.00%	2.07%	100.00%	4.31%	/
三、筹资活动现金流入量						
吸收投资收到的现金		0.02%		1.62%		-1.60%
取得借款收到的现金		86.14%		92.31%		-6.17%
收到其他与筹资活动有关的现金		13.84%		6.07%		7.77%
筹资活动现金流入量小计	17.37%	100.00%	21.59%	100.00%	-4.22%	/
现金流入量合计	100.00%	/	100.00%	/	/	/

从现金流入量的总体结构来看，四川长虹电器股份有限公司2023年度的现金流入量总额中，经营活动现金流入量占现金流入量总额的76.25%（与2022年度的76.34%相比，降低了0.09个百分点），筹资活动现金流入量占现金流入量总额的17.37%（与2022年度的21.59%相比，降低了4.22个百分点），投资活动现金流入量占现金流入量总额的6.38%（与2022年度的2.07%相比，提高了4.31个百分点）。这说明四川长虹电器股份有限公司2023年度的现金流入量主要来源于经营活动。

从现金流入量的分类结构来看，四川长虹电器股份有限公司2023年度经营活动现金流入量主要来自销售商品、提供劳务（占97.78%，与2022年度的97.56%相比，提高了

0.22个百分点）；投资活动现金流入量主要来自收回投资（占70.82%，与2022年度的30.15%相比，显著提高了40.67个百分点）和其他与投资活动有关的活动（占27.50%，与2022年度的55.10%相比，显著降低了27.60个百分点）；筹资活动现金流入量主要来自借款（占86.14%，与2022年度的92.31%相比，降低了6.17个百分点）。

2）现金流出量结构分析

以现金流量表的现金流出量为基础编制的比较共同比现金流量表同样分为总体结构分析和分类（经营活动、投资活动和筹资活动）结构分析。总体结构分析以现金流出量总额作为关键项目，并将其当作100%，分别计算各类活动现金流出量占现金流出量总额的百分比。而分类结构分析以各类活动的现金流出量总额作为关键项目，并将其当作100%，分别计算各项现金流出量占各类活动现金流出量总额的百分比。

【实例8-3】

根据表1-11，四川长虹电器股份有限公司2023年度与2022年度的现金流出量结构分析见表8-9。

表8-9 四川长虹电器股份有限公司2023年度与2022年度的现金流出量结构分析表

项目	2023年度		2022年度		增减变动情况	
	总体结构	分类结构	总体结构	分类结构	总体结构	分类结构
一、经营活动现金流出量						
购买商品、接受劳务支付的现金		88.94%		88.65%		0.29%
支付给职工以及为职工支付的现金		6.36%		6.25%		0.11%
支付的各项税费		2.04%		2.09%		−0.05%
支付其他与经营活动有关的现金		2.66%		3.01%		−0.35%
经营活动现金流出量小计	77.59%	100.00%	71.13%	100.00%	6.46%	/
二、投资活动现金流出量						
购建固定资产、无形资产和其他长期资产支付的现金		19.44%		13.96%		5.48%
投资支付的现金		68.19%		63.29%		4.90%
支付其他与投资活动有关的现金		12.37%		22.75%		−10.38%
投资活动现金流出量小计	6.11%	100.00%	5.51%	100.00%	0.60%	/
三、筹资活动现金流出量						
偿还债务支付的现金		92.41%		74.71%		17.70%
分配股利、利润或偿付利息支付的现金		6.48%		3.56%		2.92%
支付其他与筹资活动有关的现金		1.11%		21.73%		−20.62%
筹资活动现金流出量小计	16.30%	100.00%	23.36%	100.00%	−7.06%	/
现金流出量合计	100.00%	/	100.00%	/	/	/

从现金流出量的总体结构来看，四川长虹电器股份有限公司2023年度的现金流出量总额中，经营活动现金流出量占现金流出量总额的77.59%（与2022年度的71.13%相比，提高了6.46个百分点），投资活动现金流出量占现金流出量总额的6.11%（与2022年度的5.51%相比，提高了0.60个百分点），筹资活动现金流出量占现金流出量总额的16.30%（与2022年度的23.36%相比，降低了7.06个百分点）。这说明四川长虹电器股份有限公司2023年度的现金流出量主要用于经营活动。

从现金流出量的分类结构来看，四川长虹电器股份有限公司2023年度经营活动现金流出量主要用于购买商品和接受劳务（占88.94%，与2022年度的88.65%相比，提高了0.29个百分点）；投资活动现金流出量主要用于投资（占68.19%，与2022年度的63.29%相比，提高了4.90个百分点）；筹资活动现金流出量主要用于偿还债务（占92.41%，与2022年度的74.71%相比，显著提高了17.70个百分点）。

●8.3 现金流量的比率分析

现金流量的比率分析原理与第6章和第7章相同。现金流量的比率分析主要包括：流动性分析、获现能力分析和盈利质量分析。

拓展学习8-3

从投入与产出的角度看现金流量表

8.3.1 流动性分析

正如第6章所述，流动性是指将资产迅速转变为现金的能力。第6章根据资产负债表确定的流动比率虽然也能反映流动性，但存在很大局限性。真正能用于偿还债务的是现金流量，现金流量和债务的比较可以更好地反映企业偿还债务的能力。

1）流动负债保障率

流动负债保障率反映企业经营活动现金流量净额与流动负债总额的比值。其计算公式为：

流动负债保障率=经营活动现金流量净额÷流动负债总额

【实例8-4】

根据表1-2和表1-11，四川长虹电器股份有限公司2023年度与2022年度的流动负债保障率指标见表8-10。

表8-10 四川长虹电器股份有限公司2023年度与2022年度流动负债保障率计算表 金额单位：元

项目	2023年度	2022年度
经营活动现金流量净额（1）	2 855 089 999.94	3 295 442 609.27
流动负债总额（2）	65 154 226 397.87	59 348 526 514.89
流动负债保障率（3）=（1）÷（2）	0.044	0.056

2）负债保障率

负债保障率反映企业经营活动现金流量净额与负债总额的比值。其计算公式为：

负债保障率=经营活动现金流量净额÷负债总额

【实例 8-5】

根据表 1-2 和表 1-11，四川长虹电器股份有限公司 2023 年度与 2022 年度的负债保障率指标见表 8-11。

表 8-11　四川长虹电器股份有限公司 2023 年度与 2022 年度负债保障率计算表　金额单位：元

项目	2023 年度	2022 年度
经营活动现金流量净额（1）	2 855 089 999.94	3 295 442 609.27
负债总额（2）	70 339 858 605.46	62 700 837 234.12
负债保障率（3）=（1）÷（2）	0.041	0.053

8.3.2　获现能力分析

获现能力是指企业经营活动现金流量净额与投入资源的比值。这里的“投入资源”可以是营业收入、资产总额或普通股股数等。

1）营业现金比率

营业现金比率反映企业经营活动现金流量净额与企业营业收入的比值。其计算公式为：

营业现金比率=经营活动现金流量净额÷营业收入

【实例 8-6】

根据表 1-7 和表 1-11，四川长虹电器股份有限公司 2023 年度与 2022 年度营业现金比率指标见表 8-12。

表 8-12　四川长虹电器股份有限公司 2023 年度与 2022 年度营业现金比率计算表　金额单位：元

项目	2023 年度	2022 年度
经营活动现金流量净额（1）	2 855 089 999.94	3 295 442 609.27
营业收入（2）	97 455 828 421.45	92 481 659 367.24
营业现金比率（3）=（1）÷（2）	0.029	0.036

营业现金比率反映单位营业收入得到的经营活动现金流量净额，其数值越大越好。

2）每股经营现金流量

每股经营现金流量反映企业经营活动现金流量净额与企业发行在外的普通股数量的比值。其计算公式为：

每股经营现金流量=经营活动现金流量净额÷发行在外普通股数量

【实例 8-7】

根据表 1-2 和表 1-11，四川长虹电器股份有限公司 2023 年度与 2022 年度每股经营现金流量指标见表 8-13。

表 8-13　四川长虹电器股份有限公司 2023 年度与 2022 年度每股经营现金流量计算表

项目	2023 年度	2022 年度
经营活动现金流量净额（1）	2 855 089 999.94 元	3 295 442 609.27 元
发行在外普通股数量（2）	4 616 244 222 股	4 616 244 222 股
每股经营现金流量（3）=（1）÷（2）	0.62 元/股	0.71 元/股

每股经营现金流量指标反映企业最大的分派现金股利能力。如果企业每股发放的现金股利超过每股经营现金流量，可能就要借款分红。这时，企业出现“超能力”派现。这种“超能力”派现可能与操纵净资产收益率有关。

3）资产现金回收率

资产现金回收率反映企业经营活动现金流量净额与企业资产平均余额的比值，说明企业资产获现能力。其计算公式为：

资产现金回收率=经营活动现金流量净额÷资产平均余额

【实例 8-8】

根据表 1-2 和表 1-11，四川长虹电器股份有限公司 2023 年度资产现金回收率指标见表 8-14。

表 8-14　**四川长虹电器股份有限公司 2023 年度资产现金回收率计算表**　金额单位：元

项　　目	数　值
经营活动现金流量净额（1）	2 855 089 999.94
资产平均余额（2）	89 968 994 150.62
资产现金回收率（3）=（1）÷（2）	0.0317

资产现金回收率说明单位资产（投资）可以创造的现金流量。

8.3.3　盈利质量分析

评价企业盈利质量的主要指标是净利润现金比率。其计算公式为：

净利润现金比率=经营活动现金流量净额÷净利润

【实例 8-9】

根据表 1-7 和表 1-11，四川长虹电器股份有限公司 2023 年度与 2022 年度净利润现金比率指标见表 8-15。

表 8-15　**四川长虹电器股份有限公司 2023 年度与 2022 年度净利润现金比率计算表**　金额单位：元

项目	2023 年度	2022 年度
经营活动现金流量净额（1）	2 855 089 999.94	3 295 442 609.27
净利润（2）	1 798 142 503.16	1 134 378 308.18
净利润现金比率（3）=（1）÷（2）	1.5878	2.9051

净利润现金比率指标主要反映经营活动现金流量净额与当期净利润的差异程度，即当期实现的净利润有多少存在现金流量保证（通俗地说，就是利润的“含金量”）。如前所述，利润表的“净利润”以权责发生制为基础，而现金流量表的“现金流量”以收付实现制为基础，这就使得净利润与现金流量不完全一致。

为了防止一方面净利润较多，另一方面现金流量严重短缺，就必须利用经营活动现金流量净额与净利润的比率，即净利润现金比率，评价净利润的质量及影响质量高低的原因。

净利润现金比率指标对于防止企业尤其是上市公司操纵利润具有重要的意义。企业操纵账面利润，通常难以拥有相应的现金流量。净利润现金比率过低，就有“虚盈实亏”的可能性，财务报表分析者应该进一步分析企业的会计政策、会计估计和会计差错变更的影响以及应收款项及存货的变现能力。

【延伸阅读资料8-3】①

企业要“理财”，首先得有“财”可“理”。这样，企业理财的原始或基本职能便是筹资（相当于“输血”功能），但是，筹资绝不是其最主要功能。现金对于企业犹如血液对于人体。企业没有现金犹如人体没有血液，片刻不能生存。然而，一个企业拥有充裕的现金并不能保证该企业就能够可持续发展。

企业有了现金相当于人体有了血液，然而，人体有了血液，并不能保证人体就能健康生存。如果血液流动不畅或者人体缺乏造血功能，那么，一个人同样也难以长久健康地生存下去。企业又何尝不是如此？即使企业有了现金，但是，企业内在经营机制不完善，企业经营管理水平较差，现金不能有效运用，企业同样会陷入困境。健康的人体应该具有良好的造血功能，否则，就是病人。企业自然也不例外。企业应该具有自我创造现金流量的功能（相当于造血功能）；否则，一味地靠外部注入现金，相当于人体靠血库供血，这样的企业就是“病人”。因此，从企业内在经营机制入手，培植企业的“造血”功能更为重要。企业有了“造血”功能，就可以自我创造现金流，从而就可以源源不断地为企业“供血”，再也用不着靠“血库”来“输血”，这样企业才能真正走上健康发展的道路。因此，企业要正确处理好“输血”功能（筹资）与“造血”功能（具有自我创造现金流的能力）的辩证关系。中国有一句俗语：“救急不救穷。”企业的“输血”功能固然很重要，但是，只能“救急”，不能“救穷”。一个没有“造血”功能的企业是没有前途的！进一步说，一个没有“造血”功能的企业，在健全的市场经济环境下，又怎能得到“输血”呢？

让我们再来看看国有上市公司。国有上市公司的现金相对于一般企业可谓丰裕得很。但是，不少国有上市公司虽然发挥了融资功能，获得大量的现金（发挥了“输血”功能），但这些现金不能得到有效营运，经营业绩令人失望（缺乏“造血”功能）。这再次说明仅仅靠“输血”难以使一个丧失了“造血”功能的企业健康发展。企业的活力源于企业内部，企业的经营能力和实力是企业强健的“造血”功能。

基于思维定式，人们似乎过于重视企业的“输血”功能，忽视企业的“造血”功能。企业一旦出了什么问题，人们几乎马上就想到注册资本是否足额投入，由此立即联想到注册会计师的验资。其实，注册会计师的“验资报告”只是验证投资者对企业是否按规定“输血”，并没有验证其今后的“造血”功能。投入（注册）资本只是新创立企业成长过程的“第一滴血”而已，没有“造血”功能，这“第一滴血”终究会“干枯”，企业未必能“存活”下去。况且，这“第一滴血”如何“流动”早已超越注册会计师的权限。人们期待“注册资本是企业承担民事法律责任的最后一道防线”其实不过是一种美好愿望而已。注册资本作为一个账面数字，除非经批准出现增减资的情形，否则始终保持不变。但是，企业巨额的亏损早已使企业的所有者权益为负数。这样的企业具备承担民事责任的财务基础吗？从会计学的角度看，企业实际承担民事责任的财务基础是所有者权益而不是投入资本（注册资本）。企业只有持续的盈利（至少保本经营），才能真正具备承担民事责任的财务基础。

---

① 胡玉明. 由企业的造血功能谈起［J］. 中国注册会计师，2004（3）：73-74.

否则，即使企业投入资本（注册资本）再大，也会由于经营亏损，导致蚀本而无法实际承担民事责任。从更广阔的视野来看，只有企业具有强大的创造现金流的能力（“造血”功能），企业才具备可持续发展能力，从而具备实际承担民事法律责任的坚实基础。因此，不要过分夸大“第一滴血”（注册资本）的作用，注册会计师不应该承担其本不应该承担的法律责任！

从某种意义上说，会计学帮助企业认识现金流量，而企业理财学帮助企业改造现金流量。认识现金流量是改造现金流量的基础。因此，企业理财学与会计学是密不可分的。只有会计学知识而不懂企业理财学知识，难以真正运用会计学，同样地，只有企业理财学知识而缺乏会计学知识，难以真正理解和体会企业理财学。只有能够将企业理财学知识与会计学知识融会贯通，方可算得上一个“名副其实”的现代会计人。注册会计师只有从现金流量的过程与结果综合考察企业，才能避免审计风险。

拓展学习8-4

树立系统观念

最后，需要说明的是，第6章至第8章的讨论涉及许多财务指标，对于财务报表分析者而言，关键不在于这些财务指标的公式以及如何计算，而在于如何理解和运用这些财务指标。因此，理解各个财务指标计算公式的含义，远比掌握如何计算这些财务指标重要。今天，计算机可以轻松地计算出各个财务指标。但是，计算出来的各个财务指标究竟意味着什么呢？这就得理解各个财务指标计算公式的含义了。更为重要的是，财务报表分析者要通过财务报表分析，“透过现象看本质”。财务数字背后隐藏着“玄机”。财务指标的分析只能提供初步的线索，作为深入分析的入门向导。俗话说，“看不到问题是最大的问题”，财务报表分析者要真正发现问题、分析问题、解决问题，还必须把财务指标的分析与通过实地调查研究所能掌握的企业生产经营过程中的“活”情况紧密地结合起来。只有将企业战略、经营过程和财务分析有机地结合起来，并与行业水平对比，财务报表分析者才能真正理解财务指标所隐含的经济内涵。

价值引领

1.如何借助现金流量分析，树立量入为出的观念，统筹现金流出量与现金流入量之间的关系？

2.党的二十大报告强调“强化金融稳定保障体系，依法将各类金融活动全部纳入监管，守住不发生系统性风险底线”。结合党的二十大精神，如何借助现金流量分析，平衡盈利能力（利润）与偿债能力（现金流量）之间的关系，从企业微观层面“强化金融稳定保障体系”“守住不发生系统性风险底线”？

[总结与结论]

财务报表分析者应该关注现金流量的过程，而不仅仅关注现金流量的结果。实际上，财务报表分析者应该关注现金（cash）和成本（cost）两个“C”。如果财务报表分析者忽视企业所处的生命周期来讨论收入、利润和现金流量，那么，其意义不大。财务报表分析者应该立足于生命周期考察收入、利润和现金流量。

从现金流量的结构可以得到许多有价值的信息。企业现金流量的结构可以有不同的组合。不同的组合，其信息含量不同。企业现金流量安排应该力求合理地安排现金的流量和流向，使得企业的现金流入量与现金流出量在数额、时间、币种和利率结构形式上相匹配。流量是一个动态过程，流量导致存量，存量是一个结果。现金流动过程就是流量与存量相互联系、相互转化的过程。在会计账户上，流量就是发生额，存量表现为余额。现金流量表是企业现金流动的结果，它体现了“发展中求平衡”的思想。

从长远的观点看，企业的长短期偿债能力和盈利能力都必须立足于企业获现能力。企业获现能力的分析以现金流量分析为基础。现金流量分析是在现金流量表出现之后发展起来的分析思维，其方法体系还需要进一步完善。

现金流量分析不仅依靠现金流量表，还要结合资产负债表和利润表。现金流量分析包括：现金流量的比较分析和现金流量的比率分析。现金流量的比较分析主要包括：现金流量表的横向分析与现金流量表的纵向分析。现金流量的比率分析主要包括：流动性分析、获现能力分析和盈利质量分析。

对于财务报表分析者而言，关键不在于这些财务指标的公式以及如何计算，而在于如何理解和运用这些财务指标。因此，理解各个财务指标计算公式的含义，远比掌握如何计算这些财务指标重要。更为重要的是，财务报表分析者要通过财务报表分析，“透过现象看本质”。财务数字背后隐藏着“玄机”。财务指标的分析只能提供初步的线索，作为深入分析的入门向导。财务报表分析者要真正发现问题、分析问题、解决问题，还必须把财务指标的分析与通过实地调查研究所能掌握的企业生产经营过程中的“活”情况紧密地结合起来。只有将企业战略、经营过程和财务分析有机地结合起来，并与行业水平对比，财务报表分析者才能真正理解财务指标所隐含的经济内涵。

[练习题库]

★ 案例分析

1.根据表8-7至表8-15，结合四川长虹电器股份有限公司（上市股票代码600839）的2023年度财务报告（www.cninfo.com.cn/new/index），简要评价其2023年度的现金流量状况。

2.根据表8-7至表8-15，结合四川长虹电器股份有限公司（上市股票代码600839）的2023年度财务报告（www.cninfo.com.cn/new/index），引入标杆企业，简要评价四川长虹电器股份有限公司2023年度的现金流量状况。

3.根据第2章至第8章的讨论，结合四川长虹电器股份有限公司（上市股票代码600839）的2023年度财务报告（www.cninfo.com.cn/new/index），总体评价其2023年度的经济活动情况。

4.根据第2章至第8章的讨论，结合四川长虹电器股份有限公司（上市股票代码600839）的2023年度财务报告（www.cninfo.com.cn/new/index），引入标杆企业，总体评价四川长虹电器股份有限公司2023年度的经济活动情况。

★ 业务题

1.某公司20×1年年末资产总额为5 600万元（假设年初数也是5 600万元），负债总额为2 800万元（其中，流动负债为800万元），所有者权益总额中，股本总额为1 600万元

（全部为普通股，每股面值为1元），20×1年度实现净利润1 000万元，股利支付率为40%（股利全部通过现金支付）。20×1年度某公司与经营活动有关的现金流量业务见表8-16。

表8-16　**20×1年度某公司与经营活动有关的现金流量业务**　单位：万元

经营活动项目	现金流入量	现金流出量
销售商品、提供劳务	4 000	
其他业务	2 000	
现金流入量合计	6 000	
购买商品、接受劳务		1 200
支付职工工资		200
支付增值税		600
支付所得税		400
支付其他税费		300
其他现金支出		300
现金流出量合计		3 000

20×1年度某公司经营活动净利润占净利润的80%，营业收入中，现金销售占40%。要求计算如下指标：

（1）流动负债保障率；

（2）负债保障率；

（3）营业现金比率；

（4）每股经营现金流量；

（5）资产现金回收率；

（6）净利润现金比率。

2.表8-17是某公司20×1年度现金流量表。

表8-17　**某公司20×1年度现金流量表**　单位：元

项　目	金　额
一、经营活动产生的现金流量	
销售商品、提供劳务收到的现金	7 104 904 295.42
收到的税费返还	
收到其他与经营活动有关的现金	9 210 000.00
现金流入量小计	7 114 114 295.42
购买商品、接受劳务支付的现金	5 141 397 462.34
支付给职工以及为职工支付的现金	220 433 973.74
支付的各项税费	840 783 841.92
支付其他与经营活动有关的现金	192 195 467.50

续表

项　目	金　额
现金流出量小计	6 394 810 745.70
经营活动产生的现金流量净额	719 303 549.92
二、投资活动产生的现金流量	
收回投资收到的现金	
取得投资收益所收到的现金	9 974 066.13
处置固定资产、无形资产和其他长期资产收回的现金净额	527 460.00
收到其他与投资活动有关的现金	7 375 742.33
现金流入量小计	17 877 268.46
购建固定资产、无形资产和其他长期资产支付的现金	730 375 184.51
投资支付的现金	43 320 000.00
支付其他与投资活动有关的现金	12 026.56
现金流出量小计	773 707 211.07
投资活动产生的现金流量净额	−755 829 942.61
三、筹资活动产生的现金流量	
吸收投资收到的现金	
取得借款收到的现金	910 000 000.00
收到其他与筹资活动有关的现金	
现金流入量小计	910 000 000.00
偿还债务支付的现金	710 000 000.00
分配股利、利润和偿付利息支付的现金	258 452 240.00
支付其他与筹资活动有关的现金	31 266 300.03
现金流出量小计	999 718 540.03
筹资活动产生的现金流量净额	−89 718 540.03
四、汇率变动对现金及现金等价物的影响	
五、现金及现金等价物的净增加额	−126 244 932.72

根据某公司的资产负债表和利润表，其20×1年12月31日的流动负债总额为2 584 946 596.22元，负债总额为3 254 946 596.22元，资产总额为9 861 355 094.79元(20×0年12月31日资产总额为8 703 525 465.20元)，流通在外普通股数量为1 486 553 100股。某公司20×1年度的主营业务销售收入总额为7 875 478 237.67元，净利润为528 649 089.01元。

要求：

(1) 采用纵向分析法分析某公司20×1年度的现金流量表。

(2) 采用比率分析法分析某公司20×1年度的现金流量表。

3. 某公司生产和销售各种品牌的日用品。表 8-18 是某公司从第七年至第十一年的现金流量表。

表 8-18　**某公司现金流量表**　金额单位：百万美元

项　目	第七年	第八年	第九年	第十年	第十一年
经营活动					
净收益	1 872	2 027	2 211	2 645	3 046
折旧	1 051	1 140	1 134	1 235	1 358
其他加回项目	77	79	501	327	460
其他扣除项目	（203）	（118）	0	0	0
经营活动提供的营运资本	2 797	3 128	3 846	4 207	4 864
应收账款（增加）减少	23	（9）	40	（225）	17
存货（增加）减少	160	97	25	（401）	202
预付货款（增加）减少	（1）	79	（7）	（309）	（115）
应付账款增加（减少）	278	（54）	335	287	（366）
其他流动负债增加（减少）	（232）	97	（590）	（9）	（444）
经营活动现金流量	3 025	3 338	3 649	3 550	4 158
投资活动					
购置固定资产	（1 911）	（1 911）	（1 841）	（2 146）	（2 179）
有价证券变动	0	（306）	23	96	（331）
其他投资收益	（949）	587	（190）	（313）	44
投资活动现金流量	（2 860）	（1 630）	（2 008）	（2 363）	（2 466）
筹资活动					
短期借款增加	0	0	0	0	242
长期借款增加	1 608	1 001	414	449	339
发行股票	71	77	36	66	89
短期借款减少	（156）	（277）	（281）	（429）	0
长期借款减少	（433）	（939）	（797）	（510）	（619）
股票回购	（49）	（55）	（14）	（114）	（432）
发放股利	（788）	（850）	（949）	（1 062）	（1 202）
其他	（26）	（119）	1	50	（63）
筹资活动现金流量	227	（1 162）	（1 590）	（1 550）	（1 646）
现金变动	392	546	51	（363）	46
年初现金余额	1 384	1 776	2 322	2 373	2 010
年末现金余额	1 776	2 322	2 373	2 010	2 056
收入变动率	+8.6%	+3.8%	-0.4%	+10.2%	+5.4%

要求：

（1）讨论某公司在过去五年间净收益、经营活动营运资本以及经营活动现金流量之间的关系；

（2）讨论某公司在过去五年间经营活动现金流量、投资活动现金流量与筹资活动现金流量之间的关系。

★ 思考题

1.如何立足于企业生命周期理解和把握企业收益流量和现金流量？

2.如何编制比较现金流量表和比较共同比现金流量表？

3.如何运用比率分析法分析现金流量表？

4.如何借助现金流量分析，树立量入为出的观念？

★ 讨论题

1.现在企业界和学术界非常流行“现金为王”（Cash is king）这句话。请评述之。

2.现金流量表的信息比资产负债表和利润表的信息更为重要吗？为什么？

3.中国企业的注册资本验证还重要吗？为什么？

4.如何看待企业的“造血功能”（创造现金流量能力）与“输血功能”（从外界筹集资金）的辩证关系？

5.如何借助现金流量分析，平衡盈利能力（利润）与偿债能力（现金流量）之间的关系，从企业微观层面“强化金融稳定保障体系”“守住不发生系统性风险底线”？

[延伸阅读文献]

[1] 朱滔. 财务报表分析 [M]. 北京：高等教育出版社，2023.

[2] 陆正飞. 财务报告与分析 [M]. 3版. 北京：北京大学出版社，2020.

[3] 张新民，钱爱民. 财务报表分析 [M]. 6版. 北京：中国人民大学出版社，2023.

[4] 王化成，支晓强，王建英. 财务报表分析 [M]. 3版. 北京：中国人民大学出版社，2022.

[5] 吴世农，吴育辉. CEO财务分析与决策 [M]. 3版. 北京：北京大学出版社，2024.

[6] 本书编写组. 党的二十大报告辅导读本 [M]. 北京：人民出版社，2022.

第3篇

基于内部管理视角的财务分析

考虑到会计信息需求“内外有别”，财务分析部分将分别从外部的会计视角和内部的第2篇立足于外部会计视角，侧重于经理人的投资者角色，阐述了财务报表分析的基本方法及其运用。本篇将立足于内部管理视角，侧重于经理人的经营者角色，阐述财务报表分析的基本方法及其运用。本篇包括：

第9章　经营者如何分析财务报表

第10章　成本报表分析

第9章

经营者如何分析财务报表

[学习目标]

知识传授：从经营者的视角解读和理解资产负债表、利润表和现金流量表；理解和掌握经济增加值观念及其运用。

能力培养：借助财务报表提供的会计信息，改善企业经营管理水平，实现企业的可持续发展。

价值塑造：传递积极向上的价值观念，实现企业的可持续发展；“做强做优做大”企业，进而“提升企业核心能力”。

如前所述，经理人具有投资者与经营者的双重身份，而且经理人时而扮演投资者的角色，时而扮演经营者的角色，但投资者与经营者毕竟“内外有别”。有鉴于此，本章将“转换频道”，立足经营者的角色进一步讨论财务报表分析问题。

●9.1 资产负债表与财务资源配置

从投资者的角度看，资产负债表反映企业某个时点的财务状况，然而，从经营者的角度看，资产负债表却反映企业财务资源的配置。

9.1.1 资产负债表的对称性关系及其揭示的风险

第6章用财务数据解读资产负债表。俗话说：“此时无声胜有声”，同样地，“此时无数胜有数”。如何透过资产负债表的结构安排识别企业隐含的风险呢？

从资源配置的视角看，资产负债表描述了企业资产结构与资本结构两大结构内部以及相互之间的协调关系。一切资本来源（即资本结构）都表现为一定的资产形态（即资产结构）。资本结构与资产结构存在对称性关系。

资本结构与资产结构存在的对称性关系以两者之间存在的内在关系为基础。这种内在关系表现在两个方面：（1）资产与其来源的总量总是相等，也就是资产一旦取得必定以一定的资产形态表现出来；（2）资产与其资本来源的结构存在一定的对应关系。资产负债表左右两边各项目都按流动性强弱确定其排列顺序和结构。

当然，这种流动性在资产与资本来源两方面的含义不同。从资产方面看，其流动性表明了资产价值实现或转移或摊销时间的长度；而从资本来源方面看，其流动性表明融资清欠、退还或可以使用时间的长度。实际上，资产负债表各项目按流动性排列揭示了企业未来现金流量的数额、时间顺序以及不确定性，正是因为从时间上看，资产与其资本来源各个项目之间形成了一种内在对应关系。从理论上说，可以将资产分为长期资产与短期资产，资本来源可以分为长期筹资与短期融资。它们之间的对称关系表现为：(1) 长期资产的资金来源由长期筹资提供，否则，就会因为以短期融资来支持长期资产而带来偿债压力，以致到期不能清偿债务，而陷入财务困境。当然，企业可以用不断地借新债还旧债的方法，用短期融资来支持长期资产，可以获得较低资本成本的好处。但是，一旦新债难以筹措，企业仍然会陷入财务困境之中。(2) 短期资产的资金来源由短期负债提供。这时短期资产能在较短的时间内实现、转移或摊销其价值，也就能保证短期融资的清欠和退还。(3) 短期资产的资金来源也可以由长期筹资提供。从理论上说，这是一种最保险的方法，但也是一种资本成本最高的方法。在这种情况下，企业一般不会面临偿债或流动性压力，但长期筹资却要支付比短期融资更高的资本成本。

如前所述，资产负债表各项目按流动性排列揭示了企业未来现金流量的数额、时间顺序以及不确定性。这就隐含着企业财务风险之大小，它是对企业财务风险的揭示。这种风险在资产负债表左右两边所表示的含义和方向不同。从资产方面看，从上到下，从短期资产到长期资产，其风险逐渐由小到大，而且这种风险是资产能否迅速实现和补偿其价值的风险。而从资本来源方面看，从上到下，从短期融资到长期筹资，其风险由大到小，这种风险是到期能否及时偿债的风险。

如果将资产负债表左右两边结合起来看，经营者（财务报表分析者）不难看到：(1) 如果资产结构与资本结构确实对称，则一方较大的风险恰好为另一方较小的风险所抵销，从而使得企业总体风险趋于中和。(2) 企业的偿债风险或财务风险能否消除，归根到底取决于企业的资产风险能否消除或避免。只要资产经营不存在问题，其价值能够顺利实现或补偿，到期偿债就不存在问题，财务风险也就随之消失。但是，如果企业资产结构与资本结构本身不对称，即使资产价值能够顺利实现或补偿，财务风险也会由于企业收款期与支付期（现金流入量与现金流出量发生时间）不一致而继续存在。可见，财务风险存在于企业的财务运作（资本结构）之中，但取决于资产经营的成效和顺利与否（资产结构）。这就是企业资产结构对资本结构选择的影响。

根据上述讨论，企业资产负债表揭示了企业存在的财务风险与经营风险。图9-1、图9-2和图9-3分别从流动性、风险性和盈利性角度描述资产负债表的对称性关系。

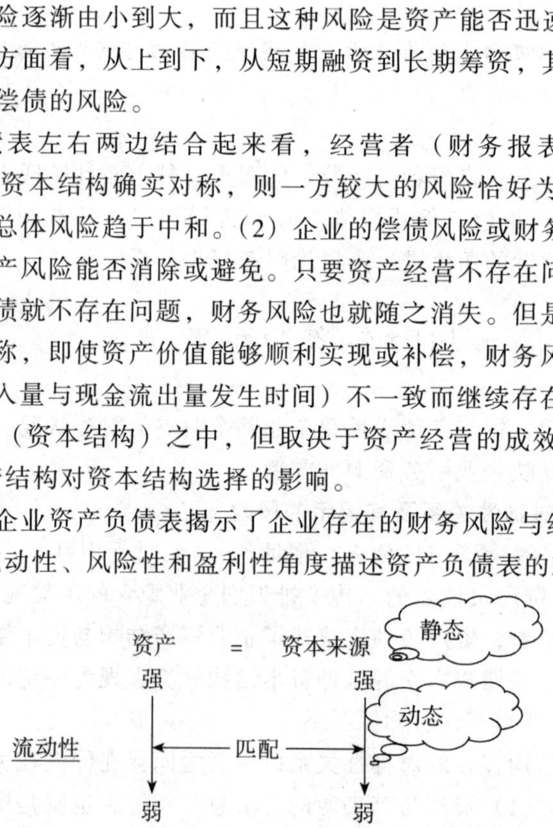

图9-1 流动性图示

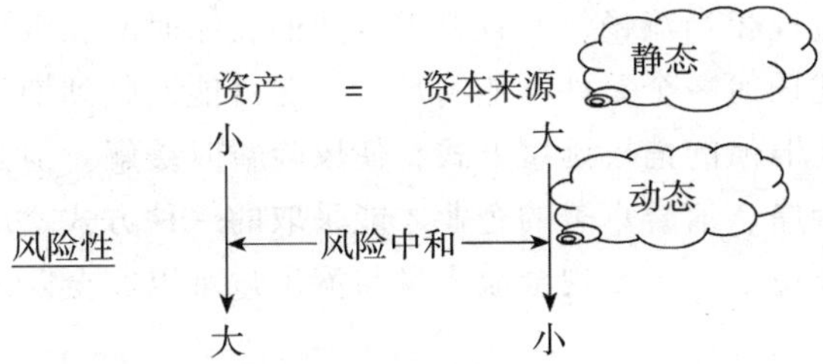

图9-2　风险性图示

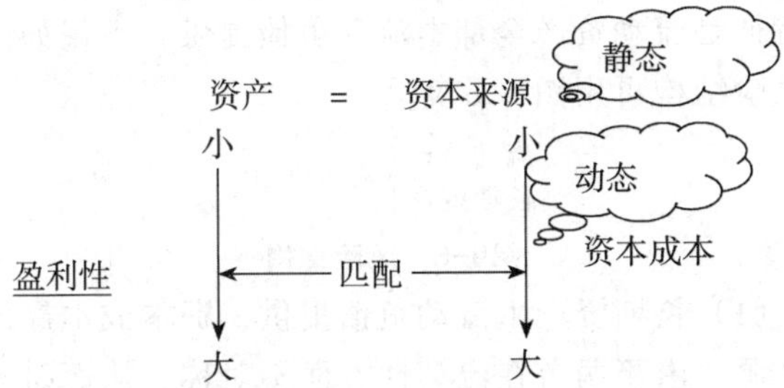

图9-3　盈利性图示

9.1.2　资产负债表的对称性管理

资本结构与资产结构的对称性管理不外乎三类：

1）稳定结构

稳定结构的主要标志是流动资产的一部分资本来源由流动负债来满足，而另一部分由长期负债来满足。这种稳定结构可用图9-4表示。

流动资产{流动负债
长期负债

图9-4　稳定结构

【实例9-1】

根据表1-2，四川长虹电器股份有限公司2023年度和2022年度都采用稳定结构。

这种结构意味着：(1) 长期负债属于长期筹资用来满足流动资产的需要时，将不会遇到流动性压力或偿债压力，而其他长期资产由长期筹资提供保证，当然也不会遇到偿债压力。因此，可以说，这是一种风险最小的结构。(2) 以长期筹资来满足流动资产的资本需求，相对而言，筹资的资本成本最高。毫无疑问，相对短期融资来说，长期筹资的资本成本较高。但是，从稳健的角度说，流动负债总额应该小于流动资产总额，因为流动资产的变现不仅需要时间，而且数额也会降低。企业只有采取稳定结构才能保证企业的流动比率达到2∶1的水平。

2）中庸结构

中庸结构的基本特征是流动资产全部由流动负债提供。这种中庸结构可用图9-5表示。

流动资产←流动负债

图9-5　中庸结构

这种结构意味着：(1) 流动资产不会占用长期筹资，从而使筹资的资本成本相对较低；(2) 流动负债也不会用来支持长期资产，从而使财务风险或偿债风险较低。其结果是中庸结构的风险中和，资本成本也中和。但是，中庸结构存在一定的潜在风险。中庸结构不仅要求企业的经营过程相当流畅，而且要求企业的收账时间和数额必须与偿债时间和数额完全匹配。如果上述任何一个条件不能满足，企业可能面临到期偿债的风险。当然，企业还可以采用借新债还旧债的消极延缓方式，使风险暂时缓解。但是，借新债还旧债只是经营稳定、财务实力雄厚、信誉卓著的企业才能采取的一种方式，即便采用也不能无限延续下去。在市场经济环境下，由于现金流入量与流出量难以完全匹配，中庸结构的实施未必总是有效。

3）风险结构

风险结构的基本特征是流动资产全部由流动负债提供，不仅如此，长期资产也部分由流动负债提供。这种风险结构可用图 9-6 表示。

$$\left.\begin{array}{l}\text{流动资产}\\ \text{长期资产}\end{array}\right\}\text{流动负债}$$

图9-6　风险结构

风险结构意味着：(1) 长期资产由流动负债提供，资本成本最低；(2) 流动负债用来作为长期资产的资本来源，由于两者在流动性方面不对称，从而财务风险最大。因此，风险结构是资本成本最低、风险最高的结构。如果企业采用风险结构，通常是市场处于良好或上升时期，企业也处于发展壮大过程，前景乐观，这时企业比较容易筹措到资本。同时，由于经营过程相当顺畅，企业不断有现金流入量用来偿还借款。这就使企业借新债还旧债不仅可能，而且是现实的。如此，企业可以通过连续不断地进行短期借款，而获得长期使用的好处。一般来说，企业要在短期内维持这种状况还是可以做到的，但不宜作为长期战略。因为就长期而言，企业会面临市场的严峻挑战。

【实例 9-2】

某公司的资本总额为 7 000 000 元，60% 通过负债融资，40% 通过普通股融资。在负债融资中，流动负债的资本成本为 8%，长期负债的资本成本为 10%，预期息税前利润为 1 000 000 元，假设所得税税率为 25%。目前正在考虑三种可供选择的资产负债表对称性管理政策：

资产负债表对称性管理政策 A：要求流动资产投资 4 000 000 元，短期负债为 2 000 000 元。

资产负债表对称性管理政策 B：要求相对较多的流动资产投资，其投资额为 4 500 000 元；相对较少的短期负债融资，其数额为 1 000 000 元。

资产负债表对称性管理政策 C：要求相对较少的流动资产投资，其投资额为 3 500 000 元；相对较多的短期负债融资，其数额为 3 000 000 元。

这三种不同的资产负债表对称性管理政策的实施结果见表 9-1。

从表 9-1 可以看到，资产负债表对称性管理政策 C 的盈利性最强，其全部资本利润率为 7.18%，而资产负债表对称性管理政策 B 的盈利性最差，其全部资本利润率只有 6.11%。同时，资产负债表对称性管理政策 C 的风险也最大，其流动比率只有 1.17，营运资本净额只有 500 000 元；而资产负债表对称性管理政策 B 的风险最小，其流动比率为 4.50，营运资本净额为 3 500 000 元。这正说明"高风险，高利润"的道理。至于资产负债表对称性管理政策 A，无论是其风险性还是盈利性都处于中间的位置。

尽管上述分析不能直接得出企业应该选择的合理资产负债表对称性管理政策，但向经营者指出了各种可供选择资产负债表对称性管理政策的风险性与盈利性的权衡问题。

表9-1　**三种不同的资产负债表对称性管理政策实施结果**　金额单位：元

资产负债表对称性管理政策	政策A	政策B	政策C
流动资产	4 000 000	4 500 000	3 500 000
固定资产	3 000 000	2 500 000	3 500 000
资产总额	7 000 000	7 000 000	7 000 000
流动负债（资本成本为8%）	2 000 000	1 000 000	3 000 000
长期负债（资本成本为10%）	2 200 000	3 500 000	900 000
负债合计	4 200 000	4 500 000	3 900 000
权益资本	2 800 000	2 500 000	3 100 000
负债及权益总额	7 000 000	7 000 000	7 000 000
息税前利润	1 000 000	1 000 000	1 000 000
减：利息费用			
短期负债利息	160 000	80 000	240 000
长期负债利息	220 000	350 000	90 000
税前利润	620 000	570 000	670 000
减：所得税费用（所得税税率为25%）	155 000	142 500	167 500
税后利润	465 000	427 500	502 500
营运资本净额	2 000 000	3 500 000	500 000
全部资本利润率	6.64%	6.11%	7.18%
流动比率	2.00	4.50	1.17

由于资产的流动性与盈利性存在矛盾，流动性越强，盈利性越弱，因此，企业要注意在流动性与盈利性之间进行权衡，避免将高成本的资本来源用于非增值甚至消耗性资产项目上。从总体上看，资产负债表体现了“平衡中求发展”的思想。

【延伸阅读资料9-1】[①]

资产结构与资本结构的对称性关系，相当于中国1993年会计制度改革前的资金平衡表的“三段平衡”观点。由此看来，中国过去强调的“三段平衡”观点还是有其现实意义的。当然，中国过去的“三段平衡”观点多少有点绝对化，没有给企业提供选择的余地。而资产结构与资本结构对称关系则不然，它提供给企业的是在不同环境下可以选择不同的结构。这也许就是计划经济与市场经济的区别！

拓展学习9-1

投资者和经营者的互动与牵制

① 胡玉明．公司理财［M］．大连：东北财经大学出版社，2002：298.

●9.2 成本性态与基于管理视角的利润观念

其实，现在芸芸众生所说的利润是财务会计观念的利润。它是财务会计规则的产物。基于会计的权责发生制，赊销就能够创造利润。也许，企业账面会出现巨额利润，然而，企业却没有现金流量。利润是企业的，而“钱”却在别人手里。企业甚至连为了证明这笔利润的合法性而需要支付的所得税都没有现金流量，更遑论再生产所需要的现金流量了。

企业不仅通过赊销可以创造利润，甚至连多生产都可以创造利润。这真有点“荒唐”！之所以出现这种现象，是因为基于对外报告（主要服务于投资者）的财务会计与基于内部经营决策与管理控制（主要服务于经营者）的管理会计对成本的认识不同，这就得从成本性态（cost behavior）说起。

9.2.1 成本性态

成本性态，又称成本习性，是指成本总额的变动与业务量之间的依存关系，也就是在一个特定的相关范围（relevant range）内，如果某项业务量发生变动，该项成本将如何变动。按照成本性态，成本可分为变动成本（variable cost）和固定成本（fixed cost）两类。

（1）变动成本。变动成本是指在相关范围内，成本的总额与业务量成正比例变动关系的成本，如直接材料、直接人工等。这些成本的发生额都与业务量直接联系。业务量增加，变动成本也增加；业务量减少，变动成本也减少。如果从单位业务量成本来看，则正好相反。单位业务量的变动成本在相关范围内固定不变，即不随着业务量的变化而变化。变动成本的性态可用图9-7来描述。

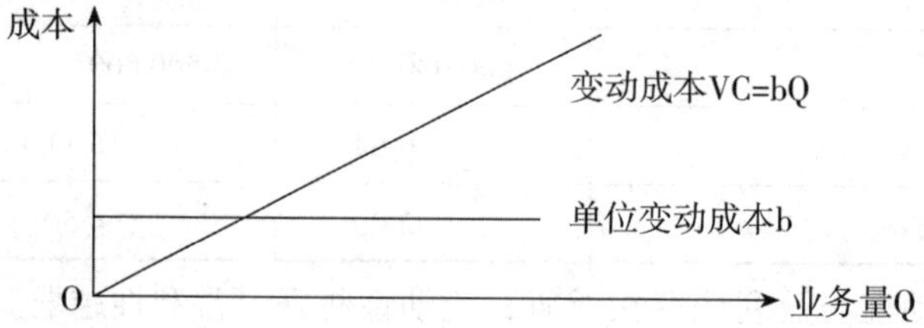

图9-7 变动成本性态

（2）固定成本。固定成本是指在相关范围内，成本总额不受业务量变动的影响而保持固定不变的成本，如厂房、设备按直线法计提的折旧费、保险费、管理人员的工资等。如果从单位业务量“分摊”的固定成本来看，则恰好相反，单位业务量“分摊”的固定成本与业务量的增减成反比例关系，即业务量越大，单位业务量“分摊”的固定成本越小；业务量越小，单位业务量“分摊”的固定成本越大。这就是企业通过多生产能够“创造”利润的奥妙之所在。固定成本的性态可用图9-8来描述。

9.2.2 基于管理视角的利润观念

侧重于外部报告的财务会计采用完全成本计算法（full costing）确定利润，而侧重于内部经营决策与管理控制的管理会计采用变动成本计算法（variable costing）确定利润。这两种成本计算方法的不同之处在于对固定性制造费用的认识不同。完全成本计算法将固定性制造费用视为产品成本的一个组成部分，而变动成本计算法则将其视为期间费用。

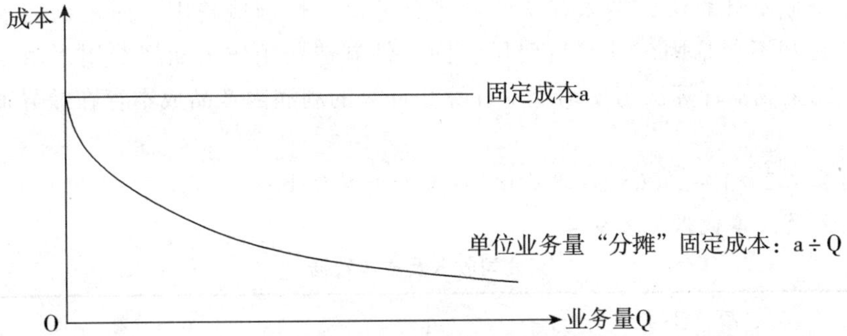

图9-8　固定成本性态

变动成本计算法认为，固定性制造费用主要是为企业提供一定的生产经营条件而发生的。这些经营条件一经形成，不管其实际利用程度如何，有关费用照样发生，与产品的实际生产没有直接的联系，并不随业务量的增减而增减，因而，不应计入产品成本，而应作为期间费用处理：随着时间的推移而发生，随着时间的流逝而消失。

图9-9描述了完全成本计算法与变动成本计算法的成本构成。

完全成本计算法
- 直接材料成本
- 直接人工成本
- 变动性制造费用
- 固定性制造费用 → 期间费用

（直接材料成本、直接人工成本、变动性制造费用 —— 变动成本计算法）

图9-9　两种成本计算方法的成本构成

【实例9-3】

某企业20×0年度生产量为10 000件，有关成本资料见表9-2。

表9-2　某企业相关资料

成本项目	金额
直接材料成本（元/件）	5.00
直接人工成本（元/件）	9.00
变动性制造费用（元/件）	0.60
固定性制造费用（元）	92 000

根据表9-2，完全成本计算法与变动成本计算法的单位产品成本计算见表9-3。

表9-3　完全成本计算法与变动成本计算法的单位产品成本　单位：元/件

成本项目	完全成本计算法	变动成本计算法
直接材料成本	5.00	5.00
直接人工成本	9.00	9.00
变动性制造费用	0.60	0.60
固定性制造费用	92 000÷10 000=9.20	—
单位成本合计	23.80	14.60

根据完全成本计算法，期末存货吸收了部分固定性制造费用，而根据变动成本计算法，期末存货却不包括固定性制造费用。固定性制造费用作为期间费用，由当期损益负担。这样，完全成本计算法与变动成本计算法计算的利润因产品成本存在差异而不同。

【实例 9-4】

假设某公司20×1年、20×2年和20×3年有关资料如下：

（1）收入及成本数据见表9-4。

表 9-4　**某公司收入及成本数据**

项　目	金　额
单位产品销售价格（元/件）	35.00
单位产品变动性制造成本（元/件）	14.60
年固定性制造费用（元）	92 000
年固定性销售及行政管理费用（元）	58 000
单位产品销售及行政管理费用（元/件）	1.20

（2）产销情况见表9-5。

表 9-5　**某企业产销情况表**　单位：件

项　目	20×1 年	20×2 年	20×3 年
期初存货	0	2 000	2 000
本期产量	10 000	10 000	8 000
本期销量	8 000	10 000	10 000
期末存货	2 000	2 000	0

（3）假设存货发出的计价方法采用后进先出法[①]。

根据上述资料，各年单位产品成本计算见表9-6。

表 9-6　**单位产品成本计算表**　单位：元/件

项　目	20×1 年	20×2 年	20×3 年
变动成本计算法	14.60	14.60	14.60
完全成本计算法			
变动性成本	14.60	14.60	14.60
固定性成本	9.20	9.20	11.50
合　计	23.80	23.80	26.10

①20×1年生产量（10 000件）大于销售量（8 000件），根据完全成本计算法与变动成本计算法，其计算结果分别见表9-7和表9-8。

① 目前我国会计准则不允许企业采用后进先出法。本例采用后进先出法只是为了说明变动成本计算法与完全成本计算法的差异及其内在机理，将生产量对单位产品成本的影响局限于当期。基于完全成本计算法，除非说明生产量是多少，否则，单位产品成本信息没有什么意义。

表9-7　　**基于完全成本计算法的营业利润**[①]　　单位：元

项　目	金　额
销售收入	280 000
产品销售成本	190 400*
销售毛利	89 600
销售及行政管理费用	67 600
固定部分	58 000
变动部分	9 600
营业利润	22 000

注：*0+238 000−47 600=190 400（元）或8 000×23.80=190 400（元）。

表9-8　　**基于变动成本计算法的营业利润**　　单位：元

项　目	金　额
销售收入	280 000
变动产品销售成本	116 800*
变动性销售及行政管理费用	9 600
边际贡献	153 600
固定性成本费用	150 000
固定性制造费用	92 000
固定性销售及行政管理费用	58 000
营业利润	3 600

注：*0+146 000−29 200=116 800（元）。

由此可见，当生产量大于销售量时，完全成本计算法确定的营业利润大于变动成本计算法确定的营业利润。这是因为根据完全成本计算法，期末存货吸收了部分固定性制造费用（9.20×2 000=18 400（元）），已经销售的产品少分摊了这部分成本，而根据变动成本计算法，固定性制造费用92 000元如数扣除，从而根据完全成本计算法，其扣除的固定性制造费用比变动成本计算法少18 400元，由此使得根据完全成本计算法确定的营业利润大于根据变动成本计算法确定的营业利润。

②20×2年产销平衡（生产量和销售量都是10 000件），根据完全成本计算法与变动成本计算法，其计算结果分别见表9-9和表9-10。

---

① 之所以用营业利润而不是净利润，是因为完全成本计算法与变动成本计算法对投资收益和营业外收支没有影响。

表 9-9　　**基于完全成本计算法的营业利润**　　单位：元

项　目	金　额
销售收入	350 000
产品销售成本	238 000
销售毛利	112 000
销售及行政管理费用	70 000
固定部分	58 000
变动部分	12 000
营业利润	42 000

表 9-10　　**基于变动成本计算法的营业利润**　　单位：元

项　目	金　额
销售收入	350 000
变动产品销售成本	146 000
变动性销售及行政管理费用	12 000
边际贡献	192 000
固定性成本费用	150 000
固定性制造费用	92 000
固定性销售及行政管理费用	58 000
营业利润	42 000

由此可见，当生产量等于销售量，即产销平衡时，完全成本计算法确定的营业利润与变动成本计算法确定的营业利润相等，都是42 000元。在产销平衡时，根据完全成本计算法，固定性制造费用虽然计入产品成本，但又全部转化为产品销售成本，在产品销售收入中如数扣除；而根据变动成本计算法，固定性制造费用本来就应该如数扣除。因此，两种成本计算方法确定的营业利润也一样。

③20×3年生产量（8 000件）小于销售量（10 000件），根据完全成本计算法与变动成本计算法，其计算结果分别见表9-11和表9-12。

表 9-11　　**基于完全成本计算法的营业利润**　　单位：元

项　目	金　额
销售收入	350 000
产品销售成本（26.10×8 000+23.80×2 000）	256 400
销售毛利	93 600
销售及行政管理费用	70 000
固定部分	58 000
变动部分	12 000
营业利润	23 600

表 9-12　　基于变动成本计算法的营业利润　　单位：元

项　目	金　额
销售收入	350 000
变动产品销售成本	146 000
变动性销售及行政管理费用	12 000
边际贡献	192 000
固定性成本费用	150 000
固定性制造费用	92 000
固定性销售及行政管理费用	58 000
营业利润	42 000

由此可见，当生产量小于销售量时，完全成本计算法确定的营业利润小于变动成本计算法确定的营业利润。这是因为根据完全成本计算法，产品销售收入不仅要扣除本期的固定性制造费用92 000元，而且要扣除上期存货结转、吸收而来的固定性制造费用18 400元；而根据变动成本计算法，产品销售收入却只扣除本期固定性制造费用92 000元，从而使得根据完全成本计算法确定的营业利润小于根据变动成本计算法确定的营业利润。

因此，如果存货流动计价采用后进先出法，那么：

（1）如果本期生产量大于销售量，完全成本计算法确定的利润大于变动成本计算法确定的利润；

（2）如果本期产销平衡，完全成本计算法确定的利润与变动成本计算法确定的利润相等；

（3）如果本期生产量小于销售量，完全成本计算法确定的利润小于变动成本计算法确定的利润。

变动成本计算法有利于以销定产，适用于买方市场经营环境（竞争市场环境）。完全成本计算法有利于促进生产，适用于卖方市场环境（垄断市场环境）。成本计算方法的选择本身就是一种激励机制，因此，经营者应该从管理的视角认识利润。

拓展学习 9-2

利润的确定方法与人的行为

●9.3　经营风险与财务风险分析

阿基米德说过："给我一个支点，我可以撬起地球。"从物理学的角度说，这就是杠杆（leverage）原理。其实，企业经济活动过程中也存在杠杆问题。在企业经济活动过程中，由于存在固定费用（包括生产经营方面的固定费用和资本经营方面的固定费用），如果业务量发生较小变动，企业的利润会产生比较大的变动，这就是杠杆效应（leverage effect）。由此，企业经济活动过程存在经营杠杆（operating leverage）和财务杠杆（financial leverage），经营杠杆体现了经营风险（operating risk），财务杠杆体现了财务风险（financial risk）。因此，企业同时存在经营风险与财务风险。

9.3.1 经营杠杆与经营风险分析

如前所述，资产负债表左边列示的资产结构揭示了企业的经营风险，而经营风险因经营杠杆效应而产生。

1）经营杠杆效应

为了说明经营杠杆效应问题，先看一个引例。

【实例 9-5】

假设A企业和B企业除了成本结构不同之外，其他都一样，见表9-13。

表 9-13　**A企业和B企业的相关资料**

项　目	A企业	B企业
销售量（千克）	20 000	20 000
销售价格（元/千克）	200	200
固定成本（元）	1 000 000	600 000
单位变动成本（元/千克）	100	120
单位边际贡献（元/千克）	100	80

根据表9-13，基于20 000千克的销售水平，A、B两个企业的成本总额[①]和息税前利润计算见表9-14。

表 9-14　**A企业和B企业成本总额和息税前利润计算表**　单位：元

项目	A企业	B企业
销售收入总额	20 000×200=4 000 000	20 000×200=4 000 000
变动成本总额	20 000×100=2 000 000	20 000×120=2 400 000
固定成本总额	1 000 000	600 000
成本总额	20 000×100+1 000 000 =2 000 000+1 000 000 =3 000 000	20 000×120+600 000 =2 400 000+600 000 =3 000 000
息税前利润	4 000 000−3 000 000 =1 000 000	4 000 000−3 000 000 =1 000 000

根据表9-14，A、B两个企业的成本总额和息税前利润都相同，难道其风险也一样吗？

这就涉及企业的成本结构以及由此引起的经营风险问题。基于财务视角，企业的经营风险指因市场环境的变化而影响其销售量，从而影响其盈亏的不确定性程度。经营风险不仅因行业而异，即使是同行业，其差别也很大。

显然，A企业和B企业的成本结构不同：A企业的固定成本总额占成本总额的比例为1/3，B企业的固定成本总额占成本总额的比例为1/5。在这里，固定成本总额占成本总额的比例就是支点。

① 严格地说，这里的“成本”包括费用。但为了叙述方便，将成本与费用统称“成本”。

如果以P代表单位销售价格，那么：

EBIT=（P-b）·Q-a

由于固定成本总额（a）并不随着销售量（Q）的变化而变化，因此，在其他条件不变的情况下，息税前利润（EBIT）的变动幅度大于销售量（Q）的变动幅度。

以【实例9-5】为基础，假设A企业和B企业的销售量变动10%，其息税前利润的变动情况见表9-15。

表9-15　**A企业和B企业的息税前利润变动情况（销售量变动10%）**　金额单位：元

项目	A企业			B企业		
销售量	20 000千克	销售量增加10%	销售量减少10%	20 000千克	销售量增加10%	销售量减少10%
销售收入总额	20 000×200 =4 000 000	20 000×（1+10%）×200=4 400 000	20 000×（1-10%）×200=3 600 000	20 000×200 =4 000 000	20 000×（1+10%）×200=4 400 000	20 000×（1-10%）×200=3 600 000
变动成本总额	20 000×100 =2 000 000	20 000×（1+10%）×100=2 200 000	20 000×（1-10%）×100=1 800 000	20 000×120 =2 400 000	20 000×（1+10%）×120=2 640 000	20 000×（1-10%）×120=2 160 000
固定成本总额	1 000 000	1 000 000	1 000 000	600 000	600 000	600 000
成本总额	3 000 000	3 200 000	2 800 000	3 000 000	3 240 000	2 760 000
息税前利润	1 000 000	1 200 000	800 000	1 000 000	1 160 000	840 000
息税前利润变动率		200 000÷1 000 000×10%=20%	-200 000÷1 000 000×10%=-20%		160 000÷1 000 000×10%=16%	-160 000÷1 000 000×10%=-16%

经营杠杆说明企业在生产经营过程中，由于存在固定成本，如果销售量发生较小变动，企业的息税前利润会产生较大的变动。这样，经营杠杆在一定程度上衡量了企业的经营风险。

在企业的成本结构中，固定成本总额占成本总额的比例越大，经营杠杆效应就越大。

2）经营风险分析

那么，经营者如何分析企业的经营风险呢？

经营杠杆效应可以用经营杠杆程度（degree of operating leverage，DOL）来度量。经营杠杆程度描述销售量变动引起息税前利润变动的效应。经营杠杆程度的数值越大，经营风险越大。

经营杠杆程度的计算公式为：

（1）经营杠杆程度（DOL）=息税前利润变动率÷销售量变动率

以【实例9-5】为基础，A企业和B企业的经营杠杆程度分别计算如下：

DOL_A=（+20%）÷（+10%）=2.00

DOL_A=（-20%）÷（-10%）=2.00

DOL_B=（+16%）÷（+10%）=1.60

DOL_B=（-16%）÷（-10%）=1.60

（2）经营杠杆程度（DOL）=边际贡献/息税前利润=（P-b）Q/［（P-b）Q-a］

以【实例9-5】为基础，A企业和B企业的经营杠杆程度分别计算如下：

DOL_A=［20 000×（200-100）］÷［20 000×（200-100）-1 000 000］

=2 000 000÷（2 000 000-1 000 000）=2.00

DOL_B=［20 000×（200-120）］÷［20 000×（200-120）-600 000］

=1 600 000÷（1 600 000-600 000）=1.60

上述两种方法的结论是一样的，但后者更加清晰地反映某一特定的销售量水平的经营杠杆程度，即销售量水平不同，其经营杠杆程度也各不相同。

总之，如果市场环境发生变化，销售量发生增减变动，经营杠杆程度高的企业（如A企业），其息税前利润的变动幅度大于经营杠杆程度低的企业（如B企业），经营风险也就比较大。这就是“高风险，高利润”的真实写照。通常，解决企业经营风险的途径就是拓展市场或顾客。

显然，成本结构影响经营风险。那么，成本结构由什么确定呢？企业的行业特征、战略定位和商业模式的选择都可能锁定成本结构，从而决定了经营风险。企业的经营者如何立足行业特征、战略定位和商业模式，依据市场需求变化趋势，选择生产能力的取得方式（如自建或外包），从而改变成本结构，控制经营风险呢？这是经营者需要认真考虑的一个问题。

【延伸阅读资料9-2】①

在市场经济环境下，企业之间的竞争是不可避免的。如果说20世纪是“竞争的世纪”，那么，21世纪将是“竞争力的世纪”。企业能否在以竞争力为主导的21世纪立于不败之地，关键在于企业是否具备竞争优势。企业所具有的竞争优势的显著性与持久性最终取决于企业在多大程度上能够在成本和差异化方面有所作为，因此，企业的竞争优势包括低成本优势和差异化优势。

企业要创造低成本优势就必须积极地建立达到有效规模的生产设施，在经验基础上全力以赴降低成本，进行成本与管理费用的控制。尽管产业内部存在着强大的竞争力量，但是，具备低成本优势的企业依然可以得到高于产业平均水平的利润率，因为具备低成本优势的企业在市场竞争中具有强大的防御作用。如果企业能够创造和维持全面的低成本优势，那么，它只要将价格控制在产业平均或接近平均的水平，就可以获取优于平均水平的经营业绩。成本优势的战略价值取决于其持久性。如果企业成本优势的来源是竞争对手难以复制或模仿的，便具有持久性。因此，要获得成本优势就必须控制成本动因、重构价值链、实施组织创新。

企业要创造差异化优势就必须力求就顾客广泛重视的某些方面在行业内独树一帜，别具一格。如果企业能够为顾客提供某种具有独特性的东西，那么，它就具备了有别于竞争对手的差异化优势。差异化优势减少了竞争，有利于保持市场份额。具备差异化优势的企业可以利用顾客对品牌的忠诚以及由此而形成的价格敏感性差而避开竞争。顾客的忠诚以及竞争对手要战胜这种“独特性”需要付出的努力构成了产业进入壁垒，从而缓解竞争的局面。

我们时常说，企业的经营活动要以市场为导向。尽管人们所说的市场是一个整体，但是，对于特定企业而言，其市场却是非常具体的。这时，市场不再是抽象的市场，而是特定顾客群体形成的特定细分市场。如果企业片面追求市场份额，试图满足所有顾客需求，可能使企业在特定产品、细分市场上失去竞争优势，从而失去企业持续的竞争优势。因此，无论是低成本优势还是差异化优势都要目标集中，不可能面面俱到。

① 胡玉明. 从盈亏临界点透视企业竞争优势［J］. 财会通讯（上），2004（6）：75.

这就是企业竞争优势的基本道理。也许这么说过于抽象了，其实，现代管理会计的盈亏临界点销售量（额）分析已经将企业竞争优势的基本道理具体化了，盈亏临界点销售量（额）就是企业处于不盈也不亏（利润等于零）状态的销售量（额），有这么神吗？没错，的确如此。只要我们进一步思考，我们便会发现其背后隐含的“弦外之音”。回顾一下，盈亏临界点销售量（额）计算公式为：盈亏临界点销售量=固定成本÷（单位销售价格-单位变动成本）=固定成本÷单位边际贡献；盈亏临界点销售额=固定成本÷边际贡献率。从这两个计算公式，我们可以看到：(1) 单位销售价格体现了企业的差异化优势。在市场经济环境下，差异化意味着某个方面的垄断，垄断则意味着企业是价格的制定者而不是价格的接受者。因此，单位销售价格的高低代表着差异化程度的高低。(2) 单位变动成本体现了企业的低成本优势。这毋庸置疑。(3) 固定成本可能同时体现企业的低成本优势与差异化优势。固定成本总额的高低自然体现了企业的低成本优势，而进一步看，在以扩展企业概念为基础的供应链管理时代，作为维持企业基本经营条件的固定成本数额与企业组织结构密切相关。不同的组织结构可能导致不同的固定成本，而固定成本的高低又可能体现企业独特组织结构创新的差异化优势。

由此可见，盈亏临界点销售量（额）分析将企业竞争优势具体化为企业日常经营活动。如果企业能够同时拥有低成本与差异化两大优势，那么，企业的盈亏临界点销售量（额）很低，更重要的是边际贡献（率），即企业产品或服务的获利能力很高。

如果我们联系产业结构进行分析，那么，企业的类型不同，成本结构也各异。在成本结构中，固定成本所占比例较大的企业称为高固定成本型企业；反之，称为低固定成本型企业。一般而言，高固定成本型企业（通常为技术密集型产业），经营杠杆程度较高，盈亏临界点销售量（额）较高，发生亏损的可能性较大；而低固定成本型企业（通常为劳动密集型产业），经营杠杆程度较低，盈亏临界点销售量（额）较低，发生亏损的可能性较小。这时，可能低固定成本型企业较为有利。然而，如果市场需求量趋于上升，增加产销量的前景很乐观，并且潜力很大，销售量降低到盈亏临界点以下的可能性甚小，高固定成本型企业由于边际贡献较高而显得格外有利；相反，如果产品市场需求疲软，增加产销量的可能性较小，或者市场对产品的需求量极不稳定，销售量降低到盈亏临界点以下的可能性很大，这时低固定成本型企业具有更大的优越性。这就是不同产业结构竞争优势在盈亏临界点销售量（额）分析中的具体表现。

与此相联系，我们还可以通过盈亏临界点销售量（额）占正常市场销售量（额）的比例，即盈亏临界点作业率的高低透视企业的竞争优势。盈亏临界点作业率越高，企业的竞争优势越不明显，反之亦然。

当然，盈亏临界点销售量（额）只是企业经营活动的底线。没有市场，成本再低，差异化再明显，企业也未必能获利。无论是低成本优势还是差异化优势，企业最终能否获利取决于企业的安全边际量（额），即市场销售量（额）超过盈亏临界点销售量（额）的部分。如果企业的市场销售量（额）能够扩大，安全边际量（额）比较大，那么，具备低成本优势与差异化优势的企业由于边际贡献（率）较大，其获利能力较强。毕竟，安全边际中的边际贡献就是利润！因此，企业的竞争优势加上市场容量便是企业的利润源泉。这就是盈亏临界点销售量（额）分析隐含的基本观念。

需要指出的是，经营杠杆（程度）只是企业经营风险的一个组成部分，导致企业经营风险的其他主要因素包括销售和生产成本的变动性或不确定性，企业的经营杠杆放大了这些其他因素对利润变动的影响。经营杠杆本身不是这种变动的来源。如果企业保持固定的销售水平和固定的成本结构，经营杠杆就没有什么意义，因此，将经营杠杆作为经营风险的同义词同样是错误的。但是，由于销售和生产成本的变动性，经营杠杆会放大利润的变动性，从而放大了企业的经营风险。由此，经营杠杆应当被视为对“潜在风险”的度量。这种潜在风险只有在销售和生产成本存在变动性时才会被“激活”。

9.3.2 财务杠杆与财务风险分析

如前所述，资产负债表右边列示的资本结构揭示企业的财务风险，而财务风险因财务杠杆效应而生。

1）财务杠杆效应

为了说明财务杠杆效应问题，先看一个引例。

【实例9-6】

假设A企业和B企业除了资本结构外，其余的情况均相同。它们的资本（资产）总额都为1 000万元，息税前利润（EBIT）为100万元，所得税税率为25%。A企业和B企业的资本结构见表9-16。

表9-16 **A企业和B企业的资本结构表** 单位：元

资本结构	A企业	B企业
普通股（面值100元）	10 000 000	5 000 000
长期债券（利率8%）	/	5 000 000
资本（产）总额	10 000 000	10 000 000

A、B两个企业的资产总额、息税前利润和资产收益率（ROA）都相同，其股东利益（每股收益）是否一样呢？这就涉及企业资本经营过程的成本结构以及由此引起的财务风险问题。

根据表9-16，计算A企业和B企业的每股收益见表9-17。

表9-17 **A企业和B企业的每股收益**

项　目	A企业	B企业
息税前利润	1 000 000元	1 000 000元
利息费用	/	400 000元
税前利润	1 000 000元	600 000元
所得税费用	250 000元	150 000元
税后利润	750 000元	450 000元
每股收益	7.50元/股	9.00元/股

表9-17表明，在其他条件不变的情况下，应用债务融资的企业（如B企业）的每股收益（9.00元/股）大于没有应用债务融资的企业（如A企业）的每股收益（7.50元/股）。

显然，尽管A企业和B企业的息税前利润相同，但其股东利益（每股收益）却不同。因为A企业不存在固定性财务费用（债务利息），而B企业则存在固定性财务费用。在这里，固定性财务费用就是一个支点。这就是财务杠杆效应。财务杠杆说明企业在资本经营（筹资）过程中，由于运用债务融资，存在固定性财务费用（债务利息），如果息税前利润发生较小变动，每股收益会发生较大变动。

以上述内容为基础，假设A企业和B企业的息税前利润变动10%，其每股收益变动情况见表9-18。

表9-18　**A企业和B企业每股收益变动情况（息税前利润变动10%）**　金额单位：元

项目	A企业			B企业		
	基础数据	息税前利润增加10%	息税前利润减少10%	基础数据	息税前利润增加10%	息税前利润减少10%
息税前利润	1 000 000	1 100 000	900 000	1 000 000	1 100 000	900 000
利息费用	/	/	/	400 000	400 000	400 000
税前利润	1 000 000	1 100 000	900 000	600 000	700 000	500 000
所得税费用	250 000	275 000	225 000	150 000	175 000	125 000
税后利润	750 000	825 000	675 000	450 000	525 000	375 000
每股收益	7.50	8.25	6.75	9.00	10.50	7.50
每股收益变动率		0.75÷7.50×100%=10%	−0.75÷7.50×100%=−10%		1.50÷9.00×100%=16.67%	−1.50÷9.00×100%=−16.67%

不过，财务杠杆效应包括有利财务杠杆效应与不利财务杠杆效应。资产收益率（ROA）可以说明这个问题。

如果资产收益率大于债务资本成本率，运用债务融资的企业就会出现有利财务杠杆效应，从而提升每股收益。【实例9-6】的A企业和B企业的资产收益率（ROA）都是10%。B企业的债务资本成本率为8%。B企业的资产收益率（10%）大于其债务资本成本率（8%），因此，还有2%（10%-8%）的利润可以分配给更少的股东，从而使每股收益上升（9.00元/股与7.50元/股）。这有点类似于"借鸡生蛋"。

如果资产收益率小于债务资本成本率，运用债务融资的企业将出现不利财务杠杆效应，从而降低每股收益。

以【实例9-6】为基础，假设其他条件不变，债务资本成本率上升为12%，则A企业和B企业的每股收益计算见表9-19。

表9-19　**A企业和B企业的每股收益**

项　目	A企业	B企业
息税前利润	1 000 000元	1 000 000元
利息费用	/	600 000元
税前利润	1 000 000元	400 000元
所得税费用	250 000元	100 000元
税后利润	750 000元	300 000元
每股收益	7.50元/股	6.00元/股

【实例9-6】的B企业资产收益率（10%）小于债务资本成本率（12%），股东必须拿出2%（10%-8%）的利润补偿债权人，从而使得每股收益下降（6.00元/股与7.50元/股）。这有点类似于“偷鸡不成，反蚀一把米”。

只要企业的资本经营过程运用了债务融资，就存在财务杠杆效应。但是，不同企业的财务杠杆效应不同。在资本结构中，债务融资的比例越高，财务杠杆效应就越大，财务风险也越大。

2）财务风险分析

那么，经营者如何分析企业的财务风险呢？

与经营杠杆效应相类似，财务杠杆效应可以用财务杠杆程度（degree of financial leverage，DFL）来度量。财务杠杆程度描述息税前利润（EBIT）变动引起每股收益（EPS）变动的效应。财务杠杆程度的数值越大，财务风险越大。

财务杠杆程度的计算公式为：

（1）财务杠杆程度（DFL）＝每股收益（EPS）变动率÷息税前利润（EBIT）变动率

以【实例9-6】为基础，A企业和B企业的财务杠杆程度分别计算如下：

DFL_A=（+10%）÷（+10%）=1.00

DFL_A=（－10%）÷（－10%）=1.00

DFL_B=（+16.67%）÷（+10%）=1.67

DFL_B=（－16.67%）÷（－10%）=1.67

（2）财务杠杆程度（DFL）＝息税前利润÷税前利润=EBIT÷（EBIT-I）

以【实例9-6】为基础，A企业和B企业的财务杠杆程度分别计算如下：

DFL_A=1 000 000÷（1 000 000-0）=1

DFL_B=1 000 000÷（1 000 000-400 000）=1.67

9.3.3 综合杠杆与企业风险分析

如前所述，资产负债表左边（资产结构）与右边（资本结构）的协调程度揭示了企业的整体风险，同理，企业风险因综合杠杆效应而生。

1）综合杠杆效应

如前所述，企业的经济活动过程同时存在经营杠杆与财务杠杆。经营杠杆与财务杠杆的完整组合就是综合杠杆（total leverage）。在企业的经济活动过程中，由于同时存在固定成本（经营杠杆）与固定性财务费用（财务杠杆），销售量（企业经济活动的起点）发生较小变动，每股收益（企业经济活动的终点）将发生较大变动。

【实例9-7】

以【实例9-5】和【实例9-6】为基础，假设A企业和B企业的销售量变动10%，其每股收益的变动情况见表9-20。

2）企业风险分析

经营者如何分析企业的风险呢？同理，综合杠杆效应可以通过综合杠杆程度（degree of total leverage，DTL）来度量。综合杠杆程度描述销售量变动引起每股收益变动的效应。综合杠杆程度的数值越大，企业的风险越大。

综合杠杆程度的计算公式为：

（1）综合杠杆程度=每股收益变动率÷销售量变动率

表9-20　**A企业和B企业每股收益变动情况（销售量变动10%）**　单位：元

项目	A企业			B企业		
	基础数据	销售量增加10%	销售量减少10%	基础数据	销售量增加10%	销售量减少10%
息税前利润	1 000 000	1 200 000	800 000	1 000 000	1 160 000	840 000
利息费用	/	/	/	400 000	400 000	400 000
税前利润	1 000 000	1 200 000	800 000	600 000	760 000	440 000
所得税费用	250 000	300 000	200 000	150 000	190 000	110 000
税后利润	750 000	900 000	600 000	450 000	570 000	330 000
每股收益	7.50	9.00	6.00	9.00	11.40	6.60
每股收益变动率		1.50÷7.50×100%=20%	−1.50÷7.50×100%=−20%		2.40÷9.00×100%=26.67%	−2.40÷9.00×100%=−26.67%

以【实例9-7】为基础，A企业和B企业的综合杠杆程度分别计算如下：

DTL_A=（+20%）÷（+10%）=2.00

DTL_A=（−20%）÷（+10%）=2.00

DTL_B=（+26.67%）÷（+10%）=2.67

DTL_B=（−26.67%）÷（−10%）=2.67

（2）综合杠杆程度=边际贡献÷（边际贡献−固定成本−利息）

以【实例9-5】和【实例9-6】为基础，A企业和B企业的综合杠杆程度分别计算如下：

DTL_A=［20 000×（200−100）］÷［20 000×（200−100）−1 000 000］=2.00

DTL_B=［20 000×（200−120）］÷［20 000×（200−120）−600 000−400 000］=2.67

（3）综合杠杆程度=经营杠杆程度×财务杠杆程度

以【实例9-5】和【实例9-6】为基础，A企业和B企业的综合杠杆程度分别计算如下：

DTL_A=2.00× 1.00=2.00

DTL_B=1.60× 1.67=2.67

由此可见，与A企业相比，B企业的风险更高。

最后一个计算公式说明：企业为了达到某个综合杠杆程度可以通过经营杠杆与财务杠杆的组合来实现。比如，经营杠杆程度较高的企业可以在较低程度上运用财务杠杆效应，而经营杠杆程度较低的企业可以在较高程度上运用财务杠杆效应。

图9-10描述了企业经营风险、财务风险与综合风险之间的关系。

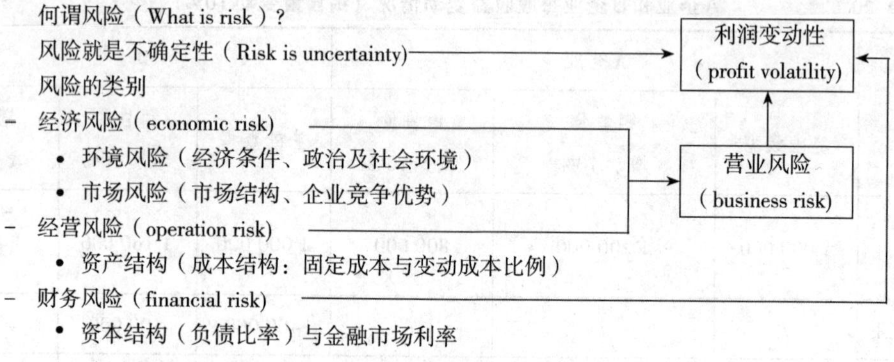

图9-10　企业经营风险、财务风险与综合风险之间的关系

综合【实例9-5】、【实例9-6】和【实例9-7】，A企业和B企业的杠杆效应如图9-11和图9-12所示。

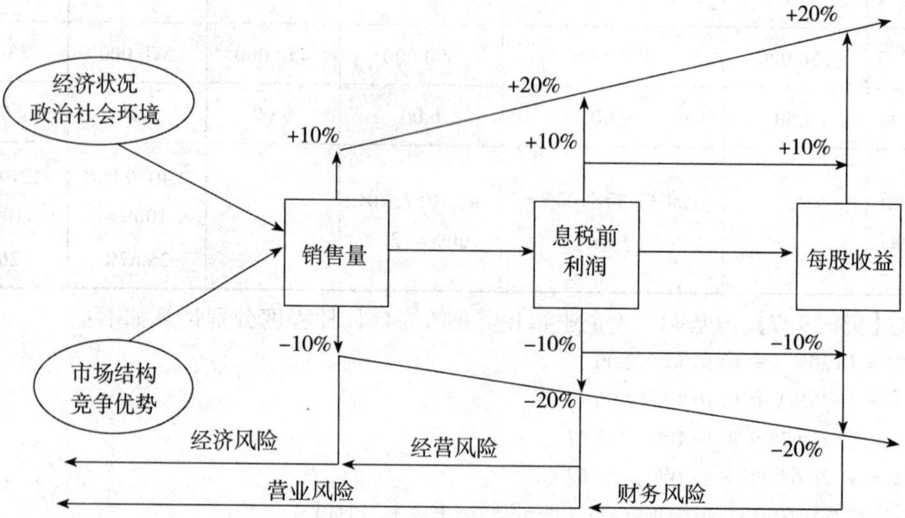

图9-11　A企业的杠杆效应

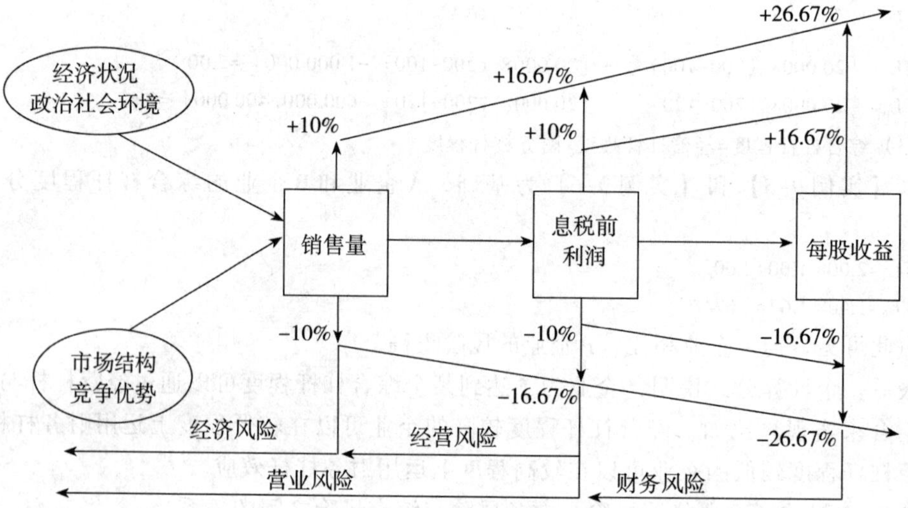

图9-12　B企业的杠杆效应

实际上，经营杠杆效应体现了资产结构（资产负债表的左边），而财务杠杆效应则体现了资本结构（资产负债表的右边），综合杠杆效应体现了资产结构与资本结构之间的协调。其实，企业现金流量的安排，也是资产结构与资本结构内部各自协调以及资产结构与资本结构两大结构之间的协调。综合杠杆程度就是资产结构与资本结构协调的数量表现。

拓展学习9-3

风险：甘露还是毒药

图9-13描述了企业资产结构、资本结构与企业风险的关系。

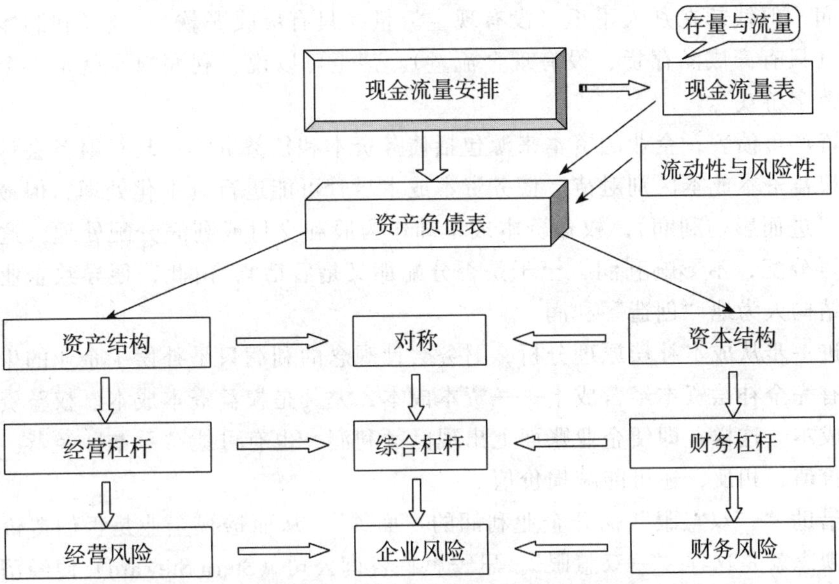

图9-13　企业资产结构、资本结构与企业风险的关系

●9.4　经济增加值观念

从利润转向价值是估值的基础，简单地说，利润与价值的显著差异在于价值充分考虑风险因素，而利润并没有充分考虑风险因素。从某种意义上说，经济增加值（economic value added，EVA）①观念就是从利润转向价值的一个典型例证。

9.4.1　经济增加值

根据第7章的杜邦财务分析体系，“净资产收益率（ROE）=（净利润÷净资产平均余额）×100%”。据此，企业只要调整资本结构（例如，企业可以根据需要和可能，通过债权转股权操纵公式分子的净利润，或者通过宣布发放现金股利操纵公式分母的净资产平均余额，或者更笼统地说，调整负债比率），就可以操纵净资产收益率这个指标。

显然，这是利用会计利润做文章。基于金融社会，现代企业经营活动包括生产经营活动和资本经营活动，相应地，现代企业的成本包括生产经营成本与资本经营成本。企业生产经营成本发生于企业生产经营过程，包括生产成本和期间费用。生产经营成本主要与生

① 英文“economic value added”术语早已存在。早期，这个英文术语翻译为“经济附加值”，如今（尤其在国资委引入“economic value added”之后），这个英文术语翻译为“经济增加值”。为了方便沟通和理解，本教材也就采用“经济增加值”。

产要素市场相联系。企业资本经营成本发生于企业资本经营过程。资本经营成本主要与资本市场相联系。生产要素市场与资本市场共同影响企业成本。

众所周知，成本是一种补偿价值。通俗地说，利润应该是补偿成本之后的剩余价值。由此，在许多人眼里，利润意味着赚钱。这绝对是真理。问题的关键在于代表赚钱的利润是怎么算出来的？这样的计算确实代表赚钱吗？其实，现在芸芸众生所说的利润就是财务会计观念的利润。利润是财务会计规则的产物，只有理解会计规则才能真正理解利润为何物。可见，利润是会计学“计算”出来的，而不见得是企业创造出来的。也许，企业账面上存在利润，但钱却在别人手里（没有现金流量，只有应收账款），或者利润体现在产成品存货上（只有产成品存货，没有现金流量）。甚至可以说，利润根本就是一个基于会计规则的“数字游戏”。

根据资产负债表，企业的资本来源包括债务资本和权益资本。现行财务会计对债务资本成本与权益资本成本区别对待。债务资本成本尽管可能进行资本化处理，但最终都作为费用处理（进而影响利润），权益资本成本却作为股利支付或利润分配处理（这意味着先有利润，再分配，不影响利润，至于是否分配那又是后话），由此，便导致企业可以通过调整资本结构人为地“创造”利润。

如果进一步从成本补偿原理分析，财务会计观念的利润只是补偿了企业的生产经营成本，并没有完全补偿资本经营成本——资本成本，尤其是权益资本成本。权益资本成本是一种机会成本。这样，即便企业账面上出现巨额利润，也有可能“亏本”经营。企业非但没有创造价值，相反，还可能减损价值。

如何借助“一双慧眼”揭开企业利润的“面纱”，从而透视企业是否创造价值呢？经济增加值观念就是这样“一双慧眼”。思腾思特咨询公司（Stern Steward）使经济增加值观念从理论走向实践，并成为“当今最热门的财务观念”。思腾思特咨询公司甚至宣称不懂经济增加值就是“21世纪的经济文盲”。

在数量上，经济增加值就是企业经营所得收益扣除全部要素成本之后的剩余价值。如果用公式表示就是：

经济增加值=调整后利润-调整后资本额×综合（平均）资本成本率

这里的“调整”，一方面体现了企业及其行业特征；另一方面体现了财务报表分析的立场或目的：资源配置效益还是资源使用效益？

尽管经济增加值指标离利润指标只有“一步之遥”，既体现了与利润的关系，又在一定程度上克服了利润的局限性，但是，经济增加值观念突出资本的逐利属性，强调所有资本（钱）都有成本的理念，根除“免费午餐”的幻觉。其实，世界上本没有“免费午餐”。利润的“潜台词”就是企业的权益资本成本为零。这才造成“免费午餐”的幻觉！经济增加值观念考虑了资本经营成本，有助于抑制过度投资，降低资本占用，注重资本运用效率。

由此可见，经济增加值观念考虑了所有市场要素，整合生产经营与资本经营，将实际成本与机会成本和谐地统一起来，实体经济与虚拟经济相融合，产业与金融相结合，资产管理与资本管理连为一体，体现了利润表观念向资产负债表观念转变。如果说，财务会计的利润观念没有完全补偿企业的成本，那么，经济增加值观念就是一种“全要素补偿”观念。

根据经济增加值观念，就可以解释“为什么投资者要把钱投入其他企业，而不是自己营运”的原因。道理很简单，投资者把钱投入其他企业就是期望该企业能够做投资者自己所不能做的事情，获得投资者自己所不能获得的收益率。这就是企业及其经营者最基本的职能。

如果经济增加值大于零，说明企业获得了超过投资者期望的投资收益率（企业不仅做了投资者自己无法做的事情，而且创造了价值）；如果经济增加值小于零，说明企业连金融市场一般预期收益率（机会成本）都无法获得（企业没有做投资者自己无法做的事情，更别说创造价值了）；如果经济增加值等于零，说明企业只获得了金融市场一般预期收益率（企业只是做了投资者自己可以做的事情，还谈不上创造价值）。

就上市公司而言，根据经济增加值指标，谁在创造价值，谁在“圈钱”就一目了然了。

【实例9-8】

为了更好地说明经济增加值观念，以某上市公司为例，根据其20×0年度财务数据计算其经济增加值，见表9-21。

表9-21　**某上市公司公司20×0年度经济增加值计算表（一）**

项　目	数　值
调整后利润（1）	2.1亿元
调整后资本（2）	35.2亿元
综合（平均）资本成本率（3）	8.2%
资本成本（4）=（2）×（3）	2.9亿元
经济增加值（5）=（1）-（4）	-0.8亿元

这说明根据经济增加值观念，尽管某上市公司20×0年度账面上显示出巨额利润，然而，该公司并没有创造价值，而是在减损价值。

如果换一个角度计算经济增加值，即：

经济增加值=资本效率×调整后资本=［资本收益率-综合（平均）资本成本率］×调整后资本

那么，问题就更清晰了。资本收益率就是企业能够获得的收益率，而综合（平均）资本成本率就是投资者自己能够获得的收益率，资本效率就是检验企业是否做了投资者自己所不能做的事情，获得投资者所不能获得的收益率的一个指标。

【实例9-9】

仍以某上市公司20×0年度数据为例，计算其经济增加值，见表9-22。

表9-22　**某上市公司公司20×0年度经济增加值计算表（二）**

项　目	数　值
调整后利润（1）	2.1亿元
调整后资本（2）	35.2亿元
资本收益率（3）=（1）÷（2）	6.0%
综合（平均）资本成本率（4）	8.2%
资本效率（5）=（3）-（4）	-2.2%
经济增加值（6）=（5）×（2）	-0.8亿元

这说明某上市公司20×0年度经济增加值之所以为负值，是因为其资本收益率（6.0%）低于综合（平均）资本成本率（8.2%）。

当然，经济增加值是一个绝对数指标，受到规模的影响，不利于横向和纵向比较。为了方便比较可以进一步计算经济增加值率。经济增加值率的计算公式为：

$$经济增加值率=\frac{经济增加值}{调整后资本}\times100\%$$

以某上市公司20×0年度数据为例，其经济增加值率计算如下：

经济增加值率=（−0.8）÷35.2×100%=−2.27%

从更深层次看，经济增加值观念的流行标志着财务报表分析（乃至绩效评价）的立足点已经逐步从利润观念转向价值观念，由此可能促使企业经营模式逐步从利润模式转向价值模式。作为一种观念，财务报表分析引入经济增加值观念并不是为了精确地计量经济增加值这个指标，而是通过经济增加值指标的动态观察，评价企业是否创造价值，因此，经营者应该从管理视角而非会计视角认识经济增加值观念，以避免出现思维误区。业界人士常说“评价什么，就得到什么”（You got what you measured）。经济增加值观念的管理哲学就在于引导企业创造价值以及衡量企业是否创造价值，而不在于企业创造了多少价值。也许，这才是经济增加值观念的真谛！

9.4.2 企业是在创造价值还是在减损价值

经济增加值观念强调企业资本成本，纠正了会计学将权益资本视为“免费午餐”的观念，通过把会计利润转化为经济利润，把会计账面价值转化为经济价值，在一定程度上弥补了财务报表的内在缺陷，消除了资本结构差异对利润的影响，使得不同资本结构的企业经营绩效具有可比性。利润可能“耳熟能详”，但可能产生误解。经济增加值揭开了会计利润的面纱，矫正了会计利润。只有当经济增加值大于零时，企业才创造了价值，否则企业在减损价值。因此，透过经济增加值指标，就可以判断企业是在创造价值还是在减损价值，企业经营者是价值创造者（value creators）还是价值减损者（value destroyers）。因此，经济增加值指标能够更好地反映企业的盈利能力。

1993年，某退休基金公司采用经济增加值评价6家大名鼎鼎的巨型公司。某退休基金公司每年把经济增加值指标表现不佳的公司总裁列入一个特别的“黑名单”，其中的一些人可能被解职。结果这6家大名鼎鼎的巨型公司都没能通过经济增加值指标的评价，其总裁因此被董事会撤职。这迫使人们重新思考究竟什么是企业的价值。

尽管经济增加值观念并不是什么财务创新，但是，经济增加值观念却改变了企业管理行为。什么样的指标造就什么样的企业管理模式。如果改变企业的评价指标，就会改变企业管理行为。以美国为例，经济增加值指标促使企业经营者针对经济业务中运用的所有资产都考虑资本成本，从而促使企业经营者直接关注与库存、应收账款以及机器设备有关的成本，更为谨慎地使用资产，快速处理不良资产，减少消耗性资产的占用量（比如有些企业的总裁开始更换原先使用的豪华汽车，以便减少消耗性资产的占用量），减少不必要的规模扩张。很多习以为常的观念将受到彻底冲击，除非企业能够完全补偿资本成本，否则，规模大不再是一件值得炫耀的事情。由此可见，利润指标驱动企业“做大做强”，经济增加值指标驱动企业“做强做大”。有些企业采用经济增加值指标之后，股票回购事项增加了，把自由现金流量返还给股东，由股东自己去投资。从另一个角度看，考虑资本成本之后，实际上就是把企业资产负债表转化为另一种“成本”项目清单。因此，采用经济增加值指标可以促使企业经营者考虑资产负债表，更加关注资产负债表上资产项目的运用，而不仅仅考虑利润表。单纯强调营业收入、毛利、净利润或是投资收益率将受到质疑，因为一味地追逐这样的成长，最终将侵蚀企业创造价值的能力。

【延伸阅读资料9-3】①

曾几何时，一旦有人指责中国上市公司“圈钱”，上市公司便辩解道：“巧妇难为无米之炊。”乍一听，颇为理直气壮，潜台词也很清楚，意思就是“我要不圈钱，我哪有钱做事情”。的确，再巧的媳妇，如果没有米怎么做得出饭呢！然而，这只是问题的一个方面。如果我们进一步思考，不禁要问：巧妇为何要为此之“炊”？上市公司凭什么认为自己就是“巧妇”呢？如果上市公司果真是“巧妇”，股东（投资者或股民）又为何要把自家的“米”拿给“巧妇”去“炊”呢？

在市场经济环境下，上市公司是最能体现现代市场经济本质特征的企业组织形式。上市公司的理财行为奠基于现代金融市场。现代金融市场的功能就在于将资本从资本的所有者手中，按照一定的法则分配到资本使用者的手中。在风险相同的情况下，资本总是流向收益较高的企业；在收益相同的情况下，资本则流向风险较小的企业。由此可见，在金融市场上，风险与收益之间的关系，决定着资本的流向，引导着各个资本所有者将资本投向收益高、风险低的企业，从而使资本所有者获得最大财富。从另一个方面看，在自由竞争的金融市场上，资本的使用权最终将属于获利能力最大的企业。这样，上市公司的获利能力是其获得资本之最有利条件。谁取得了资本，谁也就取得了各种经济资源的支配权。这也是金融市场合理配置社会经济资源的功能。

通俗地说，金融市场就是资金融通的场所。在这里，资本的需求者和供应者联系在一起，它们的交易活动决定了资本的“价格”——利率（收益率）水平。因此，金融市场上的利率（收益率）水平变动，反映了资本的供求关系，而证券市场的行情则反映了投资者对上市公司的生产经营情况、盈利水平和风险等级的综合评价。同时，资本需求者与供应者的风险与收益权衡观念在发达金融市场上得到全面的显示。本来每个股东都有各自不同的风险与收益权衡观念，我们无法了解每个股东的投资理念，但是，借助于金融市场，我们就可以将个别股东的“个人行动逻辑”转化为“集体行动逻辑”。财务学著名的资本资产定价模型（CAPM）之所以可以用来衡量股东必要收益率（其实，衡量的是金融市场上全体股东而不是个别股东的平均必要收益率），其逻辑基础也在于此。因此，上市公司通过发达的金融市场所提供的信息，可以了解资本的供求关系，衡量风险与收益水平，正确地做出投资决策与筹资决策。

可见，现代金融市场为上市公司提供了一个大舞台。它可以为上市公司这个“巧妇”提供源源不断的“米源”（资本来源）。但是，我们千万不要忘记，“米”（资本）是要花钱买的！金融市场上的任何资本都是有成本的。既然“米”需要花钱购买，就涉及一个很现实的问题：上市公司花钱购买“米”干什么（上市公司要钱干什么）？因为上市公司要“炊”（用钱）！如此，又产生一个更现实的问题：上市公司为何要“炊”（用钱）呢？因为上市公司要实施其宏伟的发展战略！上市公司的战略及其实施通过投资项目体现，投资项

① 胡玉明．会计之想——“巧妇”因何要为此之“炊”[J]．中国注册会计师，2003（10）：62-63.

目自然离不开财务资源的支持，也就需要“找米下锅”（筹资）。这就是说，上市公司发展战略驱动投资项目，而投资项目驱动筹资决策。

接下来的问题便是上市公司凭什么认为自己就是“巧妇”呢？也就是说，凭什么说上市公司就是理财（用钱）高手，能够把“米”做成最可口的“饭”（使资本的获利能力充分发挥）呢？空口无凭，上市公司的招股说明书其实就是承诺。在招股说明书中，上市公司比较详细地说明募集资本（买米）的用途（投资项目与资本投向）及其前景（包括获利能力）。潜在股东（投资者）通过招股说明书就可以看出上市公司是否属于“巧妇”（很遗憾的是我国许多股东并没有关注招股说明书）。当然，要真正判断上市公司是否就是“巧妇”还得借助“经济增加值”这双“慧眼”。只有能够“为股东赚取股东个人所不能赚取的收益率”的上市公司才称得上“巧妇”！然而，“巧妇难为无米之炊”为何成为所有上市公司的“口头禅”呢？我觉得其根源在于割裂了上市公司投融资决策的内在关系。

其实，上市公司的投资决策与筹资决策不是完全独立的两个过程，而是相互关联、密不可分的两个过程。投资决策是筹资决策的前提。只有存在可行的投资项目，才有必要筹资。可行投资项目的投资额就是筹资额，而筹资的最终目的就是投资。投资决策与筹资决策联系的桥梁就是资本成本（相当于“米”的价格）。上市公司在进行投资决策时，资本成本是一个取舍率。如果拟订的投资项目可以接受的话，接下来的工作便是以可行资本结构为指南，考虑如何筹集可以接受的投资项目所需要的资本，即进行筹资决策。这时，无论采用哪个筹资方案，都必须保证其边际资本成本不高于投资决策所使用的资本成本（体现在折现率或必要收益率上）。边际资本成本是选择资本来源、拟订筹资方案的依据。从这个意义上说，投资决策制约着筹资决策，而筹资决策又反过来影响投资决策的经济效益。如果筹资决策失误（即实际筹资的资本成本高于投资决策所用的边际资本成本），其投资决策也难以取得预期的效益，因为投资项目可能提供的收益率低于筹资的边际资本成本。

更为重要的是，从决策程序来说，先有投资决策，后才有筹资决策。但是，从资本的运用来看，却必须先筹资，而后才能投资；否则，投资便成为“无米之炊”。后者给人造成一种假象，似乎上市公司应该先筹集资本，然后再寻找投资项目。揭开这种假象所造成的迷雾，对于提高上市公司的投资效益和筹资效益具有重要的理论意义和实践意义。因为任何资本无论其来源如何都有代价，即资本成本。如果上市公司果真先筹资再投资的话，要是寻找不到可行的投资项目或者虽然能找到但需要时间，岂不是白白地花费了筹资成本？明确这一点，对我国上市公司正确处理投资决策与筹资决策的辩证关系，树立战略需求拉动融资需求的新型投融资思维，而不是“先圈钱后找项目”，具有重要的现实意义。

事实上，在一个完善的金融市场上，上市公司“先圈钱后找项目”的企图难以实现。因为潜在股东（投资者）不知道上市公司为什么筹集资金，准备投向何种项目，也就不知道其风险与收益率如何，从而根本无从判断上市公司是否属于“巧妇”，又怎么会把自家的“米”（钱）拿给“巧妇”去“炊”（用）呢？然而，上市公司“先圈钱后找项目”的企图却能够在我国金融市场上顺利实现，这是值得我们深思的。

值得指出的是，经济增加值观念对中国企业尤其是国有企业和上市公司的财务报表分析或绩效评价具有重要的启迪作用。中国许多国有企业热衷于“债转股”。的确，“债转股”可以“立竿见影”地“扭亏为盈”，但是，如果没有以此为契机，实现企业的经营机制转换，充其量只是实现了“财务解困”，而没有真正实现“体制解困”。对于上市公司而言，中国一些上市公司热衷于“配股”，通过“配股”筹集资金归还银行借款，人为地“创造”利润。基于经济增加值观念，所有这些人为“创造”利润的行为都“原形毕露”。因此，只要引入经济增加值观念，对于一切资本来源都考虑资本成本，矫正会计“利润”，那么，企业试图通过调整资本结构（如“债转股”或“配股资金”置换债务）“创造”利润将“徒劳无益”，甚至“搬起石头砸自己的脚”。对资本成本的重视可能会改变企业资本结构的选择。也许，基于经济增加值观念，企业更乐于采用债务融资。毕竟，权益资本成本远高于债务资本成本！

【延伸阅读资料9-4】①

2006年，国务院国有资产监督管理委员会副主任黄淑和表示，下一步完善中央企业考核办法，既要考虑利润总额和净资产收益率，也要考虑资本成本，综合考量166家中央企业资本的使用效率和价值创造。

国有资产监督管理委员会2004年曾经用经济增加值指标对全部中央企业的价值创造能力进行了分析和测算。结果显示，183家企业中，2003年净利润为正值的企业有156家，亏损的有27家；但经济增加值为正值的企业只有49家，其余134家企业的经济增加值为负值。黄淑和说，“有利润的企业并不一定创造价值”。他指出，目前考核中央企业的基本指标为利润总额和净资产收益率，在现阶段强调这两个指标很重要，但经济增加值指标更能够真实反映企业的经营情况。

2006年，国有资产监督管理委员会业绩考核局（现为考核分配局）一位官员透露：根据2005年的业绩，已经有一半以上的中央企业，其经济增加值为正值，在中央企业考核中引入经济增加值指标的时机已经基本成熟。

2006年12月19日，国有资产监督管理委员会主任李荣融在新闻发布会上说，2007年中央企业负责人将进入第二任期考核。第二任期考核将引入经济增加值指标，鼓励但不强制中央企业选用该指标。

2007年3月30日，国有资产监督管理委员会副主任邵宁在“2007·大型企业风险管理高层论坛”上表示，“要逐步把风险管理纳入企业领导人考核和评价企业的一个重要指标”。

2010年1月1日，根据国务院国有资产监督管理委员会令第22号《中央企业负责人经营业绩考核暂行办法》，从2010年开始，中央企业引入经济增加值（EVA）考核指标并淡化净资产收益率（ROE）考核指标。

经济增加值观念涉及两个方面的问题：调整项目与综合（平均）资本成本率的确定。

根据《中央企业负责人经营业绩考核暂行办法》的考核细则，经济增加值的计算公式为：

经济增加值=税后净营业利润−资本成本

=税后净营业利润−调整后资本×综合（平均）资本成本率

$$\text{税后净营业利润}=\text{净利润}+\left(\text{利息支出}+\text{研究开发费用调整项}-\text{非经常性收益调整项}\times 50\%\right)\times(1-25\%)$$

调整后资本=所有者权益平均余额+负债平均余额−无息流动负债平均余额−在建工程平均余额

上述主要“调整项目”简要说明如下：

---

① 根据作者“CEO财务报表分析”讲义整理而成。

(1)“利息支出”调整项目在一定程度上体现了财务报表分析（或绩效评价）的资源使用效益评价立场或目的。

(2)“研究开发费用调整项”体现了“鼓励企业研发投资，引导企业注重可持续发展”的战略思维。

(3)“非经常性收益调整项×50%”意味着“非经常性收益”只按50%计入经济增加值。这意味着：一方面压缩了企业操纵利润和经济增加值的空间，引导企业提高利润和经济增加值的质量，乃至企业发展的质量；另一方面引导企业注重“做强主业”，抑制市场投机行为，注重风险防范。当然，这里的“50%”可能过于主观和绝对化。

(4)“在建工程”调整项目体现了“鼓励企业加大技术改造等基本建设投资，注重可持续发展”的战略思维。

2012年12月29日公布的国务院国有资产监督管理委员会令第30号《中央企业负责人经营业绩考核暂行办法》却取消了“非经常性收益调整项目×50%”这个扣除项目，体现了其战略思维的变化（不再强调“做强主业”）。这样，根据第30号令，“税后净营业利润=净利润+（利息支出+研究开发费用调整项）×（1–25%）”。[①]

经济增加值观念的重点还在于如何确定“综合（平均）资本成本率”。

根据《中央企业负责人经营业绩考核暂行办法》的考核细则，“综合（平均）资本成本率”确定如下：

(1) 中央企业综合（平均）资本成本率原则上定为5.5%。

(2) 承担国家政策性任务较重且资产通用性较差的企业，综合（平均）资本成本率为4.1%。

(3) 负债比率在75%以上的工业企业和负债比率在80%以上的非工业企业，综合（平均）资本成本率上浮0.5个百分点。

(4) 综合（平均）资本成本率确定之后，3年内保持不变。

拓展学习9-4

经济增加值观念未必适合所有行业

上述确定综合（平均）资本成本率的原则备受指责或质疑的问题是：(1) 统一规定中央企业的综合（平均）资本成本率是否合理？(2) 中央企业的综合（平均）资本成本率为4.1%~6.0%是否过低？(3) 综合（平均）资本成本率确定之后，3年内保持不变。那么，在保持政策稳定性的同时，是否意味着综合（平均）资本成本率的确定与现实的金融市场脱节呢？

由此可见，调整项目与综合（平均）资本成本率的确定都体现了经济增加值观念的“调整”所隐含的意图（一方面体现了企业及行业特征，另一方面体现了财务报表分析的立场或目的：要取得资源配置效益还是资源使用效益?）。总体而言，尽管备受指责或质疑，但是，《中央企业负责人经营业绩考核暂行办法》的“考核细则”还是较好地体现了经济增加值观念的“调整”所隐含的“韵味”。当然，“隔行如隔山”，读者理应“举一反三”。唯有如此，读者方能“触类旁通”，真正理解和体会经济增加值观念的真谛。

---

① 值得指出的是，无论是第22号令还是第30号令《中央企业负责人经营业绩考核暂行办法》都已经废止，取而代之的是第40号令《中央企业负责人经营业绩考核暂行办法》。但是，从教材或教学的角度看，从第22号令强调“做强主业”到第30号令不再强调“做强主业”的战略思维变化而导致“税后净营业利润”计算公式（口径）的变化，很好地诠释了财务报表分析的战略思维（战略决定财务指标及其口径）。

价值引领

1.经营者如何借助财务报表分析，传递积极向上的价值观念，实现企业的可持续发展？

2.党的二十大报告强调“深化国资国企改革，加快国有经济布局优化和结构调整，推动国有资本和国有企业做强做优做大，提升企业核心竞争力”。结合党的二十大精神，经营者如何借助财务报表分析，“做强做优做大”企业，进而“提升企业核心能力”？

[总结与结论]

从财务资源配置的视角看，资产负债表描述了企业资产结构与资本结构两大结构内部以及相互之间的协调关系。资本结构与资产结构存在对称性关系。

资产负债表左右两边各项目都按流动性强弱确定其排列顺序和结构。这种流动性在资产与资本来源两方面的含义不同。从资产方面看，其流动性表明了资产价值实现、转移或摊销时间的长度，而从资本来源方面看，其流动性表明融资清欠、退还或可以使用时间的长度。

实际上，资产负债表各项目按流动性排列揭示了企业未来现金流量的数额、时间顺序以及不确定性。这就隐含着企业财务风险之大小，它是对企业财务风险的揭示。这种风险在资产负债表两边所表示的含义和方向不同。从资产方面看，从短期资产到长期资产，其风险逐渐由小到大，而且这种风险是资产能否迅速实现和补偿其价值的风险；而从资本来源方面看，从短期融资到长期筹资，其风险由大到小，而且这种风险是到期能否及时偿债的风险。

资本结构与资产结构的对称性管理不外乎稳定结构、中庸结构和风险结构三类。由于资产的流动性与盈利性存在矛盾，流动性越强，盈利性越弱。因此，企业要注意在流动性与盈利性之间权衡，避免将高成本的资本来源用于非增值甚至消耗性资产项目上。从总体上看，资产负债表体现了“平衡中求发展”的思想。

企业不仅赊销可以创造利润，甚至连多生产都可以创造利润。之所以出现这种现象，是因为基于对外报告的财务会计和基于内部经营决策与管理控制的管理会计对成本的认识不同。侧重于外部报告的财务会计采用完全成本计算法确定利润，而侧重于内部经营决策与管理控制的管理会计采用变动成本计算法确定利润。这两种成本计算方法的不同之处在于对固定性制造费用的认识不同。完全成本计算法将固定性制造费用视为产品成本的一个组成部分，而变动成本计算法则将其视为期间费用。因此，经营者应该从管理的视角认识利润。

在企业经济活动过程中，由于存在固定费用（包括生产经营方面的固定费用和资本经营方面的固定费用），如果销售量发生较小变动，企业的利润会产生比较大的变动，这就是杠杆效应。由此，企业经济活动过程存在经营杠杆和财务杠杆。经营杠杆体现了经营风险，财务杠杆体现了财务风险。因此，企业同时存在经营风险与财务风险。

经营风险导源于生产经营过程的成本结构。成本结构不同，其经营风险也不同。企业的经营风险可以通过经营杠杆程度指标予以度量。财务风险导源于资本结构。资本结构不同，其财务风险也不同。企业的财务风险可以通过财务杠杆程度指标予以度量。财务杠杆效应分为有利财务杠杆和不利财务杠杆。在资本结构中，债务所占的比例越高，财务杠杆效应就越大，财务风险也越大。

基于利润或净资产收益率指标的内在局限，引入了经济增加值观念。经济增加值在数量上就是企业经营所得收益扣除全部要素成本之后的剩余价值。经济增加值考虑了所有市场因素，将机会成本与实际成本和谐地统一起来。因此，经济增加值观念是一种“全要素补偿”观念。

根据经济增加值观念，就可以解释“为什么投资者要把钱投入其他企业，而不是自己营运”的原因。道理很简单，投资者把钱投入其他企业就是期望该企业能够做投资者自己所不能做的事情，获得投资者自己所不能获得的收益率。如果经济增加值大于零，说明企业获得了超过投资者期望的投资收益率（企业不仅做了投资者自己无法做的事情，而且创造了价值）；如果经济增加值小于零，说明企业连金融市场一般预期收益率（机会成本）都无法获得（企业没有做投资者自己无法做的事情，更别说创造价值了）；如果经济增加值等于零，说明企业只获得了金融市场一般预期收益率（企业只是做了投资者自己可以做的事情，还谈不上创造价值）。

从更深层次看，经济增加值观念的流行标志着财务报表分析（乃至绩效评价）的立足点已经逐步从利润观念转向价值观念，由此可能促使企业经营模式逐步从利润模式转向价值模式。作为一种观念，财务报表分析引入经济增加值观念并不是为了精确地计量经济增加值这个指标，而是通过经济增加值指标的动态观察，评价企业是否创造价值。

经济增加值观念的管理哲学就在于引导企业创造价值以及衡量企业是否创造价值，而不在于企业创造了多少价值。透过经济增加值指标，就可以判断企业是在创造价值还是在减损价值？企业经营者是价值创造者还是价值减损者？因此，经济增加值指标能够更好地反映企业的盈利能力。

[练习题库]

★ 案例分析

1.“秦池”为何昙花一现

1）背景资料。

1996年11月8日下午，中央电视台报道了一个令全国震惊的新闻：名不见经传的秦池酒厂以3.2亿元人民币的“天价”，买下了中央电视台黄金时间段广告，从而成为令人羡慕的连任二届“标王”。1995年该厂曾以6 666万元人民币夺得“标王”。

秦池酒厂是山东省临朐县一家生产白酒的企业。1995年临朐县人口88.7万，人均收入1 150元，低于山东省平均水平。1995年厂长赴京参加第一届“标王”竞标，以6 666万元的价格夺得中央电视台黄金时段广告“标王”后，引起了轰动，秦池酒厂一夜成名，秦池白酒也身价倍增。中标后的一个多月时间里，秦池就签订了销售合同4亿元；头两个月秦池销售收入就达2.18亿元，实现利税6 800万元，相当于秦池酒厂建厂以来前55年的总和，至6月底，订货已排到了年底。1996年秦池酒厂的销售也由1995年只有7 500万元一跃为9.5亿元。事实证明，巨额广告投入确实带来了“惊天动地”的效果。对此，时任厂长十分满意。

然而，新华社1998年6月25日报道："秦池目前生产、经营陷入困境，今年亏损已成定局。"

2）仔细推敲，昙花一现为哪般？

秦池为什么在这么短的时间内就风光不再而陷入困境了呢？近年各种文章资料从多个方面将秦池作为典型案例进行了多角度的分析。那么，我们能否从财务的角度对此进行剖析？

从现代企业财务的角度看，"秦池"在企业理财运作上的以下几个方面值得认真推敲：

（1）巨额广告支出使经营杠杆作用程度加大，给企业带来更大的经营风险。

利润=销售量×（单价-单位变动成本）-固定成本总额

由利润的基本公式可以看出，产品单价由市场竞争决定，单位变动成本和固定成本总额在一定的生产能力范围内固定不变，因此，这三个要素基本属于常数性质，公式中唯一的变量实际上只有产品销售量。由此可见，企业利润的高低在很大程度上取决于产品销售量的大小，而产品销售量的大小，又在一定程度上取决于产品的市场份额。当同类产品很多而又难分上下的情况下，树立企业产品的品牌是争取市场份额的较好途径，甚至是唯一有效的捷径。在某些特定的情况下，品牌、市场份额和利润三者之间的关系可以表现为：品牌=市场份额=利润。因而，在中国"泰斗"级的媒介——中央电视台展开角逐，奋力夺取"标王"，在"好酒也怕巷子深"的白热化竞争环境下，不能不谓之为树立产品品牌，从而提高企业产品市场份额的较佳方案。问题是做广告、树品牌必须具备两个条件：一流的品牌必须以一流的质量做保证；做广告是一条不归路，必须有长时间承受巨额广告支出的能力，否则，企业的市场份额会很容易随风飘走。我们知道，巨额广告支出作为一项固定性期间费用，它本身不受企业产品销售量变动的影响，而巨额广告支出将改变企业原有的成本结构，使固定成本在产品成本中的比例增大，由此使企业的经营杠杆作用也随之增大。经营杠杆对企业的作用也是双方面的：当销售量增加时，企业的利润因经营杠杆的正面作用而大幅度提高；而当销售量减少时，企业的利润也将因经营杠杆的负面作用而大幅度下降。由此可见，"标王"不仅增加了企业的巨额广告支出，更重要的是它加大了企业经营杠杆的作用程度，从而也加大了企业的经营风险。只要企业产品市场稍有风吹草动，就会使企业的经营陷入困境。

事实也是如此。秦池以6 666万元的天价第一次夺得广告"标王"之后，广告的轰动效应使秦池酒厂一夜成名，"秦池"的品牌地位基本确立，市场份额也相应增加。1996年，秦池酒厂销售量的大幅度增加使经营杠杆产生积极（正面）作用，企业利润也以更大的幅度增加。但这种局面并没有维持多久，1997年秦池能否可持续发展已经成为十分突出的问题。其原因在于：①4万余家白酒生产企业使白酒的生产量远大于销售量（约有50%的产量过剩），同时洋酒的进入使白酒在酒业消费中的比例下降。到1997年，白酒销售量"滑坡"的势头更加严重，秦池的市场份额面临着严峻的考验。②一流的品牌没有一流的产品质量做保证。1996年12月，《××参考报》四篇关于秦池沿川藏公路两侧收购散酒勾兑"秦池"的报道，不仅使秦池陷入巨大的媒体危机之中，而且使刚树立的"秦池"形象遭受了损害，因而在一定程度上影响了其市场份额。③1997年，3.2亿元巨额广告费用对秦池来说是一个巨大的包袱。它一方面使秦池的现金流动产生困难，另一方面大大地加大了企业利润对销售量的依赖程度。只有稳定的市场份额才能确保企业的可持续发展。1997年和1998年的市场竞争和秦池自身问题使其市场份额产生了波动，正是波动不定的市场份额使秦池陷入了严重而难以自拔的经营风险之中。1997年，秦池在中央电视台播出广告应付1.5亿元左右的费用，而秦池实际仅支付了4 800万元。

(2) 资产结构的失衡，导致盈利能力与流动能力矛盾恶化。

企业财务学原理告诉人们，企业资产的盈利性与流动性之间存在着矛盾，企业流动资产具有变现能力强、流动性高但盈利能力低的特点；而企业的固定资产等长期性资产属于盈利性资产，可以为企业带来利润，但变现能力低、流动性差。由此，要求企业在盈利性与流动性之间加以权衡，并根据企业自身的特点，做出相应的选择，以保证企业盈利性与流动性的适度平衡，从而确保企业的健康稳定发展。

秦池成名之前作为一个县级企业，其总资产规模和生产能力有限，面对“标王”之后滚滚而来的订单，它不可能弃之不管，但仅凭其现有生产能力又难以应对。其出路只有两条：

①加大资金投入力度，对现有厂房设备进行更新改造或扩建新的厂房设备，以此提高企业生产能力。但这种做法受两个因素制约：一是资金制约。巨额广告投入已使企业现金流动能力受到较大影响，企业扩大生产能力所需大量资金的来源更成问题。企业只有依靠银行贷款解决这一问题，而贷款将使企业的资产负债比例提高，还贷压力加大。同时，生产规模的扩大，也会使企业总资产中固定资产比例提高，而流动资产比例下降，由此将使企业的流动能力和变现能力受到影响，企业生产结构失去平衡。二是生产周期的制约。即使企业有能力扩大生产规模、提高生产能力，但无论是厂房设备的购建，还是白酒的酿造都需要一定的周期，因而难以在较短的期间内立即应对眼前的客户订单。

②面对上述两个因素的制约，秦池要在短时间内满足客户订单需求，其另一条可能的出路是与周边地区的白酒企业横向联合或收购其他企业的白酒进行勾兑。但无论是横向联合还是勾兑，都难以保证产品的质量。如果产品质量出现问题，不仅会影响其品牌和市场份额，而且会影响其销售产品的资金回笼，因而，其品牌和市场份额的维持更需要一流的质量做保证。

上述两条出路使当时的秦池酒厂陷入了提高企业盈利能力和维持一定现金流动能力相互矛盾的进退两难的境地，但面对客户订单的它必须做出选择。不管秦池最后选择了哪条路，其结果都将使企业的经营风险不断加大。

(3) 财务资源有限性制约企业持续发展。

按照企业财务学的基本原理，企业持续发展需要有持续的财务资源的支持。其基本前提是：①资产结构与资本结构的有机协调；②现金流动上形成良性的“造血”功能机制，也就是生产经营活动所产生的现金流入量与现金流出量在时间、数额和速度上保持有机协调。秦池一方面在扩大生产规模、提高生产能力，从而提高固定资产等长期性资产比例的同时，使流动资产在总资产中的比例相应下降，由此降低了企业的流动能力和变现能力；另一方面在巨额广告支出和固定资产上的投资所需资金要求企业通过银行贷款解决，按当时的银行政策，此类贷款往往为短期贷款。这就造成了银行的短期贷款被用于资金回收速度比较慢、周期较长的长期资产上，由此使企业资产结构与资本结构在时间和数额上形成较大的不协调性，并因此而形成了“短贷长投”的资金缺口压力。在此情况下，如果企业有比较健全的造血功能机制——良好的经营活动现金流动机制，此种资金缺口通过健全的现金预算安排和合理的资金调度可以部分化解其压力，但只要稍有不慎就有可能使企业资金的周转发生困难，从而使企业陷入难以自拔的财务困境。而此时秦池所面临的现实问题是：在流动资产相对不足，从而使企业现金流动能力产生困难的同时，年内到期的巨额银行短期贷款又要偿还，从而陷入了“到期债务要偿还而企业又无偿还能力”的财务困境。

资料来源　毛付根．“秦池”为何昙花一现［J］．财务与会计，2000（1）．

阅读上述素材，结合企业经营杠杆效应，讨论“秦池”盛衰的经验与教训。

2.如此聘任是否妥当

某公司生产和销售一种产品，年生产能力为40 000 000件，但在20×1年度只生产和销售10 000 000件。该年度既没有期初存货，也没有期末存货。20×1年度的利润表见表9-23。

表9-23　**某公司20×1年度的利润表**　单位：元

项　目	金　额
销售收入	30 000 000
减：销售成本	34 000 000
变动成本	10 000 000
固定成本	24 000 000
销售毛利	−4 000 000
减：销售及行政管理费用（假设全部为固定性费用）	5 000 000
税前利润	−9 000 000

公司董事会十分重视这笔亏损，专门召开会议研究如何扭亏为盈。会上，公司的顾问张三愿意出任公司总经理一职以扭转困境。但是，他提出：不领固定工资，以税前利润的10%作为报酬。董事会经过研究讨论同意了他的要求，并签订了聘任合同。

20×2年度，张三上任后立即抓生产，提高劳动生产率，使公司的年产量上升为30 000 000件，而销售量依然保持在20×1年度的水平上。这样，在其他条件不变的情况下，公司20×2年度利润表税前利润为7 000 000元。公司董事会在核实之后，按合同规定支付700 000元给张三。张三领取了700 000元之后，声称公司已经盈利了，他已经完成了历史使命，他喜欢接受新的挑战，辞去总经理的职务。

根据上述资料，请讨论：

（1）张三获得报酬的依据是什么？

（2）聘任合同是否存在瑕疵？

（3）如果您是该公司董事会成员，您如何看待张三的行为？

3.中国上市公司经济增加值（EVA）评估：几家欢乐几家愁

从2001年开始，思腾思特咨询公司采用经济增加值（EVA）指标对中国上市公司进行评估和排名。在评估过程中，思腾思特咨询公司统一采用6%的综合资本成本率（机会成本率）。评估的结果可谓“几家欢乐几家愁”。遥想当年，思腾思特咨询公司对外发布的中国上市公司经济增加值排行榜影响很大，“一石激起千层浪”。结合当时的背景，请讨论：

（1）从理论上说，思腾思特咨询公司统一采用6%作为综合资本成本率（机会成本率）存在哪些问题？

（2）思腾思特咨询公司统一采用6%作为综合资本成本率（机会成本率）的用意何在？

（3）思腾思特咨询公司认为“这对中国证券市场把上市当作圈钱的扭曲文化，是一层有效的过滤”。为什么？

4. 阅读四川长虹电器股份有限公司（上市股票代码600839）的2023年度报告（www.cninfo.com.cn/new/index），估算其经济增加值并评估其价值创造能力。

★ 业务题

1. 某公司生产一种产品，年生产能力为1 000件，但该公司只利用了50%的生产能力，20×1年出现了亏损。公司总经理希望扭亏为盈，于是，召集有关人员参加会议，分析现状，寻求解决的办法，广泛征求意见。

下面是与会人员谈话的要点：

总经理：20×1年公司亏损30万元，请大家发表意见，分析原因，想办法扭亏。否则，银行对公司不再贷款，公司将被迫停产。

生产副总经理：我们的生产能力是1 000件，可是，现在只生产500件，固定成本都分摊到500件产品上，因此，单位成本上升。只要我们充分利用生产能力，生产1 000件，就能使成本降低。关键是销售部门设法推销1 000件产品。

销售副经理：我们公司每年销售500件产品，目前每件产品价格为2 500元。由于市场竞争激烈，我们已经无法提高销售价格，也没有财力去开展推销活动。问题在于我们的产品每件制造成本高达2 600元，因此，目前的出路只有降低成本。

总经理：我们的产品各项成本情况如何？

总会计师：每件产品的单位变动成本为1 000元，全年的固定制造费用为800 000元，固定推销及管理费用为250 000元。

财务副经理：我有一个办法可以扭亏为盈。公司利用全部生产能力来生产，也能扭亏为盈。如此一来，利润表可以显示出利润，贷款就不成问题。然后，我们再努力推销，就可以摆脱困境。

根据上述谈话要点，要求：

（1）20×1年该公司亏损30万元是如何计算出来的？

（2）如果按照财务副经理的意见，该公司能否扭亏为盈？为什么？

2. 某企业生产A产品，年固定成本为60万元，变动成本率为40%。根据企业的预算，20×1年企业的销售额可能在100万~400万元之间。根据这些资料，请讨论：

（1）当企业的销售额分别为400万元和200万元时，经营杠杆程度如何？

（2）根据经营杠杆程度说明销售额变动与利润变动的关系。

（3）销售额大小与经营杠杆程度大小的关系。

（4）该企业的盈亏临界点销售额是多少？

（5）当企业销售额处于盈亏临界点销售额之前或之后，经营杠杆程度与销售额的关系有何变化？企业销售额处于盈亏临界点销售额时，经营杠杆程度又如何呢？

（6）企业的经营杠杆程度指标对经营者有何用处？

3.假设A、B两家公司有关财务指标见表9-24。

表9-24　A、B两家公司有关财务指标　单位：万元

项　目	A公司	B公司
销售收入	2 000	2 000
固定成本	700	200
变动成本	1 000	1 500
成本总额	1 700	1 700
息税前利润（EBIT）	300	300

根据表9-24资料，如果您是一家资金充裕的公司的财务经理，A、B两家公司同时向您提出融资的意向，您将选择哪家公司呢？请全面陈述您的理由。

4.某企业20×1年税前利润为1 000 000元，利息费用为200 000元，净利润为400 000元。要求：

（1）计算20×1年的财务杠杆程度。

（2）如果20×2年的息税前利润增长10%，假设税率与20×1年相同，20×2年的净利润将会是多少？此时，财务杠杆程度如何？

（3）如果20×2年的息税前利润下降到800 000元，假设税率与20×1年相同，20×2年的净利润会是多少？此时，财务杠杆程度如何？

5.某企业20×1年度销售额为210万元，息税前利润为60万元，变动成本率为60%，资本总额为200万元，负债比率为40%，负债利率为15%。

要求：计算该企业的经营杠杆程度、财务杠杆程度和综合杠杆程度。

6.假设某公司的投入资本平均数额为200 000元，息税前利润为60 000元。

要求：

（1）计算其资本收益率。

（2）如果该公司要求的最低收益率为14%，那么，其经济增加值为多少？

（3）如果采用资本收益率指标评价该公司经营者，预计对其经营者的管理行为有何影响？

（4）如果采用经济增加值指标评价该公司经营者，预计对其经营者的管理行为又有何影响？

★ 思考题

1.如何理解资产负债表揭示了企业的经营风险和财务风险？

2.如何从管理的视角看待企业的利润？

3.如何分析企业的经营风险与财务风险？

4.如何分析企业的风险？

5.如何理解企业的适度举债经营策略？

6.如何理解经济增加值观念？

7.经营者如何借助财务报表分析，传递积极向上的价值观念，实现企业的可持续发展？

★ **讨论题**

1.如何理解企业财务风险导源于资本运营，但取决于生产经营？

2.如何理解规模经济？

3.如果两个企业的利润总额一样，其价值是否也一样？

4.如果说每股收益归股东所有，那么，经济增加值归谁所有？

5.根据当前流行的利益相关者理论，经济增加值指标是否会取代每股收益指标？

6.立足于企业投融资行为，如何理解“巧妇难为无米之炊”这句话？

7.经营者如何通过财务报表分析，“做强做优做大”企业，进而“提升企业核心能力”？

[延伸阅读文献]

[1] 吴世农，吴育辉. CEO财务分析与决策［M］. 3版. 北京：北京大学出版社，2024.

[2] 张纯. EVA是什么：一场基于企业价值的管理革命［M］. 北京：中国财政经济出版社，2004.

[3] 周炜炜，华彬. 谁在创造财富，谁在毁灭财富——2000年中国上市公司财富创造和毁灭排行榜［J］. 财经，2001（4）.

[4] 胡玉明. 高级管理会计［M］. 4版. 厦门：厦门大学出版社，2016.

[5] 胡玉明. 公司理财［M］. 2版. 大连：东北财经大学出版社，2009.

[6] 布瑞翰，休斯顿. 财务管理基础［M］. 胡玉明，译. 精要第7版. 大连：东北财经大学出版社，2016.

[7] 埃巴. 经济增加值——如何为股东创造价值［M］. 凌晓东，等译. 北京：中信出版社，2001.

[8] 上海国家会计学院. 价值管理［M］. 北京：经济科学出版社，2011.

[9] 格兰特.经济增加值基础［M］. 刘志远，等译. 大连：东北财经大学出版社，2005.

[10] 池国华. 中国式经济增加值（EVA）考核实践探索：基于系统性和针对性视角的研究［M］. 大连：东北财经大学出版社，2016.

[11] 薛云奎. 穿透财报发现企业的秘密［M］. 北京：机械工业出版社，2018.

[12] 本书编写组. 党的二十大报告辅导读本［M］. 北京：人民出版社，2022.

第10章

成本报表分析

[学习目标]

知识传授：理解成本报表的特点及编制方法；掌握成本报表分析的内容与方法；掌握成本计划完成情况分析。

能力培养：借助成本报表提供的会计信息，揭示成本动因，优化企业业务流程。

价值塑造：强化成本管理意识，实现降本增效，推进企业高质量发展；借助成本报表分析，“实施全面节约战略，推进各类资源节约集约利用，加快构建废弃物循环利用体系”。

成本报表（cost statement）属于典型的“内部”财务报表。成本报表分析是经营者分析财务报表的“专利”，非经营者莫属。

●10.1 成本报表及其编制

成本报表是根据企业产品成本和期间费用的核算资料以及其他相关资料编制，用于反映企业一定期间内产品成本和期间费用水平及构成情况的报告。

10.1.1 成本报表概述

与资产负债表、利润表和现金流量表不同，成本报表主要是向经营者提供成本信息的内部管理报表。通过编制和分析成本报表，可以考核企业成本计划和费用预算的执行情况，为企业的经营决策与管理控制提供相关信息。

1）成本报表的特点

与资产负债表、利润表和现金流量表等对外报表相比，成本报表具有如下特点：

（1）成本报表基于企业内部经营管理需要而编制。尽管企业成本报表无须对外报告，但是，在企业内部经营管理过程中，成本费用水平及构成等成本信息非常重要。有效地编制和及时报送成本报表，对于考核企业成本费用计划的执行情况，分析成本管理工作的成效和问题，挖掘降低成本、节约费用的潜力，及时做出经营决策，拟定管理控制措施，指导企业生产经营活动等方面，都具有重要作用。

（2）成本报表的种类、格式、项目和内容视企业经营管理需要而定。在企业的经营决策与管理控制过程中，强调“不同目的，不同成本”的信条，强调成本信息的相关性。企业的成本信息与企业的生产技术特点和组织特点以及管理要求密切相关，不同企业获取成本信息的侧重点自然有所不同。与对外报告的社会化特征不同，成本报表的种类、格式、项目和内容视企业经营管理需要而定。企业可以根据需要自行设计和编制成本报表，具有较大的灵活性和多样性。

（3）成本报表提供的成本信息反映了企业经营管理效率。成本是企业生产经营过程的效率指标。企业产品的产量多少，产品质量高低，原材料、燃料及动力消耗的节约与浪费，工人劳动生产率和平均工资的高低，固定资产的利用程度，废品率的变动，生产单位和企业管理部门费用的节约与浪费，以及生产经营管理工作的好坏等，都会或多或少、直接或间接地反映到企业的成本或费用指标上来。

2）设置成本报表的基本要求

尽管企业成本报表的种类、格式、项目和内容可以视企业经营管理需要而定，但是，企业在设置成本报表时，也必须符合企业内部管理报表设置的一般原则与要求。

通常，企业在设置成本报表时，应当注意成本报表指标的实用性与报表内容的针对性两个基本要求。

（1）指标的实用性。成本报表指标的实用性是指企业设置的成本报表，要符合企业生产经营特点，满足企业成本管理要求。成本报表的种类要能够满足企业自身的需要，成本报表的各项指标应当体现实用性原则。因此，企业应该从自身生产经营特点出发，设计成本报表的种类和每一份成本报表的内容。成本报表的指标应当简明实用，不要搞烦琐的计算和没有经济意义的数字罗列，要注重指标的内容，而不拘泥于形式。

（2）内容的针对性。成本报表内容的针对性是指企业设置的成本报表，其种类、格式、项目和内容要有针对性。企业既要有反映成本全貌的报表，又要有反映成本管理某个专门问题或针对企业某个具体业务特点而设计的报表和报表项目。成本报表的指标内容只有具有针对性，才能突出成本管理工作的重点，满足成本管理各个方面的专门需要。这样，企业才能利用成本报表提供的成本信息，有针对性地采取措施，及时解决企业生产经营过程中出现的问题。

3）成本报表的种类

尽管成本报表具有灵活性和多样性特点，但是，就生产型企业而言，成本报表通常可以按以下标志分类。

（1）成本报表按反映的经济内容分类。成本报表按其反映的经济内容，通常可以分为反映企业费用水平及构成情况的报表和反映企业产品成本水平及构成情况的报表两大类：①反映企业经营过程中费用水平及构成情况的报表，主要包括制造费用明细表、管理费用明细表、销售费用和财务费用明细表等。②反映企业产品成本水平及构成情况的报表，主要包括产品生产和销售成本表、产品生产成本表和主要产品单位成本表等。

（2）成本报表按编制时间分类。成本报表按其编制时间，可以分为年度报表、半年度报表、季度报表、月报以及旬报、周报、日报和班报。企业对外财务报表主要是年度报表和中期报表（半年度报表、季度报表和月报）。为了及时向经营者提供成本信息，以满足企业生产经营管理特别是成本控制和成本考核的需要，成本报表除了年度报表、半年度报表、季度报表和月报外，应更注重采用旬报、周报以及日报和班报等形式。

4）成本报表的编制与报送要求

成本报表的编制和报送必须做到数字真实、计算正确、内容完整、报送及时。

（1）数字真实。数字真实是编制成本报表的基本要求，只有报表的数字真实可靠，如实反映企业成本、费用的水平和构成，才有利于经营者正确地进行成本分析与决策。

（2）计算正确。计算正确是指成本报表的各项指标数据，必须按照企业在设计成本报表时规定的计算方法计算；报表的各种相关数据，如本期报表与上期报表之间，同一时期不同报表之间，同一报表不同项目之间具有钩稽关系的数据，应当核对相符。

（3）内容完整。内容完整是指企业成本报表的种类应当完整，能够全面反映企业各种成本、费用的水平及构成情况，同一报表的各个项目内容应当完整，必须填写齐全。只有内容完整的报表，才能满足经营者对成本信息的需求。

（4）报送及时。报送及时是指企业必须及时编制和报送成本报表，以充分发挥成本报表在企业经营管理过程中的作用，体现"相关信息适时地提供给相关的人"。

总之，企业只有合理地设计成本报表的种类、格式、指标内容和编制方法，合理规定成本报表的编制和报送时间，及时提供内部管理所需要的，具有实用性和针对性的，真实、完整、准确的成本信息，才能充分发挥成本报表的功效。

10.1.2 成本报表的编制

1）产品生产成本及销售成本表的结构与编制方法

理解产品生产成本及销售成本表的结构是把握其编制方法的基础。

（1）产品生产成本及销售成本表的结构

产品生产成本及销售成本表是反映企业在一定期间内各种产品生产成本和销售成本，以及期末结存产品成本的报表。该报表通常按月编制，其基本结构见表10-1。

表10-1　　产品生产成本及销售成本表

编制单位：大华公司　　20×1年12月　　金额单位：元

产品名称	计量单位	生产量			销售量			单位产品生产成本				生产总成本		销售总成本		期末结存	
		本年计划	本月实际	本年累计实际	本年计划	本月实际	本年累计实际	本年计划	本月实际	本月实际	本年累计实际平均	本月实际	本年累计实际	本月实际	本年累计实际	结存产品数量	生产成本总额
		(1)	(2)	(3)	(4)	(5)	(6)	(7)	(8)	(9) = (11) ÷ (2)	(10) = (12) ÷ (3)	(11)	(12)	(13)	(14)	(15)	(16)
主要产品												（略）	969 250	（略）	（略）	（略）	（略）
甲产品	件	600	55	625	550	60	600	1 200	1 164	1 175	1 158	64 625	723 750				
乙产品	件	250	25	250	250	20	245	1 000	980	980	982	24 500	245 500				
次要产品																	
丙产品	件	250	25	250	240	20	240		1 110	1 065	1 060	26 625	265 000				
合　计													1 234 250				

从表10-1可以看出，产品生产成本及销售成本表将企业全部产品按主要产品和次要产品分别逐项反映，所设计的指标包括产品生产量和销售量、单位产品生产成本、产品生产总成本和销售总成本、期末结存产品数量和总成本等。为了便于比较和分析，产品生产量和销售量、单位产品生产成本等指标，可以同时反映本年计划、本月实际、本年累计实际等内容。

通过产品生产成本及销售成本表，可以反映企业在一定期间内全部产品的生产总成本和销售总成本，通过产品单位成本的比较，可以反映企业产品成本水平和升降情况，从而确定企业成本分析的重点，可以反映企业各种产品的生产量、销售量和期末结存量，据以考察企业产品是否适销对路，产销是否协调，是否存在超储积压的产品。

（2）产品生产成本及销售成本表的编制方法

根据表10-1，产品生产成本及销售成本表的编制方法为：

①生产量。表10-1的“生产量”栏中，本月实际和本年累计实际生产量，根据企业的“产品产量统计表”提供的资料填列，也可以根据“产成品明细账”中有关完工入库产品数量资料填列；本年（或本月）计划产量根据企业本年（或本月）产品生产计划资料填列。

②销售量。表10-1的“销售量”栏中，本月实际和本年累计实际销售量，根据企业“主营业务收入明细表”中记录的销售数量填列；本年（或本月）计划销售量根据企业本年（或本月）产品销售计划资料填列。

③单位产品生产成本。表10-1的“单位产品生产成本”栏中，本年计划单位产品生产成本根据企业产品成本计划资料填列；本月实际单位产品生产成本根据本月“产品生产成本明细账”或“产品成本计算单”提供的资料填列；本年累计实际平均单位产品生产成本需要计算填列，有关计算公式为：

$$某种产品本年累计实际平均单位成本=\frac{该产品本年累计实际总成本}{该产品本年累计实际总产量}$$

④生产总成本。表10-1的“生产总成本”栏中，本月实际生产总成本根据本月“产品生产成本明细账”或“产成品明细账”提供的资料填列；本年累计实际生产总成本可用本月实际生产总成本加上上月本表中的本年累计实际生产总成本后填列。

⑤销售总成本。表10-1的“销售总成本”栏中，本月实际销售总成本和本年累计实际销售总成本根据“主营业务成本明细账”记录的本月合计数和本年累计数分别填列；本年累计实际销售总成本也可以根据本月实际销售总成本加上上月本表中的本年累计实际销售总成本后填列。

⑥期末结存。表10-1的“期末结存”栏中，期末结存产品数量和总成本应根据“产成品明细账”记录的期末结存产品数量和生产成本总额分别填列。

2）产品生产成本表的结构及编制方法

产品生产成本表是反映企业在一定期间生产产品所发生的生产费用总额和全部产品生产总成本的报表。

（1）产品生产成本表的结构

如前所述，企业一定期间的生产费用总额可以按照费用的经济性质反映，也可以按照费用的经济内容反映。企业一定期间全部产品的生产成本总额，既可以按照产品种类和类别反映，也可以按照产品成本项目反映。因此，产品生产成本表既可以根据成本项目编制（其格式见表10-2），也可以根据产品种类和类别编制（其格式见表10-3）①。

表10-2 **产品生产成本表（按成本项目编制）**

编制单位：大华公司 20×1年12月 单位：元

项　目	行次	上年实际	本月实际	本年累计实际
生产费用				
1.直接材料	1	415 550	44 000	475 475
其中：原材料	2	345 000	36 000	390 000
2.直接人工	3	330 300	36 500	395 200
3.制造费用	4	319 650	34 000	364 325
生产费用总额	5	1 065 500	114 500	1 235 000
加：在产品、自制半成品期初余额	6	62 500	60 000	58 000
减：在产品、自制半成品期末余额	7	58 000	58 750	58 750
产品生产成本合计	8	1 070 000	115 750	1 234 250

从表10-2可以看出，按成本项目编制的产品生产成本表，一般包括生产费用总额、在产品和自制半成品成本、产品生产成本三部分。生产费用总额按照费用的经济内容或用途分为直接材料、直接人工和制造费用等成本项目。在产品和自制半成品成本按期初数、期末数分别反映。产品生产成本总额应等于本期生产费用总额，加上在产品和自制半成品期初余额，减去在产品和自制半成品期末余额。为了便于分析，按成本项目编制的产品生产成本表各个项目应该反映上年实际、本月实际和本年累计实际等指标。

表10-3 **产品生产成本表（按产品种类和类别编制）**

编制单位：大华公司 20×1年12月 单位：元

产品名称	计量单位	实际产量		单位成本				本月总成本			本年累计总成本		
		本月	本年累计	上年实际平均	本年计划	本月实际	本年累计实际平均	按上年实际单位平均成本计算	按本年计划单位成本计算	本月实际	按上年实际平均单位成本计算	按本年计划单位成本计算	本年实际
		(1)	(2)	(3)	(4)	(5) = (9) ÷ (1)	(6) = (12) ÷ (2)	(7) = (1) × (3)	(8) = (1) × (4)	(9)	(10) = (2) × (3)	(11) = (2) × (4)	(12)
主要产品								91 000	88 520	89 125	1 000 000	972 500	969 250
甲产品	件	55	625	1 200	1 164	1 175	1 158	66 000	64 020	64 625	750 000	727 500	723 750
乙产品	件	25	250	1 000	980	980	982	25 000	24 500	24 500	250 000	245 000	245 500
次要产品									27 750	26 625		277 500	265 000
丙产品	件	25	250		1 110	1 065	1 060		27 750	26 625		277 500	265 000
合　计								/	116 270	115 750	/	1 250 000	1 234 250

① 本例的素材取自：鲁亮升．成本会计［M］．6版．大连：东北财经大学出版社，2015．

从表10-3可以看出，按产品种类和类别编制的产品生产成本表，一般包括实际产量、单位成本、生产总成本三部分。单位成本包括上年实际平均单位成本、本年计划单位成本、本月实际单位成本和本年累计实际平均单位成本等；实际产量包括本月实际产量和本年累计实际产量；总成本包括本月总成本和本年累计总成本。为了便于分析，实际产量的生产总成本应按不同单位成本分别计算。

值得指出的是，如果企业已经设置了“产品生产成本及销售成本表”，就没有必要再按产品种类和类别单独编制产品生产成本表。因为产品生产成本及销售成本表已经包括了按产品种类和类别编制的产品生产成本表的基本内容。

（2）产品生产成本表的编制方法

产品生产成本表通常按月编制。如前所述，按产品种类和类别编制的产品生产成本表与产品生产成本及销售成本表的部分项目相同，因此，对其编制方法不再赘述。按成本项目编制的产品生产成本表中的“上年实际”栏应当根据上年12月份编制的“产品生产成本表”中的“本年累计实际”栏内的数据填列。“本月实际”栏和“本年累计实际”栏的填列方法如下：

① 生产费用总额。生产费用总额及各成本项目的金额中，“本月实际”栏根据本月“基本生产”二级账或明细账的资料分析计算填列；“本年累计实际”根据本月本表中“本月实际”栏的金额，加上上月本表中“本年累计实际”栏的金额填列，也可以根据“基本生产”二级账或明细账的资料分析计算填列。本表各成本项目的金额之和应当等于生产费用总额。

② 在产品、自制半成品期初余额。在产品、自制半成品期初余额中，“本月实际”根据“基本生产”和“自制半成品”两个账户的本月月初余额之和填列；“本年累计实际”指的是年初余额，应根据上年12月份本表中“在产品、自制半成品期末余额”（本月实际数和本年累计实际数一致）填列。这个数字应与本年本表中的“上年实际”栏的“在产品、自制半成品期末余额”一致。

③ 在产品、自制半成品期末余额。“在产品、自制半成品期末余额”中，“本月实际”和“本年累计实际”两栏的数字一致，都根据“基本生产”和“自制半成品”两个账户的本月月末余额之和填列。

④ 产品生产成本合计。产品生产成本的“本月实际”和“本年累计实际”数额，都可以由本月本表的“生产费用总额”，加上“在产品、自制半成品期初余额”，减去“在产品、自制半成品期末余额”计算求得。本月本表中“本月实际”和“本年累计实际”产品生产成本总额，应与本月“产品生产成本及销售成本表”以及按产品种类和类别编制的“产品生产成本表”中的全部产品本月实际和本年累计实际产品生产成本总额分别对应相符。

3）主要产品单位成本表的结构与编制方法

主要产品单位成本表是反映企业一定期间内生产的各种主要产品的单位成本及构成情况的报表。该表应该根据企业主要产品按月分别编制，即每一种主要产品每月编制一份报表，其格式见表10-4。

表10-4　**主要产品单位成本表**

20×1年12月

编制单位：大华公司　　本月实际产量：55件　　单位销售价格：1 350元/件

产品名称：甲产品　　本年累计产量：625件　　金额单位：元

成本项目	历史先进水平	上年实际平均	本年计划	本月实际	本年累计实际平均
单位产品生产成本	1 080	1 200	1 164	1 175	1 158
其中：直接材料	420	470	439	450	445
直接人工	320	370	375	375	372
制造费用	340	360	350	350	341

从表10-4可以看出，主要产品单位成本表按照成本项目分别反映各种主要产品的历史先进水平单位成本、上年实际平均单位成本、本年计划单位成本、本月实际单位成本和本年累计实际平均单位成本等指标。为了便于分析，主要产品单位成本表还可以提供有关产量资料。通过主要产品单位成本表可以反映企业各种主要产品的单位成本水平及变动趋势，以及主要产品单位成本的构成情况，为经营者进一步分析主要产品成本升降的原因、寻找降低产品成本的途径指明了方向。

在主要产品单位成本表中，产品单位成本的历史先进水平是指本企业生产该种产品在历史上单位生产成本最低年份的成本，应该根据该产品历史上成本最低年份的成本计算资料填列；上年实际平均单位成本、本年计划单位成本、本月实际单位成本和本年累计实际平均单位成本等指标的填列方法与产品生产成本及销售成本表中的单位生产成本的填列方法基本相同，主要产品单位成本表只是增加了分成本项目的资料。产品生产成本及销售成本表、产品生产成本表、主要产品单位成本表三个表中，相同产品对应的单位成本数额应当相符。

4）制造费用表及其编制

制造费用表是反映企业及其生产单位在一定期间内发生的制造费用总额以及构成情况的报表。制造费用的构成，除了按照费用明细项目反映外，还应按照生产单位反映。企业编制的各生产单位汇总的制造费用表只汇总基本生产单位的制造费用，不包括辅助生产单位的制造费用。

（1）制造费用表的结构

为了加强费用管理，及时了解企业的制造费用发生情况，制造费用表通常按月编制。季节性生产企业的制造费用表也可以按年编制。制造费用表的一般格式见表10-5。

从表10-5可以看出，制造费用表按费用的明细项目提供制造费用的上年实际数、本年计划数、本月实际数和本年累计实际数等指标。通过制造费用表可以分析企业制造费用的构成及增减变动情况，考核制造费用预算的执行情况。

（2）制造费用表的编制方法

在制造费用表中，上年实际数根据上年12月份编制的制造费用表“本年累计实际”栏数字填列；本年计划数根据本年制造费用预算资料填列；本月实际数根据制造费用明细账各费用项目本月发生额填列；本年累计实际数根据制造费用明细账各费用项目本年累计发生额填列，也可以根据本月实际数加上上月本表中本年累计实际数后填列。

表10-5　　制造费用表

编制单位：大华公司　　20×1年12月　　单位：元

费用项目	上年实际	本年计划	本月实际	本年累计实际
1.工资	25 000	28 125	2 500	28 750
2.职工福利费	3 500	3 940	350	4 025
3.折旧费	198 400	225 000	17 500	218 750
4.租赁费	25 200	5 000	2 125	5 800
5.修理费	20 000	22 500	2 750	25 000
6.低值易耗品摊销	5 000	6 250	500	6 250
7.水电费	37 500	40 000	2 500	42 000
8.办公费	2 500	2 810	400	2 500
9.差旅费	2 500	3 500	1 378	3 755
10.运输费	1 500	3 000	125	2 500
11.保险费	15 000	18 750	1 500	18 750
12.设计制图费	12 500			
13.实验检验费	12 500	1 500	125	1 250
14.劳动保护费	3 752	5 000	1 250	5 000
15.停工损失				
16.在产品盘亏和毁损				
17.其他				
合　计	364 852	365 375	33 003	364 330

5）期间费用表及其编制

期间费用表是反映企业一定期间内各项期间费用发生额及构成情况的报表。如前所述，期间费用包括销售费用、管理费用和财务费用，因此，期间费用表包括销售费用表、管理费用表和财务费用表。

（1）期间费用表的结构

各种期间费用表都按照其费用项目分别反映该费用项目的上年实际数或上年同期实际数、本年（月）计划数、本月实际数和本年累计实际数。通过各种期间费用表可以分析企业各种期间费用的构成及增减变动情况，考核各种期间费用计划的执行情况。

销售费用表、管理费用表和财务费用表的一般格式见表10-6、表10-7和表10-8。

表10-6　　　　　　　　　　　　**销售费用表**

编制单位：大华公司　　　　　　20×1年12月　　　　　　　　　　单位：元

费用项目	上年实际	本年计划	本月实际	本年累计实际
1.专设销售机构费用	46 025	56 000	8 090	68 045
其中：工资	20 000	28 000	2 400	30 000
职工福利费	2 800	3 920	336	4 200
差旅费	6 025	6 000	2 040	12 000
办公费	1 200	1 000	1 014	2 645
业务费	2 000	1 480	1 000	2 000
租赁费				
折旧费	8 000	10 000	1 000	12 000
修理费	2 000	2 000		1 600
低值易耗品摊销	4 000	3 600	300	3 600
2.运输费	20 000	24 000	2 200	23 600
3.装卸费	6 000	7 000	1 000	8 000
4.包装费	10 000	12 000	1 600	14 000
5.保险费	20 000	22 000	2 000	24 000
6.展览费				
7.广告费	10 000	16 000		12 000
8.其他				
合　计	112 025	137 000	14 890	149 645

表10-7　　　　　　　　　　　　**管理费用表**

编制单位：大华公司　　　　　　20×1年12月　　　　　　　　　　单位：元

费用项目	上年实际	本年计划	本月实际	本年累计实际
1.公司经费	88 068	96 000	11 616	98 678
其中：工资	40 000	44 000	4 100	48 000
职工福利费	5 600	6 160	574	6 720
差旅费	8 468	10 000	2 268	10 178
办公费	9 800	10 000	1 900	9 900
折旧费	12 000	12 000	1 000	12 000

续表

费用项目	上年实际	本年计划	本月实际	本年累计实际
修理费	6 000	6 000	600	5 400
物料消耗	4 200	5 440	974	4 080
低值易耗品摊销	2 000	2 400	200	2 400
2.工会经费	180 000	200 000	18 000	210 000
3.职工教育经费	135 000	150 000	13 500	157 500
4.劳动保险费	180 000	200 000	18 000	210 000
5.失业保险费	90 000	100 000	9 000	105 000
6.董事会费				
7.咨询费				
8.审计费	10 000	10 000		10 500
9.诉讼费				
10.绿化费	40 000	50 000	10 000	60 000
11.技术转让费	42 500	43 000	3 500	42 900
12.无形资产摊销	10 000	8 000	600	8 000
13.开办费摊销	1 500	2 600	100	1 500
14.业务招待费	8 000	10 000	800	10 600
合　计	785 068	869 600	85 116	914 678

表10-8　　**财务费用表**

编制单位：大华公司　　20×1年12月　　单位：元

费用项目	上年实际	本年计划	本月实际	本年累计实际
1.利息支出	120 115	150 000	12 025	120 035
减：利息收入	10 000	12 500	1 015	10 615
2.汇兑损失	1 005	1 000	1 025	1 045
减：汇兑收益				
3.金融机构手续费	1 005	1 200	125	1 815
4.其他筹资费用				
合　计	112 125	139 700	12 160	112 280

（2）期间费用表的编制方法

上述销售费用表、管理费用表和财务费用表中，上年实际数分别根据上年12月份各表中的本年累计实际数填列；本年计划数分别根据本年销售费用预算、管理费用预算和财务费用预算所确定的本年计划数填列；本月实际数分别根据销售费用明细账、管理费用明细账和财务费用明细账本月发生额合计数填列；本年累计实际数分别根据销售费用明细账、管理费用明细账和财务费用明细账本年累计发生额合计数填列，也可以根据上月该表的本年累计实际数与本月该表的本月实际数之和填列。

【延伸阅读资料10-1】[①]

毫无疑问，成本报表主要提供企业生产经营过程中所产生的历史成本信息。难道历史成本信息就没有相关性吗？

即便企业经营者能够坚守“不做假账”的底线，以财务报表为重要载体的会计信息“以会计特有语言”描述企业经济活动过程及其结果充其量只能说明企业“过去做得怎么样”，并没有承诺企业“明天风采依旧”，更不能承诺企业“明天会更好”。毋庸置疑，会计信息属于历史性信息。如此一来，如何解决“财务报告概念框架”在“会计信息的基本质量特征”部分提及的“相关性”问题呢？

近年来，相关实证研究表明“会计信息相关性呈现快速下降的态势”“在全球范围内会计信息价值都在不断降低”“会计信息价值迷失”，当然，也有不同的“声音”。会计信息的类别很多，不同类别会计信息的相关性不同。有些会计信息的相关性下降，而有些会计信息的相关性上升。“整体上看，会计信息的价值相关性并没有下降”。无论会计信息的价值相关性下降还是上升，都是基于上市公司和决策有用性的实证研究结论。问题在于会计主体除了上市公司，还有非上市公司和政府及非营利组织。因此，就会计信息质量而言，众多研究文献得出的结论难免以偏概全。

笔者认为，基于会计本质的会计信息质量与基于资本市场的会计信息质量不同，基于受托责任观的会计信息质量与基于决策有用观的会计信息质量也不同。现代企业的经营模式就是企业经营者“用他人的钱，为他人赚更多的钱”。企业必须定期通过会计信息告诉“他人”截至某个时点或某个期间把“他人”的钱用在哪里，把“他人”的钱用得怎么样。唯有历史性会计信息才能经得起时间的检验，回答企业经营者“把‘他人’的钱用在哪里、把‘他人’的钱用得怎么样”的问题。这就是历史成本会计模式“四面楚歌”但地位“依然岿然不动”的重要原因。就提供会计信息而言，历史成本曾经是公允价值，公允价值一旦入账即为历史成本。因此，基于受托责任观，企业投资者（董事会或股东大会）需要借助历史性会计信息解除某个期间的受托责任并决定是否延续下一个期间的受托责任。受托责任的解除或延续本身就是一种决策。投融资决策本身也是一种受托责任。税务机关需要依据历史性会计信息征税，企业也需要依据历史性会计信息分配经营成果。就此而言，历史性会计信息具有较强的相关性。更为重要的是，相对而言，历史性会计信息具有可靠性，“历史成本会计模式不可替代”。“会计要求反映经济真实，其中既包括历史真实，也包含当前真实。我们肯定一切客观记录与报告，也包括必要的反映客观的合理估计，会计信息应当排斥的，只是无根据的主观估计（包括离开市场定价的企业自己定价）。真实（true）不仅要求正确即如实反映（faithfulness representation），而且要求不偏不倚（no bias）”。

---

① 胡玉明．论数字化时代的会计信息质量［J］．财会月刊，2024（5）：11-17.略有改动。

笔者始终认为“会计”就是一个信息系统。任何信息系统都只能提供历史性信息，会计信息系统也不例外。“隔行如隔山”，但“隔行不隔理”。1996年诺贝尔文学奖获得者波兰诗人维斯瓦娃·希姆博尔斯卡（Wislawa Szymborska）认为“未来”、“寂静”和“乌有”三个词最奇怪，相关诗句为：当我说出“未来”一词，第一个音节便已成为过去；当我说出“寂静”一词，我就立即打破了这种寂静；当我说出“乌有”一词，我就在创造一种无中生有。就会计信息的披露而言，会计信息一旦披露就成为历史性会计信息。任何会计信息使用者所“触及”的会计信息自然都是历史性会计信息。

企业面临各种类型的决策。即使是作为“陈年老账”的历史性会计信息也并非与决策无关，关键在于决策的类型。否定历史性会计信息的相关性或决策有用性的重要理由是“忽视了决策模型的多样性”。“所谓决策有用，对所有使用者（决策者）并非一致”，不同类型的决策需要不同的会计信息。因此，历史性会计信息并非“一无是处”，也可能适合某些决策模型。

笔者赞同“会计”是一个“信息供应商”的观点。这是对“会计”的另一种通俗表达。作为一个“统一”的“信息供应商”，会计信息系统提供的会计信息难以“一一对应”地满足具体决策类型的决策需求，但这并不意味历史性会计信息就不能间接地满足决策需求。会计信息系统全过程、全方位、全样本地追踪企业的经济业务，企业的所作所为都会留下“会计足迹”。企业的许多交易或事项虽然发生于过去，却可能完成于未来，即使已在过去完成，也具有证实证伪的作用，并有助于差异分析，总结经验或教训，进而可以“以史为鉴”。

如前所述，尽管历史性会计信息没有承诺企业“明天风采依旧”，也不能承诺企业“明天会更好”，但并不意味着会计信息使用者不能借助历史性会计信息诊断企业“明天是否风采依旧”或“明天是否会更好”。历史性会计信息（例如“钱用在哪里”即“企业在做什么”，以及“用得怎么样”即“企业做得好坏”等信息）可以揭示企业价值创造动因，进而判断企业能否持续创造价值。“鉴往知来”，这难道不是历史性会计信息的相关性或决策有用性吗？

诚然，基于会计规则，会计信息没有涵盖许多重要的无形资源（基于新经济环境，这种情境尤为普遍），由此，许多上市公司的市值远远超过其账面价值。历史性会计信息备受诟病的重要原因之一就是上市公司的市值远远偏离其账面价值。由此，有些研究文献断言会计信息失去相关性。其实，市值与账面价值是两把不同的标尺。上市公司的市值是一个财务学概念（并非会计学概念），只不过是股票市场对上市公司的定价或估值。因此，上市公司的市值与账面价值偏离非常正常。当然，上市公司的市值也是股票投资者对上市公司账面价值的解读。股票投资是认知的变现。由此同样可以说明，历史性会计信息具有相关性或决策有用性。

成本报表列报的历史性成本信息，与计划成本相比较，可以揭示成本差异及其背后的原因，追踪相应的责任者，洞察成本管理的改进空间，扬长避短，构建低成本的竞争优势。因此，成本报表分析有助于提升历史性成本信息的相关性或决策有用性。

拓展学习10-1

“双碳”目标与环境成本

●10.2　成本报表分析的内容与方法

成本报表分析是根据成本核算资料和成本计划资料以及其他相关资料，运用专门方法，揭示企业成本计划或费用预算的执行情况，溯本求源，寻找产生成本计划或费用预算差异的根源，发现降低成本或节约费用的途径，挖掘企业内部增产节约潜力的一项专门工作。成本报表分析是成本核算工作的延续，也是财务报表分析的重要组成部分。

10.2.1　成本报表分析的意义

抽象的成本数据没有什么信息含量。比如说，企业生产的A产品单位成本是25.27元，这能说明什么问题呢？只有通过成本报表分析，经营者才能清楚A产品的单位成本为什么是25.27元。与同行业先进水平相比，这样的成本水平是高还是低？企业能否进一步降低成本？成本核算是为了成本管理，因此，只有通过成本报表分析，经营者才能清楚“成本为何发生，成本如何发生”，从而使企业做到成本核算与成本管理相结合（即“管算相结合”），提高成本信息的管理内涵。

企业定期或不定期地进行成本报表分析，对于揭示企业成本计划或费用预算的执行情况，发现成本或费用管理工作中存在的问题，明确成本管理的责任，挖掘企业降低成本或节约费用的潜力，以及为企业编制成本计划、进行成本预测和决策提供相关信息等方面都具有重要的意义。

（1）揭示企业成本计划或费用预算的执行情况

企业通过成本报表分析，可以揭示企业成本计划或费用预算的执行情况，找出影响成本计划或费用预算完成的原因，分析影响成本计划或费用预算完成的各种因素的影响程度和影响方向（有利因素或不利因素），评价企业成本计划或费用预算的先进性和可行性，从而总结企业成本管理工作的经验或教训，及时发现企业成本管理工作存在的问题。

（2）落实成本管理的责任制

企业通过成本报表分析，可以明确企业内部各个部门和单位以及责任者在成本管理方面的责任，有利于考核和评价企业成本管理工作的绩效，落实企业成本管理的责任制，从而树立企业的“全员成本管理意识”。

（3）挖掘企业内部增产节约的潜力

企业通过成本报表分析，可以挖掘企业内部增加生产、降低成本、节约费用的潜力，从而促使企业改进生产经营管理和成本管理，提高经济效益。

拓展学习10-2

产品成本与责任成本

10.2.2　成本报表分析的内容

从理论上说，企业的生产经营过程就是成本或费用发生或形成的过程。成本报表分析应该贯穿于企业生产经营全过程。考虑到本系列教材的整体安排，为了避免不必要的重复，本章主要讨论：（1）全部产品成本计划完成情况的分析；（2）可比产品（主要产品）成本计划完成情况的分析；（3）主要产品单位成本的分析。

【延伸阅读资料10-2】[①]

早在1923年，美国经济学家克拉克（J.Maurice Clark）在其经典著作《间接费用的经济学研究》（Studies in the Economics of Overhead Costs）中阐述了“不同目的，不同成本”（different cost for different purposes）的思想。这种思想奠定了管理会计决策成本观念的理论基础。这里试图从管理学的视角透视间接费用的分配行为。

随着产业革命的发展，企业的生产方式开始从工场手工业向使用机器的工厂制度过渡，企业的规模越来越大，大量资金集中在昂贵的生产设备上，使间接费用大幅度增长，加上生产的产品品种日趋多样化，使间接费用的分配成为成本计算面临的一大难题。与此同时，竞争的压力又要求分产品提供比较合理的成本数据，使成本计算与利润确定直接相关，从而实现产品的战略定位。在这种情况下，客观上要求成本计算的技术方法着重于解决间接费用的分配问题。

由此，一个被人们普遍接受的观念是，企业发生的间接费用不能直接归属于某特定产品，应该通过科学合理的方法将其在各种产品之间进行分配和再分配，使其恰当地归属于各有关产品。然而，为什么要对间接费用进行分配？如何对间接费用进行分配？间接费用分配的结果意味着什么？人们往往漠视了这些问题。

人们也许会回答，之所以要对间接费用进行分配不就是为了计算产品成本吗？不错，对间接费用进行分配的确是为了计算产品成本，但是，这只是回答了其一，而没有回答其二。如果间接费用的分配只是为了计算产品成本，那么，如果企业生产单一产品，企业所发生的任何费用都应该归属于该产品，间接费用的分配岂不就没有意义了吗？如果我们深入思考计算产品成本是为了什么，我们就可以进一步理解间接费用分配的另一层含义。尽管计算产品成本有助于存货计价与收益确定，从而为定期编制资产负债表和利润表提供相关信息，但是，其意义远不止如此。从管理的视角看，如果有人告诉你某种产品的成本是每件2.50元，其信息含量是模糊的。当今的成本会计向纵深方向发展，要求从单纯的成本计算发展到成本计算与成本管理决策相结合，使之深入生产过程，为挖掘降低成本潜力服务。更重要的是，通过成本信息辅助企业的经营控制和管理决策，从而优化企业价值链（value chain），提高企业的竞争优势，而要做到这一点，必须清晰地了解成本因何发生、如何发生。从理论上说，间接费用的分配其实就是描绘成本因何发生、如何发生的“一张战略地图”。当然，在企业的实践过程中，间接费用分配要实现这种“战略地图”的功能并非一件易事。

这就涉及企业为什么能对间接费用进行分配以及如何进行分配这个问题了。从理论上看，我们过于迷信成本发生的“因果关系”，而在企业实践过程中，偏偏找不到这种“因果关系”！一项费用之所以称为间接费用就因为其缺乏清晰的“因果关系”。根据管理会计的成本性态（cost behavior）分析，间接费用通常属于固定成本（fixed cost，FC），其发生与业务量（某种分配标志，用X表示）没有关系。既然如此，怎么分配固定成本？基于财务会计的存货计价与收益确定目的，人们通常按照某种分配标志把固定成本分配到各部门或产品。这显然是一种武断的、人为的分配。从管理的视角透视之，这种分配只是解决间接费用分配的“算术问题”，而没有解决其隐含的“管理问题”。以固定成本的分配为例，

① 胡玉明．间接费用分配：算术问题还是管理问题［J］．财会通讯，2004（9）：73.

其分配公式FC÷X只是具有“算术”含义，缺乏“管理”含义。道理很简单，既然固定成本的发生与业务量（某种分配标志X）无关，何来分配公式FC÷X呢？为什么能采用某种分配标志X进行分配呢？这种武断的、人为的分配又有何管理含义呢？既然间接费用或固定成本不能分配，就不要分配，否则就会导致“利润跟随产量走”等一系列管理问题。管理会计的变动成本计算法和本量利分析充分地体现了这种思想。

即便间接费用或固定成本具有某种“因果关系”，问题也不见得很简单。以内部审计费用为例，对于分权化管理的企业组织而言，内部审计费用显然是一种间接费用。有些企业曾经依据“谁受益，谁分担”的原则，将内部审计费用分配给各个“受益”部门。乍一看，这种分配方法并没有不合理之处。各个部门既然“享受”了内部审计之“益”，自然应该“承担”相应的内部审计费用。这种分配似乎也体现了内部审计费用发生的某种“因果关系”，然而，理想与现实终归有矛盾。这种根据“谁受益，谁分担”原则分配内部审计费用的结果却导致企业各个部门以各种各样的理由“婉言谢绝”企业的内部审计服务。道理很简单，哪个部门多“享受”了内部审计服务，哪个部门分担的内部审计费用就多。哪个部门愿意多分担内部审计费用呢？对于分权化管理的企业组织而言，如果各个部门都“婉言谢绝”内部审计服务，恐怕会存在诸多隐患。如何贯彻企业内部审计政策？“两害相权取其轻”的结果便是内部审计费用不再分配到各个部门而由企业高层直接承担。为什么会出现这种状况呢？这就涉及间接费用分配意味着什么这个问题。

如前所述，间接费用的分配不仅仅是一个“算术问题”，更是一个“管理问题”。从管理的层面细想，间接费用的分配隐含着绩效评价与激励问题。其实，成本管理就是成本动因（cost driver）管理，难以清晰地描绘“成本为何发生、如何发生”而进行的武断、人为的分配，其分配结果难以辅助成本管理。从企业绩效评价的角度看，哪个部门分配的间接费用越多，其绩效就越不理想。绩效评价的好坏关系各个部门的利益，各个部门自然关注分配的标志（标准）是什么，为什么选用某种分配标志。选择不同的分配标志，也就自然会引起不同的管理行为。如果我们进一步分析，间接费用分配标志的选择隐含着激励机理。选择某种分配标志，其实就是激励各部门减少或节约该种分配标志。那么，我们需要思考的问题就是该种分配标志的减少或节约是否正是企业激励的方向呢？

因此，间接费用的分配是一个“管理问题”。如果我们将间接费用的分配仅仅视为一个简单的算术问题，那么，对于生产单一产品的企业来说，间接费用的分配没有什么意义，然而，如果我们把间接费用的分配看成一个管理问题，其意义就不言而喻了。我们需要结合具体企业的实践深思间接费用分配与管理行为的关系。

10.2.3 成本报表分析的基本方法

成本报表分析的方法有很多，企业究竟应该采用哪种（些）方法取决于企业成本报表分析的目的、成本或费用形成特点以及成本分析所依据的资料性质等方面。在实践中，常用的成本报表分析方法包括比较分析法、比率分析法和因素分析法。

1）比较分析法

比较分析法是指将实际达到的数据与特定的各种标准相比较，从数量上确定差异并进行差异分析的一种分析方法。所谓差异分析，是指通过差异来揭示成绩或差距，做出评价，并找出产生差异的原因及其对差异的影响程度，为今后改进企业的经营管理指明方向。

成本报表以及成本计划有关成本指标数量上的差异，反映企业成本管理工作的成绩或差距。运用比较分析法就可以揭示这种差距，分析产生差距的原因，以便研究解决问题的途径和方法，进而提高企业成本管理水平。

既然比较分析法强调比较，自然存在比较数据的问题。在成本分析过程中，运用比较分析法，主要存在如下几种比较数据：

（1）分析期的实际数据与计划或预算数据对比

这是比较分析法的基本比较方式。这种方法可以发现分析期实际成本或费用与成本计划或费用预算之间的差异，揭示成本计划或费用预算的执行情况。

在具体比较分析时，企业可以计算以下指标：

①实际脱离计划的差异额

实际脱离计划的差异额也就是实际与计划比较增加或减少的数额，其计算公式为：

实际较计划增减的数额=分析期指标的实际数据-分析期指标的计划数据

上述公式计算结果为正值，表示成本或费用超支；反之，表示成本降低或费用节约。

在实践中，企业还经常计算成本降低额指标。实际单位成本小于计划单位成本时，形成成本的降低额；反之，形成成本的超支额。因此，与计划成本比较的成本降低额是同一产量的计划成本总额减去实际成本总额后的差额。其计算公式为：

与计划成本比较的成本降低额=实际产量按计划单位成本计算的总成本-实际总成本

上述公式中的计划总成本，是按实际产量进行调整以后的计划总成本（计划单位成本×实际产量），它与实际总成本（实际单位成本×实际产量）之差体现了成本降低或超支。这是实际脱离计划的差异额计算公式的另一种表现形式。

②实际脱离计划的差异率

实际脱离计划的差异率也就是实际较计划增加或减少的百分比，其计算公式为：

$$实际较计划增减百分比=\frac{分析期指标的实际数据-分析期指标的计划数据}{分析期指标的计划数据}\times100\%$$

根据上述公式的基本原理，在成本计划完成情况的分析中，经常需要计算与计划成本比较的成本降低率。其计算公式为：

$$与计划成本比较的成本降低率=\frac{实际产量按计划单位成本计算的总成本-实际总成本}{实际产量按计划单位成本计算的总成本}\times100\%$$

将分析期实际数据与计划或预算数据比较，如果实际数据与计划或预算数据的差异额较大，必须检讨计划或预算的编制情况。如果将实际数据与存在问题或不切合实际的计划或预算数据比较，其结果不能说明问题。这样的比较分析就没有什么实际经济意义。

（2）分析期的实际数据与前期实际数据对比

将分析期实际成本或费用与前期（上月、上季、上年、上年同期等）实际成本或费用比较，可以反映企业成本或费用的变动趋势。如果企业有关成本或费用的计划或预算资料不全或质量存在问题，这种比较就显得更为重要。

在成本报表分析中，将分析期实际数据与前期实际数据对比，除了可以计算出分析期实际数据较前期增加或减少的数额（差异额）和增加或减少的百分比（差异率）外，主要产品（可比产品）成本降低额和降低率也是这种对比方式的另一种表现形式。企业主要产品（可比产品）成本降低额和降低率，无论是计划降低额（率）还是实际降低额（率），都是与上年实际数据进行比较来计算的。其计算公式为：

可比产品实际成本降低额=实际产量按上年实际平均单位成本计算的总成本-实际总成本

$$可比产品实际成本降低率=\frac{可比产品实际成本降低额}{实际产量按上年实际平均单位成本计算的总成本}\times100\%$$

可比产品计划成本降低额=计划产量按上年实际平均单位成本计算的总成本-计划总成本

$$可比产品计划成本降低率=\frac{可比产品计划成本降低额}{计划产量按上年实际平均单位成本计算的总成本}\times100\%$$

在成本报表分析中，分析期实际数据除了与上月、上季、上年和上年同期等前期实际数据进行比较外，还应当与本企业历史先进水平的成本或费用指标比较。历史先进水平年份的成本或费用资料也是一种前期实际数据。

（3）分析期的实际数据与同行业实际平均数据和同行业先进企业实际数据对比

将分析期实际数据与计划数据和前期实际数据进行对比，可以考察企业成本计划或费用预算的完成程度以及成本和费用水平的变动趋势，发现企业成本管理工作中存在的成绩或问题。但是，这种企业内部的纵向比较还不能充分说明企业成本管理工作的成效和成本或费用的水平，只有将企业实际数据与行业实际平均数据和同行业先进企业的实际数据进行横向对比，才能找出本企业的差距，才能确定企业成本管理水平在同行业同类企业中的位置。

2）比率分析法

比率是两数相比所得的值。任何两个数字都可以计算出比率，但要使比率具有意义，计算比率的两个数字就必须具有联系。比如，一个工厂的产品年产量和职工人数有关系，通过年产量和职工人数这两个数字计算出来的比率，就可以说明这家工厂的劳动生产率。比率分析法是通过计算各种比率进行分析的方法。在成本报表分析中，常用的比率分析法包括相关比率分析法和结构比率分析法。

（1）相关比率分析法

相关比率是由两个相互联系、相互依存（相关）但性质不同的指标计算出来的比率。例如，利润总额与成本费用总额的比率反映了企业一定期间内所得（利润总额）与所费（成本费用总额）之间的比例关系，即企业每百元成本费用的投入能够获得多少利润。这个反映成本效益的重要指标就是成本费用利润率。相关比率分析法就是通过计算两个性质不同而又相关的指标的比率进行分析的方法。借助于相关比率的计算，可以排除企业之间和同一企业不同期间的某些不可比因素，有利于经营者做出成本效益分析和决策。

在成本效益分析中，与成本指标性质不同而又相关的指标包括：

①营业收入成本率

营业收入成本率是营业成本与营业收入的比率，反映了企业一定期间内生产耗费与销售成果的关系。其计算公式为：

$$营业收入成本率=\frac{营业成本}{营业收入}\times100\%$$

【实例10-1】

根据表1-7，四川长虹电器股份有限公司2023年度与2022年度的营业收入成本率的计算见表10-9。

表 10-9　**四川长虹电器股份有限公司2023年与2022年度营业收入成本率计算表**　金额单位：元

项目	2023年度	2022年度
营业成本（1）	86 205 989 292.89	81 731 310 332.10
营业收入（2）	97 455 828 421.45	92 481 659 367.24
营业收入成本率（3）=（1）÷（2）	88.46%	88.37%

②营业成本利润率

营业成本利润率是营业利润与营业成本的比率，反映企业一定期间内的财务成果（营业利润额）与生产耗费（营业成本）的关系。其计算公式为：

$$营业成本利润率=\frac{营业利润}{营业成本}\times 100\%$$

【实例 10-2】

根据表 1-7，四川长虹电器股份有限公司2023年度与2022年度营业成本利润率的计算见表 10-10。

表 10-10　**四川长虹电器股份有限公司2023年与2022年度营业成本利润率计算表**　金额单位：元

项目	2023年度	2022年度
营业利润（1）	2 025 317 312.98	1 518 945 257.69
营业成本（2）	86 205 989 292.89	81 731 310 332.10
营业成本利润率（3）=（1）÷（2）	2.35%	1.86%

③研发经费投入强度

研发经费投入强度，也称为研究与开发强度，是研发经费投入与营业收入的比率，反映企业自主创新的能力。其计算公式为：

$$研发经费投入强度=\frac{研发经费投入}{营业收入}\times 100\%$$

【实例 10-3】

根据表 1-7 及 2023 年度四川长虹电器股份有限公司财务报告附注“八、研发支出”，四川长虹电器股份有限公司2023年度与2022年度研发经费投入强度的计算见表 10-11。

表 10-11　**四川长虹电器股份有限公司2023年与2022年度研发经费投入强度计算表**　金额单位：元

项目	2023年度	2022年度
费用化研发支出即研发费用（1）	2 213 496 663.06	2 302 786 612.28
资本化研发支出（2）	276 984 920.77	279 857 017.42
研发经费投入（3）=（1）+（2）	2 490 481 583.83	2 582 643 629.70
营业收入（4）	97 455 828 421.45	92 481 659 367.24
研发经费投入强度（5）=（3）÷（4）	2.56%	2.79%

④营业费用率

企业在经营过程中发生的营业费用（俗称“期间费用”）主要包括管理费用、销售费用和财务费用。营业费用率是营业费用与营业收入的比率，反映单位营业收入耗费的营业费用。其计算公式为：

$$营业费用率=\frac{营业收入}{营业费用}\times100\%$$

如前所述，营业费用（期间费用）包括管理费用、销售费用和财务费用。由此，营业费用率可以进一步分为管理费用率、销售费用率和财务费用率。

A.管理费用率

管理费用率就是企业的管理费用占营业收入的百分比，反映单位营业收入耗费的管理费用。其计算公式为：

$$管理费用率=\frac{管理费用}{营业收入}\times100\%$$

B.销售费用率

销售费用率就是企业的销售费用占营业收入的百分比，反映单位营业收入耗费的销售费用。其计算公式为：

$$销售费用率=\frac{销售费用}{营业收入}\times100\%$$

C.财务费用率

财务费用率就是企业的财务费用占营业收入的百分比，反映单位营业收入耗费的财务费用。其计算公式为：

$$财务费用率=\frac{财务费用}{营业收入}\times100\%$$

【实例10-4】

根据表1-7，四川长虹电器股份有限公司2023年度与2022年度营业费用率的计算见表10-12。

表10-12　**四川长虹电器股份有限公司2023年与2022年度营业费用率计算表**　金额单位：元

项目	2023年度	2022年度
管理费用（1）	1 814 842 398.72	1 742 845 395.97
销售费用（2）	4 272 049 034.27	3 873 570 250.98
财务费用（3）	135 381 474.67	229 844 064.90
营业费用（4）=（1）+（2）+（3）	6 222 272 907.66	5 846 259 711.85
营业收入（5）	97 455 828 421.45	92 481 659 367.24
管理费用率（6）=（1）÷（5）	1.86%	1.88%
销售费用率（7）=（2）÷（5）	4.38%	4.19%
财务费用率（8）=（3）÷（5）	0.14%	0.25%
营业费用率（9）=（4）÷（5）	6.38%	6.32%

（2）结构比率分析法

结构比率是局部数量（额）与总体数量（额）之比，即局部占总体的比重。例如，在单位产品成本或总成本中各个成本项目所占的比重，在费用总额中各个费用项目所占的比重，这些都是结构比率。结构比率分析法就是通过计算结构比率进行分析的方法。

在成本报表分析中，通过计算产品成本中各个成本项目的比重，以及计算费用总额中各个费用项目的比重，可以反映产品成本或费用总额的结构是否合理，从而为企业降低成本、节约费用指明方向。

成本报表分析的相关结构比率计算公式如下：

$$产品成本结构比率=\frac{某项成本项目数额}{产品成本总额}\times 100\%$$

$$制造费用结构比率=\frac{某项制造费用项目数额}{制造费用总额}\times 100\%$$

$$营业费用结构比率=\frac{某项营业费用项目}{营业费用总额}\times 100\%$$

各成本或费用项目的结构比率之和等于100%。

企业把钱花在哪里了呢？通过产品成本项目的“三剑客”即直接材料、直接人工和制造费用占成本总额的比率，即产品成本结构比率以及制造费用结构比率和营业费用结构比率，可以判断企业的战略重点或企业类型（技术密集型、资金密集型还是劳动密集型），也可以洞察成本与费用发生的重点项目及其影响因素，寻求改善的空间。

如果经营者需要分别计算销售费用、管理费用和财务费用中各个费用项目的结构比率，其计算公式可以借鉴制造费用结构比率的计算公式。

【实例 10–5】

根据表1–7，四川长虹电器股份有限公司2023年度与2022年度营业费用结构比率的计算见表10–13。

表 10–13　**四川长虹电器股份有限公司2023年与2022年度营业费用结构比率计算表**　金额单位：元

项目	2023年度	2022年度
管理费用（1）	1 814 842 398.72	1 742 845 395.97
销售费用（2）	4 272 049 034.27	3 873 570 250.98
财务费用（3）	135 381 474.67	229 844 064.90
营业费用（4）=（1）+（2）+（3）	6 222 272 907.66	5 846 259 711.85
管理费用占营业费用比率（5）=（1）÷（4）	29.17%	29.81%
销售费用率占营业费用比率（6）=（2）÷（4）	68.66%	66.26%
财务费用率占营业费用比率（7）=（3）÷（4）	2.18%	3.93%

3）因素分析法

如前所述，成本或费用是反映企业生产经营效率的综合指标。企业成本或费用的高低是多种因素共同影响的结果。因素分析法是一种分析经济因素的影响，测定各个因素影响程度的分析方法。在成本报表分析中，因素分析法通常包括连锁替代法和差额计算法。

（1）连锁替代法

连锁替代法是将综合性指标分解成各个因素之后，以组成该指标的各个因素的实际数，按顺序替换比较的标准（如计划数、前期实际数）来计算各个因素变动对该指标影响程度的方法。

采用连锁替代法，有关因素的替代顺序如下：

① 根据指标特征和分析目的，确定构成该指标的因素。例如，在分析单位产品成本的直接材料费用变动原因时，便可以确定分析材料消耗量和材料单位价格两个因素。

② 根据各个因素的关系，按一定顺序排列各个因素。采用连锁替代法，改变各个因素的排列顺序，其计算结果会有所不同。为了便于比较和分析，应当确定各个因素的排列顺序。在实践中，一般数量因素在前，质量因素在后；实物量和劳动量因素在前，价值量因素在后。例如，影响单位产品成本中直接材料费用的因素包括单位产品材料消耗量和材料单位价格两个因素，一般材料消耗量排在前，材料单位价格排在后。

③ 确定比较的标准后，依次以各因素的本期实际数值（各个因素的本期计划数值或前期实际数值）替代该因素的标准数值（本期计划数值或前期实际数值），每次替换都计算出新的数据。有几个因素就需替换几次，直至最后计算出该指标的实际数据。

④ 以每次替换后计算出的新数据，减去前一个数据，其差额即为该因素变动对该指标的影响程度。

⑤ 综合各个因素的影响程度，其代数和（正负数抵销后）应等于该指标的实际数据与标准数据（本期计划数值或前期实际数值）的差异。

【实例10-6】

某企业生产甲产品。单位产品消耗A材料的计划数为11千克，实际消耗量为10千克，A材料的计划单位价格为20元/千克，实际单位价格为21元/千克。那么，单位产品A材料消耗的计划成本为220元（11×20），实际成本为210元（10×21）。实际成本与计划成本相比，节约了10元（220−210）。

采用连锁替代法分析各个因素变动的影响程度如下：

（1）根据指标特征和分析目的，确定构成该指标的因素。

产品单位成本=单位产品材料消耗量×材料单位价格

（2）确定比较标准（计划数据）：

11×20=220（元）　①

（3）第一次替换（以实际消耗量替换计划消耗量）：

10×20=200（元）　②

（4）计算单位产品A材料消耗量变化对单位成本的影响：

②−①=200−220=−20（元）

（5）第二次替换（以实际单位价格替换计划单位价格）：

10×21=210（元）　③

（6）计算A材料单位价格变化对单位成本的影响：

③−②=210−200=10（元）

（7）综合上述计算结果：A材料实际成本比计划成本节约10元是——单位产品材料

消耗量减少1千克（10-11），使单位成本降低20元；A材料单位价格超支1元（21-20），使单位成本超支10元——两个因素共同影响的结果。

上述分析可用表10-14来表示。

表10-14　**甲产品A材料成本分析表**

项　目	计划	实际	差异	差异分析	
				单位消耗量影响	单位价格影响
单位产品A材料成本（元）	220	210	-10	-20	+10
单位产品材料消耗量（千克）	11	10	-1		
单位材料价格（元/千克）	20	21	+1		

（2）差额计算法

差额计算法是连锁替代法的简化形式，它是根据各因素本期实际数值与标准数值（本期计划数值或前期实际数值）的差额，直接计算各因素变动对指标影响程度的方法。

【实例10-7】

承【实例10-6】，运用差额计算法分析如下：

（1）计算单位产品A材料消耗量变化对单位成本的影响：

（10-11）×20=-20（元）

（2）计算A材料单位价格变化对单位成本的影响：

（21-20）×10=+10（元）

（3）综合计算各个因素的影响，其结果与连锁替代法相同：A材料实际成本比计划成本节约10元是——单位产品材料消耗量减少1千克（10-11），使单位成本降低20元；A材料单位价格超支1元（21-20），使单位成本超支10元——两个因素共同影响的结果。

拓展学习10-3

效率与效益

【延伸阅读资料10-3】

根据成本数据的来源，成本可以分为实际成本（actual cost）和计划成本或标准成本（standard cost）。本章所讨论的成本报表列示了产品成本（生产成本）的计划成本和实际成本。产品的实际成本信息为企业确定资产负债表的存货数额和利润表的营业成本数额提供相关信息，而实际成本与计划成本的比较，有助于揭示成本计划的执行情况，寻求改善成本管理的空间，但计划成本无法纳入正式的会计处理系统（但在编制成本报表时，计划成本进入成本报表，成为成本报表的一个组成部分）。由此，标准成本法（standard costing）应运而生。

顾名思义，标准成本法就是以标准成本为核心的成本控制方法。标准成本法包括标准成本的制定、差异分析以及成本差异的会计处理三个组成部分。

标准成本的制定是标准成本法的起点，也是标准成本法的关键。

标准成本是企业在正常环境下生产某种产品或提供某种服务应该发生的理想（预计）成本（实际上，标准成本就是一种计划成本）。从管理控制的角度看，控制成本的有利时机是成本发生之前，而不是成本发生之时。标准成本的基本计算公式是：标准成本=标准用量×标准价格。企业应该对生产过程的直接材料、直接人工和制造费用等成本项目分别制定标准成本，从而确定单位产品的标准成本。值得注意的是，标准成本的制定是一个技术问题，而不是一个单纯的会计问题。

企业实际的生产过程自然会产生一个实际成本。实际成本的会计处理才是一个会计问题。实际成本与标准成本可能存在差异。这种差异就称为成本差异。由此，标准成本法的第二部分内容就是差异分析。只计算出各个成本项目的成本差异不过是一个算术问题，而深入分析成本差异产生的原因才是一个管理问题。任何成本差异都可以归结为价格差异与用量差异。因此，差异分析要针对差异的性质，寻找产生差异的原因，明确差异是否可以控制、由谁控制、如何控制，以便有效地控制成本。实际成本与标准成本的差异分析报告本身就是一份非常好的成本报表分析报告。

由此，标准成本法的第三部分内容就是成本差异的会计处理。根据标准成本法，企业除了设置“原材料”、“生产成本”、“库存商品”和“主营业务成本”等账户并按标准成本入账之外，还要按照成本项目分别设置“直接材料价格差异”、“直接材料用量差异”、“直接人工效率差异”、“直接人工工资率差异”、“变动性制造费用耗费差异”、“变动性制造费用效率差异”、“固定性制造费用支出差异”和“固定性制造费用能量差异”等8个账户反映各个成本项目的实际成本与标准成本之间的差异。期末，这些成本差异账户的余额要结转到相应的账户。正是借助这8个反映成本差异的账户，标准成本法将标准成本纳入正式的会计处理系统。

通过各个成本差异账户余额的结转过程，与此相关的账户（如“原材料”、“生产成本”、“库存商品”和“主营业务成本”）的余额就从标准成本转化为实际成本。这样，企业就可以根据会计准则编制财务报表。这是标准成本法与计划成本法的显著差别。

不过，近年来，标准成本法备受指责：

第一，标准成本的制定适合于规模化、大批量生产的管理情境，而21世纪强调顾客化、小批量生产。由此，标准成本的制定缺乏应有的基础，即便制定了标准成本，也可能缺乏代表性。

第二，21世纪强调创新，强调突破原有的各种框框。而有标准就有规矩，标准成本可能墨守成规，抑制创新。

第三，标准成本法强调生产过程，而21世纪的企业对成本的关注已经超越生产过程，延伸到整个产品的生命周期。

尽管如此，标准成本法还是一种行之有效的成本控制方法。

值得指出的是，面对21世纪的经营环境，营业费用（管理费用、销售费用和财务费用）的核算与分析已经成为一个极其简单而重要的问题。利润表单独列报了“研发费用”项目就是一个例证。彼得·德鲁克（Peter F.Drucker）认为“企业的唯一目的就是创造顾客”。如此一来，企业应该主要做两件事：创造与营销。在21世纪，企业满足顾客的需求，只能赢得生存的空间，企业只有不断创造顾客的需求（靠“创造”）并引导顾客的需求（靠“营销”），才能赢得可持续发展的空间。在这里，“创造”解决新产品或新服务问题，而“营销”则解决顾客问题。如果企业的“创造”和“营销”都做得好，企业不仅可以不断推出新产品或新服务，而且能拥有源源不断的顾客。如此一来，企业也就具备可持续发展的基本前提。企业的“创造”靠研究与开发，其产生的费用属于管理费用，而企业的"营销"产生的费用则属于销售费用。如此一来，原本核算与分析极其简单的营业费用，因企业的"创造"与"营销"日益重要，而显得极其重要。如何通过"营业费用"的核算与分析，洞察企业的"创造"与"营销"是一个值得成本报表（乃至财务报表）分析者和经营者关注的重要问题。

●10.3 成本计划完成情况分析

企业的成本计划完成情况分析主要包括全部产品成本计划完成情况分析、主要产品成本计划完成情况分析和产品单位成本计划完成情况分析。

10.3.1 全部产品成本计划完成情况分析

如前所述，全部产品成本计划既可按产品种类和类别编制，也可按成本项目编制。这样，全部产品成本计划完成情况分析也应该分别按产品种类和类别以及成本项目进行分析。

1）按产品种类和类别进行成本计划完成情况分析

这种分析的依据主要是产品生产成本表或产品生产成本及销售成本表和全部产品成本计划表（按产品种类和类别编制）。

【实例 10-8】

假设大华公司 20×1 年度产品实际生产成本数据见表 10-3，20×1 年产品成本计划数据见表 10-15。①

表 10-15 **产品成本计划表**

编制单位：大华公司 20×1 年度 金额单位：元

产品名称	计量单位	计划产量	单位成本		计划产量下的总成本		成本降低任务	
			上年实际	本年计划	按上年实际单位成本计算	本年计划	成本降低额	成本降低率（%）
主要产品					900 000	875 520	24 480	2.72
甲产品	件	540	1 200	1 164	648 000	628 560	19 440	3.00
乙产品	件	252	1 000	980	252 000	246 960	5 040	2.00
次要产品								
丙产品	件	240		1 110		266 400		
合 计						1 141 920		

根据表 10-3 和表 10-15，按产品种类和类别编制"全部产品成本计划完成情况表"（见表 10-16）。

① 本例的素材取自：鲁亮升. 成本会计 [M]. 6版. 大连：东北财经大学出版社，2015.

表 10-16　　全部产品成本计划完成情况表（按产品种类和类别）

编制单位：大华公司　　20×1 年度　　金额单位：元

产品名称	计量单位	实际产量	单位成本			实际产量的总成本			与计划成本相比	
			上年实际	本年计划	本年实际	按上年实际单位成本计算	按本年计划单位成本计算	本年实际	成本降低额	成本降低率（%）
主要产品						1 000 000	972 500	969 250	3 250	0.3342
甲产品	件	625	1 200	1 164	1 158	750 000	727 500	723 750	3 750	0.5155
乙产品	件	250	1 000	980	982	250 000	245 000	245 500	−500	−0.2041
次要产品										
丙产品	件	250		1 110	1 060		277 500	265 000	12 500	4.5045
合　计							1 250 000	1 234 250	15 750	1.26

根据表 10-16，总成本都是按实际产量计算的，因为只有同一个实物量的总成本才能够比较。在企业全部产品中，有些产品以前年度没有生产，没有上年度资料，因而，企业全部产品成本计划完成情况分析采用的比较基础是计划成本，通过实际成本与计划成本的比较，计算出全部产品的成本降低额和降低率，从而揭示企业成本计划的完成情况。根据表 10-16，大华公司 20×1 年度全部产品总成本完成了计划，实际成本与计划成本相比较，成本降低额为 15 750 元，成本降低率为 1.26%。当然，次要产品的成本计划完成得更好，实际成本与计划成本相比，成本降低额为 12 500 元，成本降低率为 4.5045%。大华公司的主要产品虽然也完成了成本计划，但是，其成本降低额只有 3 250 元，成本降低率仅为 0.3342%。如果进一步分析的话，可以看到大华公司的主要产品中，乙产品成本超支 500 元，成本超支率为 0.2041%，大华公司应该进一步查明原因。

2）按成本项目进行成本计划完成情况分析

这种分析的依据主要是企业按成本项目编制的产品生产成本表和产品成本计划表。

【实例 10-9】

假设大华公司根据 20×1 年度成本计划和成本报表按成本项目编制“全部产品成本计划完成情况表”（见表 10-17）。

表 10-17　　全部产品成本计划完成情况表（按成本项目）

编制单位：大华公司　　20×1 年度　　金额单位：元

成本项目	实际产量的总成本		与计划成本相比	
	按本年计划单位成本计算	本年实际	成本降低额	成本降低率（%）
直接材料	500 000	485 875	14 125	2.825
直接人工	362 500	363 625	−1 125	−0.3103
制造费用	387 500	384 750	2 750	0.7097
合　计	1 250 000	1 234 250	15 750	1.26

根据表 10-17，大华公司 20×1 年度已经完成了按成本项目反映的全部产品成本计划，与计划成本相比，成本降低额为 15 750 元，成本降低率为 1.26%。这个结果与前述大华公司按

产品种类和类别分析的结果一致。如果企业进一步分析，可以发现直接材料与制造费用项目完成了成本计划，与预计成本相比，其降低率分别为2.825%和0.7097%，但直接人工项目超支了1 125元，超支率为0.3103%。大华公司应该进一步分析直接人工项目超支的原因。

通过全部产品成本计划完成情况分析，企业可以揭示全部产品和各种产品成本计划的完成情况，明确全部产品总成本中各个成本项目的成本计划完成情况，有助于寻找成本超支或节约的原因。

10.3.2 主要产品成本计划完成情况分析

企业主要产品是指企业正常并大量生产的产品，其成本计划完成情况分析是成本报表分析的重点。由于企业的主要产品通常在以前年度已经生产过，具有上年度成本数据，因此，有时主要产品也称为可比产品。

在企业的成本计划中，通常除了规定主要产品的计划总成本和计划单位成本之外，还规定了可比产品的成本降低额和降低率。因此，企业主要产品的成本计划完成情况分析主要是主要产品成本降低任务（成本降低额和成本降低率）的完成情况分析。

【实例10-10】

大华公司生产甲产品和乙产品两种主要产品（可比产品），有关资料参见表10-15和表10-16。

根据表10-15，大华公司20×1年度主要产品计划产量按上年实际平均单位成本计算的总成本为900 000元，计划总成本为875 520元。大华公司20×1年度计划成本降低额为24 480元（875 520-900 000），计划成本降低率为2.72%（24 480÷900 000×100%）。大华公司20×1年度主要产品的计划成本降低额和降低率都是与上年比较的。为了便于成本考核，主要产品实际成本降低额和降低率也应该与上年比较。

根据表10-16，大华公司主要产品实际产量按上年实际单位成本计算的总成本为1 000 000元，20×1年度实际总成本为969 250元。与上年度相比，20×1年度大华公司主要产品实际成本降低额为30 750元（969 250-1 000 000），实际成本降低率为3.075%（30 750÷1 000 000×100%）。

上述计算结果显示：大华公司20×1年度主要产品实际成本降低额超计划6 270元（30 750-24 480），实际成本降低率超计划0.355%（3.075%-2.72%）。这说明大华公司较好地完成了主要产品的成本降低目标。

那么，大华公司为什么会超计划完成主要产品的成本降低目标呢？这就是成本报表分析的对象。根据表10-15和表10-16资料，将成本分析对象汇总，见表10-18。

表10-18 **主要产品成本降低计划完成情况表**

编制单位：大华公司 20×1年度

产品名称	成本降低额（元）			成本降低率（%）		
	计划数	实际数	差异数	计划数	实际数	差异数
甲产品	19 440	26 250	6 810	3	3.5	0.5
乙产品	5 040	4 500	-540	2	1.8	-0.2
合　计	24 480	30 750	6 270	2.72	3.075	0.355

根据表 10-18，大华公司 20×1 年度甲产品的成本降低额和降低率都完成了计划，而乙产品的成本降低额和降低率都没有完成计划。

究竟是哪些因素导致这种结果呢？下面进一步从产品单位成本、产品结构和产品产量等三个因素来分析。

1）产品单位成本对成本降低任务的影响

产品单位成本是影响产品成本降低任务完成情况最主要的因素。产品单位成本的降低或增加直接带来成本的降低额或超支额。因此，产品单位成本对主要产品成本降低额和降低率计划完成情况的影响，可通过下列公式计算：

$$\text{产品单位成本变动对成本降低额的影响}=\text{主要产品实际产量按计划单位成本计算的总成本}-\text{实际总成本}$$

$$\text{产品单位成本变动对成本降低率的影响}=\frac{\text{产品单位成本变动影响的成本降低额}}{\text{实际产量按上年实际平均单位成本计算的总成本}}\times 100\%$$

【实例 10-11】

根据表 10-16，运用上述公式计算产品单位成本对成本降低额和降低率的影响如下：

产品单位成本变动对成本降低额的影响=972 500−969 250=3 250（元）

产品单位成本变动对成本降低率的影响=（3 250÷1 000 000）×100%=0.325%

2）产品结构对成本降低任务的影响

在生产多种产品的企业，产品结构是指各种产品在全部产品中所占的比重。由于产品的实物量不能汇总，这里的"总产品"根据各种产品的实物量与该产品上年实际平均单位成本综合计算。

【实例 10-12】

根据表 10-15 和表 10-16，大华公司的产品结构计算过程见表 10-19。

表 10-19　**产品结构计算表**

编制单位：大华公司　　20×1 年度　　产量单位：件；金额单位：元

产品名称	计划产量	实际产量	上年单位成本	计划产量按上年实际单位成本计算的总成本	计划品种结构	实际产量按上年实际单位成本计算的总成本	实际品种结构
甲产品	540	625	1 200	648 000	72%	750 000	75%
乙产品	252	250	1 000	252 000	28%	250 000	25%
合　计	/	/	/	900 000	100%	1 000 000	100%

根据表 10-15 和表 10-19，计划成本降低率为：

3%×72%+2%×28%=2.72%

假设各种产品的计划成本降低率不变，产品结构变动后的综合成本降低率为：

3%×75%+2%×25%=2.75%

产品结构变动对成本降低率的影响为：

2.75%−2.72%=0.03%

上述计算结果表明，假设各种产品的计划成本降低率不变，由于产品结构的变动，大华公司主要产品的综合成本降低率由 2.72% 上升到 2.75%，增加了 0.03%。这是大华公司计划成本降低率比较高的甲产品的比重由 72% 上升到 75% 所产生的结果。

在实践中，产品结构变动对成本降低额和降低率的影响计算公式为：

$$\text{产品结构变动对成本降低率的影响}=\frac{\text{实际产量按上年实际单位成本计算的总成本}-\text{实际产量按本年计划单位成本计算的总成本}}{\text{实际产量按上年实际单位成本计算的总成本}}\times100\%-\text{计划成本降低率}$$

$$\text{产品结构变动对成本降低额的影响}=\text{实际产量按上年实际平均单位成本计算的总成本}\times\text{产品结构变动对成本降低率的影响}$$

【实例 10-13】

根据表 10-15 和表 10-16，运用上述公式，产品结构变动对成本降低额和降低率的影响计算如下：

$$\text{产品结构变动对成本降低率的影响}=\frac{(1\ 000\ 000-972\ 500)}{1\ 000\ 000}\times100\%-2.72\%$$

$$=2.75\%-2.72\%=0.03\%$$

产品结构变动对成本降低额的影响=1 000 000×0.03%=300（元）

3）产品产量对成本降低任务的影响

如果成本没有根据其成本性态划分为固定成本和变动成本，那么，产品产量变动只影响成本降低额，不影响成本降低率。其计算公式为：

$$\text{产品产量变动对成本降低额的影响}=\text{实际产量按上年实际平均单位成本计算的总成本}\times\text{计划的成本降低率}-\text{计划的成本降低额}$$

$$\text{或者：}=(\text{实际产量按上年实际单位成本计算的总成本}-\text{计划产量按上年实际单位成本计算的总成本})\times\text{计划成本降低率}$$

【实例 10-14】

根据表 10-15 和表 10-16，产品产量变动对成本降低额的影响计算如下：

产品产量变动对成本降低额的影响=1 000 000×2.72%-24 480=2 720（元）

或者：　　=（1 000 000-900 000）×2.72%=2 720（元）

上述计算结果汇总见表 10-20。

表 10-20　　**主要产品成本计划完成情况分析汇总表**

编制单位：大华公司　　20×1 年度

各种影响因素	各因素对成本降低额的影响（元）	各因素对成本降低率的影响（%）
产品单位成本	3 250	0.325
产品结构	300	0.03
产品产量	2 720	
合　计	6 270	0.355

综上所述，大华公司 20×1 年度主要产品成本降低额和降低率都完成了计划。其中，成本降低额比计划增加了 6 270 元，成本降低率比计划增加了 0.355%。这是产品单位成本、产品结构和产品产量三个因素共同影响的结果。产品单位成本和产品产量两个因素较好地完成了计划目标。由于产品单位成本降低，使成本降低额增加了 3 250 元，成本降低率增加了 0.325%；由于产品结构变动，使得成本降低额增加了 300 元，成本降低率增加了 0.03%；由于产品产量增加，使成本降低额增加了 2 720 元。这说明大华公司的成本管理工作取得了较好的成效。

产品单位成本、产品结构和产品产量对主要产品成本降低任务的影响分析也可以采用连锁替代法。根据连锁替代法的基本原理，影响成本降低额的三个因素的替代顺序为产品产量、产品结构和产品单位成本；影响成本降低率的两个因素的替代顺序为产品结构和产品单位成本。

10.3.3　产品单位成本计划完成情况分析

在全部产品成本计划完成情况分析和主要产品成本计划完成情况分析中，影响成本计划完成情况的主要因素是单位成本。有鉴于此，企业应该进一步分析产品单位成本计划完成情况，揭示产品单位成本上升或下降的原因，寻求降低产品成本的途径。

在分析产品单位成本计划完成情况时，重点分析单位成本上升或下降幅度比较大和在企业全部产品中所占比重较大的产品。同时，在这两类产品中，又应该重点分析上升或下降幅度较大和比重较大的成本项目。

【实例 10-15】

根据大华公司 20×1 年度主要产品单位成本表（表 10-4）和其他相关资料，运用比较分析法编制"产品单位成本计划完成情况分析表"（见表 10-21）。

表 10-21　**产品单位成本计划完成情况分析表**

编制单位：大华公司　　20×1 年度　　金额单位：元

成本项目	单位成本			与上年实际单位成本比		与本年计划单位成本比	
	上年实际	本年计划	本年实际	降低额	降低率（%）	降低额	降低率（%）
甲产品	1 200	1 164	1 158	42	3.500	6	0.515
直接材料	470	439	445	25	5.319	−6	−1.367
直接人工	370	375	372	−2	−0.541	3	0.800
制造费用	360	350	341	19	5.278	9	2.571
乙产品	1 000	980	982	18	1.800	−2	−0.204
直接材料	400	385	371.4	28.6	7.150	13.6	3.532
直接人工	250	255	258	−8	−3.200	−3	−1.176
制造费用	350	340	352.6	−2.6	−0.743	−12.6	−3.706

根据表 10-21，可以看到：(1) 与上年实际单位成本相比，大华公司 20×1 年度甲产品和乙产品的单位成本都有所降低，其单位成本降低额分别为 42 元和 18 元，其单位成本降低率分别为 3.500% 和 1.800%；但是，与上年实际单位成本相比，甲产品和乙产品的直接人工费用都有所增加，影响了产品单位成本的降低幅度。(2) 与本年计划单位成本相比，甲产品单位成本降低了 6 元，降低率为 0.515%；乙产品单位成本超支了 2 元，超支了 0.204%。甲产品单位成本超额完成计划任务，主要是直接人工和制造费用项目较好地完成了计划任务，其成本降低额分别为 3 元和 9 元；但直接材料项目超支了 6 元，超支了 1.367%，大华公司应该进一步分析其超支的原因。乙产品直接材料项目超额完成计划，其单位成本降低额为 13.6 元，单位成本降低率为 3.532%，但直接人工和制造费用项目却

分别超支了3元和12.6元，分别超支了1.176%和3.706%，从而使得乙产品没有完成产品单位成本计划任务。大华公司应该进一步分析乙产品直接人工和制造费用项目超计划的原因。

【延伸阅读资料10-4】①

如今一提起作业成本计算法（activity-based costing，ABC），许多人马上会联想到产品成本计算的精确性或高新技术企业。其实，这是对作业成本计算法的误解。作业成本计算法的魅力在于其战略思维。

根据有关文献，作业成本计算法的确起源于产品成本计算的精确性动机。但是，其意义已经完全超越了成本计算精确性要求这个层面，深入到企业组织的作业链（activity chain）-价值链（value chain）重构，乃至企业组织结构设计问题。如果我们单纯地将作业成本计算法视为一种成本计算方法，那么，它并没有什么先进性可言。就计算技术而言，作业成本计算法也没有什么高深之处，无非是根据成本动因将单一制造费用分配标准变为多元分配标准而已，其计算、分配原理还是一样的。作业成本计算法最大的贡献在于强调成本动因。如果就成本计算的精确性而言，我们还没有足够的证据证明采用多个分配标准分配间接费用一定比单一分配标准更为精确。况且，任何成本计算方法本来就不能用“精确性”来衡量。

传统成本计算法通过两个层次分配间接费用。企业发生的间接费用（主要是制造费用）首先归集到费用（主要是制造费用）账户，然后，再根据一定标准分配到产品。这隐含着“产品消耗资源”的假设。资源消耗量直接分配到产品，形成产品成本。从表面上看，这合乎逻辑，也无懈可击。其实，仔细地观察，它掩盖了作业在资源转化为产品过程中的作用这个实质性问题。实际上，作业是资源转换为产品必不可少的关键环节。然而，在传统成本计算方法下，这却是一个“黑箱”。尽管作业成本计算法也采用两个层次分配间接费用（除了制造费用之外，还包括其他间接费用），但它以成本动因为媒介，从而打开了传统成本计算法的“黑箱”，不再是一步将资源越过作业分配到产品。因此，传统成本计算法忽视了各种产品生产的复杂性和技术含量不同以及与此相联系的作业量不同。而作业成本计算法考虑了引起间接费用发生的各种成本动因，并以此为基础分配间接费用，因而，它能提供较为相关的成本信息。可见，对比传统成本计算法，作业成本计算法提高了成本信息的相关性。

从因果关系的逻辑看，作业成本计算法的确导源于高新技术企业间接费用（如研究与开发费用、制造费用、营销与行政费用等）数额的增加，进而导致间接费用分配的重要性提高。这就造成一种假象，似乎作业成本计算法是高新技术企业的“专利”。其实，作业成本计算法的起源不等于其运用的领域。任何理论与方法的产生都不是偶然的，而是众多因素综合作用的结果，作业成本计算法也不例外。作业成本计算法的起源需要某种“驱动因素”（driver），高新技术企业间接费用的增加只是推动作业成本计算法从理论走向实践的众多“驱动因素”之一。一旦作业成本计算法产生之后，其运用领域便不再局限于高新技术企业。任何企业组织只要希望了解成本发生的“来龙去脉”，降低并控制成本费用，就可以运用作业成本计算法辅助管理。作业成本计算法在国外许多大型制造业、金融机

① 胡玉明．作业成本计算法的战略思维［J］．财会通讯，2004（13）：72.

构、科研机构、中小企业、会计师事务所、营销部门等领域的广泛运用就是一个明显的例证。

由此可见，作业成本计算法并不天然与精确性或高新技术企业相联系。还有一种误解，认为作业成本计算法是计算产品成本的一种方法。当然，这没有错，但并不全对。作业成本计算法的确是计算产品成本的方法，但是，如果我们只是这么认识作业成本计算法的话，那可就大大降低作业成本计算法的功效了。作业成本计算法并不局限于“就成本论成本”，而是将着眼点与着重点放在成本发生的前因和后果上，以作业为核心，以资源流动为线索，以成本动因为媒介，依据作业对资源的消耗情况将所消耗的资源成本分配到作业，从而计算作业成本。现代企业观认为“企业是为了满足最终顾客需求而设计的一系列作业的集合体”。这样，作业成本计算法计算的是企业最基本事项，即作业的成本，企业完全可以根据管理需求，“按需取数”，计算各种成本对象（cost objective）的成本。例如，可以根据某种产品消耗各项作业的数量计算该种产品成本，也可以根据某个部门（或生产线）消耗各项作业的数量计算该部门（或生产线）成本，甚至可以根据某个人在企业消耗各项作业的数量计算某人的成本！以此类推，真正体现了“不同目的，不同成本”的思想。所有作业的成本便构成企业的成本。企业成本管理的实质就是作业管理。因此，作业成本信息是企业作业链-价值链优化的信息基础，从而也是企业的业务流程再造乃至企业再造的信息基础。这才是作业成本计算法的魅力之所在！

只有明确成本“为何发生，如何发生”，企业才能进行成本的战略管理，对此，在不同时期存在不同的认识。大约在20世纪80年代之前，人们认为“成本是业务量的函数”，即业务量驱动成本的发生。20世纪80年代至90年代，人们的观念发生了变化，认为“成本是作业的函数”，即作业驱动成本的发生。20世纪90年代之后，人们的观念再次发生了变化，认为“成本是战略的函数”，即战略驱动成本的发生。今天，人们认为任何成本都是为了实施战略而发生的。成本（或费用）虽然发生于生产经营过程，但是，其根源却不在生产经营过程。我们需要站在战略高度透视成本（或费用）及其发生的根源。这就是成本的战略思维（strategic thinking）。

作业成本计算法的运用过程实际上就是成本动因分析过程。明确某项成本（或费用）是否与战略相关，是否可以避免，这是成本管理的最高层次——成本避免（cost avoidance）。如果某项成本（或费用）不能避免，一定要发生，接下来的问题才是控制其发生的数额。这是成本管理的第二层次——成本控制（cost control）。只有从战略上避免成本发生，才能从源头上杜绝或消除浪费。作业成本计算法提供了这样的战略思维。

拓展学习10-4

让企业产品成本核算愈加精细化

价值引领

1.经营者如何借助成本报表分析，强化成本管理意识，实现降本增效，推进企业高质量发展？

2.党的二十大报告强调“实施全面节约战略，推进各类资源节约集约利用，加快构建废弃物循环利用体系”。结合党的二十大精神，经营者如何借助成本报表分析，“实施全面节约战略，推进各类资源节约集约利用，加快构建废弃物循环利用体系”？

[总结与结论]

成本报表是根据企业产品成本和期间费用的核算资料以及其他相关资料编制，用于反映企业一定期间内产品成本和期间费用水平及构成情况的报告。

与资产负债表、利润表和现金流量表不同，成本报表主要是向经营者提供成本信息的内部管理报表。通过编制和分析成本报表，可以考核企业成本计划和费用预算的执行情况，为企业的经营决策与管理控制提供相关信息。

成本报表分析是根据成本核算资料和成本计划资料以及其他相关资料，运用专门方法，揭示企业成本计划或费用预算的执行情况，溯本求源，寻找产生成本计划或费用预算差异的根源，发现降低成本或节约费用的途径，挖掘企业内部增产节约的一项专门工作。成本报表分析是成本核算工作的延续，也是财务报表分析的重要组成部分。

成本报表分析的内容主要包括：（1）全部产品成本计划完成情况的分析；（2）可比产品（主要产品）成本计划完成情况的分析；（3）主要产品单位成本的分析。

成本报表分析方法很多，企业究竟应该采用哪种（些）方法取决于企业成本报表分析的目的、成本或费用形成特点以及成本分析所依据的资料性质等方面。在实践中，常用的成本报表分析方法包括比较分析法、比率分析法和因素分析法。

比较分析法是指将实际达到的数据与特定的各种标准相比较，从数量上确定差异，并进行差异分析的一种分析方法。比率分析法是通过计算各种比率进行分析的方法。在成本报表分析中，常用的比率分析法包括相关比率分析法和结构比率分析法。因素分析法是一种分析经济因素的影响，测定各个因素影响程度的分析方法。在成本报表分析中，因素分析法通常包括连锁替代法和差额计算法。

[练习题库]

★ 业务题

1.华南公司生产A、B和C三种产品。其中，A和B产品为主要产品，C产品为次要产品。20×1年有关产量、成本资料见表10-22。

表10-22　　**产量成本资料**

20×1年度

项　目		A产品	B产品	C产品
产品产量（件）	本年计划	2 160	1 008	960
	本年实际	2 500	1 000	1 000
单位成本（元/件）	上年实际平均	600	500	
	本年计划	582	490	555
	本年实际平均	579	491	530

要求：根据上述资料，编制按产品品种和类别反映的产品生产成本表（见表10-23）。

表10-23　　产品生产成本表（按产品品种和类别编制）

编制单位：华南公司　　20×1年度　　金额单位：元

产品	计量单位	产量		单位成本			总成本		
		本年计划	本年实际	上年实际平均	本年计划	本年累计实际平均	按上年实际平均单位成本计算	按本年计划单位成本计算	本年实际
主要产品									
A产品	件								
B产品	件								
次要产品									
C产品	件								
合　计									

2.华南公司生产A、B和C三种产品。其中，A和B产品为主要产品，C产品为次要产品。20×1年有关产量、成本资料见表10-24。

表10-24　　产量成本资料

20×1年度

项目		A产品	B产品	C产品
产品产量（件）	本年计划	2 160	1 008	960
	本年实际	2 500	1 000	1 000
单位成本（元/件）	上年实际平均	600	500	
	本年计划	582	490	555
	本年实际平均	579	491	530

要求：

（1）计算全部产品与计划比较的成本降低额和降低率（填列表10-25）。

表10-25　　产品生产成本表（按产品品种和类别分析）

编制单位：华南公司　　20×1年度　　金额单位：元

产品名称	计量单位	实际产量	单位成本			实际产量的总成本			与计划成本比	
			上年实际	本年计划	本年实际	按上年实际单位成本计算	按本年计划单位成本计算	本年实际	成本降低额	成本降低率（%）
主要产品										
A产品	件									
B产品	件									
次要产品										
C产品	件									
合　计										

（2）简要评价华南公司全部产品成本计划完成情况。

（3）计算主要产品计划和实际成本降低额、成本降低率以及实际脱离计划的差异（填列表10-26）。

表10-26 主要产品成本降低任务完成情况分析表

编制单位：华南公司 20×1年度

项　目	成本降低额（元）	成本降低率（%）
1.计划数		
A产品		
B产品		
合　计		
2.实际数		
A产品		
B产品		
合　计		
3.差异数		
A产品		
B产品		
合　计		

（4）分析各个因素变动对主要产品成本降低任务的影响（填列表10-27）。

表10-27 主要产品成本降低任务完成情况分析表

编制单位：华南公司 20×1年度

影响因素	对成本降低额的影响（元）	对成本降低率的影响（%）
产品单位成本		
产品品种结构		
产品产量		
合　计		

（5）对华南公司主要产品成本计划完成情况进行简要的评价。

★ 思考题

1.何谓成本报表？与对外报表相比，成本报表有何特点？

2.成本报表如何分类？

3.如何编制成本报表？

4.如何理解成本报表分析是成本核算工作的延续？

5.成本报表分析包括哪些基本方法？

6.如何分析成本计划完成情况？

7.经营者如何借助成本报表分析，强化成本管理意识，实现降本增效，推进企业高质量发展？

★ 讨论题

1.在成本报表分析过程中，如何体现“成本核算与成本管理相结合”的理念？

2.在成本报表分析过程中，如何揭示“成本为何发生、成本如何发生”？

3.企业如何“将昨天的成本转化为明天的利润”？

4.如何理解成本既是一个技术问题，又是一个管理问题？

5.成本报表分析就是分析成本的历史数据吗？

6.成本报表提供的成本信息依据的是可靠性还是相关性？

7.经营者如何借助成本报表分析，“实施全面节约战略，推进各类资源节约集约利用，加快构建废弃物循环利用体系”？

[延伸阅读文献]

[1] 鲁亮升. 成本会计 [M]. 7版. 大连：东北财经大学出版社，2019.

[2] 张敏，黎来芳，于富生. 成本会计学 [M]. 9版. 北京：中国人民大学出版社，2021.

[3] 胡玉明. 高级管理会计 [M]. 4版. 厦门：厦门大学出版社，2016.

[4] 胡玉明，潘敏虹. 成本会计 [M]. 4版. 厦门：厦门大学出版社，2019.

[5] 汉森，莫文. 成本会计：成本管理基础 [M]. 曹玉珊，译. 2版. 大连：东北财经大学出版社，2014.

[6] 本书编写组. 党的二十大报告辅导读本 [M]. 北京：人民出版社，2022.

6. [illegible]

7. [illegible]

[illegible]

1. [illegible]

2. [illegible]

3. [illegible]

4. [illegible]

5. [illegible]

6. [illegible]

7. [illegible]

延伸阅读文献

[1] [illegible]

[2] [illegible] 2021.

[3] [illegible]

[4] [illegible]

[5] [illegible]

[6] [illegible]

第4篇

前景分析

财务报表分析不仅着眼于过去和现在，更应该着眼于未来。因此，在历经战略分析、会计分析和财务分析之后，财务报表分析者还应该进一步着手于前景分析。通过前景分析，可以识别企业的价值创造动因，进而判断其可持续性。本篇包括：

第11章　可持续增长与证券价值分析

第12章　价值创造动因及可持续性分析

第11章

可持续增长与证券价值分析

[学习目标]

知识传授：理解可持续增长的基本内涵及战略分析；掌握证券价值分析的基本原理及运用。

能力培养：以可持续增长的观念，评估证券价值，塑造价值投资的理念。

价值塑造：树立风险意识，理性投资，防控金融风险，助力企业高质量发展；通过可持续增长与证券价值分析，树立价值投资理念，进而“健全资本市场功能，提高直接融资比重”。

企业业已创造的价值固然值得称道，但除非企业关闭，否则，财务报表分析者更应该关注企业的可持续增长。从某种程度上说，企业的可持续增长决定企业的证券价值。因此，可持续增长与证券价值分析也是密切关联的。

●11.1 可持续增长分析

企业的未来能否“风采依旧”，甚至“明天会更好”，取决于企业的可持续增长能力。

11.1.1 何谓增长能力

购买企业的证券就是投资企业的未来，也就是期望能够获得企业未来丰厚的收益、现金股利或诱人的股票价格上涨空间。无论是丰厚的收益还是现金股利或股票价格上涨都离不开企业的可持续增长。一家没有增长空间的企业除了勉强维持现有的状态之外，难以回报投资者。没有增长空间的企业，在成千上万家企业和上市公司的海洋当中难以吸引未来投资者的眼球，无人欣赏，更无人追求。如此一来，企业增长空间如何、增长质量如何、是否健康和可持续是评价企业投资价值的重要因素。因此，企业的增长能力是企业经营者和投资者都非常关注的问题，也是财务报表分析者非常关注的问题。

增长能力通常指企业未来生产经营的发展趋势和发展水平，包括企业的资产、销售收入、利润等方面的增长趋势和增长速度。增长能力是一个相对概念，即所分析的当期资产、销售收入和利润相对于上一个会计期间的资产、销售收入和利润之比率越高，说明企业在某一方面的增长能力越强；反之亦然。

企业增长能力的评价总是面向未来，因此，财务报表分析者不仅要关注企业过去的表现，更要关注企业未来的表现，即企业未来的增长能力。

【延伸阅读资料11-1】[①]

传统的财务评价仅仅从静态的角度评价企业的财务状况，只注重评价企业的盈利能力、营运能力、偿债能力，在日益激烈的市场竞争中，这显然不够全面和充分。首先，企业价值在很大程度上取决于企业未来的获利能力，取决于企业销售收入、收益和股利的未来增长，而不是企业过去或目前所获得的收益情况；其次，无论是增强企业的盈利能力、偿债能力还是提高企业的资产运营效率，都是为了企业未来的生存和发展需要，都是为了提高企业的增长能力。也就是说，增长能力是企业盈利能力、营运能力、偿债能力的综合体现。因此，要全面衡量一个企业的价值，就不应该仅仅从静态的角度分析其经营情况，而更应该从动态的角度评价企业的增长能力，即成长性。

值得注意的是，企业的成长性通常与企业产品的生命周期紧密相关。产品生命周期理论认为，产品都有一定的生命周期，包括导入、增长、成熟和衰退四个阶段。在导入阶段，产品销售收入增长缓慢，一旦产品打响市场，就进入了快速增长阶段，之后销售增长开始停滞，进入成熟阶段；最后，当新的替代品出现时，产品销售将逐步衰退。企业的成长过程也可以用产品生命周期理论来描述。首先是导入期，此时企业主要致力于新产品的研究与开发、生产和市场的开拓。此阶段的主要特征是资金投入大，投资活动现金流出量大于经营活动现金流入量，利润少甚至亏损。其次是成长期，处于此阶段的企业特征是产品开始走向成熟，经营活动现金流量开始大幅增长，开始盈利。再次是成熟期，该阶段的主要特征是企业增长速度放慢，获利水平稳定，扩张能力有限，产生剩余现金流量。最后进入衰退期，该阶段的主要特征是销售收入可能出现负增长，获利能力下降，现金流量较多，再投资机会枯竭。而企业要想保持持续的增长，就应该在同一个时期使得不同的业务处于不同的成长阶段，该业务可以是企业的产品或服务，也可以是企业的销售市场。总之，企业要可持续发展，就必须使自己的产品、服务或销售处在不断发展之中，而不是随着产品、市场的衰亡而衰亡。

企业的投资者、债权人和其他利益相关者都非常关注企业的增长能力，这是因为企业的成长性将直接影响他们未来的利益。投资者与企业关注的是企业未来的盈利能力，其回报也直接相关。债权人的债务清偿资金来自企业未来的盈利，他们非常关注企业未来的成长性。正因为对企业增长能力的评价如此重要，所以增长能力的评价非常必要。增长能力评价的目的具体体现在以下两方面：

第一，利用增长能力的有关指标衡量和评价企业的实际成长能力，分析影响企业增长能力的因素。企业经营活动的根本目标就是不断增强企业自身持续生存和发展的能力。反映企业增长能力的主要指标包括资产增长率、销售增长率、收益增长率和托宾Q。通过实际的增长能力指标与计划、同行业的其他企业同类指标进行比较，可以评价企业增长能力的强弱；将企业不同时期的增长能力指标进行比较，可以评价企业在资产、销售收入、收益等方面的增减速度和增长趋势。

---

① 胡玉明，董毅华，肖继辉. 财务报告与评价［M］. 广州：暨南大学出版社，2006：181.

第二，企业战略研究表明，在企业市场份额和行业分析既定的情况下，如果企业采取一定的经营战略和财务战略，就能够使企业的价值最大化。也就是说，企业经营战略和财务战略的不同组合能够影响企业的未来增长能力。因此，在评价企业目前盈利能力、营运能力、偿债能力和股利政策的基础上，通过深入分析影响企业持续增长的相关因素，并根据企业的实际经营情况和发展战略，确定企业未来的增长速度，相应调整其经营战略和财务战略，能够实现企业的持续增长。

11.1.2　增长能力分析的基本内容

增长能力分析的基本内容包括两方面：

1）增长能力指标分析

增长能力指标分析就是通过运用财务指标对企业的未来增长能力和企业未来的发展趋势加以评估。增长能力指标主要包括企业的规模、销售收入、盈利和净资产。通常，增长能力指标分析包括三个步骤：

（1）量化分析增长率的各个变量。这个量化分析用于描述隐含在数据中的增长类型，具体方法可能是简单的指数系列，也可能是复杂的数学模型。

（2）说明各种增长来源。这个步骤既包括增长来源的定量分析，也包括定性分析。分析的对象是各种增长来源之间的相互关系、企业经营特点、财务特点和所研究会计期间的外部环境。

（3）结合其他数据分析。为了预测未来的增长水平及可能的财务和经营成果，除了使用前述的分析方法外，还应结合其他数据，如预测的行业增长率或企业经营者宣布的资本扩张计划等。

2）可持续增长战略分析

企业为了达到可持续增长，通常需要运用销售政策、资产营运政策、融资政策和股利政策四个经济杠杆。销售政策和资产营运政策构成了企业的经营战略；融资政策和股利政策构成了企业的财务战略。在具体的分析过程中，往往借助于“可持续增长率”（sustainable growth rate）这个综合指标全面衡量企业综合利用这些经济杠杆所能够获得的预期增长速度。因此，可持续增长战略分析主要包括：

（1）分析影响企业可持续增长的因素，确定企业的可持续增长率；

（2）分析企业为达到发展战略目标应该选择的增长战略，包括经营战略分析和财务战略分析。

鉴于本教材第5章在讨论“比较分析法”时已经涉及增长能力指标分析的内涵，为了避免不必要的重复，本章着重讨论可持续增长率这个问题。

11.1.3　可持续增长率及战略分析

企业的价值取决于其盈利和增长能力，而企业的盈利和增长能力一方面主要体现为资产、营业收入和利润的增长，另一方面主要受到企业的经营战略和财务战略的影响。在考察企业的可持续增长能力时，要结合企业的经营战略和财务战略，这样，财务报表分析者既可以把潜在的增长率与目前的经营成果和财务成果联系起来，又可以把企业未来增长目标与企业未来的经营战略和财务战略结合起来。前者称为可持续增长率分析，后者称为可持续增长战略分析。

【延伸阅读资料11-2】[①]

即使像科技巨头——戴尔计算机公司这样著名的成功企业也经历过生死攸关的增长阵痛。戴尔公司的创始人迈克尔·戴尔（Michael Dell）现在亦承认戴尔公司在1993年的增长冲刺是通过牺牲良好的财务状况来实现的。戴尔感叹道："公司的现金储备一度跌到2 000万美元。对于像我们这种规模的公司来说，这点钱在一两天内就可能会花光。这种事情太不可思议了。我认识到我们必须改变优先发展顺序。"

如果戴尔的优先发展顺序还是停留在"增长、增长、再增长"上，它可能就不会有今天。迈克尔·戴尔不到20岁就创办了戴尔计算机公司。在经历了数年惊人的增长后，戴尔公司身处财务险境，公司缺乏懂得管理增长的专门人才。幸运的是，戴尔深谙用人之道，他雇请了临时性的管理者，他们得以使证券分析师冷静下来，把戴尔公司引导到稳健发展的方向上。这批管理者力促戴尔把重点放在盈利和流动性方面，而不是放在销售增长方面。1994年，公司增长放慢了，公司在证券市场上的股票为此付出了代价，但也帮助戴尔公司把一年前的亏损转为1.066亿美元的利润。公司同时建立起了规范的计划和预算程序。今天，戴尔公司已是全球最大的、具有良好的资产负债水平的计算机制造商之一。2017年，戴尔公司持有现金余额为170亿美元，大约是总资产的15%。

1）可持续增长率分析

可持续增长率衡量企业利用经济杠杆能够获取的持续增长效果。可持续增长率是指在不增发新股并保持目前经营效率和财务政策的条件下，企业能够实现的增长速度。可持续增长率可以以可持续资产增长率、可持续销售增长率和可持续股利增长率等指标来表示。

（1）可持续增长率指标的计算

企业要获得持续增长，应该满足什么条件呢？为了简化问题，可以做出如下假设：①企业以市场条件允许的最快速度发展；②企业经营者不愿意或者不能够筹集新的权益资本；③企业想维持目标资本结构和固定的股利政策。在这些假设条件下，企业的利润要想以过去的增长速度持续增长，就必须增加营业收入；而在企业资产周转率一定的条件下，增加营业收入必须依赖于资产的相应增加。而要增加资产，在不对外进行权益资本融资的条件下，其来源渠道不外乎企业内部的资金积累和对外债务融资。在不改变目标资本结构的条件下，债务的增加又取决于其本身的盈利能力和既定的股利政策。根据这些假设条件，可持续增长率的计算公式为：

可持续增长率（g）=股东权益增长率=净资产收益率×（1-股利支付率）

上述公式的净资产收益率、股利支付率根据企业当年资产负债表和利润表计算。根据上述公式可以得出结论：企业在保持目前经营战略和财务战略的条件下，企业的利润在下一个会计期间最多只能按照可持续增长率（g）的速度增长。或者说，企业未来一年的利润增长率不可能大于本年度净资产收益率。也就是说，如果企业不发股利的话，可持续增长率最多等于净资产收益率。可持续增长率越高，意味着企业未来利润的增长速度越快，反之则越慢。

【实例11-1】

根据表7-6，四川长虹电器股份有限公司2023年度的净资产收益率为7.67%，根据

---

① 希金斯，等. 财务管理分析［M］. 沈艺峰，等译. 12版. 北京：北京大学出版社，2022：97.

【实例7-10】，四川长虹电器股份有限公司2023年度的股利支付率为0.00%。根据上述公式，四川长虹电器股份有限公司2023年度的可持续增长率为7.67%：

7.67%×（1-0.00%）=7.67%

可持续增长的思想，并不是说企业的增长率不可以高于或低于可持续增长率，而是说企业现有的销售收入水平可以继续保持，而且整体呈增长趋势。

（2）可持续增长率的因素分析

可持续增长率的计算公式是在假设企业经营战略和财务战略不变的前提下推导出来的。正如第7章所述，净资产收益率可以进一步分解，因此，可持续增长率可以分解为：

可持续增长率=利润率×资产周转率×权益乘数×（1-股利支付率）

根据上述公式，影响企业可持续增长率的因素包括：利润率、资产周转率、权益乘数和股利支付率。由于利润率、资产周转率和权益乘数这三个因素是杜邦财务分析体系净资产收益率的分解结果，由此可见，持续增长率与杜邦财务分析体系具有共同因素。这样，在具体分析可持续增长率的影响因素时，可以利用杜邦财务分析体系。

进一步对可持续增长率及其影响因素之间的关系说明如下：

① 利润率。该指标反映了企业生产经营的盈利能力，产品盈利能力越强，利润率越高。在资产周转率、财务杠杆水平和股利支付率保持不变的条件下，利润率越高，可持续增长率就越高；反之亦然。

② 资产周转率。资产周转率是反映企业资本运营能力的财务指标，可用于说明企业资产的运营效率。在利润率、财务杠杆水平和股利支付率保持不变的条件下，资产周转率越高，可持续增长率就越高；反之亦然。

③ 权益乘数。权益乘数是资产总额与权益总额之比，该指标表示企业的负债程度，权益乘数越高，企业负债程度越高，企业的财务杠杆效应越大，企业财务风险也越高。在利润率、资产周转率和股利支付率保持不变的条件下，权益乘数越高，可持续增长率也就越高；反之亦然。

④ 股利支付率。股利支付率反映企业的股利分配政策和支付股利的能力。在利润率、资产周转率、权益乘数保持不变的条件下，股利支付率越大，可持续增长率越低；反之亦然。

根据可持续增长率的分解，可以运用杜邦财务分析体系，也可采用连锁替代法或差额计算法分析利润率、资产周转率、权益乘数和股利支付率的变动对可持续增长率的影响。

【延伸阅读资料11-3】①

实际增长率和可持续增长率经常不一致。可持续增长率是在不增发新股或回购股票的情况下，企业当前经营效率和财务政策决定的未来内在增长能力，而实际增长率是本年销售额相比上年销售额的增长百分比。它们之间有一定的联系。

（1）如果某一年的经营效率和财务政策与上年相同，在不增发新股或回购股票的情况下，则本年实际增长率、上年可持续增长率以及本年可持续增长率三者相等。这种增长状态，在资金上可以永远持续发展下去，可称之为平衡增长。当然，其外部条件是企业不断增加的产品能为市场所接受。

① 中国注册会计师协会．财务成本管理［M］．北京：中国财政经济出版社，2024：71-72.略有改动。

（2）如果某一年可持续增长率计算公式的4个财务比率有一个或多个比率提高，在不增发新股或回购股票的情况下，则本年实际增长率就会超过上年可持续增长率，本年可持续增长率也会超过上年可持续增长率。由此可见，超常增长是"改变"财务比率的结果，而不是持续当前状态的结果。企业不可能每年提高这4个财务比率，也不可能使超常增长持续下去。

（3）如果某一年可持续增长率计算公式的4个财务比率有一个或多个比率下降，在不增发新股或回购股票的情况下，则本年实际增长率就会低于上年可持续增长率，本年可持续增长率也会低于上年可持续增长率。这是超常增长之后的必然结果，企业对此要事先有所准备。如果不愿意接受这种现实，继续勉强冲刺，现金周转的危机很快就会来临。

拓展学习 11-1

从财务报表到可持续发展报告

（4）如果可持续增长率计算公式的4个财务比率已经达到企业的极限，只有通过增发新股增加资金，才能满足更高销售增长率对资金的需求。

实际上，一个理智的企业在增长问题上并没有多少回旋余地，尤其是从长期来看更是如此。一些企业由于发展过快陷入危机甚至破产，另一些企业由于增长太慢遇到困难甚至被其他企业收购。这说明不当的增长速度足以毁掉一个企业。

2）可持续增长的战略分析

如前所述，企业的可持续增长率受到利润率、资产周转率、权益乘数和股利支付率的影响。其中，利润率和资产周转率是企业经营绩效的综合体现，反映企业经营战略的成效，决定于企业的综合实力；而权益乘数和股利支付率则分别体现了企业的融资政策和股利政策，反映企业的财务战略的成效，取决于企业经营者的"风险与收益"权衡观念。企业的综合实力与承担风险的能力或意愿决定了企业的增长速度，因此，如果企业要改变增长速度，就必须通过改变企业的经营战略或财务战略，或两者的组合。例如，企业可以通过提高产品的获利能力，即通过提高利润率来达到提高可持续增长率的目的，也可以通过提高自身的资产运营能力，即提高资产周转率来达到提高可持续增长率的目的，还可以通过运用财务战略，提高权益乘数或降低股利支付率来达到提高可持续增长率的目的。当然，企业也可以同时利用各种战略的组合来提高可持续增长率。

正因为企业可持续增长率受到企业的经营战略和财务战略的影响，企业要实现其预定的可持续增长率目标，就必须适当运用经营战略和财务战略。而持续增长战略分析就是在利用财务报表数据所计算的可持续增长率的基础上，结合企业外部市场环境和企业内部实际情况，分析影响企业可持续增长率的因素，从而确定企业今后的增长目标，并相应调整企业的经营战略和财务战略，以实现企业预定的增长目标。

（1）经营战略分析

企业的经营战略分析实质就是研究提高企业利润率和资产周转率的途径。利润率反映企业单位营业收入为企业带来的利润，而资产周转率反映企业单位资产所能创造的营业收入。前者代表企业的获利能力，后者代表企业的营运效率。两者都是影响企业可持续增长率的因素，因此，企业的经营战略分析就包括利润率分析和资产周转率分析两个方面。

在分析利润率和资产周转率时，可以借鉴杜邦财务分析体系。因为杜邦财务分析体系是对净资产收益率进行因素分析，而利润率、资产周转率和权益乘数正是影响净资产收益率的三个因素。运用杜邦财务分析体系将利润率和资产周转率进一步分解，可以寻找出影响其变化的具体原因，从而有利于寻找出提高利润率和资产周转率的途径。

① 利润率分析。企业的利润率表现为企业控制产品价格和成本的能力，这是由企业所处的行业和企业竞争战略所决定的，因此，利润率的分析必须以行业分析和战略分析为基础。一般来说，在具有较强垄断性的行业经营的企业，其控制产品价格和产品成本的能力比在竞争激烈的行业经营的企业强，其利润率也可能较高。采取成本领先竞争战略的企业，其利润率比采取差异化竞争战略的企业低。在此基础上，可以将影响利润率水平的因素进一步细分为毛利率、经营费用和税收负担三个主要因素，并对这三个因素进行深入分析。

② 资产周转率分析。对企业资产周转率进行分析时，需要对影响资产周转的各因素进行分析。除了对资产的各构成部分的占用量是否合理进行分析外，还应该对资产的构成部分及其周转效率进行分析，寻找改善资产周转率的途径。财务报表分析者可以计算流动资产周转率、存货周转率、应收账款周转率等指标，来评价各部分资产的运营效率。另外，在分析企业资产周转效率时，也要结合行业和竞争战略进行分析。因为资本密集程度不同的行业，其资产周转率也不相同，采取成本领先竞争战略的企业的资产周转率一般比采取差异化竞争战略的企业高。

（2）财务战略分析

企业资本结构的选择和股利政策也是其增长战略的一个不可分割的组成部分。在实践中，经常出现企业的增长率目标与实际增长率不一致的情形。当增长率目标高于实际增长率时，企业将面临资金短缺问题；当增长率目标低于实际增长率时，企业将面临资金多余问题。前者多发生在处于导入期和成长期的企业，后者多发生在处于成熟期和衰退期的企业。鉴于这里主要讨论企业的持续增长问题，因此，主要讨论后者的财务战略分析。例如，企业内部产生的资金在支付股利后，可能无法为实现增长率目标提供资金支持。此时，企业除了考虑调整经营战略外，还可以考虑运用财务战略，通过改变企业的资本结构和股利政策实现增长目标。当然，相对于经营战略而言，运用财务战略所取得的增长并不可取，因为运用融资政策和股利政策具有一定的局限性。一般而言，如果企业主要依赖这些财务战略获取较高的利润增长，说明企业的净资产收益质量正在下降，企业增长率具有潜在的不确定性。

企业可以运用的财务战略包括增加权益资本、提高财务杠杆、降低股利支付率等。

①增加权益资本。如果企业愿意并且能够在金融市场增发股票，那就能够为企业的发展提供充足的资金，但采用增加权益资本战略对企业来说具有一定的局限性：首先，在金融市场不发达的地方，该战略很难实施；其次，即使存在较发达的金融市场，对于规模较小和效益不佳的企业而言，由于难以满足股票发行或上市的条件，或者不能被广大投资者所接受而无法大量发行股票，此时该战略的实施效果也不尽如人意；最后，即使有些企业能够采取该战略，但由于权益资本成本较高，并且权益筹资会导致流通在外股票数量增加，从而稀释每股收益和企业控制权，因此，也往往使得股东不愿意采取这种战略。

②提高财务杠杆。运用财务杠杆增加负债融资，可以为企业的发展提供充裕的资金，但这种战略的运用也受到限制。运用债务融资存在上限，因为企业的债务融资比例越高，则偿债能力越低，此时债务融资的资本成本就会随之提升，且融资也越困难。

拓展学习11-2

企业不发放现金股利就不好吗

③降低股利支付率。与财务杠杆相反，股利支付率存在下限（即为零）。这种战略的实质就是利用企业内部产生的资金，降低企业所需资金的资本成本，但选择这种财务战略必须考虑投资者对股利和投资前景的看法。如果投资者认为企业具有良好的投资机会，他们就愿意接受企业降低股利支付率的政策；但是，如果投资者认为企业的投资前景不佳，那么，股利支付率的下降可能引起他们的不满，从而导致股票价格下跌或出现董事会改组等现象。另外，依靠降低股利支付率这种内部融资途径可能不能满足企业大规模的资金需求，因为内部积累资金的速度较慢。

●11.2 证券价值分析

其实，购买企业发行的证券就是购买企业的未来。更具体地说，购买企业发行的证券就是现在花钱购买一系列预期的未来现金流量。如此一来，证券价值分析就与证券发行者（即发行证券的企业）的未来现金流量有关。因此，证券价值分析从另一个侧面反映企业的未来发展前景。

11.2.1 证券价值分析基本原理与模型

证券价值分析也称为证券估价。顾名思义，证券估价就是对证券价值的合理评价。那么，这里首先涉及价值的含义。

1）价值的含义

在会计学上，价值具有不同的含义，每种价值含义都有其特定的应用领域。下面简要讨论会计学上的几个价值概念。

（1）账面价值。账面价值（book value）包括资产账面价值和企业账面价值。资产账面价值是指资产的入账价值。企业账面价值则是企业资产负债表列示的各项资产价值与各项负债价值之差。财务报表所报告的就是账面价值。在一般情况下，账面价值与市场价值不同。

（2）清算价值。清算价值（liquidation value）指一项或一组资产从正在运营的企业组织中分离出来单独出售所能获得的货币额。这种价值与企业持续经营价值相对应。

（3）持续经营价值。持续经营价值（going-concern value）是指企业作为一个正在持续运营的组织出售时所能获得的货币额。一般而言，清算价值与持续经营价值不相等。对于经营管理不善的企业，其清算价值可能大于持续经营价值。在证券估价过程中，通常假设企业是持续经营的企业。也就是说，企业能为证券持有者（投资者）提供持续的现金流入量。如果这个假设条件不成立，那么，企业的证券价值就是其清算价值。

（4）市场价值。一项资产的市场价值（market value）就是该项资产或类似资产在公开市场上进行交易时的市场价格或交易价格。这是市场上买卖双方进行竞价后产生的双方都能接受的价格。对于一个企业而言，市场价值是清算价值与持续经营价值中较大者。

（5）内在价值。资产或证券的内在价值（intrinsic value）是在对所有影响价值的因素如资产、收益或现金流量、预期和管理等都合理估价后，该资产或证券应得的价值。内在价值是一种经济价值。如果证券市场是有效的，信息是完全充分披露的，那么，证券的市场价值与内在价值应该相等。如果两者不相等，投资者的套利行为将促使其市场价值向内在价值回归。遗憾的是，在这个世界上，从没有出现过完全有效、信息完全充分披露的市场。

【延伸阅读资料11-4】[①]

市场是否有效与信息反映到证券价格的速度有关。一个有效的市场是由大量独立的利益驱动投资者所组成的，与证券有关的信息以随机方式出现在市场上。投资者及时对信息做出反应，购买或出售证券，直至他们认为市场价格已经正确地反映了信息为止。在有效市场假设下，信息反馈到价格中去的速度之快使得投资者无法从公开信息中获利。投资者确信证券市场价格恰当地反映了企业预期风险与收益，从而反映了企业的价值。

市场有效性观念对企业财务管理意味着什么？它意味着：第一，证券市场价格是合理的。证券价格反映了所有与企业价值有关的公开信息。这就意味着财务经理可以在其他条件不变的情况下，通过财务决策对证券市场价格应有的影响来实现企业价值最大化目标。第二，会计方法的变更所导致的收益变化不会导致证券市场价格变化。这时，证券价格反映企业价值。通过分析证券市场价格得到企业价值。总之，市场有效性观念意味着市场是灵敏的，价格是合理的。

需要指出的是，在现实生活中，完全有效的市场是不存在的，这就增强了财务管理活动的不确定性。

尽管会计学存在各种不同的价值概念，但是，通常证券价值分析的“价值”指的是内在价值。证券的内在价值是投资者获得的现金流入量按要求的收益率在一定期间内折现的现值。根据证券的内在价值与市场价值的关系，可以判断某种证券价值究竟被高估（内在价值低于市场价值）还是被低估（内在价值高于市场价值），以此为基础做出投资或筹资决策。

拓展学习11-3

数据资源会计处理

2）证券价值分析的基本原理

根据上述讨论，证券的价值就是其未来预期现金流入量的现值。这样，所有与证券相关的现金流入量都要按投资者要求的收益率折算为现值。这是所有资产（包括证券）估价的基础。如此，证券价值受到资产的特征和投资者要求的收益率两个因素的影响。图11-1描述了证券价值分析基本原理。

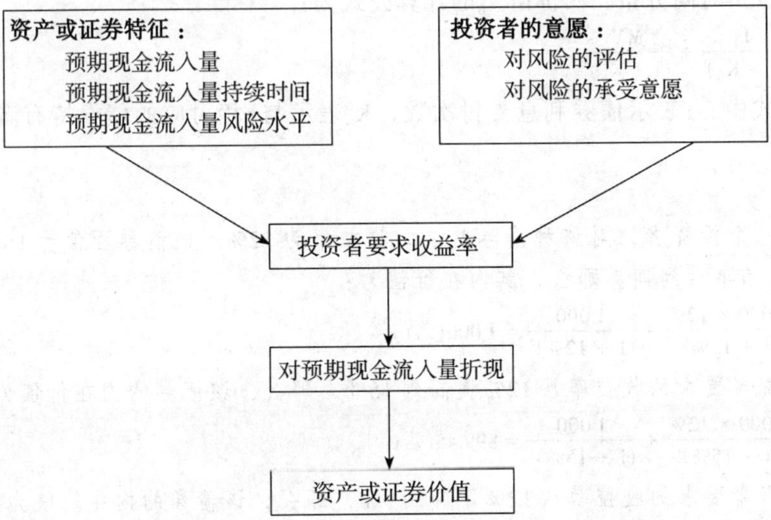

图11-1 证券价值分析基本原理

① 胡玉明. 公司理财［M］. 2版. 大连：东北财经大学出版社，2009：16-17.

根据图11-1，资产或证券价值分析主要包括如下过程：

（1）评估资产或证券的特征，比如资产或证券的预期现金流入量、持续时间和风险等。

（2）估计投资者要求的收益率，它体现了投资者对资产或证券的特征的评估。

（3）将资产或证券按投资者要求的收益率折算为现值。

3）证券价值分析的基本模型

如果用V表示证券价值，CI_t表示t时点得到的现金流入量，i表示必要的收益率，t表示现金流量发生的次数。根据上述讨论，证券估价的基本模型表示如下：

$$V = \sum_{t=1}^{n} \frac{CI_t}{(1+i)^t}$$

这是证券价值分析的基础，也是所有资产价值分析的基础。实际上，后面讨论的债券和股票价值分析都是以此为出发点的。

根据这个基本模型，资产或证券价值分析包括如下三个步骤：

（1）估计证券的未来预期现金流入量；

（2）估计投资者要求的收益率；

（3）利用上述模型计算资产或证券的价值。

客观地说，要估计证券的未来预期现金流入量和投资者要求的收益率并不是那么容易。

11.2.2 债券价值分析与股票价值分析

由于证券包括债券和股票两大类，因此，证券价值分析也就包括债券价值分析与股票价值分析。

1）债券价值分析

债券在发行时就确定了票面利率和还本付息的期限，因此，债券的现金流量包括两个部分：定期收到的利息（I_t）和到期还本的到期价值（maturity value，MV）。根据债券现金流量的特点及时间分布，其价值V_b的计算公式为：

$$V_b = \sum_{t=1}^{n} \frac{I_t}{(1+K_b)^t} + \frac{MV}{(1+K_b)^n}$$

上述公式中，t表示债券利息支付次数，K_b表示与t相对应的债券持有者所要求的收益率。

【实例11-2】

假设有一个投资者，对该种债券要求的收益率为12%。该债券面值为1 000元，票面利率为12%，5年后到期。那么，其内在价值为：

$$V_b = \sum_{t=1}^{5} \frac{1\,000 \times 12\%}{(1+12\%)^t} + \frac{1\,000}{(1+12\%)^5} = 1\,000(元)$$

如果投资者要求的收益率从12%提高到15%，那么，该债券的内在价值为：

$$V_b = \sum_{t=1}^{5} \frac{1\,000 \times 12\%}{(1+15\%)^t} + \frac{1\,000}{(1+15\%)^5} = 899.45(元)$$

如果投资者要求的收益率从12%下降到9%，那么，该债券的内在价值为：

$$V_b = \sum_{t=1}^{5} \frac{1\,000 \times 12\%}{(1+9\%)^t} + \frac{1\,000}{(1+9\%)^5} = 1\,116.66(元)$$

如果不考虑其他市场影响因素的话，上述确定的债券内在价值就是债券的发行价格。

如果用债券的市场价格P_b替代债券的内在价值V_b，即市场价值等于内在价值，计算得到的折现率K_b就是对该债券的预期收益率。这个预期收益率实际上就是债券持有者持有债券到债券到期日的收益率，称为到期收益率（yield to maturity，YTM）。即：

$$P_b = \sum_{t=1}^{n} \frac{I_t}{(1 + K_b)^t} + \frac{MV}{(1 + K_b)^n}$$

求解这个一元n次方程，便可得到债券到期收益率，一般用内插法计算。在计算机时代，这个方程的求解过程根本不存在问题。从另外一个角度看，如果不考虑发行债券所涉及的税项和费用项目，这个债券到期收益率就是债券筹资的资本成本。

从上述债券估价公式可以得到：

（1）债券价值与投资者要求的收益率（当前市场利率）的变动方向相反，即要求收益率越高，债券价值越低，反之亦然。这就是利率风险。【实例11-2】说明了这一点。

（2）投资者要求的收益率高于债券票面利率，债券市场价值低于债券面值（折价发行）；投资者要求的收益率低于债券票面利率，债券市场价值高于债券面值（溢价发行）；投资者要求收益率等于债券票面利率，债券市场价值等于债券面值（面值发行）。【实例11-2】同样说明了这一点。

（3）当债券接近到期日时，债券市场价值向面值回归。到期日，债券市场价值等于债券面值。

（4）长期债券的利率风险高于短期债券。

（5）债券价值对市场利率的敏感性与债券未来预期现金流量期限结构有关。货币时间价值观念在这里起作用。

如果债券属于永久债券（perpetual bonds），即没有到期日，将无限期地支付利息，比如英国统一公债。那么，其价值计算公式为：

$$V_b = I_t \div K_b$$

如果债券属于零息债券（zero-coupon bonds），即在到期前的各个期间都不向债券持有者支付利息，而是以大大低于面值的价格出售。这两者之间的差异就是债券持有者的收益。其价值计算公式为：

$$V_b = \frac{MV}{(1 + K_b)^n}$$

2）股票价值分析

股票根据其权利不同分为优先股和普通股。相应地，股票估价也分为优先股估价和普通股估价。

（1）优先股价值分析

优先股在发行时，没有规定到期日，但是，优先股具有固定支付股利的性质。这与前述的永久债券类似。正是由于这个特征，优先股价值分析类似于永久债券价值分析。其价值V_{ps}的计算公式为：

$$V_{ps} = \sum_{t=1}^{\infty} \frac{D_t}{(1 + K_{ps})^t} = \frac{D_t}{K_{ps}}$$

公式中，D_t表示优先股每期的预期股利，K_{ps}表示优先股股东要求的收益率。

【实例 11-3】

某公司发行的优先股，每年现金股利为每股3.64美元，没有到期日。投资者要求的收益率为7.28%。那么，该优先股的内在价值为：

$V_{ps}=3.64\div7.28\%=50$（美元）

同样地，如果以市场价值V_{ps}代替内在价值，可以得到优先股股东预期收益率：

$K_{ps}=D_1\div V_{ps}$

从另外一个角度看，如果不考虑发行优先股所涉及的费用项目，这个优先股股东预期收益率就是优先股筹资的资本成本。

（2）普通股价值分析

债券与优先股的现金流量结构是由交易合同事先规定的，而普通股的现金流量则与此不同，普通股的未来现金流量具有更大的不确定性。

普通股没有到期日，而且经常被长期持有，因此，普通股价值分析模型为：

$$V_{cs}=\frac{D_1}{1+K_{cs}}+\frac{D_2}{(1+K_{cs})^2}+\cdots+\frac{D_n}{(1+K_{cs})^n}+\cdots+\frac{D_\infty}{(1+K_{cs})^\infty}$$

如果普通股的股利率逐年增长，且永续固定增长，并假设增长率为g（对于许多企业而言，这种假设脱离实际。但是，对于成熟型企业也许是合理的），那么，普通股价值分析模型为：

$$V_{cs}=\frac{D_0\cdot(1+g)}{1+K_{cs}}+\frac{D_0\cdot(1+g)^2}{(1+K_{cs})^2}+\cdots+\frac{D_0\cdot(1+g)^n}{(1+K_{cs})^n}+\cdots+\frac{D_0\cdot(1+g)^\infty}{(1+K_{cs})^\infty}$$

如果假设K_{cs}大于g，对上述公式两边同时乘以（$1+K_{cs}$）/（1+g），并将两个结果对减，便得到：

$V_{cs}=D_1\div(K_{cs}-g)$

这里，$D_1=D_0\cdot(1+g)$。

【延伸阅读资料11-5】①

经济学理论认为投资项目的价值等于该投资项目创造的预期未来收益以某个利率折现的现值。该利率反映了货币时间价值和投资项目创造的预期未来收益的内在风险。估算预期持有n期的某项证券在t=0这个时点的现值（以V_0表示）的通用模型为：

$$V_0=\sum_{t=1}^{n}\frac{\text{第t期的预期未来收益}}{(1+\text{折现率})^t}$$

在这里，t指会计期间。估值时点决定公司价值。用V_0表示t=0这个时点的公司价值。t=1指开始折现的第一个会计期间。t=n指预期最终收益或清算收益的会计期间。

在一个并非充分有效的证券市场上，证券的价格未必总是等于证券的价值。因此，证券价格暂时偏离证券基本价值的现象比比皆是。投资者购买某个证券，支付了证券的价格而得到了证券的价值；投资者出售某个证券，得到了证券的出售价格而放弃了证券的价值。价格可观察，但价值不能观察，只能靠估算。因此，估算某个证券的价值并做出明智的投资决策就是财务报表分析的基本目标。投资者、分析师、投资银行、公司管理层以及其他相关人士通过财务报表分析与估值可靠地确定普通股或公司的价值。他们通常关注以下问题：

① 瓦伦，巴金斯基，布拉德肖．财务报表分析［M］．胡玉明，译．8版．北京：中国人民大学出版社，2020：457-460.略有改动。

某家公司的普通股的价值是多少?

我自己估算的价值与市场的现行价格相比，我应该买入、卖出还是持有该公司的普通股?

在首次公开发行或公司并购时，卖方可以接受（或询价）的股票合理价格是多少? 买方可以支付（或出价）的股票合理价格又是多少?

以股利、自由现金流量和盈余为基础的权益估值模型曾经是许多理论与实证研究的主题。这些研究成果提出了许多有关估值的独到见解，其中有两个非常引人注目的基本结论值得关注:

资本市场的股票价格通常与股票价值紧密相关。

股票价格并不总是等于股票价值，股票价格可能暂时偏离股票价值。

第一，许多实证研究成果证实股利估值模型（dividends-based valuation models)、自由现金流量估值模型（free-cash-flows-based valuation models）和盈余估值模型（earnings-based valuation models）通常能详细解释资本市场呈现出的股票价格。这些估值模型所确定的股票价值与资本市场呈现的股票价格具有较高的正相关关系。即使是不同类型的公司、不同的期间和不同的国家，股票价值与股票价格也存在这种正相关关系。许多实证研究成果还表明，股利、自由现金流量和盈余的意外变动同样与股票价格的变动紧密相关。

第二，许多实证研究成果显示，估值模型也有助于判断资本市场的股票价格何时会暂时偏离股票的基本价值。股利估值模型、自由现金流量估值模型和盈余估值模型有助于判断资本市场何时会暂时高估或低估股票价值，从而发现资本市场上存在的潜在获利的投资机会。

如前所述，分析师、投资者和资本市场参与者通常用股利、自由现金流量和盈余估算股票价值并选股。如果分析师从一套预测性财务报表中得到内在一致的未来盈余、自由现金流量和股利的预期数额，并采用相同的折现率计算这些预期未来收益的现值，那么这些估值模型应该估算出相同的公司价值。也就是说，股利估值模型、自由现金流量估值模型和盈余估值模型是互补性方法，可以估算出相同的公司价值。

股利估值模型、自由现金流量估值模型和盈余估值模型的差异主要在于视角方面:

股利估值模型关注公司分配给股东的财富，股东未来得到的现金流量现值决定股票价值。

自由现金流量估值模型强调公司可供股东分配的自由现金流量。所谓自由现金流量是公司以现金支付经营性资产必要投资和偿还债权人债务之后剩余的现金。

盈余估值模型将视角转向盈余。盈余衡量了公司各个期间为普通股股东创造的资本或造成的减损。公司最终将以现金流量的方式实现盈余并以股利的形式将盈余分配给股东。

由此可见，盈余估值模型关注公司为股东创造的财富，自由现金流量估值模型关注公司的股利支付能力，而股利估值模型则关注分配给股东的财富。

我们可以用自由现金流量替代股利来代表投资者的预期未来收益，作为通用估值模型的分子。如果股利估值模型与自由现金流量估值模型采用的假设一致，那么两种估值模型可以得到相同的估值。在公司存续期间，流入公司的自由现金流量总额将等于公司向股东分配股东而流出公司的现金流量总额。因此，这两种估值模型等效。

盈余估值模型是另一种估值视角，与股利估值模型和自由现金流量估值模型等效。只要预测盈余、自由现金流量和股利的假设相同，盈余估值模型也将估算出与股利估值模型和自由现金流量估值模型相同的公司价值。图11-2展现了三种估值模型之间的概念关系。与仅仅依靠一种估值模型相比，如果分析师同时采用这三种估值模型，就可以更深刻地理解公司的价值。当然，如果分析师能够灵活地运用股利估值模型、自由现金流量估值模型和盈余估值模型，就可以更全面地理解各种估值模型在各种不同情境中的运用。

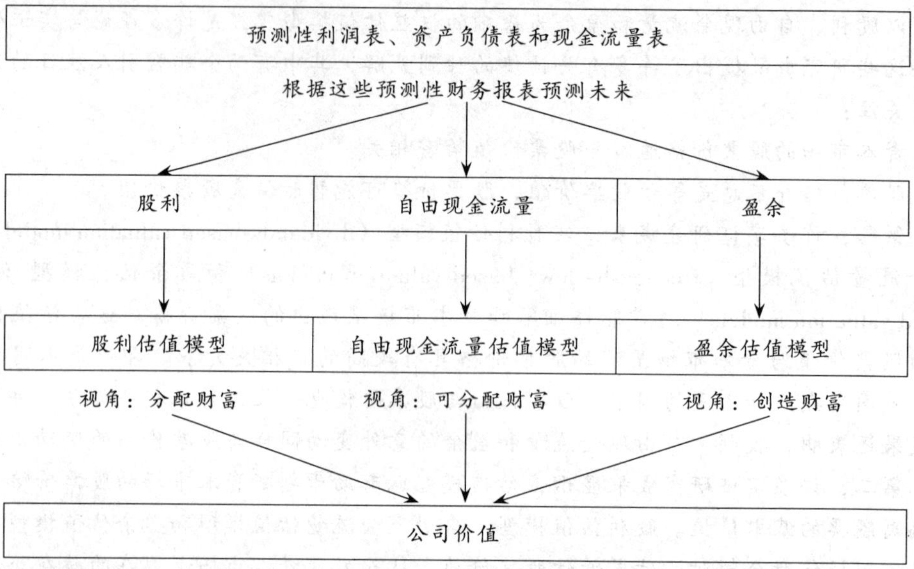

图11-2　股利估值模型、自由现金流量估值模型和盈余估值模型的等效性图示

【实例 11-4】

假设某投资者计划投资A公司的股票。A公司去年每股支付的股利为1元。根据有关信息，该投资者预计A公司年股利增长率为10%，A公司股票的β系数为2，证券市场所有股票的平均收益率为15%，现行国库券利率为8%。请计算A公司股票的内在价值。

投资者要求的收益率=8%+2×（15%-8%）=22%

预期每股股利=1×（1+10%）=1.1（元）

A公司股票的内在价值V_{cs}=1.1÷（22%-10%）=9.17（元）

同样地，如果以市场价值P_{cs}代替内在价值，可以得到普通股股东预期收益率：

$K_{cs}=D_1÷P_{cs}+g$

从另外一个角度看，如果不考虑发行普通股所涉及的费用项目，这个普通股股东预期收益率就是普通股筹资的资本成本。

由公式“$K_{cs}=D_1÷P_{cs}+g$”可以推演出收益倍数估价模型。其思路是投资者经常在考虑自己愿意为未来预计的利润支付多少钱。假设企业每年按固定的比例（比如b）保留其利润，即企业留存利润率为b。这样，股利支付率（每股股利/每股收益）也是固定的。假设第一期预计的每股收益为E_1，这样：

$D_1÷E_1=1-b$

$D_1=（1-b）\cdot E_1$

那么：

$V_{cs}=D_1÷（K_{cs}-g）$

$V_{cs}=(1-b)\cdot E_1\div(K_{cs}-g)$

收益倍数（通常称为市盈率）=每股价格÷每股收益

$=V_{cs}\div E_1=(1-b)\div(K_{cs}-g)$

这个公式说明了投资者愿意为股票支付的价格相当于预计利润的最高倍数。

【实例11-5】

某企业在t=1的预期每股股利为4元，并预期每股股利将以6%的年增长率永续增长下去。投资者要求的收益率为14%。该企业的留存收益率为40%，第一期的每股收益E_1为：

$D_1=(1-b)\cdot E_1$

$E_1=D_1\div(1-b)=4\div(1-40\%)=6.67$

$V_{cs}=(1-b)\cdot E_1\div(K_{cs}-g)=(1-40\%)\times6.67\div(14\%-6\%)=50$（元）

收益倍数（市盈率）$=V_{cs}\div E_1=50\div6.67=7.5$（倍）

或者：收益倍数（市盈率）$=(1-b)\div(K_{cs}-g)$

$=(1-0.40)\div(14\%-6\%)=7.5$（倍）

也就是说，投资者愿意为股票支付的价格相当于预计利润的最高倍数是7.5倍。由此，股票的价格为：

股票价格=市盈率×每股收益=6.67×7.5=50（元）

如果普通股的股东对股票没有长期持有，假设持有n期便以一定的价格出售。比如以价格P出售，那么，其价值计算公式为：

$$V_{cs}=\frac{D_1}{1+K_{cs}}+\frac{D_2}{(1+K_{cs})^2}+\cdots+\frac{D_n}{(1+K_{cs})^n}+\frac{P}{(1+K_{cs})^n}$$

【延伸阅读资料11-6】[①]

现代财务学的主题和目标是企业价值最大化，然而，如何评价一个具有成长性的企业的价值却是一个难题。在现代财务学中，一般采用贴现现金流量模型（discounted cash flow model，DCFM）估算企业价值。

根据贴现现金流量模型，企业价值就是其未来预期现金流入量的现值。这样，所有与企业相关的现金流入量都要按投资者要求的报酬率折算为现值。如此，企业价值受到企业现金流量特征（包括预期现金流入量、预期现金流入量持续时间和预期现金流入量风险水平）和投资者要求的报酬率（包括投资者对风险的评估与对风险的承受能力）即折现率这两个因素的影响。如果用V表示企业价值，CI_t表示t时间得到的现金流入量，i表示投资者要求的收益率，n表示现金流量发生的次数。那么，估算企业价值的贴现现金流量模型用公式表示如下：

$$V=\sum_{t=1}^{n}\frac{CI_t}{(1+i)^t}$$

这个贴现现金流量模型涉及三个变量：第一，企业未来预期现金流入量（CI_t）。在其他条件不变的情况下，企业未来预期现金流入量越大，企业价值越大；反之亦然。这个变量体现了企业创造价值的能力。第二，预期现金流入量持续时间（t）。在其他条件不变的情况下，企业预期现金流入量持续时间越长，企业价值越大；反之亦然。这个变量体现了企业创造价值能力的持续时间。这两个因素综合起来，可以看到尽管企业某个时点现金流入量很大，企业创造价值的能力很强，但是只是"昙花一现"，持续时间很短，企业价值

① 胡玉明．会计随想——企业与人生，价值几何［J］．中国注册会计师，2003（11）．

也不大；相反，如果企业现金流入量的持续时间很长，但是现金流入量很小，所谓“细水长流”，企业价值同样不大。只有企业具有很强（预期现金流入量很大）且可持续（持续时间很长）的创造价值的能力，企业价值才能真正最大化。然而，就这两个因素而言，还不足以估算企业价值。第三，投资者要求的收益率，即折现率（i）。这体现了投资者的意愿和期待，包括投资者对企业预期现金流入量风险水平的评估和承受意愿。尽管对风险的评估和承受意愿因人而异，但是，总体上还是体现了“高风险，高收益”。如果投资者要求的收益率很高，那么，尽管企业预期现金流入量很大且/或持续时间很长，企业的价值也可能不会很大；如果投资者要求的收益率很低，即便企业预期现金流入量不是很大且/或持续时间很短，企业价值可能也很大。当然，如果企业预期现金流入量很大且持续时间很长，投资者要求的收益率一般也不会很高。总之，预期现金流入量、持续时间和投资者要求的收益率共同影响企业的价值。

这么说，企业价值可以通过数学模型计算出来？问题可没有这么简单。现代财务学可能存在许多数学模型，但是，光有数学模型或公式远远不够。任何数学模型或公式的运用都需要信息资料的支持。以上述的贴现现金流量模型为例，如果我们不能获得预期现金流入量、持续时间和投资者要求的收益率这三个变量的数据，就无法运用该模型。只要我们获得这三个变量的数据，该模型的运用就转化为数据的处理，而数据的处理在如今的计算机时代相当简单。这时，现代财务学的许多“技术含量很高的公式的剩余部分不过是技术含量很低的算术问题”。

因此，对于现代财务学而言，关键在于如何取得各种相关的信息资料以及把握这些信息资料的可靠性。如果获取的信息资料本身不可靠，数据处理的结果也没有多大用处。借用计算机语言就是“垃圾进，垃圾出”（garbage in，garbage out）。更为严重的是，可能导致谬误披上科学的外衣。因为各种数据来源是由决策者确定的，这就有可能基于决策者的不同目的而出现“因人而异”。如果某些决策者操纵数据，那么，问题就非常严重。也许，数学模型或公式本身是科学的，但是，由于数据来源不可靠，其运用结果却是谬误。客观地说，要估算企业预期现金流入量、持续时间和投资者要求的收益率并不是那么容易。在相当大程度上，人的行为动机决定了数据来源及其取值。这就是现代财务学的人性化或非理性层面！

看到这里，您就明白各种各样的资产评估结果是如何“出笼”的。其实，不仅会计如人生，企业亦如人生。人生的价值也可以用企业估价的贴现现金流量模型予以估算。人的一生中每年可以赚多少钱，相当于企业预期现金流入量；人的一生赚钱的时间长短相当于企业预期现金流入量持续的时间；一个人对生活的态度、期待相当于投资者要求的收益率，即折现率。

人的一生能赚多少钱，在一定程度上，体现了人的能力。如果整个社会的薪酬制度构建在“据绩付酬”（pay-for-performance）的基础上，那么，人的一生能赚多少钱就代表了其社会贡献。在其他条件不变的情况下，一个人一生赚的钱越多，其人生价值自然越大。当然，这同样存在赚钱的持续时间问题。从这个角度看，“身体是革命的本钱”很有道理。有些人在年轻时，遇到赚钱的良机，拼命赚钱，不注意“修身养性”，到头来把身体累垮了。这不仅缩短了赚钱的持续时间，而且治病吃药导致大量现金流出。“欲速则不达”，其一生的价值可能很小。有些人只注重眼前利益，缺乏长远眼光和胆识，尽管某一段时间赚了很多钱，但是，“潮起潮落”，一生的价值未必很大。更有些人“用青春赌明天”，甚至采取非法手段赚了很多钱，一旦“东窗事发”“银铛入狱”，断送了未来赚钱的可持续性，从而人生价值大大减少。因此，我时常告诉我的研究生“做事业而不是做机会”，要找一份工资具有成长性和持续性的工作，尽管其工资起点未必很高，但不要单纯看眼前的工资，眼前的工资再高，也许没有提升机会，难以持久。对于人生而言，一生赚多少钱和持续时间也许都不是最重要的，最重要的是对生活的态度和期待，即心境。在人生价值评估模型中，心境不同，其折现率也不同，人生价值也就大不一样。不管一生赚多少钱和/或持续多长时间，也不管钱的来路是否合法，如果心境不好，其价值就要大打折扣。每个人的能力有差别，只要调整心境，人生可能就更精彩，人生的价值也将大大提高。况且，心境好了，心情愉快，“革命的本钱”多了，赚钱的持续时间延长，人生价值也就增大。心境比环境更重要！

心境主宰人生价值。这就看如何生活啦！

最后值得指出的是，在现实生活中，证券价值分析没有固定的模型可套用。其实，只要财务报表分析者清楚证券的现金流量结构（现金流量的时间分布和数额大小）和投资者的期望收益率（折现率），便可以分析与评价证券的内在价值。①

拓展学习 11-4

内在价值与股票价格

价值引领

1. 如何借助可持续增长与证券价值分析，树立风险意识，理性投资，防控金融风险，助力企业高质量发展？

2. 党的二十大报告强调“健全资本市场功能，提高直接融资比重”。结合党的二十大精神，如何借助可持续增长与证券价值分析，树立价值投资理念，进而“健全资本市场功能，提高直接融资比重”？

[总结与结论]

购买企业的证券就是投资企业的未来，也就是期望能够获得企业未来丰厚的收益、现金股利或诱人的股票价格上涨空间。无论是丰厚的收益还是现金股利或股票价格上涨都离不开企业的可持续增长。企业的增长能力是企业经营者和投资者都非常关注的问题，也是财务报表分析者非常关注的问题。增长能力通常指企业未来生产经营的发展趋势和发展水平，包括企业的资产、营业收入、利润等方面的增长趋势和增长速度。企业增长能力的评价总是面向未来，因此，企业财务报表分析不仅要关注企业过去的表现，更要关注企业未来的可能表现，即企业未来的增长能力。

增长能力分析主要包括增长能力指标分析和可持续增长战略分析。财务报表分析者既可以把潜在的增长率与目前的经营成果和财务成果联系起来，又可以把企业未来增长目标与企业未来的经营战略和财务战略结合起来。前者称为可持续增长率分析，后者称为可持续增长战略分析。

① 证券价值分析方法除了本教材提及的“通用估值模型”之外，还有市场估值法。当然，与“通用估值模型”相比，市场估值法显得有些“粗糙”。对市场估值法感兴趣的读者，不妨“悦读”证券分析方面的论著。

可持续增长率衡量企业利用经济杠杆能够获取的持续增长效果。可持续增长率是指不增发新股并保持目前经营效率和财务政策的条件下，企业能够实现的增长速度。

为了计算可持续增长率，必须基于一定的假设：(1) 企业以市场条件允许的最快速度发展；(2) 企业经营者不愿意或者不能够筹集新的权益资本；(3) 企业想维持目标资本结构和固定的股利政策。根据这些假设条件，可持续增长率的计算公式为：可持续增长率(g) =股东权益增长率=净资产收益率×（1–股利支付率）。可持续增长率可以分解为：可持续增长率=利润率×资产周转率×权益乘数×（1–股利支付率）。

根据可持续增长率的分解，可以运用杜邦财务分析体系，也可采用连锁替代法或差额计算法分析利润率、资产周转率、权益乘数和股利支付率的变动对可持续增长率的影响。其中，利润率和资产周转率是企业经营绩效的综合体现，反映企业经营战略的成效；而权益乘数和股利支付率则分别体现了企业的融资政策和股利政策，反映企业的财务战略的成效。因此，如果企业要改变增长速度，就必须通过改变企业的经营战略或财务战略，或两者的组合。

企业要实现其预定的可持续增长率目标，就必须适当运用经营战略和财务战略。而持续增长战略分析就是在利用财务报表数据所计算的可持续增长率的基础上，结合企业外部市场环境分析和企业内部实际情况，分析影响企业可持续增长率的因素，从而确定企业今后的增长目标，并相应调整企业的经营战略和财务战略，以实现企业预定的增长目标。

购买企业发行的证券就是购买企业的未来。因此，证券价值分析从另一个侧面反映企业的未来发展前景。证券价值分析也称为证券估价。

顾名思义，证券估价就是合理评定证券的价值。这里的“价值”包含账面价值、清算价值、市场价值和内在价值四层含义。通常证券价值分析的“价值”指的是内在价值。证券的内在价值是投资者获得的现金流入量按要求的收益率在一定期间内折现的现值。根据证券的内在价值与市场价值的关系，可以判断某种证券价值究竟被高估（内在价值低于市场价值）还是被低估（内在价值高于市场价值），以此为基础做出投资或筹资决策。

证券的价值就是其未来预期现金流入量的现值。所有与证券相关的现金流入量都要按投资者要求的收益率折算为现值。这是所有资产（包括证券）估价的基础。如此，证券价值受到证券的特征和投资者要求的收益率两个因素的影响。

资产或证券价值分析包括如下三个步骤：(1) 估计资产或证券的未来预期现金流入量；(2) 估计投资者要求的收益率；(3) 利用上述模型计算资产或证券的价值。客观地说，要估计证券的未来预期现金流入量和投资者要求的收益率并不是那么容易。

在现实生活中，证券价值分析没有固定的模型可套用。财务报表分析者只要清楚证券的现金流量结构（现金流量的时间分布和数额大小）和投资者的期望收益率（折现率），便可以分析与评价证券的内在价值。

[练习题库]

★ 案例分析

1. 结合四川长虹电器股份有限公司（上市股票代码600839）的2023年度财务报告(www.cninfo.com.cn/new/index)，简要评价其2023年度的增长情况。

2. 结合四川长虹电器股份有限公司（上市股票代码600839）的2023年度财务报告

(www.cninfo.com.cn/new/index)，引入标杆企业，简要评价四川长虹电器股份有限公司 2023 年度的增长情况。

★ **业务题**

1. 假定江铃公司 20×2 年度和 20×1 年度的资料见表 11-1。

表 11-1　　江铃公司 20×2 年度和 20×1 年度的资料　　单位：元

项　　目	20×2 年度	20×1 年度
资产平均余额	8 096 994 030	9 276 145 489
净资产平均余额	6 004 029 513	6 417 550 040
营业收入	7 237 152 677	7 875 478 238
净利润	670 708 100	528 649 089
现金股利	0	0

要求：计算江铃公司 20×1 年度和 20×2 年度的可持续增长率，并采用连锁替代法对江铃公司 20×1 年度的可持续增长率进行因素分析。

2. 某上市公司 20×1 年度的净利润为 20 000 万元，每股支付股利 2 元。预计公司未来 3 年进入成长期，净利润第 1 年增长 14%，第 2 年增长 14%，第 3 年增长 8%，第 4 年及以后将保持其净利润水平。该公司一直采用固定股利支付率的股利政策（即"每股股利/净利润"保持不变），并计划今后继续实行该政策。该公司没有增发普通股和发行优先股的计划。假设投资者要求的收益率为 10%。

请计算：

（1）股票的内在价值；

（2）如果股票的价格为 24.89 元/股，计算股票的预期收益率。

★ **思考题**

1. 在市场经济环境下，为什么仅从静态的角度分析企业的财务状况不充分？

2. 何谓可持续增长率？其影响因素包括哪些？

3. 如何进行可持续增长率及其战略分析？

4. 马克思主义政治经济学的"价值"概念与上述"价值"观念有何关系？

5. 如何理解证券价值分析的基本原理及其应用？

6. 如何理解证券内在价值与市场价格的关系？

7. 如何理解"当债券接近到期日时，债券市场价值向面值回归。到期日，债券市场价值等于债券面值"？

8. 如何理解"长期债券的利率风险高于短期债券"？

9. 如何理解"债券价值对市场利率的敏感性与债券未来预期现金流量期限结构有关"？

10. 如何借助可持续增长与证券价值分析，树立风险意识，理性投资，防控金融风险，助力企业高质量发展？

★ **讨论题**

1. 增长（growth）与发展（development）有何不同？

2. 如何从财务报表分析的角度理解"发展就是硬道理"？

3.各种媒体的股评专家经常告诉投资者：某只股票的价值被市场低估，具有投资价值，投资者可以积极介入。可是，投资者购买了这只股票之后，却被长期“套牢”，更谈不上获利。于是，投资者大骂股评专家被人收买，为“庄家”说话。

请讨论：

（1）股评专家说“某只股票的价值被市场低估”的依据是什么？

（2）股评专家肯定被“庄家”收买了吗？

（3）股票内在价值与市场价格关系如何？如何正确看待这种关系？

4.如何理解购买企业的证券就是购买企业的未来？

5.如何借助可持续增长与证券价值分析，树立价值投资理念，进而“健全资本市场功能，提高直接融资比重”？

[延伸阅读文献]

[1] 希金斯，科斯基，米顿. 财务管理分析［M］. 沈艺峰，肖珉，薛胜昔，等译. 12版. 北京：北京大学出版社，2022.

[2] 帕利普，希利. 经营分析与估值［M］. 刘媛媛，译. 5版. 大连：东北财经大学出版社，2014.

[3] 佩因曼. 财务报表分析与证券估值［M］. 朱丹，屈腾龙，译. 5版. 北京：机械工业出版社，2016.

[4] 瓦伦，巴金斯基，布拉德肖. 财务报表分析［M］. 胡玉明，译. 8版. 北京：中国人民大学出版社，2020.

[5] 黄世忠. 财务报表分析：理论、框架、方法与案例［M］. 北京：中国财政经济出版社，2007.

[6] 布瑞翰，休斯顿. 财务管理基础［M］. 胡玉明，译. 精要第7版. 大连：东北财经大学出版社，2016.

[7] 格雷厄姆，多德. 证券分析［M］. 巴曙松，陈剑，等译. 6版. 北京：中国人民大学出版社，2014.

[8] 郭永清. 财务报表分析与股票估值［M］. 2版. 北京：机械工业出版社，2021.

[9] 吕怀立. 基本面分析与价值投资［M］. 北京：中国财政经济出版社，2024.

[10] 本书编写组. 党的二十大报告辅导读本［M］. 北京：人民出版社，2022.

第12章

价值创造动因及可持续性分析

[学习目标]

知识传授：理解21世纪企业经营环境的变化及企业价值创造模式的转变；理解单纯的财务报表分析的局限性；理解和掌握价值创造动因及可持续性分析的基本思路。

能力培养：借助财务报表提供的会计信息，识别企业价值创造动因，判断其可持续性，助力企业可持续发展。

价值塑造：增强创新意识，注重无形资产研发，将创新思维转化为现实；通过识别企业价值创造动因并判断其可持续性，构建世界一流财务管理体系，助推“加快建设世界一流企业”。

基于新经济环境，某个特定企业的未来未必就是其历史的延伸，因此，财务报表分析者必须立足财务报表，又要超越财务报表，识别企业价值创造动因，进而判断其可持续性。

●12.1 经营环境与企业价值创造模式的转变

30多年来，企业经营环境发生重大变化，由此导致企业价值创造模式（value creation model）的转变，从而使得单纯的财务报表分析的局限性日显突出。

12.1.1 企业经营环境的变化

从宏观上说，21世纪世界经济的基本特征是国际化、金融化和知识化；从微观上说，21世纪人类社会已经从工业社会转入信息社会，企业的经营环境发生了巨大变化。今天，有三种力量独立或综合驱使企业越来越深地陷入令人惊恐不安的陌生境地。这三种力量就是顾客（customers）、竞争（competition）和变化（change）。

1）顾客化导向

20世纪初期，由于劳动生产力相对低下，企业所能提供的供给严重不足，市场整体上呈现出卖方市场的典型特征。在这种市场环境下，企业只要注重内部管理，通过大批量生产，提高劳动生产率，降低成本，生产出更多的产品就能获得迅速发展。此时，顾客的需求处于被忽视的境地，企业生产出来的产品不愁没有销路。

到20世纪70年代，由于科学技术的蓬勃发展并广泛运用于生产领域，企业生产效率得到极大的提高，市场上商品丰富，企业提供的产品的供给量的增长超过了需求量的增长，市场逐渐趋于饱和状态。同时，由于科学技术的发展，产品质量不断提高，产品种类日益繁多，顾客的选择范围不断扩大。顾客不仅注重要求“量”的满足，而且开始注重要求“质”的满足。顾客更加关注产品的质量和性能，较低的价格已经不是吸引顾客的主要因素。市场的主导权开始由生产者向顾客转移，市场逐步演化为买方市场。企业面对顾客需求层次不断提高和竞争日益激烈的环境，开始着手改变它们固有的生产经营方式，力图通过提高产品质量，不断提供新优产品来吸引顾客，取得竞争优势。但是，企业对产品质量与品种的重视，并不表明企业将充分满足顾客需求放在经营的重要位置。

进入20世纪80年代和90年代以后，顾客需求向多样化、个性化发展，产品更新换代更加迅速，企业之间的竞争更加激烈，市场环境更加难以把握，由此，企业经营思想发生了巨大变化，以满足顾客需求为导向求得自身生存发展的经营理念成为企业一切经营战略的核心思想。

在这种环境下，企业不能一味地停留在满足顾客需求的层面上，企业必须转变观念，树立“顾客是朋友”的理念，在满足顾客需求的同时引导和创造顾客的消费倾向，使得顾客的消费倾向与企业核心能力（core competence）一致，唯有如此，企业才能拥有永久的顾客。

2）竞争化导向

在市场经济环境下，竞争是不可避免的经济现象，并且随着经济的发展、新技术革命的推动以及市场从卖方市场向买方市场转变，企业之间的竞争更加激烈。以往凭借物美价廉就能在竞争中获胜的简单模式，已经被多层面的竞争所取代，企业竞相投入大量资金更新技术、更新设备、更新产品、引进人才以及改变经营方式和改革内部组织结构。竞争的加剧，使企业经营的不稳定性因素越来越多，风险越来越大，只有优秀的企业才能主导竞争的潮流。同时，企业经营的国际化趋势不断发展，世界范围内的经济一体化已成为必然趋势，更为重要的是竞争已经超越了国家和民族的界限，从国内市场的竞争转向国际市场的竞争。企业面临着更为严峻的挑战，“没有创新就等于死亡”。竞争的压力迫使企业必须对其内部组织结构、生产经营方式与业务流程进行创新再造，对顾客化导向的现代市场经济环境的变化做出迅速、灵活的反应，从而在激烈的竞争中获得优势。

顾客化与竞争化，使得企业产品生命周期大大缩短，由此，企业的研究与开发（research & development，R&D）能力至关重要。

3）变化

顾客和竞争在变化，更重要的是，变化本身的性质也在变化。变化不仅无所不在，而且持续不断。变化已经成为常态。在变化的环境中，永恒的事物只有一件，那就是变化本身。现代企业环境充满了倍速变化的威力。在剧变的环境中，企业要生存与发展，就必须不断求变且要变得快、变得巧妙。只有这样，企业才能在变化的环境中取得竞争优势。

在这种变化的环境下，持中国传统的“以不变应万变”观念的企业将会成为抗拒变化的落伍者而终究被市场淘汰；持有“以变化应对变化”观念的企业，也只不过是被动地应对变化的追随者；只有能够"以变化带动变化"的企业，才是主动应对变化的市场领导者(market leader)，才具有持久的竞争优势。不管人们对变化持有什么态度，一个不争的事实是变化正改变甚至摧毁企业的"未来是历史的必然延伸"的逻辑基础。更重要的是，无论人们是否情愿，也不管人们是否支持变化，当今企业经营环境的巨大变化已经颠覆所有人的观念与思维。其中自然包括财务报表分析的观念与思维。

12.1.2　企业价值创造模式的转变

面对21世纪新的经营环境，企业价值创造模式发生了重大变化。在以人力资本为主导的企业里，观念或思想是资本，其他的东西不过是货币而已。"一流企业卖观念，二流企业卖产品，三流企业卖原材料或劳动力。""卡通猪比猪圈里的猪更值钱。"这些流行语便是企业价值创造模式转变的生动写照。

在以有形资产为基础的工业经济向几乎完全依赖知识资产的知识经济转轨过程中，人力资本创造价值的情形不断地发生于世界范围内的各种企业组织中。这种情境也是有目共睹的。美国布鲁金斯学会的玛格丽特·布莱尔（Margaret Blair）认为有形资产的价值已经持续大幅度下降："如果你只看各家公司的各种有形资产，你看到的只是可以用各种一般会计方法衡量其价值的东西。现在，这些东西的价值不到公司价值的25%。公司价值的另外75%来源于其账簿无法计量或报告的东西。""即使是可口可乐公司和迪士尼公司，其绝大部分价值的实际创造也来自资产负债表没有反映的那些资产。"①

然而，基于货币计量，单纯的财务报表只能讲述企业有形资产的故事。②随着企业资产的软性化，无形资产已经成为企业创造价值的重要源泉。无形资产可以使企业发展顾客关系，建立顾客忠诚度，发展新的顾客与市场，开发创新的产品与服务，以低成本在短时间内提供个性化、高质量的产品或服务，增强企业员工技术能力，提高生产能力和质量，缩短对顾客需求的反应时间。新信息技术的出现和全球市场的开放改变了现代企业经济活动的基本假设。仅靠有形资产，企业已经难以保持持续的竞争优势。信息时代呼唤着新的竞争驱动力，一个企业对无形资产的开发与利用能力已经成为创造持续竞争优势的主要决定因素。显然，单纯的财务报表没有充分讲述企业无形资产的故事，与当今企业价值创造模式不协调。

因此，企业的价值创造模式从主要依靠有形资产到主要依靠无形资产的转变对企业财务报表分析具有重要而深远的影响。以资产负债表、利润表和现金流量表这种表格化方法为特征的财务报表分析与有形资产占主导地位的环境完全匹配，因为影响财产、厂房和设备的各种交易都可以记录和反映在企业的账簿上，然而，特别关注无形价值创造机制的新经营环境更需要新的财务报表分析思维。价值不只源于有形资产，来自无形资产的价值越来越多。企业财务报表分析应该同时跟踪这两种价值驱动因素。因此，企业财务报表分析必须辨认、描述、监控和反馈那些驱动企业走向卓越的各种无形资产。

不妨做一个极端的假设：如果两家企业财务报表或财务指标完全相同，难道这两家企业完全一样吗？答案是：可能不一样！因为这两家企业的价值创造动因及其持续性可能不

① 尼文．平衡计分卡实用手册［M］．胡玉明，刘运国，译．2版．北京：清华大学出版社，2013：8.

② 尽管财务报表包含无形资产信息，但基于新经济环境，企业的许多（而且可能会越来越多）无形资源并未得到充分展现。因此，总体而言，单纯的财务报表还是讲述企业有形资产的故事。常言道"是金子总会发光"。如果企业拥有的无形资源真能创造价值，终究会体现在企业的财务报表上。这就是这里（及后面）的行文强调"单纯的财务报表"的缘故。如果深入分析财务报表，就可以洞察企业拥有但没有"入表"的无形资产是否就是企业的价值创造动因。

同！比如说，人力资源的素质、员工的士气与凝聚力、研究与开发能力等方面可能不同。这些正是单纯的财务报表及其财务指标没有充分反映的价值创造动因！

【延伸阅读资料12-1】[①]

纵观国内外企业发展史，为什么有些企业能够经受百年的风雨沉浮而经久不衰，成为“基业长青”的企业？为什么有些企业只是昙花一现的“流星企业”而不能成为“明星企业”？为什么中国有些上市公司在上市之前绩效优秀，而上市之后没有多久就陷入困境，甚至沦为ST或PT呢？……所有这些都向我们提出一个值得深思的问题：企业如何保持可持续发展？

如果企业没有可持续发展能力，创造价值过程终究难以持久，这样的企业最终必定走向衰亡。这样的例证比比皆是！那么，企业创造价值的动因是什么呢？也许，企业价值创造动因的“清单”可以列出一大串，但是，这个问题很难回答。因为不同企业的价值创造动因不同，即便是同一家企业也因其所处的生命周期不同而有所不同。然而，在所有可以罗列出来的价值创造动因当中，我认为最重要且最根本的价值创造动因当属企业的凝聚力。“基业长青”的企业绝非一帆风顺；相反，“基业长青”的企业在长期的发展过程中也历经种种艰难和挫折，同样步履蹒跚，但它却展现出从逆境中迅速崛起的能力，从而最终赢得可持续发展的空间。当然，其中也许包含许多因素，但是，有一点是可以肯定的：那就是“基业长青”的企业都具有强大的凝聚力！正是靠这种强大的凝聚力，“基业长青”的企业才能战胜种种挫折，走上可持续发展的道路。其实，企业就像一个人，生几次病，甚至大病并不可怕，可怕的是一旦得病便从此一蹶不振，难以恢复，甚至死亡。如果“企业”历经“大病”之后，能够迅速恢复健康，说明它具有强大的生命力，即可持续发展能力。遗憾的是，中国的企业往往缺少凝聚力，“树倒猢狲散”，甚至“树”还没有倒，“猢狲”就散了。一旦企业出了点问题（就像人得了一点小病），员工首先想到的往往不是如何解决问题（“治病”），而是忙着给自己“找后路”，这样的企业怎么能够“基业长青”呢？

借用人们常说的一句话：“一个国家没有先进的武器，打不了胜仗；而没有人文精神，仗不打自败。”这里的“人文精神”大体上相当于凝聚力。如果说已经过去的20世纪是“竞争的世纪”，那么，21世纪将是“竞争力的世纪”。竞争力的表现形式多种多样。在21世纪，没有凝聚力的企业犹如一盘散沙，怎能具备强大的竞争力呢？相反，具有强大凝聚力的企业，“众志成城”“无坚不摧”。从这个意义上说，凝聚力也是一种竞争力。推而广之，凝聚力不仅是企业的竞争力，也是国家和民族的竞争力！

总之，21世纪企业面临的经营环境改变了企业价值创造的模式：从主要依靠有形资产创造价值到主要依靠无形资产创造价值。由“制造”（这是“车间”的基本职能）转向“创造”和“营销”（这是“现代企业”的基本职能），这是企业价值创造模式转变的重要标志。任何企业都因顾客的存在而存在。在21世纪，企业满足顾客需求，只能赢得生存的空间。企业只有不断创造顾客的需求（“创造”）并引导顾客的需求（“营销”），才能赢得发展的空间。在这里，“创造”解决企业的新产品或新服务的问题，而“营销”解决企业的顾客问题。企业必须树立“创新不止，服务无限”的理念。如果企业的“创造”

---

① 胡玉明. 基于战略的业绩评价与激励控制 [R]. 世界银行与厦门国家会计学院课程开发项目，2007.略有改动。

和“营销”都做得好，企业不仅可以不断推出新产品或新服务，而且能拥有源源不断的顾客。如此一来，企业也就具备可持续发展的基本前提。

12.1.3 企业核心能力（价值创造动因）与持续创造价值

无论杜邦财务分析体系（以利润为基础）还是经济增加值观念（以价值增值为基础），都是一种结果导向的财务分析。以利润为例，企业发展战略、财务政策、营销政策都可以影响利润指标的信息含量。尽管可以通过应收账款周转率、存货周转率和经济增加值等指标分析或评估利润质量，然而，问题在于这种结果的驱动因素（价值创造动因）是什么？这种驱动因素（价值创造动因）又能够持续多久？这就涉及企业核心能力（价值创造动因）与企业持续创造价值，乃至企业可持续发展（sustainable development）问题。

然而，基于历史成本原则，单纯的财务报表或财务指标“以会计特有语言”描述企业经济活动过程及其结果充其量只能说明“企业过去做得怎么样”，单纯的财务报表或财务指标并没有向人们保证或者承诺企业“明天风采依旧”或者“明天会更好”，因此，单纯的财务报表或财务指标只是讲述企业过去的故事！这就决定了单纯的财务报表或财务指标讲故事的逻辑起点是结果导向。

单独的“结果”无法向财务报表分析者展示“之所以产生如此结果”的前因后果，财务报表分析者只“知其然，而不知其所以然”。比如，某企业某个年度创造利润1 000万元，财务报表分析者能清楚这个利润是在什么环境下，基于何种战略取得的吗？也就是说，企业的价值创造动因是什么？其可持续性如何？

以中国上市公司为例，即使企业上市之前财务报表或财务指标完全没有问题，上市之后，企业照样可能陷入困境！这又是何故呢？因为单纯的财务报表或财务指标只是讲述企业过去的故事！即使企业没有“做假账”，企业上市之后，战略定位可能产生问题，原先良好的财务指标（绩效）“一去不复返”。在这个世界上，不乏著名企业因为“抱残守缺”坚持曾经辉煌但在变化环境中不再适用的战略而衰落的例证。也有可能在上市之后，企业内部组织结构发生变化而修改原先创造良好财务指标（绩效）的前提条件，从而致使财务指标（绩效）不佳。还有可能在上市之前，企业生产的产品正处于成熟期，财务指标（绩效）自然良好，而上市之后，产品刚好进入衰退期，又不能推出新产品，企业财务指标（绩效）当然不佳。诸如此类的原因都可能导致企业上市前后财务指标（绩效）的变化。怎能忽略数字背后的“价值创造动因”而简单地将企业上市前后的财务指标（绩效）进行对比呢？显然，单纯的财务报表或财务指标无法体现上述这些价值创造动因。只有立足于“环境-战略-行为-过程-结果”一体化的逻辑基础，财务报表分析者才能真正理解和体会为什么是这样的结果（即价值创造动因），从而才能判断其（企业价值创造动因）可持续性。

这对于讲述企业经济活动“过去”故事的财务报表或财务指标可就有点勉为其难了！也许，有人会说，500多年来，财务报表或财务指标不都如此吗？完全正确，500多年来都是如此！但是，请别忘了，21世纪企业面临的环境已经发生变化。在变化的环境下，必须用变化的态度去应对。过去，人们认为，企业的“未来是历史的必然延伸”。在这种环境下，讲述企业经济活动“过去”故事的财务报表或财务指标也许还管用。今天，企业的“未来未必是历史的必然延伸”，在这种环境下，财务报表分析者还能“刻舟求剑”吗？

【延伸阅读资料12-2】①

近年来，无论是校园里，还是社会上，各种考试作弊事件屡屡发生，且作弊之风屡禁不止。为此，有关部门一方面投入大量的人力、物力和财力，安装各种监控设施，加强对各类考场的监控管理，另一方面纷纷指责学生或考生缺乏诚信，同时又投入大量的人力、物力和财力，加强学生或考生的诚信教育。然而，结果远没有那么理想。作弊事件还是频频发生，且作弊方式更为隐蔽，作弊手段不断升级。难道学生或考生天生就喜欢作弊？显然不是，"人之初，性本善"嘛！谁又会"用青春赌明天"呢？

考试作弊者"赌"的就是各种利益。个人的利益，无论是经济利益还是政治利益，无论是有形的利益还是无形的利益，甚至个人的前途或命运都与考试结果休戚相关。这么说，考试作弊之风就没有办法消除吗？其实不然。

南方某大学某个系发生了一件在许多人看来相当"另类"的事情：某个喜爱足球的学生因为通宵达旦看世界杯足球赛，第二天考试作弊了。其作弊行为当然没有逃过监考老师的"火眼金睛"，结果自然是"人赃俱获"，被当场抓住。令人意外的是，该系分管本科教学工作的负责人，除了批评作弊学生之外，也批评了该课程考试命题教师。该命题教师很不服气，质问该负责人："学生考试作弊跟我有什么关系呢?"该负责人认真地查阅了其命题的考卷，然后指着考卷，耐心地解释："学生作弊固然不对，但是，您的责任就在于命题有问题，从而驱使学生作弊。谁让您出的题目，让学生有地方看呢？您看看，考卷上的题目都是填空题、判断题、简答题、选择题、问答题。这些题目的答案都直接在教材上或其他参考资料中可供'参考'，学生记不住又想获得好成绩，只好心存侥幸，铤而走险地作弊了。如果您转变观念，少出些客观题和照本宣科的题目，多出一些有助于学生发挥其创造性的题目，这些题目答案不在教材上，学生要作弊可就难了。这样，学生不就没有机会作弊了吗？学生没有机会作弊，不就不会作弊了吗？更重要的是，这些题目基本上都只是考核学生如何获得知识，没有考核学生如何运用知识。'知识不在于积累，而在于检索'，学生只要打开电脑输入关键词，就可以检索到所需要的知识，然而，有了这些知识，未必具备运用知识的能力。对大学生的培养更重要的是如何运用知识的能力培养。"该命题教师听了该负责人的解释之后，心服口服地表示今后将改进命题。

由此，可以联想到企业财务报表分析或绩效评价：考试题目就像财务或绩效评价指标；考试的方式就像财务报表分析或绩效评价的方式；考试的结果自然就像财务报表分析或绩效评价的结果；考试结果对学生或考生很重要，而财务报表分析或绩效评价结果对企业及其经营者也很重要。因此，在我们谴责学生或考生作弊的同时，要反思考试这种评价标准本身是否存在问题。要知道，考卷的题目出得不好，可能诱致学生或考生作弊，企业财务报表分析或绩效评价的指标有问题，也可能诱致企业及其经营者造假。

考试是催人奋进还是诱致造假？由此可以联想到：财务报表分析或绩效评价是催人奋进还是诱致造假？难道我们的考试或财务报表分析（或绩效评价）就是为了诱致造假吗？显然不是。无论考试还是财务报表分析（或绩效评价），其目的都是催人奋进，营造"不待扬鞭自奋蹄"的和谐氛围。

对于企业财务报表分析或绩效评价而言，接下来的问题，就是认真地琢磨财务报表分

① 胡玉明．基于战略的业绩评价与激励控制［R］．世界银行与厦门国家会计学院课程开发项目，2007.略有改动。

析或绩效评价指标及其思维（财务报表分析或绩效评价方式）的选择了。

无形资产的重要性凸显，企业价值创造模式的转变，正是单纯的财务报表分析的缺陷。发展，尤其是可持续发展是企业管理永恒的主题。在当今的国际化时代，企业能否“基业长青”，可持续发展是关系到能否提升企业乃至国家的国际竞争力的一个重要课题。企业可持续发展的本质是“做强做大”。企业可持续发展是企业核心能力提升和价值创造（value creation）的和谐统一。企业可持续发展包括企业核心能力的提升与价值创造两个主题。

那么，何谓核心能力呢？北京大学张维迎教授认为，核心能力就是企业拥有的与众不同、独一无二的、偷不去、买不来、拆不开、带不走、溜不掉的独特资源。其实，核心能力可以更为通俗地表述为“企业所长，顾客所需，难以模仿”。企业核心能力是企业的内在资源，竞争力是企业核心能力在市场上的外在表现。企业核心能力转化为竞争力是市场对核心能力物化（也是外化）结果（核心产品或服务）的评价过程。企业核心能力与设备或原材料等其他生产要素的结合产生企业的核心产品或服务。企业核心产品或服务在市场上的表现就是企业竞争力的体现。

品牌就是核心能力的外在表现。尽管企业之间的竞争通常表现为核心能力所衍生出来的核心产品、最终产品的市场之争，但其实质却是企业核心能力的竞争。企业只有具备核心能力，才能具有持久的竞争优势；否则，只能“昙花一现”，企业不能成为“明星企业”而只能成为“流星企业”。因此，企业的核心能力决定企业在市场竞争中的兴衰成败，企业核心能力的培植和提升至关重要。

企业核心能力是企业的一项竞争优势资源，它能使企业的一项或多项业务达到国内或世界一流水平。企业核心能力是企业发展的长久支撑力，企业一时的成功并不表明企业已经拥有了核心能力。企业核心能力要靠企业长期而持久的培植。

企业核心能力的表现形式多种多样。核心能力可能表现为先进的技术，如某公司的微处理技术或影像技术；也可能表现为一种服务理念，如某快餐企业遍及全球的快捷服务体系。核心能力的实质就是一组先进技术和能力的集合体，而不是单个分散的技术或能力。例如，微型化是某公司的核心能力，它不仅包括产品设计和生产上的微型化，还包括对未来市场需求微型化选择模式的引导。

企业的核心能力决定了企业价值创造过程及其可持续性。缺乏核心能力的企业，尽管在某个或某几个时期创造了价值，但是，其价值创造却难以持久，甚至“昙花一现”。企业只有持续不断地创造价值才能为企业培植、巩固和提升核心能力提供持续的财务资源，从而强化企业核心能力。这就是企业核心能力与价值创造之间的共生互动关系。只有核心能力的提升与持续创造价值形成良性循环，企业才能真正发展壮大。基于这样的认识，财务报表分析者需要以企业可持续发展为核心，以核心能力与价值创造共生互动关系为基础，关注企业价值创造的动因及其可持续性问题。

价值创造是企业经济活动的目标，然而，企业现在创造了价值不等于未来还能够继续创造价值。这就需要深入探究：何种因素导致企业创造了价值？这些因素未来是否持续存在？如果持续存在，其可持续性如何呢？所有这些问题，从一个侧面诊断或提升企业的可持续发展能力。

面对21世纪企业经营环境的变化，在企业的发展过程中，人们已经充分意识到，比利润（或价值增值）更重要的是市场份额，比市场份额更具有根本意义的是竞争优势，比竞争优势更具有深远影响的是企业发展的核心能力。在这样的经营环境下，企业应该争取“唯一”而不是“第一”。缺乏“唯一”性的“第一”难以持久！企业只有具备核心能力，才能在激烈的市场竞争中，保持“唯一”。只有这样，企业才能可持续发展。

表12-1列示了20世纪与21世纪企业的基本特征。

表12-1　　**20世纪与21世纪企业的基本特征**

20世纪工业经济时代	21世纪知识经济时代
大批量、标准化生产	小批量、个性化生产
强调规模经济	强调顾客化
注重有形资产的运用	注重无形资产的开发与运用
注重财务指标的分析	注重财务与非财务相融合的价值创造动因及其可持续性分析
价值创造主要来自生产环节	价值创造主要来自设计和营销环节

著名物理学家爱因斯坦在其普林斯顿大学办公室的条幅上写下这样一句话：“不是所有可以量化的东西都是重要的，也不是所有重要的东西都可以量化。”诗人里尔克曾经说：“现代世界被整个放在‘商人的秤’上了，经此一称，所有事物的‘质’都变成了‘量’，变成了可用金钱购买的‘量’，事物独一无二的‘质’在这杆秤上消失了。”显然，爱因斯坦和里尔克的这些警言并非针对财务报表分析而言。但是，难道对财务报表分析就没有启发吗？

有鉴于此，基于价值创造动因、多维度的财务报表分析思维即平衡计分卡（balanced scorecard，BSC）应运而生。平衡计分卡的基本框架包括财务（financial）、顾客（customer）、内部业务流程（internal business process）和学习与成长（learning and growth）四个维度。这四个维度具有“因果关系”，财务指标即结果指标或滞后指标（lagging indicator），与业务（非财务）指标即过程或原因指标或前置指标（leading indicator）相融合。正是这些因果关系揭示了企业价值创造动因。

【延伸阅读资料12-3】[①]

财务指标受到许多人为的主观因素的影响，甚至可以说财务指标受到人为的操纵。

如果企业财务报表分析者或经营绩效评价者主要关注财务指标，就会鼓励或驱使企业经营者去人为操纵财务指标，以获得良好的结果。这种操纵有时对企业未来可持续发展能力的损害是致命的。例如，企业经营者为了提高利润指标，大幅度削减研究与开发费用、人力资源投资和环境保护支出等项目。显然，这种人为操纵利润的做法对企业的损害在短期内不一定会显现出来，企业依然可以依靠原有的产品或技术储备和人力资源维持下去，但是，在更远的未来，它对企业的可持续发展能力的损害将是致命性的。

以产品的研究与开发为例，在一个产品生命周期内，企业没有投入研究与开发费用，企业也许还能靠该产品而生存，但是，如果该产品过时了，企业拿什么新产品去抢占市场呢？因此，在顾客需求日新月异的时代，企业只有连续不断地进行新产品的研究与开发，

① 胡玉明．基于战略业绩评价与激励控制［R］．世界银行与厦门国家会计学院课程开发项目，2007.略有改动。

不断在产品市场上“推陈出新”，才能持续满足顾客的需求，从而以“有限生命周期的产品组合”演绎“无限生命周期的企业”，通过无数产品的“推陈出新”从横向和纵向延伸企业生命周期，造就“基业长青”企业。图 12-1 和图 12-2 分别描绘了“基业长青”企业和“流星”企业产品生命周期与新产品推出时间的关系。

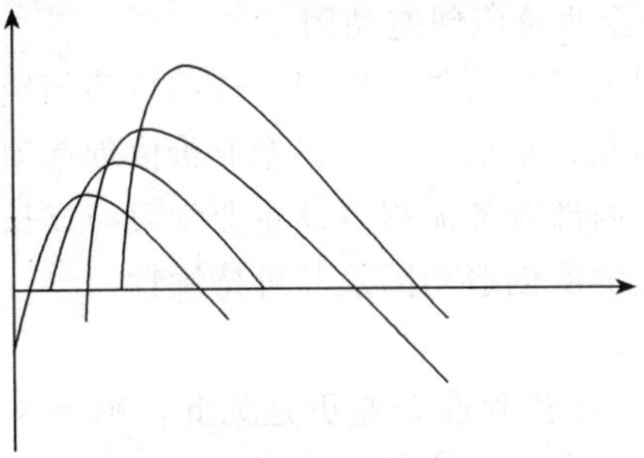

图12-1　“基业长青”企业

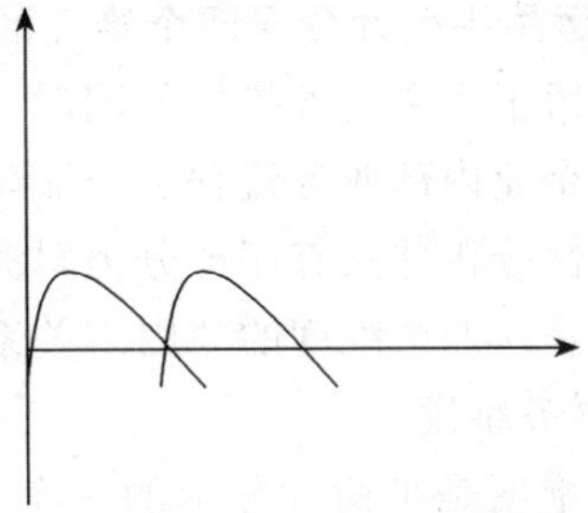

图12-2　“流星”企业

图 12-1 表明：“基业长青”企业在一个产品尚未进入衰退期就推出另一个新产品，一个产品接着一个产品，“连绵不断”，从而推进企业的可持续发展。而图 12-2 则表明：“流星”企业等到一个产品进入衰退期之后才推出另一个新产品，虽然在一个产品生命周期内，企业没有生存问题，但是，在更远的未来，企业的可持续发展能力却成问题。许多这样的企业往往被无情的产品市场所淘汰。因此，在产品的研究与开发方面必须树立“前人种树，后人乘凉”的可持续发展观念。然而，基于财务报表或价值基础的绩效评价却扼杀了这种“前人种树，后人乘凉”的可持续发展观念，导致企业经营者只注重任期可实现的绩效目标，只想“乘凉”，不想“种树”。

以企业财务导向指标为基础构建企业绩效评价指标体系的合理前提是企业经营绩效的取得不能以损害企业可持续发展能力为代价。然而，这是一个悖论。绩效评价的背后是经济利益或政治利益，甚至两者兼而有之。以企业财务导向指标为基础构建企业绩效评价指标体系，怎能确保企业经营者遵守这个前提呢？

目前我们评价一个企业经营绩效的好坏主要看利润。在中国，广泛存在“利润至上”现象。更要命的是许多事情都跟利润指标挂钩。无论是评价企业经营绩效、企业贷款融资、公司上市和增资扩股，还是国有企业的“脱困”或“扭亏为盈”乃至企业领导人的仕途与升迁等，无不与利润指标挂钩。只要有利润，一切问题都好解决。如此一来，利润成为人们关注的焦点。这在中国证券市场表现得尤为明显。中国证券市场只是机械地对名义每股收益（EPS）做出价格反映，中国证券市场存在“功能锁定”（functional fixation）现象。

造成当今世界众多“财务丑闻”的原因固然很多，但是，与企业绩效评价指标过分集中在财务指标上不无关系。我们可以设想，如果企业绩效评价指标是多维度的指标（财务指标只是其中的一部分），那么，企业经营者企图人为操纵财务指标以谋取良好的绩效评价，其效果就不大。同时，多维度的绩效评价指标体系也使企业经营者企图人为操纵绩效评价指标的代价和难度增大。这就迫使我们必须进一步思考：企业财务绩效评价是催人奋进还是诱使造假？

拓展学习 12-1

财务报表分析是促进还是抑制自主创新

●12.2 平衡计分卡：价值创造动因与可持续性分析

平衡计分卡揭示了企业价值创造动因，为财务报表分析导入了全新的思维。

12.2.1 运用平衡计分卡四个维度的因果关系分析企业价值创造动因

在保留了主要财务指标的同时，平衡计分卡引入了价值创造动因。这些价值创造动因是顾客、企业内部业务流程、企业学习与成长。因此，平衡计分卡将企业价值创造动因及其可持续性分析井然有序地分为财务、顾客、企业内部业务流程以及企业学习与成长四个维度。正是这四个维度的“因果关系”揭示了企业价值创造动因及其可持续性。

1）财务维度

财务维度是平衡计分卡的一个重要组成部分，对营利性企业更是如此。财务维度的指标告诉人们在其他维度已经通过指标设计细化的战略实施是否导致最终结果的改善。企业可以竭尽全力改善顾客满意度、提高质量、及时交货等，但是，如果缺乏揭示影响企业财务指标的指标，这些指标的价值就大大降低。财务维度指标通常是一些滞后指标。

由于企业其他各个维度的改善只是实现财务维度目标的手段，而不是目标本身，企业所有的改善都应当通向财务目标，因此，平衡计分卡将财务目标作为分析其他目标的焦点。如果说，每项评价方法都是平衡计分卡这条纽带的一部分，那么，这条纽带的因果关系最终结果还是归于“提高财务绩效”。

在不同的经营战略阶段，财务报表分析的侧重点不同。处于成长阶段的企业，其财务目标侧重于销售收入增长率以及目标市场、顾客群体和地区销售额增长等；处于维持阶段的企业大多采用与获利能力有关的财务目标，如经营收入、毛利、投资收益率和经济增加值等；处于收获阶段的企业更注意现金流动，以使现金流量达到最大化。

更为重要的是，财务维度分析必须考虑竞争对手。例如，企业销售收入的增长是一件好事，但是，必须深入分析销售收入为何增长，它可能来自市场份额的扩大。果真如此，企业还应该进一步分析市场份额的扩大是来自企业竞争力的增强，还是来自市场份额总体规模的扩大。同样地，企业销售收入增长，但在市场上所占份额却在缩减，这可能表明企业的战略或其产品和服务的吸引力存在问题。图12-3充分显示了这一点。

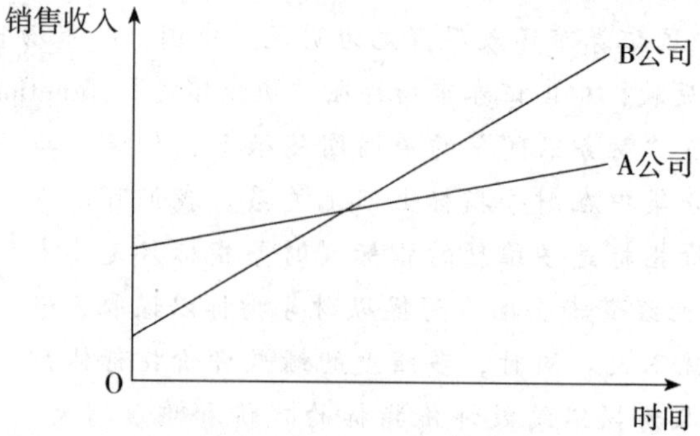

图12-3 相对销售收入增长速度

如果财务报表分析者单独考察A公司的销售收入，发现其销售收入逐年增长，的确令人振奋。但是，如果财务报表分析者进一步联系其竞争对手B公司的销售收入增长，便会发现A公司的增长速度不如B公司，说明A公司的竞争地位面临重大挑战。因此，如果财务报表分析者没有联系竞争对手的状况，单独进行财务报表分析，很容易陷入“孤芳自赏”的自我封闭状态，从而对企业做出错误的判断，导致企业错失重塑竞争力的机会，使企业在“快乐之中死亡”。

2）顾客维度

企业靠什么持续地实现财务维度的目标呢？答案只有一个，那就是顾客。因此，任何企业与其财务维度目标相联系，想要获取长远的、出色的财务指标或价值基础的绩效，就必须创造出受顾客青睐的产品或服务。平衡计分卡为解决顾客方面的问题，选择了两套分析方法：一套是企业为了在顾客维度达到所期望目标而采用的指标。由于它几乎适用于所有企业，所以又称为“核心组”指标，主要包括“市场份额”“顾客留住率”“顾客获得率”“顾客满意度”“顾客带来的效益”等。其含义见表12-2。

表12-2　**核心组指标及其含义**

指　标	含　　义
市场份额	反映业务部门在销售市场上的业务比率
顾客留住率	从绝对或相对意义上，反映企业保留或维持现有顾客关系的比率
顾客获得率	从绝对或相对意义上，评估企业吸引或赢得新顾客或业务的比率
顾客满意度	根据具体绩效标准评价顾客对产品或服务的满意程度
顾客带来的效益	在扣除支持某一顾客所需的专门支出后，评估一个顾客或一个部门的效益

这些核心组指标构成一个因果关系链（如图12-4所示）。

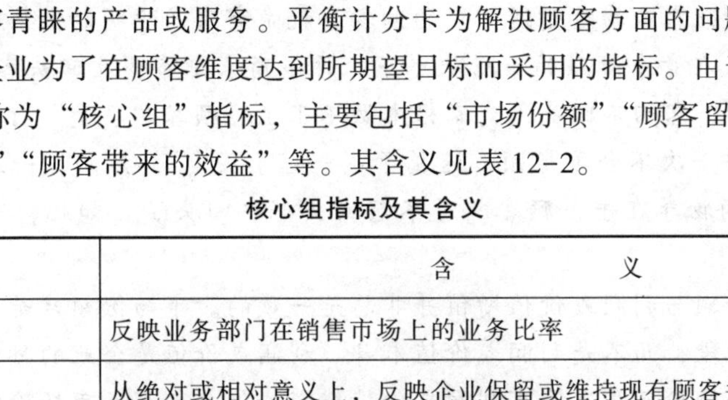

图12-4　核心评价组指标因果关系链

在图12-4中，“顾客带来的效益”这个指标至关重要。因为市场份额只是实现财务维度目标的基础，而不是财务维度目标本身，庞大的市场份额未必能给企业创造价值，只有能够给企业带来效益的顾客所构造的市场份额才能为企业创造价值或带来利润，否则，市场份额越大，企业可能亏得越多。片面地追求市场份额可能毁灭企业的价值。因此，“顾客带来的效益”这个指标是检验市场份额有效性的重要指标，同时，它也是连接平衡计分卡的财务维度与顾客维度的桥梁。

【延伸阅读资料12-4】①

追求、扩展市场份额曾经是企业经营战略和营销的经典模式。基于市场份额的思维，许多人认为顾客就是“上帝”，“争取更多的市场份额，利润便会滚滚而来”。其实，这是一种误解。

长期以来，人们总是认为市场份额是取得利润或价值的原动力，较大的市场份额带来较大的利润或价值。从通常的意义上看，的确如此。因为市场份额达到某个规模的时候，便会产生规模经济，相对而言，利润或价值自然高于同行业竞争对手。为此，许多企业孜孜以求地扩大市场份额。为了追求、扩大市场份额，人们一直强调留住顾客，希望一直保有回头客。由此，顾客购物时赠送一定的购物券就是商家的聪明的做法。这个方法要比价格打折高明许多。在竞争激烈的市场状态下，许多商家都希望靠回头客、老主顾而生存。但是，主顾老不老、客回不回头，商家根本做不了主。顾客“享受”打折之后，也就心满意足地走了，也许下次不会再光顾，这属于“一锤子买卖”。然而，一旦发明购物券，商家就有办法了。购物券在手，顾客就是不想回头也要回头了。如此，市场份额也许没有问题。

然而，市场份额与利润或价值增值并非总是一致的。市场份额只是企业实现利润或价值增值的前提或手段，而不是利润或价值本身。利润或价值是企业的目的，市场份额只是手段。企业没有市场份额肯定没有利润或价值增值，但是，有了市场份额是否就意味着利润或价值“滚滚而来”呢？

与财务目标相联系，任何企业想要获取长远的、出色的财务绩效，就必须创造出受顾客青睐的产品或服务，因此，顾客满意相当重要。只有满足了顾客的需求，才能招揽、获得新顾客，留住老顾客，才能扩大市场份额。然而，市场份额与利润或价值的这种“线性”关系（即市场份额越大，利润或价值越大）相当脆弱。企业要扩大市场份额并不难。只要企业生产的是合格品，不计任何代价，以低廉的价格，最大限度地满足顾客需求，甚至将产品“无偿”或“半送半卖”地提供给顾客，顾客自然很满意，市场份额肯定很大。君不见在公共场合一旦出现“免费”赠送或品尝，便“场面火爆”的情景吗？然而，面对这样的顾客，企业为何要“最大限度地满足”其需求呢？这样的市场份额对企业又有何意义呢？可以说，这样的市场份额越大，企业“死”得越快。20世纪80代，有些世界顶尖企业的市场份额都曾经在同行业中遥遥领先，但巨大的市场份额并没有给这些企业带来“令人兴奋”的利润，相反，其利润开始下降。因此，盲目地扩展、片面地追求市场份额，很可能给企业的可持续发展带来严重的后果。

为了破除市场份额的迷思，我们必须关注“顾客带来的效益”这个指标。因为市场份额只是实现财务目标的基础，而不是财务目标本身。庞大的市场份额未必能给企业创造价值或带来利润。只有能够给企业带来效益的顾客所构造的市场份额才能为企业创造价值或带来利润，否则，市场份额越大，企业可能亏得越多。片面地追求市场份额可能毁灭企业的价值或利润。

人类进入20世纪80年代之后，顾客需求向多样化、个性化发展，产品更新换代更加迅速，企业之间的竞争更加激烈，市场环境更加难以把握。由此，“有价值顾客”的理念

---

① 胡玉明. 市场份额越大越好吗［J］. 中国注册会计师，2004（10）：79-80.略有改动。

全面渗透到企业经营管理实践之中。由此，我想起了多年来人们耳熟能详的“顾客是上帝”。我认为“顾客是上帝”的观念可能误导企业。“上帝”是至高无上的，企业只能被动地、无条件地满足“上帝”的需要。然而，“上帝”的观念也会变化。有朝一日，假如“上帝”的观念变了，不再需要企业的产品了，企业便会失去顾客，从而失去市场份额。因此，在新的环境下，企业不能一味地停留在单纯满足顾客需求的层面上，企业必须摒弃“顾客是上帝”的旧观念，树立“顾客是朋友”的新观念，在满足顾客需求的同时积极引导并创造顾客的消费倾向，使得顾客的消费倾向与企业核心能力一致。唯有如此，企业才能拥有永久的有价值的顾客。例如，某公司在满足顾客需求的同时，一直倡导“微型化”是21世纪的消费时尚。如果消费者果真接受了这种消费观念，就会倾向于购买“微型化”的产品，而“微型化”正是某公司的核心能力之所在。

企业的价值增值或利润导源于有价值的顾客及其形成的市场份额，对于没有价值的顾客，不必“最大限度”地使其满意，因此，企业要破除市场份额的迷思，开发有价值的高端顾客。

另一套分析方法则是针对第一套分析方法的各项指标，分析达到各项指标应采取的措施及影响因素。而对于各分项指标，又制定细分评估手段。例如，“企业与顾客关系”即可用“经营诚实及公开度”“灵活度”“合同执行情况”“团队协作精神”等指标加以分析。如此，逐层细分，制定评分表，每月除统计顾客满意度等各部分得分外，还可了解各部门的业务表现，而总的累计得分又可反映企业在哪些方面未能满足顾客要求及其原因等。

顾客满意与否的关键在于企业产品或服务的质量。质量是设计、制造出来的而不是检验出来的。质量形成于产品或服务的设计和生产（制造）过程。那么，企业如何持续提供顾客满意的产品或服务呢？答案就是：企业内部业务流程！

3）企业内部业务流程维度

平衡计分卡的第三个维度是为企业内部业务流程制定目标和分析工具。这是平衡计分卡与单纯的财务报表分析最显著的区别之一。传统的财务报表分析集中于控制和改善现存职能中心和部门的作用，有些企业即便加入了“产品质量收益率”“生产能力”“生产周期”等指标，也大都停留于改善单个部门绩效上。仅靠改善这些指标，只能有助于企业生存，而不能形成企业独特的、可持续发展的竞争优势。平衡计分卡从满足投资者与顾客需要的经营战略出发，制定了井然有序、从上而下的经营目标和分析工具。

从价值链一般模式出发，针对研究与开发过程、经营过程和售后服务过程设置不同的指标，如图12-5所示。

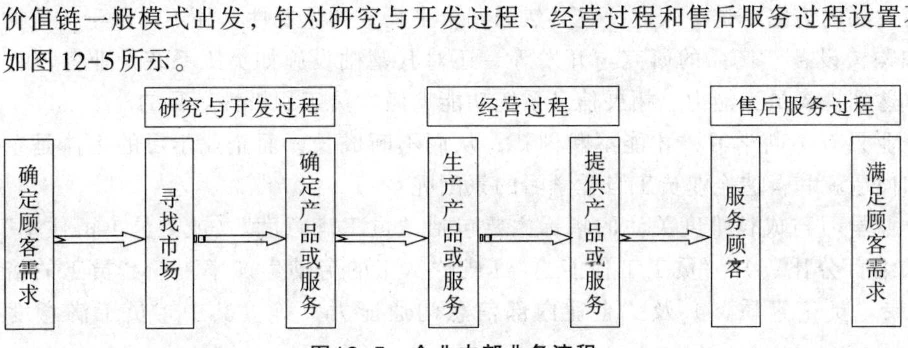

图12-5　企业内部业务流程

对于企业创造价值而言，研究与开发是一个漫长的过程。在这个过程中，企业首先以顾客为导向，发现和培育新市场、新顾客，并兼顾现有顾客的目前需要和潜在需要。在此基础上，着手设计和开发新产品或服务，使新产品或服务打入新市场，满足顾客需要。因此，企业应注重研究与开发能力的分析。研究与开发过程的分析指标主要包括：研究与开发强度（研究与开发支出占销售收入的比重）、新产品销售收入占销售收入总额的比重（创新收益）、专利产品销售收入占销售收入总额的比重、新产品利润率、在竞争对手之前推出产品的能力、比原计划提前推出新产品的能力、生产程序的适应性、开发下一代新产品的时间等。新产品是企业持续创造价值的驱动力，一个停止新产品研究与开发的企业必将被不断变化的市场所淘汰。

拓展学习 12-2

研究与开发强度和高新技术企业认定

相比之下，经营过程是企业创造价值的一个短暂过程。在这个过程中，企业向顾客出售产品或提供服务。这个过程强调对顾客及时、有效、连续地提供产品或服务。时间、质量和成本是经营过程的主要分析指标。因此，在经营过程中，传统财务指标如“标准成本”、“预算控制”和“差异分析”等依然有用，但远远不够，还应另附加如“企业经营灵活性”、“生产周期”、“对顾客需求反应时间”、“对顾客提供产品多样性”、“废品率”以及“返工率”等指标。

企业的售后服务旨在使顾客更快、更好、更充分地使用产品或服务，而不是保护落后（有缺陷的产品在经营过程就应该解决）。因此，在企业售后服务中，财务报表分析者可关注有关“时间、质量、成本”等方面的指标，如“服务反应周期”“人力成本”“物力成本”“售后服务的一次成功率”等。

值得指出的是，在关注流程的时间和质量时，许多企业和学者往往忽视这些内部业务流程的成本。传统的以产品为核心的成本会计系统不能提供流程层次的成本。任何流程都是由“作业”（activity）构造的，因此，平衡计分卡必须与作业成本会计系统相结合，作业成本计算法（activity-based costing，ABC）与作业管理（activity-based management，ABM）构成平衡计分卡的重要组成部分。这正是许多企业和学者忽略的关键问题。

接下来的问题就是，企业内部业务流程又如何满足顾客日新月异的需求变化呢？靠的就是企业的学习与成长。

4）企业学习与成长维度

平衡计分卡的第四维度就是企业学习与成长。它是为前三个维度取得绩效突破而提供的持续推动力量。实施平衡计分卡的目的之一就在于避免企业的短期行为，推动企业沿着可持续发展的道路前进。因此，它必然强调未来投资的重要性，而不局限于传统的投资领域，如购买设备、产品的研究与开发等，还对其基础设施如员工系统及业务流程进行投资，以达到提高员工能力、拓展信息系统功能、激发员工积极性等目的。

企业只有不断学习，才能不断创新，从而不断成长，而企业学习的主体是企业的员工。如何造就和营造企业员工自觉学习的氛围呢？

企业学习与成长维度关注的指标主要包括“员工满意度”（或“员工留住率”“员工意见采纳百分比”）、“员工工作能力”（或“员工的劳动生产率”）、“员工的培训与提升”（或“员工素质”）及“企业内部信息沟通能力”等。其中“员工满意度”至关重要。

企业本身就是一个“顾客链”（customer chain）。如今，改善企业业务流程及其绩效的建议与想法越来越多地来自第一线的员工。他们离企业内部的顾客（业务流程）和企业外部顾客最近。员工本身就是企业内部各业务流程的顾客。如果企业内部顾客（企业的员工）本身不满意，怎能持续改善企业内部业务流程呢？同时，要使企业外部顾客满意，首先必须使企业内部顾客满意。如果企业内部顾客（企业的员工）在对外部顾客（消费者）提供服务时，使其充分感受到其所从事工作的“愉悦”，就会自然而然地感染外部顾客。这样，外部顾客怎能不满意呢？企业又何愁不能获得新顾客、留住老顾客呢？如果一个企业既不能持续改善内部业务流程，又不能使外部顾客满意，企业又如何持续实现其财务目标呢？

企业可以买到一个人的时间，可以雇到一个人到指定的工作岗位，也可以买到按时或按日计算的技术操作，但是，企业难以买到一个人的热情、创造性和全身心的投入，而这种“热情、创造性和全身心的投入”对企业的创新与成长至关重要！企业员工只有“乐业”才能“爱岗”“敬业”。

当然，要使企业员工充分发挥作用，必须使他们获得足够的信息，让他们了解有关企业的顾客、内部业务流程以及决策的后果等方面信息，即知情权。因此，“企业内部信息沟通能力”指标也很重要。

由此可见，在平衡计分卡的上述四个维度中，财务维度是最终目标，解决的是企业“想赚多少钱”，关注的是“投资者”或“财富”问题；顾客维度是关键，解决的是企业“想赚谁的钱”，关注的是“顾客”问题；企业内部业务流程维度是基础，解决的是企业“擅长做什么才能赚钱”，关注的是“产品”或“服务”问题；企业学习与成长维度是核心，解决的是企业“是否有能力持续赚钱”，关注的是“员工”问题。平衡计分卡的整体目标是“持续创造价值”。如果把可持续发展的企业视为一棵“果树”，那么，“树根”就是学习与成长维度，“树干”就是内部业务流程维度，“树枝”就是顾客维度，“果实”就是财务维度。如果企业在平衡计分卡的四个维度都表现出色，企业就达到了“根深叶茂，硕果累累”的理想境界。果真如此，企业何愁不能可持续发展！平衡计分卡四个维度的关系如图 12-6所示。

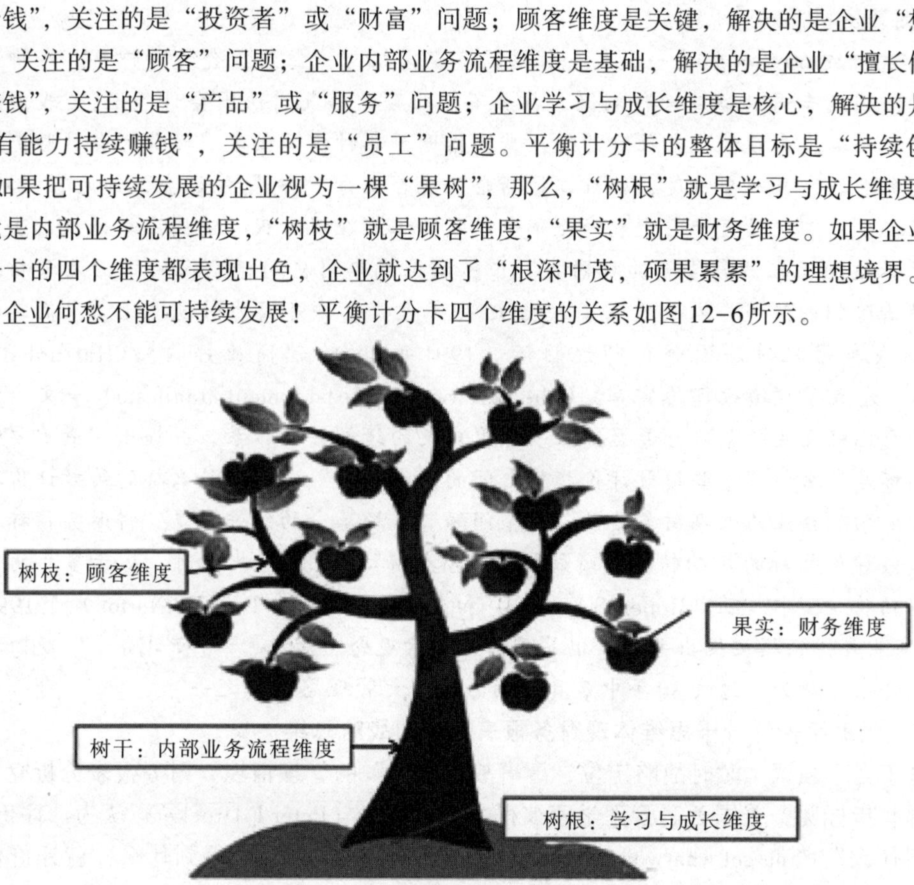

图12-6　平衡计分卡四个维度的关系[①]

① 胡玉明，陈晓敏. 数智时代的全面预算管理［M］. 北京：人民邮电出版社，2022：234.

如果说财务报表就是企业经济活动的一张“相片”，那么，平衡计分卡就是企业经济活动的一份较为完整的“诊断报告”。

可以说，任何企业都存在或多或少的问题。企业的管理问题就像海边的礁石，企业运行状况良好（涨潮）时，问题（礁石）被掩盖了；企业运行状况恶化（退潮）时，所有的问题（礁石）就都暴露出来了。实际上，企业运行状况良好（涨潮）时最容易解决问题（避开礁石），但此时也最容易忽视问题（礁石），等企业运行状况恶化（退潮）时问题（礁石）都出来了，解决问题（避开礁石）的最好时机也过去了。俗话说：看不到问题就是最大的问题！财务报表分析者如果连问题在哪里都不知道，又如何分析问题和解决问题呢？这种企业最终的结果就是“安乐死”。相反，如果财务报表分析者看到了问题，尽管缺乏分析问题和解决问题的能力，但可以将问题的解决方案外包给咨询公司。因此，理想的分析指标应该突出价值创造动因（价值创造的主要驱动因素），提醒企业可能发生哪些问题（发现问题），从而提供一些追寻问题起因的线索（分析问题和解决问题）。此外，以业务（非财务）指标解释、验证财务指标，可以在一定程度上抑制“粉饰”财务报表的冲动。基于平衡计分卡的价值创造动因及可持续性分析思维较好地解决了上述这些问题。

【延伸阅读资料12-5】①

在20世纪60年代的某一天，一位法国汽车司机与一位法国会计师聊天。在聊天的过程中，法国汽车司机带着一种调侃，甚至不屑一顾的语气对法国会计师说：“我们汽车司机为了把一辆汽车顺利地开往目的地，需要借助于各种仪器仪表。可你们会计师倒好，只根据财务数据这样一个维度，就可以诊断企业能否生存下去。”法国会计师无言以对。

在那个以“机器声音”代表产业革命成果的工业经济时代，法国汽车司机对法国会计师说的话被湮灭在“轰隆隆的机器声”中：法国汽车司机的话无人问津，无人喝彩！然而，随着时间的流逝，人类进入了20世纪90年代，也许是因为时过境迁，人们忽然想起了法国汽车司机对法国会计师说的话。1991年，《哈佛商业评论》（Harvard Business Review）发表了《绩效评价宣言》（The Performance Measurement Manifesto）一文。该文描述了一场已经发生的革命，号召建立一套更广泛的绩效评价体系，并提出“最重要的绩效评价指标是什么”、“这些绩效评价指标之间的关系如何”以及“什么样的绩效评价指标能够真实地预测企业的长期财务绩效”三个问题。这场革命的结果就是“将财务指标由原来作为绩效评价指标的基础转变为绩效评价指标体系之一”。与此同时，基于多年的实地研究，罗伯特·S.卡普兰（Robert S.Kaplan）和大卫·P.诺顿（David P.Norton）于1992年在《哈佛商业评论》撰文提出并积极倡导平衡计分卡观念。后来，“平衡计分卡”观念被《哈佛商业评论》评为“过去80年中最具影响力的十大管理思想”之一。

12.2.2 借助平衡计分卡思维体现财务报表分析的战略思维

基于当今强调“时时战略定位，事事战略定位”的管理情境，财务报表分析究竟应该关注哪些指标呢？美国著名管理学家彼得·F.德鲁克（Peter F.Drucker）认为“评价什么，就得到什么”（You got what you measured）。那么，反过来，“想得到什么，就评价什么”。如此一来，财务报表分析必须以战略为导向。战略决定了财务报表分析应该关注的指标。

---

① 胡玉明. 基于战略的业绩评价与激励控制［R］. 世界银行与厦门国家会计学院课程开发项目，2007.

正如第3章所述，在商界，任何伟大战略的实施都离不开财务资源的支持，而任何战略之所以伟大就在于其最终能够创造财务资源。"万涓成水，终究汇流成河。"这里的"河"就是财务报表。然而，财务报表也存在局限性。由此，财务报表分析应该立足财务报表，但又超越财务报表。平衡计分卡的思维与此不谋而合。

然而，战略是抽象的，战略的实施却是非常具体的。财务报表分析如何通过各种目标（体现战略主题）与分析指标的选择描述战略，引导战略，化战略为行动，从而实施战略呢（引导战略"落地"）？财务报表分析又如何借助各种分析指标评价战略实施成效，从而反馈于战略的制定或修订呢（分析战略实施成效）？图12–7体现了这种思想。

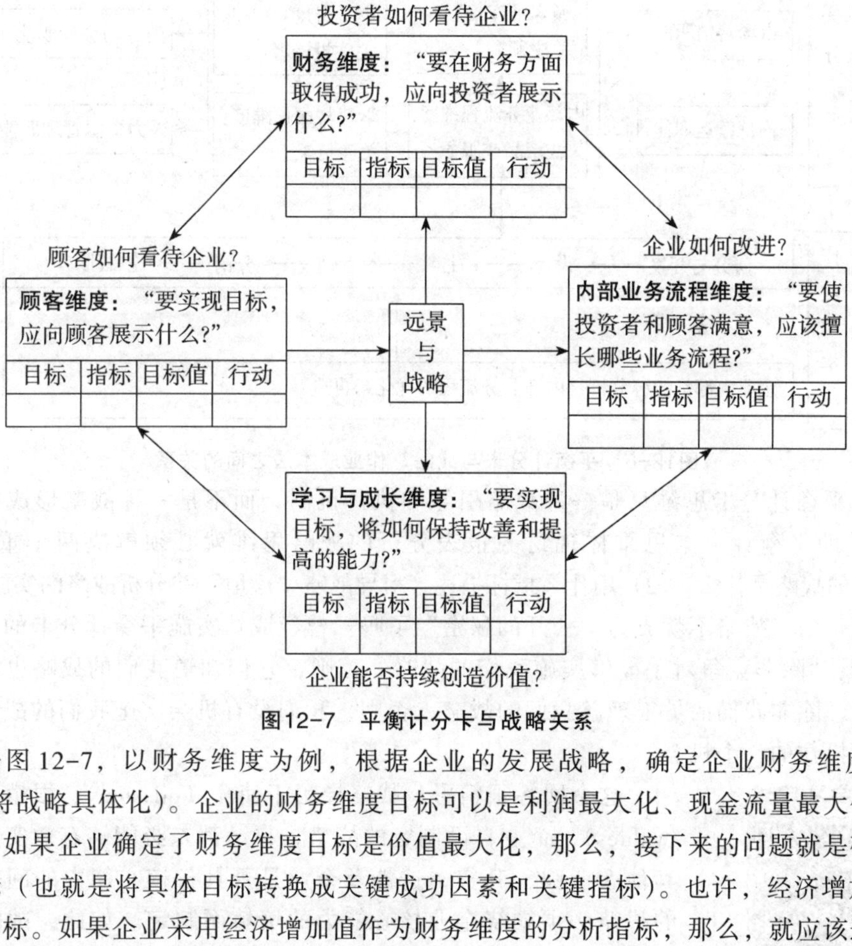

图12–7　平衡计分卡与战略关系

根据图12–7，以财务维度为例，根据企业的发展战略，确定企业财务维度的目标（也就是将战略具体化）。企业的财务维度目标可以是利润最大化、现金流量最大化或价值最大化。如果企业确定了财务维度目标是价值最大化，那么，接下来的问题就是确定采用什么指标（也就是将具体目标转换成关键成功因素和关键指标）。也许，经济增加值是最合适的指标。如果企业采用经济增加值作为财务维度的分析指标，那么，就应该通过经济增加值指标分析企业是否实现财务维度的价值最大化目标。同时，观察由此而引起的企业管理行为反应以及这种管理行为反应是否有利或偏离企业的战略，并分析战略实施成效，由此将企业的管理行为引导到实现企业战略的轨道上来，并反馈于战略的制定或修正（也就是用关键指标引导战略的有效实施并对战略实施效果进行分析与评价）。其他维度的道理也不外如此。

图12–8更好地描述了平衡计分卡与战略、作业成本法之间的关系。

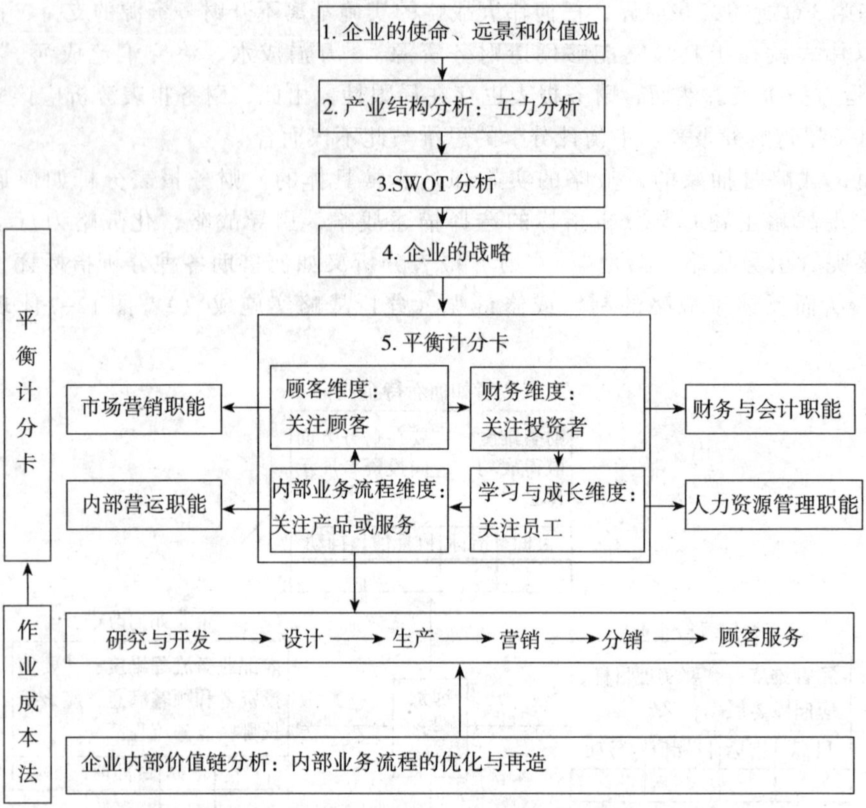

图12-8　平衡计分卡与战略、作业成本法之间的关系

由于平衡计分卡思维只是一种战略引导和执行机制，而不是一种战略形成机制，因此，要借助平衡计分卡思维体现财务报表分析的战略思维就必须解决两个重要问题：（1）企业的战略是什么？（2）用什么指标描述、引导战略“落地”并分析战略的实施成效？

如此一来，战略不就成为“公开的秘密”了吗？曾经成功实施平衡计分卡的某公司副总裁认为：“除非竞争对手能够实施我们的战略，否则，它们知道我们的战略也没有什么用。然而，除非我们的员工理解我们的战略，否则，我们没有机会实施我们的战略。这是我们必须抓住的一个机会。”

拓展学习 12-3

数字化能够提升会计信息质量吗

这个回答很精彩！战略导源于使命（mission）、根植于价值观（values），企业自己制定的战略，自己都未必能够有效实施，何况其他企业呢？其实，这涉及企业是否具备核心能力的问题。企业的战略必须围绕企业核心能力的培植而制定。如此，战略就不是那么容易模仿了。

【延伸阅读资料 12-6】[①]

大约 2 500 年前，希腊诗人欧里庇得斯（Euripides）就已经意识到平衡对生活的重要性。他说：“最重要和最安全的事就是保持生活的平衡，并认识到在我们周围和我们身上的伟大力量。如果你能够做到这些并以这种方式生活，那你确实是一名智者。”这同样适用于企业组织。因为无论是企业组织还是人都是一个矛盾的统一

① 胡玉明. 如何树立平衡的观念［J］. 中国注册会计师，2004（11）：73-74.略有改动。

体，都需要平衡。

说到平衡，我忽然想起平衡计分卡（balanced scorecard）。平衡计分卡在中国已经成为一个热门的话题，热门话题更值得我们思考。我自己琢磨着：平衡计分卡隐含的精神是什么呢？我以为平衡计分卡所隐含的精神就是“平衡”的观念。英文“balanced scorecard”（平衡计分卡）当中的balanced（平衡）意味着什么呢？

也许大家都知道，平衡计分卡由财务、顾客、企业内部业务流程、企业学习与成长四个具有“因果关系”的维度构成。这四个维度中，任何一个维度出现了问题，都会“殃及”其他维度，企业都难以实现其目标。因此，平衡计分卡首先需要平衡的便是这四个维度之间的关系。

如果是这样，人们自然会提出一个问题：平衡计分卡有四个维度就足够了吗？或者为什么就是四个维度，而不是三个或五个乃至更多维度呢？对此，包括平衡计分卡的创始人卡普兰和诺顿在内的许多人都难以给予明确的回答。因为平衡计分卡的产生导源于20世纪90年代以来卡普兰和诺顿的案例/实地研究（case/field study）之经验总结，从而也就难以通过严格的数理来证明为什么平衡计分卡四个维度就足够了。相反，我们需要思考的问题是：增加或减少一个或几个维度是否合适？如果在企业的具体实践过程中，我们不能回答这个问题，那只能承认或默认平衡计分卡四个维度就足够了。一些学者认为应该增加“风险”维度，我认为其理由和证据不够充分。因为平衡计分卡的四个维度无不体现了风险因素。风险因素尚不能构成一个独立的维度。

那么，整个平衡计分卡应该包括多少指标才合适呢？平衡计分卡是否包含的指标越多越好呢？应该说，平衡计分卡应该包括多少指标取决于企业的具体战略和管理情境（management context），难以一概而论。但是，平衡计分卡绝不是包含的指标越多越好。如果平衡计分卡包含的指标过多，不仅可能导致信息过载，不符合信息的成本与效益原则，更重要的是可能导致指标之间主次不分，“因果关系”不清晰。

平衡计分卡除了要平衡财务、顾客、企业内部业务流程、企业学习与成长等四个维度之间的关系之外，还要平衡以下几个关系：第一，财务指标与非财务指标之间的平衡。财务指标固然重要，但是，它们是经营活动的结果，在指导和评价企业通过无形资产创造的未来价值方面并不充分，而平衡计分卡解释了隐藏在传统的利润表和资产负债表之后的关键的价值创造过程，而且通过加入未来绩效动因克服了依赖财务指标的局限。在某些情况下，非财务指标能够比财务指标更直接、更迅速有效地评价企业管理层的表现。第二，前置指标与滞后指标之间的平衡。通常，滞后指标代表过去已经取得的绩效，而前置指标是产生滞后指标结果的绩效动因（performance driver）。没有前置指标，滞后指标无法反映目标是如何实现的。相反，没有滞后指标，前置指标反映了短期改进，但不能说明这对企业长期发展是有益的。平衡计分卡提醒我们，不能忘记财务指标是滞后指标。财务指标是在事后告诉我们企业的绩效如何。如果企业想保持财务目标的持续增长，就应该了解反映价值创造的前置指标。这些前置指标在价值创造或毁灭行为体现于财务指标之前就已经发出了相应的预警信号。平衡计分卡兼容前置指标与滞后指标实际上就是构建以“因果关系”为纽带，使战略-过程-行为-结果一体化的战略绩效评价系统。实际上，前置指标与滞后指标之间的平衡就是企业发展的长远利益与眼前利益的平衡。第三，企业组织内外不同群体利益的平衡。企业是一系列契约的联结点。契约的背后隐藏着利益冲突。股东和顾客是外部群体，而员工和内部业务流程是内部群体。这些不同的群体对企业绩效的认识有各自不同的视角，存在不同的绩效预期。比如，有财务方面的绩效预期，也有非财务方面的绩效预期；既有短期的绩效预期，又有长期的绩效预期。平衡计分卡充分体现出在有效实施战略的过程中这些不同群体之间时而发生的矛盾并加以平衡。

接下来的问题便是平衡计分卡如何“平衡”四个维度以及各项指标之间的关系。平衡计分卡通过四个维度以及各项指标的权重（weight）来平衡四个维度以及各项指标之间的关系。四个维度以及各项指标的设置只是体现了战略目标和激励方向，而权重则体现了四个维度以及各项指标的重要性程度。在理论上，我们不仅无法告知平衡计分卡应该包括哪些指标，而且无法告知四个维度以及各项指标的权重如何；既不能确定统一的指标体系，也不存在统一的权重。一切因企业组织而异，没有固定的模式可以套用，因为具体的企业组织面临各种不同的管理情景。卓越的绩效评价系统对每个企业组织都是独特的，必须按每个企业组织的需要和特点“量体裁衣”。企业组织平衡计分卡的设计具有鲜明的“企业化”和“行为化”特征。对特定企业组织而言，平衡计分卡四个维度究竟应该包括哪些具体指标，不同行业、不同企业组织有所不同，即使是同一个企业组织，处于不同发展阶段也可能有所不同。这就需要企业组织或学者通过具体的“案例/实地研究”才能对特定企业组织设置具体的绩效评价指标并赋予不同的权重。更重要的是，我们还要进一步观察所设计的平衡计分卡在企业组织实践过程中所引起的管理行为反应及其与企业组织发展战略的偏离情况，不断修正平衡计分卡的指标设置与权重分配，使平衡计分卡与企业组织发展战略和具体管理情景相匹配。

因此，平衡计分卡隐含的精神是“平衡”观念，这种“平衡”观念通过“权重”得以体现。对于企业而言，平衡计分卡不仅是管理工具，而且是解决其“平衡”发展过程中存在的各种利益冲突的工具。

回顾欧里庇得斯“平衡对生活的重要性”的观点，我感到人生就像一幅精彩的“平衡计分卡”。一个人不可能得到世界上最美妙的东西，“有所得，必有所失”，在“得”与“失”之间“平衡”发展。但凡成功者都是光芒四射的。其实，“平衡的心境”才是成功的标志。得到喝彩不过是成功的附属品。成功并非体现在别人眼里，而体现在自己的“心境”。一个追求“快乐生活”的人，应该树立“平衡”的观念。生活在他人喝彩之中，即便成功也未必愉快。

但愿我们每个人都能好好把握“平衡的心境”之“权重”!

至此，以平衡计分卡为基础的企业价值创造动因及其可持续性分析，以战略为导向，诠释企业经营理念与财务理念的关系，使经营者不仅具有财务理念，而且具有经营理念，从而达到不同领域的经营者“讲同一种语言”（持续创造价值），构建一种以战略为起点和终点，从战略开始又回归到战略，内外部视角相结合，企业战略与财务相融合，企业业务与企业财务连为一体，立足于财务报表又超越财务报表的财务报表分析框架。

拓展学习12-4

财务报表非得人人看得懂吗

纵观本教材阐述的内容可知，资产负债表描述企业“钱放在哪”，利润表描述企业“是否赚钱”，现金流量表描述企业“是否有钱”，而平衡计分卡描述企业“是否值钱”。显然，赚钱、有钱与值钱是不同的概念，“横看成岭侧成峰”，基于不同目的，财务报表分析者理应关注不同的概念。

价值引领

1.如何借助价值创造动因及可持续性分析，增强创新意识，注重无形资产研发，将创新思维转化为现实？

2.党的二十大报告强调“完善中国特色现代化企业制度，弘扬企业家精神，加快建设世界一流企业”。结合党的二十大精神，如何通过识别企业价值创造动因并判断其可持续性，构建世界一流财务管理体系，助推“加快建设世界一流企业”？

[总结与结论]

30多年来，企业经营环境发生重大变化，由此导致企业价值创造模式的转变，从而使得单纯的财务报表分析的局限性日显突出。

从宏观上说，21世纪世界经济的基本特征是国际化、金融化和知识化；从微观上说，21世纪人类社会已经从工业社会转入信息社会，企业的经营环境发生了巨大变化。今天有三种力量独立或综合驱使企业越来越深地陷入令人惊恐不安的陌生境地。这三种力量就是顾客、竞争和变化。

新信息技术的出现和全球市场的开放改变了现代企业经济活动的基本假设。仅靠有形资产，企业已经难以保持持续的竞争优势。信息时代呼唤着新的竞争驱动力。一个企业对无形资产的开发与利用能力已经成为创造持续竞争优势的主要决定因素。显然，单纯的财务报表没有充分讲述企业无形资产的故事，与当今企业价值创造模式不协调。

基于历史成本原则，单纯的财务报表或财务指标“以会计特有语言”描述企业经济活动过程及其结果充其量只能说明“企业过去做得怎么样”。单纯的财务报表或财务指标并没有向人们保证或者承诺企业“明天风采依旧”或者“明天会更好”。因此，单纯的财务报表或财务指标只是讲述企业过去的故事！这就决定了财务报表或财务指标讲故事的逻辑起点是结果导向。单独的“结果”无法向财务报表分析者展示“之所以产生如此结果”的前因后果。财务报表分析者只“知其然，而不知其所以然”。只有立足于“环境-战略-行为-过程-结果”一体化的逻辑基础，财务报表分析者才能真正理解和体会“结果”为什么是这样的结果（价值创造动因），从而才能判断其（价值创造动因）可持续性。

面对21世纪企业经营环境的变化，在企业的发展过程中，人们已经充分意识到，比利润（或价值增值）更重要的是市场份额，比市场份额更具有根本意义的是竞争优势，比竞争优势更具有深远影响的是企业发展的核心能力。在这样的经营环境下，企业应该争取“唯一”而不是“第一”。缺乏“唯一”性的“第一”难以持久！企业只有具备核心能力，才能在激烈的市场竞争中保持“唯一”。只有这样，企业才能可持续发展。

20世纪90年代，基于价值创造动因、多维度的财务报表分析思维即平衡计分卡应运而生。平衡计分卡的基本框架包括财务、顾客、内部业务流程和学习与成长四个维度。这四个维度具有“因果关系”，财务指标与业务（非财务）指标相融合。正是这四个维度之间的“因果关系”揭示了企业价值创造动因及其可持续性。

如果说财务报表就是企业经济活动的一张“相片”，那么，平衡计分卡就是企业经济活动的一份较为完整的“诊断报告”。理想的分析指标应该突出价值创造动因（价值创造的主要驱动因素），提醒企业可能发生哪些问题（发现问题），从而提供一些追寻问题起因的线索（分析问题和解决问题）。此外，以业务（非财务）指标解释、验证财务指标，可以在一定程度上抑制“粉饰”财务报表的冲动。基于平衡计分卡的价值创造动因及可持续性分析思维较好地解决了上述这些问题。

财务报表分析必须以战略为导向。战略决定了财务报表分析应该关注的指标。任何伟大战略的实施都离不开财务资源的支持，而任何战略之所以伟大就在于最终能够创造财务资源。由此，财务报表分析应该立足财务报表，但又超越财务报表。平衡计分卡的思维与此不谋而合。

借助平衡计分卡思维体现财务报表分析的战略思维必须解决两个重要问题：（1）企业的战略是什么？（2）用什么指标描述、引导战略“落地”并分析战略的实施成效？因为平衡计分卡思维只是一种战略引导和执行机制，而不是一种战略形成机制。

以平衡计分卡思维为基础的企业价值创造动因及其可持续性分析，以战略为导向，诠释企业经营理念与财务理念的关系，使经营者不仅具有财务理念，而且具有经营理念，从而达到不同领域的经营者“讲同一种语言”（持续创造价值），构建一种以战略为起点和终点，从战略开始又回归到战略、内外部视角相结合、企业战略与财务相融合、企业业务与企业财务连为一体，立足财务报表，又超越财务报表的财务报表分析框架。

[练习题库]

★ 案例分析

1. 企业经营目标究竟是什么

时间：20世纪90年代的某一天。

地点：某著名大学商学院的案例室。

人物：财务学教授与市场营销学教授。

主题：财务学教授与市场营销学教授在一起讨论企业经营目标。

主要观点：财务学教授认为企业经营目标是企业价值最大化，而是市场营销学教授则认为企业经营目标是最大限度地满足顾客需求。为此，两位教授各执一词，互不相让，争得脸红耳赤。争论还在继续……

根据上述素材，请讨论：

（1）财务学教授与市场营销学教授对企业经营目标的认识有何异同点？

（2）如果财务学教授与市场营销学教授分别代表企业的财务部门与营销部门，如何协调其认识上的差异？这种协调对企业有何实践意义？

2. 企业价值创造动因及其可持续性

上网（如巨潮资讯网：www.cninfo.com.cn/new/index）任意选择一家上市公司的年度财务报告为样本，分析其价值创造动因并评估其可持续性。

★ 思考题

1. 21世纪企业经营环境发生了哪些变化？

2. 如何理解21世纪企业价值创造模式的转变？

3.如何理解核心能力（价值创造动因）与企业持续创造价值的关系？

4.如何理解单纯的财务报表分析的局限性？

5.用“数字说话”或根据“数字管理”，您觉得可靠吗？

6.如何运用平衡计分卡四个维度的因果关系分析企业价值创造动因？

7.如何借助平衡计分卡思维体现财务报表分析的战略思维？

8.如何借助价值创造动因及可持续性分析注重无形资产研发、增强创新意识、培养创新思维？

★ 讨论题

1.单纯的财务报表分析：催人奋进还是诱致造假？

2.如何理解单纯的财务报表或财务指标只是讲述企业有形资产过去的故事？

3.如何理解平衡计分卡是价值创造动因及其可持续性分析思维？

4.平衡计分卡有四个维度就足够了吗？

5.平衡计分卡“平衡”什么？

6.如何理解战略与战略主题的关系？

7.企业经济活动都可以用货币来计量吗？

8.如何通过识别企业价值创造动因并判断其可持续性，构建世界一流财务管理体系，助推“加快建设世界一流企业”？

[延伸阅读文献]

[1] 卡普兰. 诺顿平衡计分卡——化战略为行动 [M]. 刘俊勇，孙薇，译. 广州：广东经济出版社，2004.

[2] 胡玉明. 平衡计分卡是什么：一个管理工具的神话 [M]. 北京：中国财政经济出版社，2004.

[3] 柯林斯，波拉斯. 基业长青 [M]. 真如，译. 北京：中信出版社，2019.

[4] 卢茨. 绩效致死：通用汽车的破产启示 [M]. 张科，译. 北京：中信出版社，2013.

[5] 大前研一. 专业主义 [M]. 裴立杰，译. 北京：中信出版社，2015.

[6] 黄世忠，叶丰滢，陈朝琳，等. 新经济 新模式 新会计 [M]. 北京：中国财政经济出版社，2020.

[7] 黄世忠. 新经济会计问题研究 [M]. 北京：中国财政经济出版社，2021.

[8] 周在霞. 企业财务报表分类列报改进研究 [M]. 北京：中国财政经济出版社，2022.

[9] 本书编写组. 党的二十大报告辅导读本 [M]. 北京：人民出版社，2022.

主要参考文献

［1］陈敏．财务报表革命［M］．北京：中国财政经济出版社，2009.

［2］陈敏．财务报表列报研究：过去、现在、未来［M］．北京：经济科学出版社，2011.

［3］池国华．中国式经济增加值（EVA）考核实践探索：基于系统性和针对性视角的研究［M］．大连：东北财经大学出版社，2016.

［4］国务院国资委考核分配局．企业绩效评价标准值（2023）［M］．北京：经济科学出版社，2023.

［5］郭永清．透视公司财报数字：看故事读财报［M］．大连：大连出版社，2011.

［6］郭永清．财务报表分析与股票估值［M］．2版．北京：机械工业出版社，2021.

［7］胡玉明．高级管理会计［M］．4版．厦门：厦门大学出版社，2016.

［8］胡玉明．公司理财［M］．2版．大连：东北财经大学出版社，2009.

［9］胡玉明．平衡计分卡是什么：一个管理工具的神话［M］．北京：中国财政经济出版社，2004.

［10］胡玉明，陈晓敏，周茜．会计学［M］．4版．北京：中国人民大学出版社，2024.

［11］胡玉明，潘敏虹．成本会计［M］．4版．厦门：厦门大学出版社，2019.

［12］黄世忠．会计数字游戏：美国十大财务舞弊案例剖析［M］．北京：中国财政经济出版社，2003.

［13］黄世忠．财务报表分析：理论、框架、方法与案例［M］．北京：中国财政经济出版社，2007.

［14］黄世忠，叶丰滢，陈朝琳，等．新经济 新模式 新会计［M］．北京：中国财政经济出版社，2020.

［15］黄世忠．新经济会计问题研究［M］．北京：中国财政经济出版社，2021.

［16］黄世忠，张胜芳，叶丰滢．会计舞弊之反思：世界通信公司治理、会计舞弊和审计失败剖析［M］．大连：东北财经大学出版社，2004.

［17］李晓慧．会计与资本市场案例研究［M］．北京：高等教育出版社，2006.

［18］刘顺仁．财报就像一本故事书［M］．太原：山西人民出版社，2007.

［19］鲁亮升．成本会计［M］．7版．大连：东北财经大学出版社，2019.

［20］陆正飞．财务报告与分析［M］．3版．北京：北京大学出版社，2020.

［21］吕怀立．基本面分析与价值投资［M］．北京：中国财政经济出版社，2024.

[22] 上海国家会计学院．价值管理 [M]．北京：经济科学出版社，2011.

[23] 王化成，支晓强，王建英．财务报表分析 [M]．3版．北京：中国人民大学出版社，2022.

[24] 魏明海．公司高管的会计责任：前世通公司CEO法庭审理分析 [M]．北京：中国财政经济出版社，2005.

[25] 吴世农，吴育辉．CEO财务分析与决策 [M]．3版．北京：北京大学出版社，2024.

[26] 薛云奎．克服偏见还原财报背后的真相 [M]．北京：机械工业出版社，2019.

[27] 薛云奎．穿透财报发现企业的秘密 [M]．北京：机械工业出版社，2018.

[28] 薛云奎，郭照蕊．财务报表分析 [M]．北京：机械工业出版社，2019.

[29] 杨小舟．财务报表分析：框架与应用 [M]．北京：中国财富出版社，2019.

[30] 张敏，于富生，黎来芳．成本会计学 [M]．9版．北京：中国人民大学出版社，2021.

[31] 张纯．EVA是什么：一场基于企业价值的管理革命 [M]．北京：中国财政经济出版社，2004.

[32] 张新民．会计与财务报表分析 [M]．北京：人民日报出版社，2019.

[33] 张新民．从报表看企业：数字背后的秘密 [M]．5版．北京：中国人民大学出版社，2024.

[34] 张新民，钱爱民．财务报表分析 [M]．6版．北京：中国人民大学出版社，2023.

[35] 中华人民共和国财政部．企业会计准则第30号——财务报表列报（2014）[M]．北京：中国财政经济出版社，2014.

[36] 周在霞．企业财务报表分类列报改进研究 [M]．北京：中国财政经济出版社，2022.

[37] 朱滔．财务报表分析 [M]．北京：高等教育出版社，2023.

[38] 胡玉明．企业财务报表分析的新思维 [J]．财务与会计：综合版，2006（12）.

[39] 刘峰．制度安排与会计信息质量：红光实业的案例分析 [J]．会计研究，2001（7）.

[40] 周炜炜，华彬．谁在创造财富，谁在毁灭财富——2000年中国上市公司财富创造和毁灭排行榜 [J]．财经，2001（4）.

[41] 埃巴．经济增加值——如何为股东创造价值 [M]．凌晓东，等译．北京：中信出版社，2001.

[42] 伯曼，奈特，凯斯．财务智慧：如何理解数字的真正含义 [M]．刘璐，译．北京：商务印书馆，2010.

[43] 布瑞翰，休斯顿．财务管理基础 [M]．胡玉明，译．精要第7版．大连：东北财经大学出版社，2016.

[44] 大前研一．专业主义 [M]．裴立杰，译．北京：中信出版社，2015.

[45] 格兰特．经济增加值基础 [M]．刘志远，等译．大连：东北财经大学出版社，2005.

[46] 格雷厄姆，多德. 证券分析 [M]. 巴曙松，陈剑，等译. 6版. 北京：中国人民大学出版社，2014.

[47] 汉森，莫文. 成本会计：成本管理基础 [M]. 曹玉珊，译. 2版. 大连：东北财经大学出版社，2014.

[48] 卡普兰，诺顿. 平衡计分卡——化战略为行动 [M]. 刘俊勇，孙薇，译. 广州：广东经济出版社，2004.

[49] 柯林斯，波拉斯. 基业长青 [M]. 真如，译. 北京：中信出版社，2019.

[50] 卢茨. 绩效致死：通用汽车的破产启示 [M]. 张科，译. 北京：中信出版社，2013.

[51] 罗尼，亚瑞. 盈余管理：理论、实践与研究的新发展 [M]. 漆江娜，路晓燕，饶静，译. 大连：东北财经大学出版社，2014.

[52] 马歇尔，麦克玛纳斯，维勒. 会计学：数字意味着什么 [M]. 沈洁，刘祖基，译. 8版. 北京：人民邮电出版社，2013.

[53] 帕利普，希利. 经营分析与估值 [M]. 刘媛媛，译. 5版. 大连：东北财经大学出版社，2014.

[54] 佩因曼. 财务报表分析与证券估值 [M]. 朱丹，屈腾龙，译. 5版. 北京：机械工业出版社，2016.

[55] 斯蒂克尼，布朗. 财务报告与报表分析：战略的观点 [M]. 张志强，魏保，吴青根，译. 4版. 北京：中信出版社，2004.

[56] 瓦伦，巴金斯基，布拉德肖. 财务报表分析 [M]. 胡玉明，译. 8版. 北京：中国人民大学出版社，2020.

[57] 希金斯，科斯基，米顿. 财务管理分析 [M]. 沈艺峰，肖珉，薛胜昔，等译. 12版. 北京：北京大学出版社，2022.

第五版后记

面对新经济环境和呼啸而来的人工智能（AI），财务报表难以涵盖的无形资源越来越多，单纯的财务报表的“致命”缺陷也越来越明显。由此，许多人或机构纷纷质疑财务报表（乃至财务报表分析）的价值。

进入21世纪以来，我一直从事专业学位研究生（主要是EMBA、MPAcc和MAud）的“财务报表分析”课程教学，自然格外留意这些言论。此时此刻，我的基本想法是：面对新经济环境和呼啸而来的人工智能，单纯的财务报表确实存在某些“致命”缺陷，但尚未到（甚至远未到）“不治之症”的“绝境”。即便是单纯的财务报表，也不是单纯的数据（字）的集合体。财务报表以会计特有语言描述企业的一系列契约关系。“契约的实质是信息”，而信息的背后隐含着利益相关者的经济利益或政治利益（甚至两者兼而有之）。追求利益的主体是人。人可以借助人工智能便捷地编制出财务报表。因此，要评估财务报表的质量，进而实施财务报表分析，首先要评估其背后的人之品行。谁在主导经济业务？谁在主导财务报表的编制？其品行如何？人工智能可以处理、分析数据，但难以洞察人性。况且人工智能所处理、分析的数据是人“创造”的。“原材料”有问题，据此“制造”出来的“产品”能没有问题吗？

如果财务报表没有价值，为何总有上市公司、会计师事务所和第三方机构铤而走险地涉足造假（先业务造假，再财务造假，“一条龙”造假）？近年来，多家会计师事务所“纷纷落马”，都与财务报表有关。“无利不起早”，但也不能“起得太早”。尤其是第三方机构为何要积极配合上市公司财务造假呢？因为财务报表背后的利益庞大，利益相关者已经形成“一荣俱荣，一损俱损”的“利益共同体”！如此“猖獗”的“财务造假”是否可以反证财务报表尚未失去其存在的价值？当然，“一棵树死了，可能是树的问题；一片树林死了，可能就不单纯是树的问题”。财务报表分析也许有助于改善“树”的生态环境。

人工智能的英文缩写“AI”，可以是“爱”（ai）的汉语拼音，也可以是“哀”（ai）的汉语拼音。难道“AI”（人工智能）就不能洒向人间都是“爱”（非得洒向人间都是“哀”）吗？“塞翁失马，焉知非福！”

如今，数据资源进入财务报表（即“入表”）是一个炙手可热的话题。不少企业已经付诸行动且“成效斐然”。我的问题是，难道重要的资源都要或都能“入表”吗？不过，许多会计界人士期望重要的资源都能“入表”。中国的大学也希望“万事皆入表”，成为“表内项目”。“一流课程”和“规划教材”就是中国大学非常重要的“表内项目”。我一直认为，“一流课程”也好，“规划教材”也罢，一切都应该应用于现实的教学场景（课堂），未必需要“官方认定”。基于这种“错误认识”，我从未申报“一流课程”和“规划教材”（不过，我为其他大学的同行写过推荐意见）。由此导致暨南大学会计学系的管理会计课程和财务报表分析课程目前都不是“一流课程”，我主编的管理会计教材和财务报表分析教材也都不是“规划教材”。放眼中国的大学，众多管理会计、财务报表分析课程都成为“一流课程”，众多管理会计、财务报表分析教材也都成为“规划教材”。在即将退休谢幕之际，我深刻反省，我“阻碍”了暨南大学会计学系的“蓬勃发展”，在此表示歉意。

我出身“寒门”，但面对20世纪90年代的“下海潮”，却居然从未动过“下海”或“从政”的心（尽管也有机会），也没有努力去赚钱，只是努力买书、读书和教书。我始终坚持教书必须育人的理念，认为“教育就是教而育之”，在传授知识的同时必须塑造人格。

最后但绝非最不重要，我必须感谢爱妻康淑敏女士长期以来的理解与支持。毕竟，买书、读书和写书是一项孤独、自私的“事业”。

胡玉明

2024年6月10日

第一版后记

第二版后记

第三版后记

第四版后记